U0899626

ADVENTURES IN GENIUS

ADVENTURES IN GENIUS

BY WILL DURANT

我很羡慕那些熟记《论语》的中国学童们。我发现“子曰”的每一句话都深刻而实用；那些随处可见的教养良好的中国人拥有内在的淡定、天然的尊严、沉静的理解力、深刻的性格和周到的礼貌。有时我想，假如孔子的箴言能够沉淀在我的记忆中达20年之久，那么我也会有几分像他们了吧。孔子的名字仿佛写在每一位中国人的脸上，深入到每一位中国人的心中，世界上没有第二个人对自己的人民有过如此的影响。就让我们把孔子作为中国文化的象征和代表吧：孔子之后，中国有唐朝诗人的精美抒情诗、梦幻般朦胧的中国山水画、中国工匠绘制的完美的瓷瓶、入世与出世的中国哲人的睿智。孔子的名字汇集了一切的人类文明之最。

（美）威尔·杜兰特

智慧之旅

威尔·杜兰特（WILL DURANT）著

冯之林 译

ADVENTURES IN GENIUS

江西人民出版社

目录

译者序

《智慧之旅》（*Adventures in Genius*）一书的作者威尔·杜兰特（Will Durant）（1885—1981）坦言他崇拜天才，而且是毫无顾忌地崇拜，甚至会点燃起心中的蜡烛顶礼膜拜那些对于人类文明有大影响大贡献的思想巨人和文学大家。所以在这书中，他首先向世界最伟大的十位思想家和十位文学家深深地致敬。他们之中有孔子和李白。其余的18位分别是柏拉图、亚里士多德、阿奎那、哥白尼、培根、牛顿、伏尔泰、康德、达尔文、荷马、大卫、欧里庇得斯、卢克莱修、但丁、莎士比亚、济慈、雪莱、惠特曼。他把大师们思想中最为精彩最为震撼的部分摘出来与我们分享。

杜兰特还选了三位哲学家和三位文学家，把他们的哲学巨制或文学作品细细地梳理，从容地为我们说短论长。说“短”，他是行家。比如斯宾格勒——写《西方的没落》的那个人，还有极其自我中心的凯塞林伯爵——把美、英、法、瑞士、西班牙、意大利等欧美各国的国民性逐一刻薄的那位，这两位的“短”就被他揭得准确到位而且客观公允。在“罗素论婚姻与道德”一章里，他以罗素式的彬彬有礼把罗素的观点批了个淋漓痛快。论“长”，他更是不同凡响。你听他掰细了揉碎了给我们讲福楼拜，讲法朗士，讲波伊斯，那才过瘾。他讲书、讲人、讲智慧、也讲癫狂——他的见解令人信服；他的视角让我们认可。无论讲谁，他都先为你描绘他们的长相，然后才顺着“形”而上，与你分析他们的思想。他不仅给你看肖像，还为你揭示背后的真相。比如他告诉你哲学家如何用怀疑主义让上帝死去，又立刻埋怨说老百姓没法活了，因为随着上帝的消失他们也失去了活着的希望——他们那理想中的天堂；哲学家帮助资产阶级推翻了贵族制，又马上叫喊：民主政体里缺乏精英而且让"暴民"做主很是荒唐。除了哲学他还鼓励我们学点历史。因为"无论对个人还是对国家，斩断与过去的联系并将自己连根拔无异于自杀"。说得真好。我们是得学点历史，民族的，世界的，那样才活得出明白，不至于糊里糊涂地都已经"自杀"了却还以为自己活得很滋润呢。

杜兰特领着我们从容地来到思想之国的大门，把大师们逐一地介绍给我们，又伴着我们一路有说有笑地和大师们走了几百页的"智慧"之旅，不断地鼓励我们和大师们交流较量。我们困了累了，他就让我们到大自然那里听听鸟语，闻一下花香。道别的时候我才发现原来他本人就是一位大师，一位巨擘。

杜兰特不愧是史学与哲学的巨擘，他是那样广博而深邃、那样乐观而清醒、那样坚守着自己的历史观和哲学信念却又那样审慎地聆听古往今来的各种声音，不仅是悦耳的、乐观的、实事求是的，尤其是逆耳的、悲观的、夸大其词的，只要这声音能振聋发聩，能让人们警醒。

读读他的书吧！能把深刻的思想写得这般引人入胜是不多见的。不过我们读他的书可千万要牢记他视为智慧之灵魂的"视角"，他的视角可是"欧洲文明"的啊！他说："对我们而言，文明意味着欧美；而视我们为野蛮之人的东方，对于我们来讲，却才是野蛮的。"听到了吧？所以我们无论怎样欣赏他的宽容与大气，还是不要忘记时刻对比各自的"视角"，这样的阅读才有新意。我们和他们之间的这一点"张力"，或称作"对位"（counterpoint），正好构成我们学习的动力。

说来惭愧，我不懂历史，也不懂哲学，可是竟然翻译了这么一本讲史讲哲的非常精彩的书。好在本书的作者威尔·杜兰特不仅是一位史学与哲学的巨擘，他还是一位出色的教育者，他懂得怎样把你几乎连哄带骗地推入他那思想殿堂的门槛，让你欲罢而不能，我就是因为太喜欢这书了，所以诚惶诚恐地竟然把它翻译完了。我真诚地等着诸位指出译文中的谬误，以便此书再版时我好一一更正。

本书的部分译文得到马志君先生的校阅与润饰，特此致谢。

冯之林

2009年2月1日

导言

年轻时的诸多理想让生活有意义,给生活以光芒,而中年之后的冷漠往往泯灭这理想之光。我却至今仍然保有一种理想:那便是对于英雄的毫无顾忌的崇拜。这理想给我以光明、令我欣慰。在这个铲平一切、无所敬畏的时代,我选择与维多利亚时期的卡莱尔为伍,点燃蜡烛,犹如米兰多拉在柏拉图像前那般虔诚,在伟人们的圣坛前顶礼膜拜。

我说毫无顾忌是有道理的。我深知在当今这个世界要承认天才——无论是在世的还是已逝的,比我们崇高,是多么的不合时宜!我们的民主教条不仅拉平了选民,也扯平了领袖。我们会兴奋地告诉世人:在世的天才们不过是庸才,已逝的天才们则不过是昔日的神话。倘若威尔斯先生的描述可信,那么恺撒岂不就是个呆子而拿破仑也是傻瓜一个。当然,过分的自我陶醉未免显得不合礼仪,倒不如去悄悄地暗示人们:这世上的伟人有多么差劲!也许我们之中有些人要以崇高而无情的禁欲主义去根除心中尚存的崇拜与热爱,免得让那些古老的众神回过头来吓唬我们。

至于我本人,我仍然坚守这最后的犹如宗教般虔诚的对伟人们的信仰并从中找到心灵的满足与激励的力量,因为这种信仰要比青春带给人的喜悦更长久。尊崇泰戈尔为“敬爱的大师”是何等的自然!他的国人就一直这样称呼他——“导师”。我们站在大瀑布之下,站在高山之巅或是于夏日宁静的夜晚站在大海的岸边凝望那一轮明月,一种敬畏之情油然而生。那么在这一切造物奇迹的极品——一位至善至尊的伟人面前,我们难道不该无限景仰?我们之中也不乏佼佼者,可他们不过是生活之戏的一群顽童。所以,当旷世奇才降临人间,我们应该崇敬,应该感谢上苍的恩赐,赞美造物的绵延!这些精英是赋予历史以生命的鲜活的血液!而技巧与勤奋不过是历史的骨骼与框架。

J. H. 罗宾森号召我们将知识人性化,因为学术之所以枯燥,其部分原因是人们认为历史就是数字和事实的大量堆砌,天才们扮演着无足轻重的角色,所以历史学界对他们不屑一顾。马克思对此种历史观应当承担主要责任。这也与一种人生观密切相连:不信任伟人,妒忌旷世奇才而赞美谦卑的小人物,将其奉为天地的传人。结果,人们开始如此这般地书写历史,好像历史从未鲜活过,好像从未有戏剧步入历史,从未有奋起抗争之士或沮丧受挫之人演绎过喜剧或悲剧。在吉朋和泰纳笔下曾经生动的描述让位给了缺乏内在关联性的学术著作,尽管其中的每一件事实都准确无误,都被记录在案,但整个历史读起来却是死气沉沉。

人类真正的历史不在物价和工资里,不在选举和战场上,甚至也不在芸芸众生的平淡交际中;人类的真正历史存在于天才们对整个的人类文明与文化所做出的永恒的贡献。法兰西的历史,恕我有些失礼地说,不是法国人民的历史,不是那些无名的男男女女,耕地的、做鞋的、裁布的以及贩夫走卒们的历史(这些活计到处有人做,而且从古至今一直都在做);法兰西的历史是她那些卓越超群的男男女女的历史,是那些发明家、科学家、政治家、诗人、艺术家、音乐家、哲学家和圣人们的历史。是他们丰富了法兰西人民乃至全人类的技术与智慧、艺术与体面。每个国家的历史乃至全世界的历史都是如此。这些历史是伟人们的历史。我们其余的人是什么?不过是他们手中的砖瓦和泥土,心甘情愿让他们用来改造我们的民族以便下一代比我们这一代更加优秀些。

因此,以我看来,历史不是乏味的政治和杀戮的场景,而是人类用天赋去奋斗以战胜顽劣的惰性和心智的迷茫;在奋斗中理解、掌控并重塑人类自身与外部世界。我看到有人站在知识的巅峰将手中的火炬照亮前方;有人把大理石雕成崇高的形象;有人锻造国民的身心令他们完成更多的伟业;有人谱写音乐的语言或者创造出语言的乐曲;有人梦想并且过上了更好的生活。这种创造的过程比任何神话都更加生动,这种虔诚比任何信条都更加实实在在。

让我们来审视和端详这些人,研究他们的生平,心悦诚服地拜他们为师。让我们去观察他们的创作。让那些因为他们的献身才燃烧至今的智慧之火温暖我们这一代人。这就像重新点燃青春的激情,年轻时我们曾为自己的忏悔或告解感动了上帝和听到了上帝的声音而激动不已。在那梦幻的青年时代，我们曾相信今世的生命充满邪恶，只有死亡能将我们送入天堂。我们错了。此时此刻，在我们活着的时候，我们完全可以过上天堂般的生活：每一本了不起的书，每一件启迪心智的作品，每一种记录一生奉献的传记都是一种召唤，都是一声“芝麻，开门”，为我们开启通向欢乐与圣洁的大门。

高擎起希望的火炬，那崇敬的蜡烛也别匆忙熄灭！供奉的神像错了，让我们更换上大师与伟人的群像，重新把虔诚的蜡烛燃起！

威尔·杜兰特

注：请读者原谅我把一些与书名不甚符合的章节放入本书。感谢《美国杂志》《实话》《红书》《座谈》和《思想家》，本书中有些文章曾以删节版刊载其中。头三篇文章比较受欢迎且适用于教学，经验丰富的学者可将其忽略之而直接阅读第二编。

1 天才的界定

第一章
十大思想家

思想的定义

何谓“思想”？“思想”很难定义，因为思想囊括了一切可以用来定义它的东西。思想既是我们已知的最直截了当的事实又是我们存在（being）的最难解之谜。一切它物都以思想的形式来到我们的面前，一切人类的成就皆源于思想，其目标皆归于思想。思想的出现就是整个进化过程的伟大起点。

思想的奇迹起于何时？也许当冰川从极地向南狂奔，空气骤冷，摧毁各地的植被，灭绝不可胜数的无助又不能适应环境的动物物种，把一些幸存者逼入狭窄的热带之时，这些幸存者一代又一代地留在回归线，等待北部这场狂暴的冰雹的消融。大概就在这些关键的时日，古老的惯常的存活方式被入侵的冰川消解，遗传的或传统的行为方式无法适应变化了的环境。此时，那些有着齐备的本能却不够灵活的物种遭到淘汰，因为它们不能改变自身以适应外界的变化。可是后来进化为人类的那种动物，却因为天生具有临界的应变能力，学会了取火、熟食、穿衣的技术，战胜了风霜雨雪，无可置疑地成了森林与原野上的万物之首。

在这生死攸关的时刻，不难想见，人类开始有了思维。作为新生儿的人类，与动物相比，虽然没有完备的本能，但却具有顺应环境的天性。而且善于学习也弥补了本能方面的缺陷，正是这种顺应能力挽救了人类和高等哺乳动物免于灭顶之灾。而强大的猛犸和乳齿象，原本是动物之首，却灭于冰河时期的骤变，它们冻得发抖，而后死去，成为人们考察旧石器时期的化石。而人类，细胳膊细腿的人类，却存活下来。思维和创造大约从这里开始：受挫的本能之无奈引发了最初的小心翼翼的假设，最初的二加二的试探，最初的概括，最初的对于质的相似性的探索以及最初的对于构成系列之规律的认识，这一切顺应环境的最初的习得充满着创新力，它宣告了完全依赖本能的直接反应只能惨遭失败。只有在这时，本能的活动进化为思维方式和智力手段：原本警惕的等待或对猎物的跟踪盯梢变成了注意力；恐惧和逃跑变成了谨慎和心机；好斗和进攻变成了好奇和分析；掌控变成了实验。四肢着地的动物先直立起来，而后变成了人，虽然仍旧是上千种环境条件的奴隶，在无数的危险面前虽小心翼翼却又十分勇敢，处境虽极端险恶但人类注定要成为地球的主人。

从洪水淹没一切的时期至今，人类的文明史就一直是人类对推理的不断探索的过程。而每推进一步，我们靠的都是思维，思维提升我们，缓缓地，试探地引领我们壮大，提高我们的生活质量。即便历史不是由思想所决定的，那么也是由发明创造所决定的，而发明创造又是思想决定的。当然了，欲望，我们永不满足的欲望，刺激我们去思考；但是无论何种动力和鼓舞，都要靠思维去寻找实现的办法。我们且不去理会由来已久的崇拜英雄者和蔑视英雄者之间的分歧——前者像卡莱尔和尼采，他们认为历史是伟人创造的，而后者如斯宾塞和马克思，他们只看到历史事件背后的经济根源——我们可以肯定的是，只靠经济的压力是不足以推动人类进步的，还必须有给人以光明的思想的火花的介入，人类方能前进。也许塔尔德和詹姆士是对的，那么一切历史都是天才连续不断的发明并由大众普及，还有领袖的大胆探索及其在全人类的传播与效仿，每个时代的初期和鼎盛时期都有自己的天才涌现，代表那个时代的声音和成为那个时代的标志，承前启后，引领民众开辟未来。回顾人类文明的长卷，如果我们能找到每个时代思想方面的代表和领军人物，我们便能看到人类历史的活生生的全景画面。

然而我们面临选择的任务。在这部戏剧长卷中选择哪些人为剧情发展的中心?难题不下十来个。如何检验伟大？如何取舍人类历史上众多的天才？

我们只能横下一条心按规矩行事：假如某人到目前为止对全人类没有长期持续的影响，那么无论其思想多么精细和深刻，我们都只能忍痛割爱。此一条必须是我们最高的检验标准。我们会考虑每一位思想家的独创性和广度以及可验证性和深度，但是我们首先要牢记的是他对人类生命和心智的影响之深度和持续性。非如此便无法在一定程度上控制我们个人的偏见，也无法确保我们选择的相对公平。

接下来的问题是如何定义思想家？可以想见，“思想家”这个词语包括哲学家和科学家，然而就这些吗？是否包括伊壁鸠鲁、卢克莱修 、但丁、达·芬奇、莎士比亚和歌德？不，不包括。我们深深地向他们鞠躬致敬，但毫无疑问他们首先是艺术家，其次才是思想家，无论他们的思想已经达到何种深度。是不是应该包括诸如耶稣、佛祖、奥古斯丁、路德这些有着无限影响力的领袖们？不包括。这些宗教的创始者和改革者的确很接近我们给伟人的定义，然而他们之所以一步一步地感动了世界不是靠思想与理性，而是靠感情和崇高的胸怀，靠神秘的启示或始终不渝的信仰。入闱的十个人是不是应该包括名垂青史的伟大实践者如伯里克利、亚历山大、恺撒、查里曼、克伦威尔、拿破仑、林肯？不包括。如果我们令这些人入闱思想家之列就等于褫夺了思想家之称的重要内涵——思想。我们只能让哲学家和科学家入闱。我们要寻找那些以思想而不是以行动和热诚给人类以最大影响之人。我们要远离喧闹的人群到那僻静的所在去寻找他们；在那些默默无闻的角落，伟大的思想如同那诺亚方舟上的“鸽子脚”带来的启示一般来到伟人们的面前，令他们见微知著，令他们在瞬间窥见真理的容颜，令他们由此脱胎换骨。

总祷文

孔子

谁排在第一位？

孔子。这会马上引起质疑和争论。依据什么标准我们选孔子而不选佛祖和基督？就凭一条：孔子是伦理哲学家而不是宗教信仰的说教者。孔子提倡的高尚生活是基于世俗的动机而不是源于超自然的思索。孔子比耶稣更接近苏格拉底。

孔子生于公元前551年那个乱世之中，适逢旧日的王室的威望与辉煌已经让位于分封诸侯与地方割据，孔子担当起恢复秩序与正常的重任。如何恢复？他说：

> 古之欲明明德于天下者，先治其国。欲治其国者，先齐其家。欲齐其家者，先修其身。欲修其身者，先正其心。欲正其心者，先诚其意。欲诚其意者，先致其知。致知在格物。物格而后知至，知至而后意诚，意诚而后心正，心正而后身修，身修而后家齐，家齐而后国治，国治而后天下平。

孔子的这段话就是一整套伦理和政治的哲学。这是一套保守的理论系统，提倡礼仪而蔑视民主。他所提倡的中庸之道更接近清心寡欲的斯多葛派而不是基督教义。孔子的弟子问他是否要以德报怨，孔子答曰："你以什么来报德呢？以德报德，也以德报怨，这样才公平。"孔子不相信大家都平等；孔子认为人的智力有高低之分。正如他的追随者孟子所言："人异于禽兽者稀……"重要的是不要让无能鼠辈担任公职，让贤达当官统治百姓则国家幸甚。

听说他做过中都宰，结果是"路不拾遗夜不闭户"，"男人忠诚守信、妇女贞洁贤淑"，好得令人难以置信，但似乎好景不长。孔子在世时他的弟子们就了解他的伟大而且预见到他在塑造中国人重礼仪、讲仁义、平和、睿智的国民性方面的深远影响。孔子死后，弟子们给他厚葬，众多追随者在他的墓旁搭草篷，儿子般给他守灵尽孝达三年之久。子贡比其他的弟子们更爱戴孔子，所以在别人离去之后又独自为他继续守孝三年。

柏拉图

现在我们又面临新难题了。世界上的文明的确不少，可是文明的领军人物却寥寥无几。有哪一位伟大的领军人物，其思想代表了他的人民的心声、其影响促进了这个民族的成长？没有。印度没有，犹太人也没有，小亚细亚那富饶土地上的游牧民族也不例外。我们有佛祖、以赛亚、耶稣、穆罕默德,但是我们没有世界级的科学家和哲学家。历史悠久光辉灿烂的古埃及文明可能产生过100个法老,留下数不尽的文物,但是没有一个人堪称继往开来,承上启下让他的思想影响这个民族心智的成长！让我们满怀敬意地向这些人民和他们的时代行注目礼。但是我们得直奔古希腊,去那里寻找这种伟大的领军人物。

我们为什么钟爱柏拉图?因为柏拉图有爱:他爱战友、爱陶醉于辩论之中、爱寻求思想和物质背后的难解的真理。我们爱他的游牧式的遐想、爱他探求复杂的原生态所发现的乐趣。我们爱他,因为他生活的每一分钟都在成长、都充满活力,这样的人无论有什么错都可以被原谅;我们爱他因为他热衷于用智识改造社会;我们爱他因为他八十年如一日地怀揣改善人类的理想,而且满腔热忱,而我们大部分人只在年轻的瞬间才有此奢望;我们爱他因为他认为哲学不仅是解释世界的工具更是为了改造世界;我们爱他因为他崇拜美一如他崇拜真理,因为他给生活的戏剧注入思想的内涵并为它洒满艺术的光芒。他的《理想国》和《对话》充满了独创的想象,足可以成就一个莎士比亚,恣意驰骋的意象比比皆是,更有现代哲学著作中罕见的幽默,似无系统却又皆成系统。柏拉图是欧洲思想的源头,他的文章充满了力与美,一如希腊的殿堂:欢乐的嬉戏镌刻在大理石上;美文在这里问世而且一出生便已经亭亭玉立。

这第二位入闱的思想家非柏拉图莫属。不过我们也面临很难驳倒的挑战:老苏格拉底怎么办？他可是哲学之父、当仁不让的哲学先烈啊！这名单上少了他可太过荒唐,因为那些比不上他老人家一半伟大的英雄人物都榜上有名。好吧,我来说究竟,可是你听后切莫惊慌:苏格拉底仅有一半是人而那另一半却是神哪。法国的饱学之士尤金·杜普利尔先生(见《苏格拉底传奇》)把苏格拉底这只崇高的大牛虻移到了供奉阿基里斯,俄狄浦斯,罗穆卢斯,齐格弗里德的神龛上。毫无疑问,我们死后,某个细心而又敬业的学者可能会证明我们从未存在过。然而我们可以肯定苏格拉底的哲学家的声望很大程度归功于柏拉图那充满创意的想象。因为他把这位了不起的大闲人当做传播自己主张的喉舌。我们可能无法得知柏拉图笔下的苏格拉底到底有多少是苏氏自己,有多少是柏拉图本人。好吧,我们不妨认为柏拉图是身兼二人吧。

柏拉图的《对话》是人类的宝贵财富。哲学的成形自此书始,该书迸发的青春活力使之达到后世无法企及的完美程度。你想听崇高的爱和友谊吗？请读《友谊篇》《查密迪斯篇》《斐德罗篇》。你想了解伟大而敏感的柏拉图版的苏格拉底的思想吗?去读《斐多篇》吧,那结尾的数页是散文史上的一座高峰。你想揭开心智与知识的奥秘?去读《巴门尼德篇》和《泰阿泰德篇》吧。无论你的兴趣何在,你都可以去读《理想国》:那里有形而上学、神学、伦理学、心理学、教育学以及有关政治家、有关艺术的种种论述;书里还有女性主义、计划生育、共产主义与社会主义的优越及其实现之困难,安乐死、自由主义的教育思想、贵族与民主、养生之道以及精神分析——该书真是林林总总包罗万象。难怪爱默生要借用那位偶尔也会虔诚一番的莪默对《古兰经》的评语:"此书在手,天下书尽可悉数焚毁。"

至于柏拉图的影响,难道我们还需质疑?想想他创建的世界上第一所也是历史最长的大学,想想柏拉图哲学的郁郁常青,从埃及的亚历山大新柏拉图主义学派一直到英国剑桥派的柏拉图主义,一代又一代。没有柏拉图思想及其象征主义,哪里有基督教神学的广泛传播。连中世纪早期的文化也是由柏拉图思想称霸。再想想文艺复兴时期那热情奔放的柏拉图主义:洛伦佐的餐桌让柏拉图《会饮篇》里面的思想重新绽放,毕柯·德拉·米兰多拉在大师像前点燃膜拜的蜡烛。放眼现在,此时此刻,上百个国度、上千个城市、数以万计的学子、老老少少如何被《理想国》或《对话》深深吸引,满怀感激而又不知不觉地为柏拉图的热忱与精邃所感染。一代一代的人就这样得到了重塑,获得了敏锐的思维与隽永的智慧。灵魂的不朽使得肉体的衰亡变得微不足道。

亚里士多德

全世界都会赞成让亚里士多德入选我们的名单,因为中世纪的人只尊崇此一人为哲学家,好像说他是唯一,他代表了哲学的巅峰。可是说真的,我们选他并不是因为我们爱他。他留下的文本单调乏味又缺少激情,沐浴过柏拉图才智的光辉再来读这位马其顿的斯塔基拉人那四平八稳的思想真让人感到冻彻骨髓。然而单凭这些便妄下结论,评说短长,似乎有欠公允,因为他的作品不过是草就的笔记,其中有些是他自己写的,有些还是学生怕忘记他的演讲内容而记录下来的。我们怎能把这些七零八落、支离破碎的素材与柏拉图那生动有趣的对话相比较?正是那些绝妙的对话为柏拉图赢得了他的首批哲学听众。

但是,只要我们克服亚里士多德那些费解的学术用语以及思维的过分浓缩所带来的障碍,我们便会发现呈现在我们面前的是他的伟大的智慧——其深度和广度都令人难以置信:犹如对我们这个星球做了全方位的,前无古人的探索。科学领域以及哲学领域的一切难题都在他这里给予深思并得到阐述,而且最终都获得无可争辩的解答。林林总总的知识,仿佛借助了上千名谍报人员之手,汇集到一起,由他协调为一个统一的视角,从这里洞察世界。哲学系统的术语便一个个在他这里诞生。很难想象要是他的"大脑工厂"当初没有铸造出这些学术词汇,我们今天如何能进行思考。他拥有的智慧是冷静、平和、完整、隽永、庄严的,而且惠及生活的方方面面。他这里有的各种新科学,似乎都产生于闲暇与从容之间。这位哲人在成就这些顶尖级的创造时,挥洒自如、漫不经心,犹如自娱自乐一般。生物学在这里问世,还有胚胎学、逻辑学。并不是此前没有人想到过这些但是别人都缺乏耐心的观察、小心的实验以及系统的求证公式来控制自己的思考。除了天文学和医学,全部的科学历史都是这位不知疲倦的斯塔基拉人劳神运思而成就的。

有过如此巨大的影响的只有孔子。众所周知,早在亚历山大时期和罗马帝国时期,亚里士多德就已经成为科学发展的奠基人。13世纪,他的哲学著作由入侵的摩尔人带给刚刚苏醒的欧洲,从而促进了哲学的学术发展。在那个充满活力的时代问世的《神学大全》(*Summoe*)充其量不过是亚里士多德的《形而上学》(*Metaphysics*)和《工具论》(*Organon*)的改写罢了。但丁把亚里士多德放在一切思想家之首。当时由于君士坦丁堡的陷落,拜占庭的导师们向东迁移,这才得以使得几近失传的思想财富的最后那部分得以保留下来并且带给了文艺复兴时期的莘莘学子。在学术文化的历史上,这块仅有一人的领土竟然维持了一千年之久,而取而代之的是大不敬的奥坎和拉姆斯,还有罗杰·培根的实验科学和弗朗西斯·培根的新哲学。再不会有人像亚里士多德那样启迪人类的心智、折服人类的思想。

圣·托马斯·阿奎那

古希腊飞驰而过,我们来到古罗马。这一时期哪些人堪称最伟大的思想家?卢克莱修应该名列第一,他也是最优秀的。然而,他的哲学却不是他自己的,最起码也应该归到伊壁鸠鲁名下。他对他的国人跟他们的后代的影响也只限于他在世的时期,而且所涉及的领域也过于分散,何况也只是局限在少数的上层知识精英,所以我们只好把他排除在思想家之外,不予入闱。好在稍后,我们还有机会提及这位思想家在文学史上的颇高地位。至于塞涅卡、爱比克泰德以及奥勒霤,他们的所说所论不过是重弹希腊人的老调,要不就是随声附和季诺对垂死的罗马所表现的漠然之情。他们写作的那个时代,那古老的文明正在消亡。罗马帝国的子民那健壮的肌体已经变得干瘪无力。帝国各地昔日的自由人已经由任人宰割的奴隶所取代,封建体制跟苛刻的纳贡使已往那骄傲的自由城邦尊严扫地。曾经显赫的大师们也已分化为两极:伊壁鸠鲁享乐派和斯巴达清心寡欲的斯多葛派,寡欲而严酷的后者如何愿意去体尝哲学的乐趣。古老的殿堂轰然倒塌而欧洲文明则化为一片历史的废墟。

后来欧洲文明再度崛起,这应该归功于欧洲教会的努力——神权把鏖战的各方拉开,从战场带回到安定的生活之中。帝王们消亡了,主教们留下了;军团不再行军布阵而僧侣和传教士却靠了不断增长的信仰悄悄地创建了新秩序,于是思想又可以在新秩序中发展成长。漫长而沉闷的黑夜过去了,欧洲迎来了思想复苏的第二个青春!现在,我们虽然不甚坚定但也多多少少地接受了文明的教化,可是我们仍然战战兢兢,所以即便时至今日,我们依旧可以感受当初人们在黑暗中苦苦探索时所经历的恐惧。

后来商业发达了,城镇变成了都市,单科的学院变成了综合性的大学,又有一部分人可以从繁重的体力劳作中解放出来,重拾思考的奢侈与乐趣。阿伯拉尔凭着他的口才轰动了半个欧洲大陆。伯纳文图尔和安瑟尔谟将中世纪信仰的基本理论融入了庄严恢弘的神学之中。当这一切准备就绪,又一位亚里士多德——圣·托马斯·阿奎那便诞生了。此人声称:整个宇宙都是他研究的专业。他用理性把知识和信仰连接起来，宛如在知识与信仰的裂缝之间架起了一座脆弱的理性之桥。但丁描述的是文艺复兴时期天主教的希望和恐惧，阿奎那则为那个时期的思想操劳——他整合知识、诠释知识并将全部知识集中起来去解决生与死的重大问题。然而当今的世界，人们已不再追随这位阿奎那，人们更倾向于怀疑论而不欣赏教条主义。但是曾几何时知识阶层人人都以这位“天神博士”（阿奎那的绰号）为荣！无论哪一派的哲学都以他的巨著《神学大全》（*Summoe*）的内容为立论的前提。就是到了今天，仍然有上百所大学，上千个学院依旧尊崇他的思想，认为他的思想比科学更有说服力，而且他的哲学得到基督教最强大教派的官方认可。对于我们来说，我们当然更钟爱那些哲学系统中的离经叛道者，那些为哲学献身的先烈们，而不是这位“天神博士”，但是鉴于他在那个伟大世纪里的颇为崇高的地位以及这位大师历史上曾经给予千百万人的巨大影响，我们还是在献给先贤的祭文榜上给他留下一席之地。

毫无疑问，让托马斯·阿奎那在“先贤榜”上有名肯定是伤了很多人的心，包括作者本人的心。因为人们马上会想起许多比这位阿奎那更合适的人选，许多令当代世界更感亲切的人选，比如斯宾诺沙或尼采。人们不仅尊重他们的学识而且更喜欢他们的人品。可是话又说回来，“先贤榜”选人的标准当初是我们自己指定的，要是我们不遵守，那还不如索性放弃整个的探索、评价和筛选。因为要是全凭我们的好恶而不是严格按照原先制订的标准决定取舍，我们的“先贤榜”便成了亲朋好友的相册而不是人类思想史巨擘与伟人的纪念堂了。

哥白尼

接下来我们将听到来自波兰的声音。这位波兰的僧人竟然敢说我们的地球不过是小不点的太阳系中的一个小不点的行星。这还了得！地球可是上帝踏脚之处，是他的善男信女赎罪的家园哪。“地动说”今天看来是多么简单的一个道理。我们不会为之震惊或者诧异。我们今天当然认为我们安身立命的这块土地绝对不会永世不变。这个星球由细小的微粒构成，这些微粒最终会解体消亡以至什么都剩不下。然而哥白尼的年代是欧洲的中世纪。他的这一天文学说绝对是无神论者对仁慈的上帝的可耻的亵渎。也是对圣经里雅各关于天堂阶梯神话的无情打击——要知道凭着虔诚的信仰，一座通向天堂的桥便架设在凡人和天使之间，而这座桥就这样因为哥白尼的地动说被颠覆了。后果之所以如此严重就是因为中世纪整个哲学基础建立在地球和上帝的密切关系上，建立在上帝对人类永恒的道德关怀上。

哥白尼的著作《天体运行论》或许可以译作《天体革命论》，因为这样会更加贴切。真的，人类历史上没有哪一本书能像这本书那样掀起过那样惊天动地的伟大革命。面对着令他疑惑不解的满天星斗，这位虔诚的波兰僧人坐着，思考着，心平气和，一点也不想冒犯谁，而且不担心自己的学说若干年后会在人们的心目中意义全无。他全身心地沉醉于知识与科学的探索中。他相信一切真理都美妙而壮丽，而且会使人类获得解放。真的，通过他的神奇的数学运算，哥白尼改变了地球是宇宙中心以及人类是宇宙中心的固有论断，提出在无数的行星和恒星之中，地球似乎不过是漂流的星云之中瞬间的散落物。他的学说让一切都改变了，一切近的变得遥远了，意义非凡的变得无关紧要了，命运掌握在人类手中还是依旧听凭上帝的安排？上帝在哪里？原本比手足都更加亲近的主啊，他本来是住在那亲切友好的浮动云层中，而现在却突然消失在遥远而又遥远的宇宙空间里了。那种感觉就像是我们居住的房屋突然间被一阵不长眼睛的暴风刮倒了四壁，让我们失掉了遮风避雨的家，流落于无边的黑暗之中。

只有了解哥白尼学说对人类进步的无与伦比的巨大影响，我们才能真正知道这位伟大的思想家有着怎样深邃博大的思想：正是因为他，才开始了现代世界的步伐；正是因为他，才有了“现世”之说；也正是因为他，理性与良知引爆了法国革命，推翻了千百年前强加于人的腐朽理念。人类从此开始其漫长的奋斗，满怀信心重建那坍塌的梦想之宫。昔日人们心目中的苍天，如今被证明是天空，是空间，是虚无。至高无上的天落到了地上，播下了乌托邦空想主义的种子，让曾经渴望天堂的人类在饥渴的心中重新萌生对理想世界的向往。就像柏拉图在寓言中所说的那样：眷顾人类的众神看到人类已经长大，便飘然遁去，让人类靠自己的才智活下去。在古老的蛮荒时代，部落里的长者将青年人赶走，让他们去寻找新的天地，建立自己的家园与幸福。人类正是因为哥白尼的革命才被驱赶着长大成人，结束了自己的孩提时代。

培根

面对突如其来的成熟，人类并未惊慌失措或者裹足不前。相反，在哥白尼之后的这个世纪里，人类在各个领域都表现出年轻人的勇气与胆量。一艘艘小船扬帆出海去探索时下已被公认是球体并且是有限的世界；一个个文弱的学子开始探索知识的大地。不顾教条的束缚，排除传统与积习的干扰，全然不去想失败。啊，那些光辉灿烂的伟大复兴年代里的冲天热情。过去一千年的贫穷差不多全被忘却，而一千年的劳作使人们变得富足，变得敢作敢为。藐视阻挠，战胜极限！目光炯炯，热血奔腾！啊，那绚丽华美的衣着、那感情充沛的即兴诗句、那永不枯竭的创作欲望与无限广阔的探索、那初获解放的思想横扫一切，所向无敌……啊，还能再现吗，那些灿烂的时光？

谁应该是这个激昂沸腾的伟大时代的吼声跟形象？达·芬奇吗？这位画家、音乐家、雕塑家、物理学家、发明家、工程师、化学家、天文学家、地质学家、动物学家、植物学家、地理学家、数学家以及哲学家的达·芬奇！天啊，他集了这许多“家”于一身！可是按照我们为人类思想家所下的定义和制定的标准，达·芬奇还是得被排除在外。因为他首先是一位艺术家，其次才是哲学家和科学家，难道不是吗？我们记住他是因为他画了“最后的晚餐”和“蒙娜丽莎”，而不是因为他的化石理论或是因为他预言了哈维定律，或是因为他的宇宙永恒法则。也许我们倒是可以选择布鲁诺——那个永远在探索的灵魂，那个不满足于有限，渴求无穷无际的统一的布鲁诺，那个不能容忍分裂、派系、教条与条条框框的布鲁诺？只有冬天的狂风比他难制伏，只有埃特纳火山比他更暴烈！啊，这个布鲁诺！他最后为了他的太阳中心论壮烈牺牲。

可就是这样，我们依然不能选布鲁诺。因为有人比他更伟大：他是那个“把所有的大智慧都召集到一起的那个摇铃的人”；此人号召一切热爱真理者和真理的仆人都汇聚在新的秩序和科学的大旗下然后向大家庄严宣布：思想不是空泛的学术争端，也不是空洞的学院式的思辩，而是对各种自然法则所进行的归纳式的探索，是人类对其生活条件的坚定的掌控——统统这一切才是思想和思想家最崇高的使命,他如是说。还是这个人,他以皇室的权威制订出有待征服的研究领域,为上百种学科布置任务并预言每一项任务的成果,真是令人难以置信!他鼓励不列颠皇家学会的组建并且促成了法兰西大百科全书的成功编纂。此人转变了人们对待知识的态度:不再视知识为沉思冥想的对象,而是要把知识变为改造世界的力量。他蔑视一切形式的崇拜,渴望将一切置于掌控之中。他推翻了亚里士多德关于不可观察的推理逻辑之说，并且把对科学的单纯关注转变为对自然界面貌自我揭示的研究。此人的灵魂中充满了现代思想的精神与目的,与他同时处于那个海阔天高的伟大时代里的人没有哪一个能与他媲美!此人便是弗朗西斯·培根——入选我们的伟大思想家名录,非他莫属。

牛顿

从培根时代至今,欧洲知识的进步主要体现在培根与中世纪世界观的斗争中。这是历史的主流,但不是说这中间没有停顿与曲折。这期间曾经出现过不少大人物站在主流之外。比如笛卡儿，他是在中世纪的旧怀抱中进行一场与中世纪的新斗争,他如何能摆脱旧意识的羁绊?那灵魂深处新旧交织的大学者莱布尼茨终究敌不过自己心中强大的中世纪遗风,从一位数学家变成了一个并不坚定的神学家。而伊曼努尔·康德在论述启蒙运动的无神论时竟道出了祖先的老观念!更令人称奇的是那位斯宾诺莎竟然能在科学和宗教这两条全不相同的河流上架起一座相通的桥!一面不停地擦拭观察星云的望远镜镜头,一面又在那里笃信上帝!这位斯宾诺莎既沉溺于孤寂的思索，又奠基了现代科学的形而上学的理论。他热爱数学和几何学，而且和布鲁诺一样肯为哲学献出自己的生命！当然,跟布鲁诺比,他死得较为缓慢而且默默无闻。在他之后的每一位思想深刻的学者都能感受到他的思想的巨大威力。每一位历史学家都证实了他那无声的智慧深度。然而我们还是不能推选这位伟人成为人类历史上最重要的思想家，因为我们要凭借对人类文明与进步的影响而不是凭借这个人的聪明才智为标准确定取舍。甚至连斯宾诺莎的拥戴者也承认:这位哲学“郎中”的医术也就能对付社会上层的少而又少的一些人的疮疥之疾,谈不上惠及百姓更不用说恩泽全人类了。他属于蛰居在塔尖上的思想家,人类还远没有攀登到他的高度。

对于艾瑟克·牛顿爵士入选我们的“先贤榜”,大家肯定不会有类似的争议。因为我们甚至可以说“每一个学童都耳熟能详”那位心不在焉的天才的故事。据说那位伟大的科学家被告之需要用三分钟煮一只鸡蛋当午餐。于是他停下手里的工作去一展厨艺,于是他把表当做蛋扔进水里而且还盯着看是否煮够了三分钟。据说还有一次,这位全神贯注于自己钻研的课题的数学家回到房间去更换衣服准备吃晚餐,结果却脱下衣服安然入睡了。(但愿这些愉快的故事不是凭空瞎编的。)然而没有多少学生知道牛顿的《自然哲学的数学原理》所提出的科学的假设对于现代思想的指导地位仍未动摇。他们不知道牛顿创立的运动和力学的法则为后来的科学应用与发展奠定了基础,根据这些法则人类才敢于在地球表面进行改天换地的重新规划,才使得人类的生命得以延伸、人类的生活更加绚丽精彩、才造成了我们今天的科学奇迹。他们也不知道万有引力的发现照亮了整个的天文学界,人类第一次用完整统一的世界观把繁星闪闪的宇宙太空纳入了一个几乎是有机的统一体。伏尔泰说:“不久前,一个享有盛誉的单位在讨论一些琐碎的话题”(天啊我这句引言真不是时候!正说着牛顿我怎么扯进了伏尔泰!),“他们在讨论谁是历史上的伟人——恺撒、亚历山大、帖木儿还是克伦威尔”?结果这几位一一被否,牛顿被选为伟人。这答案显然是正确的,因为令我们肃然起敬的人是那些以真理令我们心悦诚服的人,而绝对不是恺撒、亚历山大、帖木儿或克伦威尔那些人,因为他们是凭借暴力奴役我们心灵的人。牛顿理所当然地入闱最伟大思想家之列,甚至牛顿在世的时候,全世界就已经懂得这一道理。

伏尔泰

伏尔泰把牛顿的力学和洛克的心理学介绍到法国，因而开启了法兰西伟大的启蒙时代。但是把伏尔泰列为人类顶尖级的思想家会令学术界震惊，他们会抗议说:他的思想并非原创而是来自他人,何况他的影响有损道德而且还具有破坏力。说到这里,我不禁要问:我们之中哪一位的思想称得上是原创,除非在形式上?我们今天孕育的哪一种思想没有在历史的宝库里以这样或那样的外衣包裹着珍藏至今?犯错误比发现真理容易得多，因为谬误是在发生了上千次之后才由真理所取代。诚实的哲人——像乔治·桑塔亚纳——都承认:真理的框架像亚里士多德那样古老,而我们今天所要做的只是把我们此时需要的填入业已存在的架构中,并变动一下设计便是了。现代最深刻的思想家斯宾诺莎的精华难道不是取自布鲁诺、迈蒙尼德和笛卡儿?拉米斯在博士论文答辩时不也说道:亚里士多德的一切都是错的,只有他从柏拉图那里趸来的才是例外。难道柏拉图不是和莎士比亚一样从别人的店铺里大量淘宝,把偷来的东西扮靓、改头换面、据为己有?因此,即使伏尔泰果真如培根那样:从众人的火炬那里取来火种点燃他自己的蜡烛,只要他助燃了这些火炬使其照亮全人类,那就是好样的。事物原本暗淡无光地来到他面前,是他令其光芒四射;事物原本晦涩模糊,是他的擦拭打磨使之清晰可辨;原本没用的文章著述,经他以明白清晰的语言重新包装梳理,便可以让全世界人都能读懂并从中受益。历史上有谁像伏尔泰那样教育过这样众多的人,而且让人倾倒迷醉!

至于说他的影响是否具有破坏性,这一问题谁有发言权?我们难道应该放弃我们引以为荣的,我们为“先贤榜”设立的客观标准?否定掉这位来自费尔奈的永远在笑着的哲人——只因为他的思想不同于我们?在前面我们说过,我们已经割爱了斯宾诺莎——尽管我们之中一些人十分赞赏并推崇他的学说。我们之所以牺牲了这位斯宾诺莎是因为他的影响纵然深刻但是范围太过狭窄。显而易见,我们期待于伏尔泰的,不是我们是否接受他的结论,而是世界是否接受他的结论,以及他的思想是否改造了他那个时代的受教育者及其后人。

是的，伏尔泰的思想的确起到了那样的作用，这一点无可置疑。路易十六在他的寺庙监狱中看到伏尔泰和卢梭的著作，于是感言："这两个人毁掉了法兰西。"他所说的被毁掉的当然应该指专制主义。这位可怜的国王也许过高地抬举了哲学的作用。因为尽管伏尔泰是法国思想革命的领袖，可是这场思想革命的基础毫无疑问是社会经济因素。不过，正如肌体的腐烂不会自发地导致清理腐烂的行动一样，如果没有疼痛的信息传递给知觉，哪里会有什么行动发生。同样地，波旁王朝政治与经济的腐败，如果没有被数以百计的刚健的笔所彻底地揭露出来以唤醒国民的觉悟和社会的良知，其后果可能是整个法兰西分崩离析的大毁灭。伏尔泰正是那场揭露腐败启蒙心智的宏伟事业中的总司令，其他人都甘愿接受他的领导并以执行他的命令为荣。甚至伟大的腓德烈都尊他为"数百年才诞生的一个天才"。

伏尔泰的思想，就像古老的信念会重生那样，一代又一代地在我们的生活中悄悄地延续。在他的那个世纪里，整个欧洲都臣服于他的那支神奇的笔，后续的几个世纪里的伟人们都称他为心智启蒙的源头。尼采把自己的一部作品奉献给他，因为他曾经深深地吮吸那来自大师的甘泉。阿纳托尔·法朗士的思想、智慧和文风的形成都得益于这位伟大智者留下的99篇著作。勃兰兑斯，法兰西解放战争的高龄幸存者，在其生命的最后几年里完成了这位来自费尔奈的伟大解放者伏尔泰的传记——虽然这传记里有些可以谅解的个人崇拜在内。总之一句话：我们忘记推戴伏尔泰之时便是我们不配再享有自由的时刻。

康德

然而，单纯的信念和诚实的质疑之间的那种压抑不住的冲突还有另外的一面。启蒙运动表面上已经破坏掉的信念也并未达到灰飞烟灭无话可说的程度。伏尔泰便保留了一个对所谓"个人神灵"的信仰，而且他还在费尔奈给上帝专门修建了一个小教堂。可是他的追随者们在与对立面的斗争上却要比他走得远得多，伏尔泰一死，唯物主义便开始追杀与之对立的各个学派。

有两种方法分析世界：可以从物质入手，但是我们会被迫演绎出精神之谜的问题；也可以从精神入手，那么我们会被迫把物质看成仅仅是一堆感知。因为假如我们不通过感官又如何能认知物质？那么对我们说来，那不是思想又是什么？物质，就我们所知，不过是精神的一种形式而已。

这种崭新的结论是柏克莱首先明明白白地公之于世的。此举马上在专家学者之中引起巨大骚动，这等于给启蒙运动的不肖子孙提供了一个绝佳的出路，又是精神领先地位被重新确立的良好时机。于是，嚣张一时的敌人被排挤压制在一个小而又小的领域里，宗教信仰和不朽希望之说的哲学依据因此得以大大地恢复。

这场唯心主义运动的领军人物便是伊曼努尔·康德，这位抽象主义哲学史上最伟大的代表人物。他的足迹遍布哥尼斯堡小镇，他常常一个人漫步在这小镇的街道上，边走边想：那繁星满布的夜空时而演化为半虚半幻的景象，又通过感知显像为某一主观的事物。正是由于这位唯心主义大师孜孜不倦的努力，精神才得以从物质中被解救出来，正是这位康德针对"纯粹理性"的各种极限，以他的令人费解的理论进行了雄辩有力的抗争，也还是这位康德，以他的玄虚莫测的思想，出神入化，如同操作魔术一般，才使那个至亲至爱的古老信仰获得重生！

提到康德，全世界都高兴，因为人们感到可以只凭信仰活着，而不必垂青于那些遏制夙愿、毁灭希望的劳什子科学。康德的影响在整个19世纪都不时地增长，当理性主义和怀疑主义一次又一次地威胁唯心主义古老城堡的时候，人们便纷纷逃到康德那里寻求力量和庇护。甚至像叔本华那样再现实不过的人以及狂热地坚持旁门左道的尼采都接受康德，并且把康德所归纳的"世界万物皆表象"的主张看做是任何一种可能的哲学学说的不可或缺的发端或起始。康德的著作具有如此的生命力——缜密的纲领，坚实的基础，以至时至今日，他的学说仍就巍然屹立，颠扑不破。按照皮尔森、马赫、彭加勒的论述，科学本身似乎已经承认一切现实、一切"物质"、一切"自然"连同它们的"法则"，都是思维的产物。不过这个中的真相却只是有可能被我们了解但是永远不可能确确实实地被我们了解，难道不是这样吗？康德显然战胜了唯物主义和无神论，那么这个世界又可以让人们对唯心主义和宗教心存希望了。

达尔文

后来达尔文出现了。新的论战又开始了。

我们现在还不知道达尔文的著作在人类历史上最终意味着什么，完全有可能，对于我们的后代说来，他的名字标志着西方文明进程中的一个转折点。如果达尔文错了，世界会忘记他，就像我们已经差不多忘记了德谟克利特和阿那克萨哥拉一样；而如果达尔文是正确的，人们会把1859年定为现代思维开始的年代。

达尔文所做的不过是静悄悄地以他那种与世无争的谦恭为我们提供了一幅全新的世界图景。这幅图景完全不同于此前令我们心满意足的那一幅。在此之前，我们以为这是一个秩序井然的世界，有神的指引，有万能的主的智慧，朝着公正，朝着完美，朝着功德圆满的前景行进，在那里一切的功德都会最终得到恰当的回报。可而这位达尔文，虽然没有攻击任何的教义与信条，只是为我们描绘了他所见到的情景，而顷刻间，这世界就变成了血红色。自然界，原本在金秋的夕照之下如此美妙，此时却成了杀戮与争斗的场所。在那里生命的诞生纯属偶然，而死亡才是确定无疑的。"自然"如今变成了"自然的选择"，或是"自然的淘汰"，即为生存而争，为生存而战——岂止如此，还要为拥有伴侣和权利而争，而战。"不适应者"——较为柔弱的花，较为温和的动物以及较为善良的人统统会遭到无情的淘汰。地球的表面充斥着相互交战的物种和相互竞争的个体。一切生物都是更大的生物的猎物，每个生命都以牺牲其他生命为代价求得生存。规模巨大的自然灾害接踵而至：冰河期、地震、飓风、旱灾、虫害、饥馑还有人类之间的战争。数百万计的生物被"锄除"——被迅速或被缓慢地杀死。有些物种或个体侥幸存活下来，也只是维持一段时间。这便是曾经发生的进化，这便是曾经的自然，这便是这世界曾经的现实。

哥白尼把地球说成是融化的云层中的一个小小的微粒，而这位达尔文则把人类贬成是为主宰地球而厮杀的来去匆匆的一种动物。人不再是上帝的儿子，现在得说人是争斗格杀的儿子。人类在战争中的狠毒使得那些最为凶残的野兽也自愧弗如。根据这位达尔文的说法，人类不再是神的恩宠有加的创造物，而是类人猿的一个分支，一个物种。只是因为变异和自然淘汰的命运作怪，才好不容易进化成为有尊严的人，然而也恰恰因为这一点，人类必将被超越，而后消亡殆尽。人皆有死。出生伊始，死亡便已注定，人皆如此，概莫能外。

想想这血淋淋的达尔文式的世界图景带给人类的巨大压力和痛苦吧！此前一路伴随我们人类成长的哲学理念是多么的娇弱温存，可是我们现在却要被迫去适应那残酷血腥的世界。难怪那自古以来的信仰要奋起为其生存而战。对整个这一代人来说，自从伽利略被迫屈服和布鲁诺被烧死在火刑柱上以来，“宗教与科学之争”此时此刻比以往的任何时期都更加惨烈。但是，被争战耗尽心力的胜出者，今天会不会悲伤地坐在废墟上，暗自哀悼自己的胜利，巴望那被他们自己的胜利所扼杀的旧世界起死回生？

致 歉

以上是我们入选的十位思想家。他们是孔子、柏拉图、亚里士多德、托马斯·阿奎那、哥白尼、培根、牛顿、伏尔泰、康德、达尔文。而被我们忍痛割爱的人物则是：德谟克利特、伊壁鸠鲁、马克·奥勒留、阿伯拉尔、伽利略、斯宾诺莎、莱布尼茨、叔本华、斯宾塞和尼采。历史上有几个大规模的思潮或者思想运动也被我们连同其领导者们一道忽略不计了：比如女权主义及其领导人从玛莉·渥斯顿克雷福特至苏珊·安东尼；再比如社会主义思潮及其有望被我们选中的诸多理论家：戴奥奇尼斯、季诺、拉萨尔还有马克思。事情只能如此，因为再长的“先贤榜”也不能穷尽人类文明的宝库，更无法囊括浩瀚历史上的各类能人智士。好吧，让我们有更多的“先贤榜”，更多的“名人录”。对于这些伟大的思想家来说，我们无论给予他们怎样的荣誉，无论怎样隆重地追思他们都不为过。也许，这正是我们撰写这些纪念文字的真正用意——愿这些名字永远装点美化我们度过的每一天，愿这些名字给世界带来新的美色，让人间有更多的温情与关爱。

第二章
十大诗人

荷马

许多年以前,我在俄罗斯看到了诗歌的源头。当时我们决定住在俄罗斯人的家里,在他们所生活的自然环境中研究他们。我们的向导家在切尔尼戈夫(Chernigov)镇。我们准备按照农民的食宿标准,在他家呆上一周。第一天晚上,村民以怀疑的目光注视着我们。有些胆小的人甚至散布说我们是来偷他们的小孩子的。可是第二天晚上,他们就来到我们的茅屋外面的空地上又唱又跳。我们则坐在凳子上或是荒草地上。有一位靠墙坐着的蓄着胡须的失明老人,弹着他的巴拉莱卡三角琴,唱起了他们民族的古老传说。他唱的是一种哀怨的叙事诗,总是停在半音上,为的是便于叙事者从容地接着讲故事,就像那种转动的大轮,靠着不断重复的动力足够它一轮又一轮地转动下去。我一边听一边想,我看到了荷马对着希腊人唱特洛伊城的陷落。

在有文字之前,人类用这种简单而动听的音乐形式——这音乐的节奏极便于记忆,来传承并装点自己的历史。在众神主宰一切的时代,历史庄严而崇高,足可以为诗;而有关人类的爱情和战争的故事,由于有天上众神的参与被赋予了天堂的乐趣,于是许多游吟说唱者的故事便逐渐积累而升华成了史诗,比如我们熟知的《伊利亚特》和《奥德赛》。至于"荷马",完全有可能是这众多的说唱者之一,也有可能是人们称所有编唱故事的人为"荷马",因为我们总喜欢整齐划一而不喜欢支离破碎的史实。每一个民族的文学都起源于类似"吠陀本集"或"英雄传记"之类的史诗,比如《罗摩衍那》《摩珂婆罗多》《尼贝龙根之歌》《贝尔伍》和《罗兰颂歌》等。一个民族,如同一个人,有着自己的童年时代,这些史诗对于我们每个民族的童年说来是很自然的事，就像我们小时侯也有过类似的东西一样。史诗在那个时期正是发挥了后来那些爱国主义历史的作用——其中讲的都是你的国家如何一贯正确，百战百胜而且总是特别受到上帝的恩宠。

荷马讲的故事本身是否真实并不重要也无关痛痒，甚至那故事中的男男女女，还有这位神、那位神，显然是他老人家想象出来的，也都关系不大，关键是他杜撰得那么好，讲的又那样绘声绘色，你若是真把史实搬出来，与之相左，反而不好。“美”也有自身的特权，和“真”一样。所以史诗《伊利亚特》要比史实“特洛伊之战”更加重要。即使“海仑娜”只是个女性的名字，或者只是当时官方用来鼓舞士气的口实，即使交战中的希腊人真正的目的是夺取某个战略要塞而不是要俘获这位可心的美女也无妨，甚至即使七个特洛伊城被埋在地下也无所谓，海伦娜永远是“可爱”的同义词，仍然会催生出洋洋洒洒、浩浩荡荡数量超过十几万种的书来扬帆于宇宙之中最伟大的海洋——“墨”海之上。

这些古老的史诗在艺术上和思想上都并不复杂。因为它们原本就是唱给人听的，不是让人去阅读和思考的，不仅如此，它们是唱给老百姓听的，而不是唱给敏感而细腻的王公贵族们听的，史诗得让人一听就懂而且得有引人入胜的情节让大家一路听下去。今天我们的生活复杂而且以自我为中心，里面鲜有当年希腊人所熟悉的那些战争情节。那些军事行动如今只能见之于报端，而且可能是远方搜集来的。时至今日，人类已经成为只想不动的动物了。因此我们的文学充斥着动机与思想的分析；我们把战争的杀戮和惨烈都看成思想冲突。而在荷马的时代，生活充满战争的生动情节，荷马就是这些战事的预言者。他的诗行和文体都由这些战事来控制。荷马那充满激情的抑扬顿挫所唱出来的六韵步使故事像宽阔的大河一样奔腾向前。因此（当我们终于弄清了众神和英雄们的来龙去脉时）我们会被那诗紧紧抓住如同被飞流而下的尼亚加拉大瀑布摄住了魂魄。在这些打杀中也有静静的诗行如这里的第八卷的结尾，即使在蹩脚的英译本中也仍然很美：

> 赫克托耳言罢，特洛伊人报之以赞同的吼声。
> 他们把热汗涔涔的驭马宽出轭驾，
> 拴好缰绳在各自的战车上。
> 他们动作迅速，从城里牵出牛和
> 肥羊，从家里搬来香甜的饮酒

和食物，垒起一座座柴堆。
晚风托着喷香的清烟，扶摇着从平原升向天空。
就这样，他们精神饱满，整夜围坐在
进兵的空道，伴随着千百堆熊熊燃烧的营火。
宛如天空中的星宿，遍撒在闪着白光的明月周围，
放射出晶亮的光芒；其时空气静滞、凝固。
高挺的山峰、突兀的石壁和幽深的沟壑
全都清晰可见——透亮的大气，其量不可穷限，从高天
泼泻下来，突显出闪亮的群星——此情此景，使敌人开怀。
就像这样，特洛伊人点起繁星般的营火，
在伊利昂城前，珊索斯的激流和海船间。
平原上腾腾燃烧着一千堆营火，每堆火边
坐着五十名兵勇，映照在明灿灿的火光里。
驭马站在各自的战车旁，咀嚼着燕麦和
雪白的大麦，等待着黎明登上她的座椅，放出绚丽的光彩。

(这一段诗的译文引自陈中梅译《伊利亚特》，花城出版社，1994年版)

大卫

荷马是第一位入选者，可接下来我却有点踌躇不前，因为逻辑学家都会问："你们检验一个诗人的伟大之处的标准是什么？"这的确是个让人两难的选择。倘若制订出的标准客观得全然不顾我的个人品位和好恶，我们可能会丧失探险过程中的激情或者错过情有独钟所带来的惊喜。所谓客观检验标准无非是知名度和影响，然而用这种标准来选思想家倒还使得，选诗人就不大靠谱了。谁能想象把当代诗人按照影响和声誉排座次？谁能提名那位人又善良诗歌又动听的朗费罗为我们最伟大的歌手，就因为更多的人喜欢他，就因为人们不接受惠特曼的离经叛道以及他的种种尝试？不，我还是有话直说道出至爱而不要去假装公允吧。我要记录那些与众不同的把音乐、情感、意象和思想融于一体奉献于人的人们，因为他们所融合的东西才是诗。

闲话少说，我提名“赞美诗作者”为下一位入选者。然而，他是谁我们不得而知，反正不是大卫。大卫是谁？大卫是个颇令人着迷的大盗——靠掠财致富，篡夺了索罗的王位，偷人妻，破十戒，而且条条都破。可就是这样一个人，却被后人尊为“赞美诗”的令人敬佩的作者。而事实上，这些“赞美诗”是由许许多多人断断续续写成的——唯独没有大卫的参与。这些赞美诗后来又由耶路撒冷神殿的牧师们历经数百年的编纂而成。那大概是在耶稣诞生之前一百五十年的事，而大卫那时已经作古一千年了。

然而不管是谁写的，什么时候写的，反正这些“赞美诗”就这样存在。它们是人类文学史上最深刻的抒情诗。这些诗那样生动，那样有震撼力，甚至不信教的人听了也禁不住热血沸腾，不由自主地回应那音乐的感召。不错，这些诗有太多的哀怨，诗的作者重复约伯的提问，甚至比约伯更早地发难：为什么正义的人们受苦受难而残忍的人却活得那么滋润？在那些诗里他们狭隘地认为神只属于他们自己的民族，而且充满了火药味地要求严惩敌人。他们用极致的赞美哄骗耶和华，责备他的疏忽（X, 1; XLIV），而且大而统之地把犹太人和朝圣者的上帝描绘成统帅全军的总司令，打仗时孔武强大令人不寒而栗(XII, 3; XVIII, 8,34,40;LXIV,7)。

不过这些战争之歌里面也有温柔的抒情诗倾诉人们的屈辱和伤悲！比如，“说到人，他们的生命有如青草，有如田野里的花儿一般盛开。风儿吹啊吹，吹走了花儿，吹走了草；谁还知道他们曾经在这里存在过？”宗教情操从未这样优美，这样震撼人心地表达出来；在英语中，这些语言堪称是简明、清晰和力量的典范，在希伯来语中，它们唱出了那庄严、恢弘的气势；这些诗中的短语构成我们当前流行的话语，比如“来自黄口小儿，吃奶的婴儿之口”，“珍贵如我们的眼球”，“王子的为人不可信”等等；诗中丰富的意象和感情可以和东方人的意象媲美，比如形容初升的太阳“像刚从洞房走出的新郎，高兴得就像要参赛的大力士”。这是迄今为止人类所能写出的最好的诗歌，产生的影响无法估量。两千年来，人们世世代代为之所动，就是歌颂爱情的诗歌也无法与之相比。难怪它们给苦难中的犹太人和美国的拓荒者以慰藉。这些赞美诗中最著名的是下面这一首，像是母亲唱的催眠曲，那样的恬静，那样的安详：

58.主是我的牧羊人

主是牧人，我是羊。

我别无所求,心满意足。
主让我躺在青葱的草场,带我到清水池旁。
主让我灵魂再生,以主的名义领我走上正道。
主护佑着我,穿过死神阴影笼罩的峡谷,不怕邪恶。
因为主与我同在,主的侍从带给我慰抚。
在仇敌面前,主为我设神案,施圣油,
为我祝福,让我杯满四溢。
主啊,你让仁爱与慈悲终生跟随我吧。
我将永远留。

欧里庇得斯

现在我们回到了希腊,坐在狄俄尼索斯剧场,等着欧里庇得斯的出现。一排排石头台阶建在山坡上,呈半圆形展开,一层比一层高,山顶上驮着帕特农神庙。三万雅典人闹哄哄地坐在那里,穿着宽大的袍子,激情四溢,高谈阔论,富于感情又不乏高见;他们是最最投入的听诗观剧的热忱观众。前排座位是大理石雕刻的椅子,供给雅典的官员们和拥戴这位悲剧之神的牧师们就座。大型的两用剧场的底部有个小小的铺石板的舞台,舞台后面是演员们的后台也是“布景”。放眼望去,这山,这神庙上面,是广阔无垠的天与不落的太阳。远处的山脚下蓝色的爱琴海在微笑。

时值公元前415年。雅典深陷伯罗奔尼撒战争,希腊人打希腊人,亲戚之间的残杀往往惨烈无比。然而这位大胆的剧作家却选了另一场战争做他的主题:特洛伊之围。他的朋友们(其中有苏格拉底,此人只看欧里庇得斯的戏)相互耳语说他的剧情与荷马的版本大相径庭,说他会从战败者和被摧毁一方的视角来描绘特洛伊之战。突然间一切都静下来:从演员的小房间出来一个人,他饰演海神波塞冬;他被脚上的高底鞋托起来,所以显得很高大,讲话的声音从面罩里传出来,因而显得洪亮有力,这倒是很符合剧情的主旋律:

你这瞎了眼的，走街串巷，
毁了神庙、荒了坟冢，
踏平教堂的庇护所，
扰了列祖列宗的安宁，
你们已是死到临头。

（苏格拉底是为这一段引子鼓掌吗？鼓掌的时间那么长久以至演员不得不同意再重复一遍？）

希腊人此时已经占领了特洛伊城，杀了赫克托耳，蒂索诺斯正前来抓他的妻子安德洛玛刻，还有他的妹妹，就是那位高傲的女预言家——卡桑德拉以及他的母亲赫卡柏，就是那位白发苍苍的老皇后，她们将成为希腊人的奴隶或者是情妇。赫卡柏悲愤欲绝，使劲捶自己的头，哀叹道：

捶呀，狠狠捶这摘了王冠的头，
撕烂我的脸，让鲜血染红泪水！
一个撒谎的冷酷的男人
将成为我的夫君……
啊，我要忆起久远的往事，
编织成歌……
啊，那伤口深的人
我那被岁月销蚀的国王，
你养育了我的孩子们，
普里阿摩斯，普里阿摩斯啊，
来，梦中与我相会。

（英文译者 Gilbert Murry）

她的儿媳安德洛玛刻企图用自杀的念头来安慰婆婆：

啊，母亲，你听我说句话，

征服恐惧，直到你的心和我的
不再为欢乐而跳动。死去无非是不再……
而我——早就把弓对准了我志在必得的好名声；
我知道我的箭已命中；
所以我的心才这样平静。
男人赞美我们的那一切，我为了赫克托耳的缘故，
才去爱、才去追求。
我早知道，去那里会遭伤害
难以保住清白，去四下游荡
又会损毁女人的名声；所以我
踏灭此种欲望，只在我的花园里走走。
我的门前从未有嬉戏轻浮的女人经过。
我内心的想法——我已没有渴望——
这样对我说，而我是幸福的。
我时常以善意的无声和静谧的眼神
回应赫克托耳的问候，我小心在意地生活，
遵从指引，懂得服从……
啊，我的赫克托耳，我的最爱，
那属于我的，一切的一切，
我的王子，我的聪明的人儿，
我的勇敢的殿下！没有任何男人的触摸
近过我的身，自从你把我从我父亲的家中领出来，
让我成为你的人……
可是你现在死了，
战争让我沦为奴隶，
希腊可耻的盘中餐，在这咸涩的海洋之上！

赫卡柏肯定了她的话，但认为还有希望，因为赫克托耳的孩子阿斯蒂阿纳克斯有朝一日会光复沦陷的城市。然而就在此时，塔尔堤比俄斯回来说希腊人的市政会议决定，为了希腊的安全，必须把这小孩子从特洛伊城的城墙扔出去摔死。安德洛

玛刻只能强忍悲痛和怀里的孩子道别：

你这小东西
蜷曲在我的怀里，好香啊
你这小脖子！我亲爱的宝贝，
我生你养你，
你生病我整宿不睡地守着你，
累得我几乎病倒，难道这一切都将化为乌有？
亲亲我，这是最后一次；
不会再亲了。举起你的小胳膊，搂住我的脖颈；
亲亲吧，嘴对嘴——
啊，你们找到的行刑方式
胜过东方的一切折磨，你们这些“温柔的”希腊人！
快！把他拿走，抓住他，从城墙上扔出去，
如果你们想扔！劈了他，你们这些畜生。
要快！
上帝已经在召唤我了，我已无力抬起双臂，
一只手也抬不起来去拯救我的孩子。

斯巴达王墨涅拉俄斯上场，找海伦娜，发誓要当场杀了她；随后海伦娜出现了，高傲而无畏，仍旧是女性领域中的仙子一般仪态万方，那斯巴达王立刻因她的美貌所倾倒以至忘记要杀她，反而命令奴隶们把她放到“有舱的船上以便她可以在海上航行”。这时塔尔堤比俄斯回来了，手里是赫克托耳儿子的尸体。赫卡柏把血肉模糊的婴儿裹上葬袍，情真意切地对它说：

啊，死得好惨，小东西！……
你柔软的胳膊和他的一模一样
……那骄傲的嘴唇，原本充满希望
却永远地紧闭了！你夸下的大话，
清早你爬上我的床，用好听的话

叫我,答应我说:“祖母,等你死了,
我就把头发剃了,带领全军的将校
骑马巡逻你的墓地。”你为什么骗我?
现在是我这个老不死的,无家可归的,
无儿无女的为你这个惨死的小儿
老泪纵横。
亲爱的主啊!你踏着那吧嗒吧嗒的
脚步来迎接我怀里的孩童,啊,
甜甜的一起入梦!都走了。
诗人该在墓碑上刻什么字才不至于撒谎?
“这里安放着希腊人害怕的一个孩子,
他们出于恐惧而把他虐杀。”
希腊会保佑它自己的这个故事!……
哦!虚荣便是人,享乐而无惧的人;
岁月的机遇来来去去
活像个白痴在风中乱舞!
(她把孩子用尸袍裹好。)
光荣归于弗里吉亚军团,
我的思念停在你做新郎的那一天
停在你和那远道迎来的东方的新娘结合的那一天
啊,我把你裹好,裹好,永远,永远……

在静寂的场景上响起了合唱的乐声,悲情之歌在空中回荡:

捶呀,狠捶你的头;
合着哭嚎捶
举起手来狠命地捶,捶啊,捶;
捶到鲜血淋漓悼死者,
我为逝者哀!

我们在这里看到了类似莎士比亚剧作的震撼力，虽然没有莎士比亚剧作的广阔领域与含蓄，却有着现代戏剧所无法企及的令我们感动的社会激情，只有李尔王临死的那一场还可以与之媲美。欧里庇得斯是个敢讲话的人，他的勇气令他敢于在人人都因战争而狂热时，去指责战争中全无必要的兽性，让希腊人看到了自己人在胜利时的野蛮行径，也看到了他们的敌人在失败时所表现的英雄气概。“欧里庇得斯，一个真正的人，一个唯一真正的人”，他谴责奴隶制，他既是妇女的评论者同时也是妇女世界的知音和妇女的保护者。欧里庇得斯既是一切确定性的怀疑者，又是个热爱全人类的人：难怪希腊的年轻人在街上朗诵他的诗，难怪被俘虏的雅典人只要能背诵他的剧就可以获得自由。“倘若我能确定人死后有知，我宁愿吊死自己，只要能让我见到欧里庇得斯”，剧作家菲理蒙如是说。欧里庇得斯没有索伏克利斯的古典式的冷静与客观，也没有埃斯库罗斯的严谨和含蓄；欧里庇得斯之于索伏克利斯和埃斯库罗斯就好比激情澎湃的陀思妥耶夫斯基之于完美无瑕的屠格涅夫和巨人托尔斯泰。因为只是从陀思妥耶夫斯基那里我们才能看到我们隐秘的心被揭示，看到我们隐秘的渴望被理解；只是因为有了欧里庇得斯，希腊戏剧才从那令人厌倦的奥林匹斯山上走下来，脚踏实地地揭示人间百态。歌德问：“世界上所有的民族都在内，自欧里庇得斯以来可曾产生过一位可以为他奉上掩鞋的戏剧家吗？”没有，从来没有。欧里庇得斯——绝无仅有的伟大的悲剧作家。

卢克莱修

又过了四个世纪。我们现在来到了一座古老的意大利宅邸，远离喧嚣的罗马。这座宅邸的建造者是一位叫孟米尔斯的富翁——未必确有其人。房后是一片静静的院落，四周有墙与外界隔绝，顶上有棚以挡住灼人的太阳。院里的景象很美：两个小伙子坐在水池旁的大理石凳上；两人之间是他们的老师，充满爱心，而且神采奕奕，此时他正在为他们朗诵庄严而铿锵的诗歌。让我们躺在草坪上听，朗诵者就是卢克莱修——当时罗马最伟大的诗人和哲学家。他们正在读的书是卢克莱修的诗歌体论文《物性论》——（按照绍特威尔教授的说法）“这是一切古典文学中最美妙的佳作”。他现在正在朗诵的那一节说的是：爱为什么是一切生命与造物的本源。

你，维纳斯，万物本性的主宰，
没有你，谁也不能升入生命的乐园，
没有你，一切都失去可爱之处和欢乐……
你用爱抚触摸万物的胸脯，越过山脉、大海、
湍急的河流，还有树叶掩映的鸟窝以及青草轻抚的草原，
你用火热的情欲激励每个物种的繁衍……
春光撒满大地，动物在欢乐的草原上欢跳，
在湍急的水中嬉戏。
谁也逃不过你的诱惑。
欲火中烧地追着你，形影不离。

（英文译者：Munro）

卢克莱修是个奇人，他看上去既神经质又情绪无常。有传闻说他被春药毒害过，所以他一会儿忧郁一会儿痴癫。卢克莱修极敏感极高傲，周围一丁点儿小刺激都能伤害到他；天生地爱和平却被迫生活在恺撒的战乱的惊吓中；表面上看是个神秘主义者和圣人，实则将自己打造成了唯物论者和怀疑论者。卢克莱修是个孤独的人，因腼腆而被迫独处却又渴望有人相伴和获得钟爱。卢克莱修是阴沉的悲观主义者，他认为自我消亡的两种运动无处不在——生长与腐烂、生育与毁灭、爱神与战神、生与死。万事万物都有开始，有结束；只有原子、空间和法则永存，生是腐烂的前奏，甚至巨大的宇宙也将融化和回归于无形。

无物固守，万物流动。
碎片粘碎片；万物如此生。
此时方得名。万物皆融化，
不复如我知。

原子飘落慢,原子飘落快,
飘飘落落粘成团,一个、两个、许多个,
太阳如此生,星系逐成形;
太阳和星系,缓缓复归,飘浮至永恒。
啊,你啊,地球,也一样——帝国、陆地和海洋——
还有你,云团,你,星辰,
漂浮的原子粘成团,
一分,一秒,漂浮归永恒。

无物固守。你的海洋在薄雾中
消失;月光下的沙,放弃所在;
别处的海,踏着白镰刀的浪,
从别处的湾涌来。

(William Hurrell Mallock 英文释义)

卢克莱修的哲学是一种悲哀的哲学,几乎不给人与命运抗争的勇气;难怪传言说卢克莱修于公元前55年自杀,时年41岁。然而,诗人的真挚情感,他诗作的那种粗犷的力量使他的诗读起来气势高远而恢弘。卢克莱修的拉丁文原作更显嶙峋与质朴。直等到一代人之后,经过西塞罗的修饰与维吉尔的雕琢,罗马人的语言才变得典雅入韵,美妙悦耳。卢克莱修的文字有着演说家的行云流水般的畅快,有着深得奥古斯都大帝称道的那种女性的优雅。然而这些都不得不屈尊于那些阳刚有力的六步韵,那些生动如画新颖脱俗的形容词,那些庄重而大气的动词以及那些琅琅上口的名词。我们边听边感觉自己步入了伊壁鸠鲁的花园,听到了远处传来的德谟克利特快乐的笑声。因为德谟克利特知道欢乐比智慧更明智,而卢克莱修却不懂这一点。

李白

（作者注：原文没有第五位文学家。原本打算把李白排在第五位，但是考虑到和后面有关中国的章节在内容上会重复，故此处略去。由于内容与第四编第三章的内容有多处重合所以不再单独论述。）

但丁

欧洲黑暗的中世纪正是“毫无疑问地处在文明最前沿”的中国唐宋时期。这里的引言是莫多克说的。他还说唐宋时期的中国“是地球上最强大、最开明、最进步、治理最好的帝国”。欧洲是多么缓慢地从罗马帝国的衰落以及蛮族入侵的噩梦中苏醒过来啊！新城市终于发展起来，伴着新的财富的增长，新的诗歌的发展，从法兰西到波斯，从那不格罗第到里斯本，复苏的商业催开了文学和艺术的花朵。在内沙布尔，那个被人称为替上帝编织帐篷的莪默，唱起了他那幻灭的欢乐——《鲁拜集》。在巴黎，维庸则把诗歌改头换面并且续写篇章。而在佛罗伦萨，但丁邂逅了贝缇丽彩·坡提纳里，他的生活由此全然改变。

咱们去见见九岁时的但丁，晚会上他把自己藏在人多的地方，举手投足都备感紧张，可晚会上的每个眼神、每个动向都没逃过他的注意，他不断地对自己说：“此人多么强壮！”或者失望地想：“这女孩太美了肯定不会注意到我！”突然间，贝缇丽彩·坡提纳里就在他面前——其实那不过是个八岁的小女孩儿，可从这一刻起他却立即爱上她了，而且是全身心地投入，尽管太年轻的爱情里还没有肉欲，可是忠贞的程度不亚于成熟的爱情。“从那一刻起我深藏在心底里的灵魂开始猛烈颤抖，激情在每一次搏动,每一次颤抖里跳跃。我喃喃地说:“更强有力的神来了,她将主宰我的一切。”这是但丁多年之后写的,当然要比实际邂逅时更理想化了,因为记忆中没有什么比初恋更甜蜜的了。但丁接着写道:

对这位温柔的少女的思念占据了我整个的心灵;顷刻间我变得如此脆弱,对朋友我只有掩饰不住的满面悲容……然而他们想知道的恰恰正是我要深埋心底的。我理解他们的问题,我要回答他们说:是爱情引我走到这个关口。我说的是爱,因为我的脸上处处闪耀着爱的喜悦与光芒,藏也藏不住。要是他们问我:‘是对谁的爱让你消耗至此?’我就会笑着看看他们,什么也不说。

可是贝缇丽彩嫁了别人,而且 24 岁就死了,所以但丁便有可能一直爱着她。似乎是为了加倍证明这份爱,日后他娶了琼玛·黛·多那提为妻,跟她生了四个孩子,吵了无数的架。真的,他根本无法忘记那女孩的脸,因为时间还没有来得及抹去她的美丽她就死了,他无法忘记那女孩,也因为美好的愿望一旦实现,那记忆中的娇美的形象便会黯然失色。

于是但丁投身政治,却一败涂地,被放逐,而且他所有的财物都被国家没收。他过了 15 年的贫穷流浪的生活。之后他接到通知,说可以给他恢复一切财产和公民权,但是他必须向佛罗伦萨当局缴纳罚金还要在圣坛前作为被释放的犯人进行“供祭”仪式。他以诗人的高傲拒绝这样做。于是那些彬彬有礼的佛罗伦萨人,以基督徒待人的方式,宣布无论在何处抓住但丁都要将他活活烧死。所幸他没有被抓到,但是精神上他却被活活地烧死了:他后来能够活灵活现地描述地狱就是因为他在尘世间确实经历了地狱般的种种煎熬;而如果说他对天堂的措写不那么生动,那是因为他缺乏个人的亲身体验。从一个城市到另一个城市,他被通缉,举目无亲,有时几乎要挨饿。

在这种极端的困境中但丁没有发疯也没有自杀,是写诗救了他——也许正因为写诗他活过来了。因为没有什么比创造美好和追求真实更能清除身心的渣滓了,而如果能把创造美和追求真二者集于一身,像但丁现在这样,那么这个人就被彻底地净化了。这悲苦凄凉的世界令人无法忍受,但是借用尼采的话,要是我们把它当成戏剧或审美对象来看,或者把它看成风景去描绘倒是能够多少减轻点那刺人的蜇痛。所以但丁立意写作:他要用惊人的讽喻手法来讲述自己如何经历地狱,如何被苦难涤荡净化,最后如何在智慧和爱的指导下终于到达了幸福的天堂。但丁在 45 岁时开始写《神曲》这部现代最伟大的诗作。

但丁告诉我们,“在半路上,这个生命的旅途中间”,他磕磕绊绊地来到黑暗的森林中,然后在维吉尔的带领下,发现自己来到地狱之门,门上写着:“进入此门的你将舍弃一切希望!”用意大利文(Lasciate ogni speranza,voi ch’entrate!)说这句话有种四肢被拉断、肌肉被撕裂,咬牙切齿的感觉。但丁说他看见所有的哲学家都聚在地狱里,还听见弗朗西斯卡·德·里米尼讲她与保罗的生死恋;但丁还讲到他和维吉尔如何通过各种折磨人的场景来到炼狱,又如何在贝缇丽彩的指引下进入天堂。假如这一切不是寓言,那说的就不是什么中世纪而是现时现世了:我们的生活一直都是地狱,只有靠智慧(维吉尔)清除我们的邪恶欲望,靠爱(贝缇丽彩)提升我们的心灵,我们才能达到幸福与和平。

然而但丁本人却并未享受过这种幸福与和平,一直到生命的最后他都是流放犯,外貌和灵魂都被涂成了黑色,像乔托给他画的肖像那样。人们说从未见过他笑,人们讲起他时,满怀恐惧地把他当成从地狱归来的人。无穷无尽的苦难和折磨令他早衰,但丁于1321年死在拉文纳,当时年仅仅56岁。75年之后佛罗伦萨恳求拉文纳市归还他的骨灰,可是想当年当此人在世时,这座城市是要把他活活烧死的,拉文纳拒绝了。他的墓至今仍然立在这个有一半拜占庭风格的城市,作为该城的伟大纪念碑之一。就在那里,但丁之后500年,另一位被放逐者跪在但丁墓前,对人生他彻悟了。此人是诗人拜伦。

莎士比亚

伏尔泰说:“但丁是个疯子,他的作品是魔鬼。太多的人各执一词地评论他的著作,所以他无法被真正地理解。而他的名气会越来越大因为没有人再读他的作品。”伏尔泰还说:“莎士比亚,虽然在洛佩·德·维加(Lopez de Vega)时期名声大噪……却是个野蛮人”,他编写了“被称为悲剧的可怕的闹剧”。18世纪的英国人竟然同意这个法国佬儿的观点。更有甚者,沙夫茨伯里伯爵说:“莎士比亚的思想粗俗而野蛮。”1707年有个叫泰特的写了一部剧叫做《奥赛罗》,而后竟然说“该剧的内容取材于一位无名氏的作品”！亚历山大·蒲柏，被人问到为什么莎士比亚写了这些剧，蒲柏答曰：“人总得挣钱糊口吧。”唉，这便是名气。所以千万别读评论家对你作品的说三道四，也别对后人对你的评判太过好奇。

全世界都知道威廉·莎士比亚的身世：比如知道他如何仓促成婚以及立刻就后悔而不是等到有空闲思考方知后悔；后来他逃往伦敦，做了演员，以自身的光和热将旧戏翻新，和性欲旺盛的吉娣·马洛“玩遍”整个伦敦城，相信“追求比拥有更有味道——追求某种东西的过程往往要比最终得到并享受这种东西更有味道”。他和乔治·查普曼以及“罕见的本·琼生”在“美人鱼”旅店斗智；他向新崛起的清教徒开战而且调侃他们说——“你们以为由于你们的贞洁从此世上就没有美食跟佳酿啦？”；他读普鲁塔克、让·傅华萨和何林塞的著述，因而熟悉了历史，他读蒙田因而懂得了哲学；他终于通过学习和经历苦难与挫折成为他那个时期征服整个戏剧界的“威廉大帝”，而且自那之后一直统治着英语世界。

莎士比亚精力充沛过人而且纵情声色，这是他才华的源泉同时也酿造了他的失误；此等精力令他的戏剧既有深度又有激情，然而好事坏事都成双，这一切也令他英年早逝。据说他甚至在返家途中也免不了荒唐与风流。每次回斯特拉福他都先驻足于达文南特夫人的旅店，旅店坐落在牛津(斯特拉福和牛津都是通往爱尔兰的驿站)，而且终于在那里留下了年轻的威廉·达文南特，这孩子后来成了一个没有什么名气的诗人，但是却从未抱怨过自己的父亲。有一次这男孩往旅店跑，被一个蛮风趣的人挡住，那人问孩子去找谁？男孩回答说：“去看我的教父，威廉·莎士比亚。”那人说：“孩子啊，看在上帝的份上，把那个没用的‘教’字去掉吧。”

莎士比亚被请到皇宫演出时，有一阵子可以嬉戏于猛男靓女的宠幸之间，于是疯狂地爱上了玛丽·菲顿，抑或是另一位“深肤色女郎”。“快嘴桂嫂”及“桃儿贴席”从他的戏剧里消失了，取而代之的是端庄的鲍西亚。此时他的灵魂浸泡在浪漫和喜剧之中，他的精神畅玩于他笔下那些假小子们如罗瑟琳和薇奥拉以及爱丽尔的创作之中。但是爱是没有够的；在爱的隐秘的心底里藏着有毒的焦虑，警示着爱的异化和腐烂。“爱，不过是发疯，所以得有个黑屋子和鞭子伺候，对疯子都得这样”，罗瑟琳这样说。“天啊！我爱上了，爱教会了我悲伤”，比隆这样讲。

这就是莎士比亚悲剧的核心，然而却也是他生活的最低谷，他曾把爱情十四行诗献给他的好友“W.H.”，可是后者却偷走了他新鲜的激情的宣泄对象，那位“深肤色的女郎”。他暴怒了，于是把疯狂与怀疑加入十四行诗里；他陷入苦恼的深渊，无边的悲哀啮咬他的心。他把这颗伤痛的心掏出来让大家看,于是便有了《哈姆雷特》《奥赛罗》《麦克白》《泰门》和《李尔王》。他遭受的折磨令他变得深刻,于是他从写轻松的喜剧和刻画简单的人物转到写复杂的性格,复杂的悲剧,一直写到无法规避的黑色命运。绝望失落的经历把莎士比亚造就成了最伟大的诗人。

我们最喜欢他那疯狂而又丰富的话语。文如其人,他的文风有如他的一生:精力充沛、狂放不羁、多姿多彩,而且恣情肆意。他说:“超越方能胜出!”他的风格是快——快得令人喘不过气来。莎士比亚写得仓促所以从来没闲空追悔。他从不删掉哪怕一行字,也从不做校读,他从未想过有那么一天他的剧不在舞台上表演而是拿来阅读。他以毫无节制的激情从事写作而从不顾及将来如何。词语、意象、短语、思想,像永不枯竭的惊人的洪流,奔腾倾泻;人们不禁要问这汩汩的泉涌从何而来?答案是:他“大脑中有座词汇的宝库”,而且他把狂热的激情融会于他精巧的想象之中。他对语言的把握无人可比,运用取舍之自由、肆意与大气没有谁可以企及。盎格鲁—撒克逊词、法国词、拉丁词、酒厂的词、医学词、法律词,轻快流畅的单音节话语和洪亮的极长的多音节的演说词, 妩媚的女人味的委婉语跟粗野通俗的淫秽之语……形形色色,色彩斑斓。只有伊丽莎白时期的人才敢写这样的英文。跟他们比,我们现在的行文举止规矩多了,然而使用语言的权利却也变小了。当然了,如托尔斯泰所说,莎剧的情节有悖常理;他用的双关语也流于肤浅。不仅如此,以培根的标准看,学问不够严谨之类的错误多得数不胜数,而且贯穿的哲学思想不是投降就是绝望,等等,等等。然而这些全都无关紧要。最最要紧的是这些作品中的每一页都涌动着天神般无穷无尽的伟大力量。单凭这一点,我们对莎士比亚便什么都可以原谅。生命绝不会因批评而止步,莎士比亚的生命力已经远远超越于此。

济慈

让我们停一下,看看有多少伟人我们没唱颂歌就匆匆略过。首先是莎孚,她从莱斯博斯岛把她写的女同性恋抒情诗抛给了世界;之后是埃斯库罗斯和索伏克利斯，这两个人拿狄俄尼索斯大奖的次数远远超过欧里庇德斯；含蓄精致的卡图鲁斯,典雅庄重的贺拉斯、轻快活泼的奥维德、动听的维吉尔;彼特拉克和塔索、莪默—菲茨杰拉德（由菲茨杰拉德解释的莪默的作品——译者注）、乔叟和维庸等等。这些杰出的人物都被我们一个个删掉,然而比起我们接下去要办的事,这不过是小冒犯与大不韪的比较了。因为密尔顿与歌德也只能提提名却不能入选,甚至布莱克和彭斯、拜伦和丁尼生、雨果和魏尔伦、海涅和爱伦·坡都没入选。海涅,这个诗歌的顽童,与爱伦坡,这个诗歌情侣中那优秀的一半的化身,这两位都得排除在外。这简直不可饶恕。让我们接着说:丁尼生的每一首诗都美,拜伦的一生就是一首悲情诗。但是,他们统统都被删除了。那么比他们伟大因而令他们让位的能是谁呢?更糟的事还在后面。我们没选弥尔顿,可他写诗的那一种大气就像是王爷,他的诗句有着王室的那种气魄、权威和震撼力,他笔下的英语有如霹雳轰响,万号齐鸣,那气势犹如以撒亚的希伯来语。然而最最糟糕的是我们把歌德搁到一旁,那可是德意志之魂啊！歌德青年时期写得像海涅,成熟期像欧里庇德斯,老年时则像哥特式教堂——令人头晕目眩却惊喜不断,怎样的德国人,怎样的欧洲人会容忍这等事——允许我们舍弃歌德?怎么办呢?索性让我们勇敢地一罪到底,不选哲人歌德而让济慈入选。

1819年济慈因肺痨而卧床数周,他写信给芬尼·布劳恩说:“现在我有机会彻夜焦虑无眠,有些想法会侵扰我。我对自己说:‘如果我现在死去,我没有留下不朽的作品令朋友们为我骄傲,但是我爱一切事物中的美的本质,但愿我还有时间,我将让世人记得我。’”“但愿我还有时间”——这是所有伟大人物的悲叹与哀鸣。济慈此后没有任何重要作品问世,不过,他的友人们却因为他而留名于世。济慈自己留下的诗作和英语语言一样长青与不朽,甚至比莎士比亚的作品还完美。评论暂停,还是让我们再读读他的诗吧。他对夜莺唱道:

夜沉沉,我听,一遍遍,一声声,
我多半爱上了我轻松的大限,
唤他温柔的名,和着诗的韵,
送我静谧的气息至空中;
此刻就死去该多么奢华,
在午夜止息,无痛无苦,

你嘹亮地把你的灵魂唱出！
如此的欢快！
你还在唱，而我已无法再听——
你的安魂曲，化了一掊土！

再看这首题目是《致悲哀》：

她与美同在，而美注定凋零。
还有欢乐，那手总在唇边，
在道别；伴随着快乐与痛楚！
如同那蜜蜂的吸吮，将甜蜜化成毒液；
啊，就在这欢乐的神殿上，
面纱遮住悲哀，还有她的神龛；
可谁也看不见，只有他，能
将那欢乐的果，细细咀嚼，
以他的心灵，品位她的魅力，与伤情！
于是云雾里，
悬着又一被
掳获的魂。

济慈从英国到了意大利，追逐阳光；然而海上的风暴毁了他的身体，南方的尘霾对他也不利。他多次大口地吐血。他要求别把芬尼·布劳恩的信拿给他看，他不忍卒读。他也不给她和其他的朋友写信。他只有等死。他企图服毒但毒药让塞汶给拿走了。塞汶说："死的念头是他唯一的安慰。一讲到死他就开心。康复的想法对他来说比什么都可怕。"在他最后的日子里，"他的头脑异常平静平和"。他为自己撰了碑文："这里安息的这位的名字以清水写成。"他一遍又一遍地问医生："我这已死去的生命何时结束？"最后的一次挣扎终于到来了，他说："塞汶——把我扶起来，因为我要死了。我想死得轻松。哦，别害怕，感谢上帝，它来了。"那一天是 1821 年 2 月 23 日；他 35 岁。"啊，但愿我还有时间！"

雪莱

雪莱听到济慈死于肺病和《评论季刊》的消息之后，很长时期与世隔绝。雪莱把悲愤与哀伤写进了《阿多尼斯》这首最伟大的英文哀悼诗里。雪莱以他那女性般的敏感感觉到了他和济慈会共享同一命运：在这一场诗歌与现实的永恒搏斗中，他自己也会很快被击倒。

用梅因爵士的话说，因为雪莱的整个生命和思想的基础是“自然状态”——卢梭理想中的所谓“黄金时代”，即那种人人平等，或一定会人人平等的社会；雪莱几乎是全身心地仇视在理想和现实之间，在愿望和历史之间搞平衡的“历史方法”。雪莱不能读史，他认为历史就是可恶的灾难和罪恶的记录。无论他学习哪一个历史时期，他都把人的行为和真实生活排除在外，只读他们的诗和他们的宗教，只读他们理想的感情和欲望；雪莱了解埃斯库罗斯胜过修昔提底斯，可是他却忘记埃斯库罗斯笔下的普罗米修斯是被捆绑在岩石上的。雪莱不是注定要受苦遭罪么？

雪莱的敏感一如他的诗作“敏感的植物”，这样的东西会很快腐烂而那些粗糙纤维才能枝繁叶茂，存活下去。他通过朱利安的嘴描述自己道：“我，一根纤细的神经，感觉得到这世界别人觉不出的重负正在悄悄地爬上来，压在我身上。”谁也没想到，这个没太长成的柔弱男孩竟然用他的异端邪说点燃了全英格兰。特里洛尼第一次见雪莱后写道：“这可能吗？这个外表温和，还没有胡须的男孩就是那个向全世界宣战的名副其实的魔鬼？”画家迈克瑞迪说他没法画雪莱的脸，因为“太美了”，而且是难以把握的美——因为雪莱有一颗出轨的灵魂。

作为诗人，无人比雪莱更彻底更特立独行。雪莱之于其他诗人犹如他之前的斯宾塞当年的地位，那时，斯宾塞代表了诗的一切。雪莱在著名的“为诗歌的辩护”中写道：“诗是这个世界的上帝，自我的本质是财神——金钱便是它看得见的化身。假如但丁、彼特拉克、薄伽丘、乔叟、莎士比亚、卡尔德隆、培根爵士、弥尔顿从来没有生存过；假如拉斐尔、米开朗琪罗从未出生过；假如希伯来诗歌从未被翻译过；假如对希腊文学的研究没有复兴过；假如古代的雕塑的纪念碑没有流传至今；假如古代世界的宗教诗歌与其信仰一并消亡。”……假如这一切真的发生了,这个世界的道德会是什么样子?这个问题实在是超出了我们的想象!

1822年7月8日雪莱和友人威廉姆斯离开了卡萨·玛尼,他们当时在勒瑞奇岛上逗留,乘雪莱的船——“爱丽儿”号,过西佩齐亚海湾去莱格霍恩接穷困潦倒的亨特和他的众多的家人,雪莱邀请他们到意大利做客。小帆船安全驶达莱格霍恩,可是就在要返回的时候天气突变,预示风暴的来临。亨特决定和孩子们留下,第二天再走;可是雪莱坚持要返回勒瑞奇,因为玛丽·雪莱和威廉姆斯太太还在勒瑞奇等着,如果不见男人们回来,她们会担心的。两个年轻人坚持从港口出发,与进港和停泊的船只相遇,船上的水手警告他们不要出海。但他们还是继续航行。

那天晚上他们没能到达卡萨·玛尼, 玛丽·雪莱就知道命运带走了她的诗人。她绝望地大哭起来,第二天一早就乘大船来到莱格霍恩,她只见到亨特和拜伦,而不见威廉姆斯和雪莱,拜伦马上采取行动,派人对海岸线仔细地搜索。八天之后他们才发现威廉姆斯的尸体躺在沙滩上,肿胀得无法辨认;又过了两天才找到雪莱,只有尸骸,肉都被老鹰啄走了,脸已无从辨认;他们断定是他,因为一个裤袋里装着索伏克利斯诗集,另一个裤袋里放的是济慈的诗。

塔斯坎尼当地法律规定海浪冲上岸的尸体必须焚烧以避免瘟疫蔓延。所以拜伦、亨特和特里洛尼架了一个火堆焚化他的遗体。烧到一半的时候特里洛尼从火堆里捡出了死者的心脏。后来雪莱的遗孀把那颗心葬在罗马的清教徒墓地,济慈的墓旁边,墓碑上只有简单的几个字“众心之心”。29年后玛丽·雪莱去世,人们发现她抄写的《阿多尼斯》藏在丝质的盒盖里,罩在她已逝爱人的骨灰上,那一页上讲的是不朽,讲到希望之火终将会从被击败的人身上燃起。

惠特曼

来吧,缪斯,从希腊和爱奥尼亚飞过来;

划掉,求你啦,那些太多的过分的叙述,

特洛伊的事,阿基里斯的愤怒,
埃涅阿斯的,奥德塞的流浪;
竖个标牌"搬迁""出租",在你那
落雪的帕纳萨斯山顶,
耶路撒冷也挂上——
标牌就树在雅法的大门口,还有圣母山顶;
你那些哥特式欧洲大教堂,德意志、法兰西、西班牙城堡,
同样的标牌也挂在教堂、城堡的墙上;
比它们美好、新鲜、热闹——
一片未开发的广阔新天地等着你,需要你……
我听说你要证据,去破解这个新世界之谜,
还要给美国下定义,看她的游戏规则是否民主;
所以我送上我的诗给你,
那里面有你要的,你看吧。

此人的出现是文学史上的伟大革命,因为他看到诗的元素和人类戏剧的舞台与场景:它们就在他周围的生活里;此人懂得如何将开拓者的精神注入诗歌,而且看到更多的美妙诗歌不是出自那些矫揉造作的沙龙,而是产生于繁星璀璨的夜空之下的广袤大地。几乎是第一次,诗人在平民百姓的生活里找到可以入诗的崇高主题;他提升起普通的民众,令其升华到文学之中,开创出诗歌中的"独立宣言"和"人权宣言";他要复活的不是人们旧日里所崇拜的那早已作古的亚瑟王,也不是人们早已遗忘的那些神话跟神仙,他要写的是他自己的犷悍的国家、他自己也拿不准的民主和他那个沸腾与蓬勃发展的时代。惠特曼之于美国犹如荷马之于希腊、维吉尔之于罗马、但丁之于意大利、莎士比亚之于英国,因为他的大无畏令他发现美国人身上虽然瑕瑜互见却不乏诗歌的素材。他把美国的新生活变成新形式的诗——结构松散、不循章法,却流畅而有力,像他自己那样。他看得如此真灼,唱得如此真挚,以至后来他不仅成为美国的诗人、民主的诗人,更由于他那伟大的灵魂和无限的视野,成为整个现代世界的伟大诗人。

一位法国批评家说:"《草叶集》的独创性也许是文学史上绝无仅有的。"首先是语言方面的独创性:惠特曼不在字义方面有极细微差别的词汇上下工夫,也不搞

雪莱式的形而上的云山雾罩，惠特曼有的是雄浑刚健的形容词和名词，直截了当，大胆地使用来自街头、田野牧场的民众的语汇。他曾经说：“诗歌创作的陈腐陋习太顽固了！我好不容易才最终摆脱掉它们。”其次是形式上的独创：惠特曼的诗没有韵脚，偶有例外如《船长，我的船长》一诗；他的诗没有那种规律性的脚韵和格律，只有随意的、多变的韵律，就像是我们的呼吸那样自然，或是像风的吹拂和大海的波涛与潮汐。但是最主要的还是他在选材方面的独创性。他的选材的独特包括以下几个方面：以孩童般的纯朴所表现的对古老的未经雕琢的自然奇观的崇拜，比如《日出的跃动与静谧》、《海浪被疯狂地推到岸上》。他对于不同人、不同经历的感同身受，比如“我的话就是太太的话，碰到了阶梯的铁栏杆，发出了让人牙碜的尖声；他们抬了那家伙的尸首上来，滴着水，淹死了”。他那大无畏的真诚的开放心胸，拒绝一切的信仰却又真诚挚爱一切的信仰；对肉体的毫不掩饰的爱。喜欢通衢大道的车辆轰响与路边的花草的芳香。对女性的理解和为妇女的辩护——

你看母亲那衰老的脸，
她哺育了多少孩子！
唉，我知足……她说。
来看看这位母亲：
从她的贵格帽底下向外看着——
她的脸，比天还澄澈
比天更美丽！
农舍门前的雨搭下，
她坐在扶手椅里，
太阳照耀着她
白发苍苍的头。
她那宽松的奶油色的袍
是亚麻的；
孙儿们续着麻，
孙女们用纺锤和梭
在高高的织机车上织着，
人间最悦耳的音，

哲人也听不够，也不想让乐声走，

人类当之无愧的母亲——

个体与民主的深刻的结合；横无际涯的想象力和博大的同情心，接纳全人类，向整个世界致礼：固有的传统、世俗的偏见以及囿于古老的陈规旧律里的大小精灵们，一下子全都惊愕不已，继而爆发出强烈的抗议。然而，这种惊愕与抗议不正说明上述的那些美德与开放的心态有着强大的活力而且对于人类的生存与进步有时是多么的必不可少！全美国都齐声谴责惠特曼，只有一人例外：爱默生。爱默生以一封标志着他高贵品格的信件为当时的那些美国人赎回了丢掉的脸面。1855 年 7 月 21 日爱默生致信惠特曼：

亲爱的先生：

我不会视而不见《草叶集》这份厚礼的价值。我发现它的情趣和智慧非同凡响，实属美国的首创。阅读它令我非常愉快因为伟大的活力总是令人愉快……我为你自由而勇敢的思想而喜悦……祝贺你开始了一种伟大的事业，如此辉煌的起点背后一定有长期的积累。我得揉一下自己的眼睛以判定这缕阳光是真的照耀着我们还是我的幻觉；书中所申明的理念是那样实实在在，令人心悦诚服。……我很想会见我的馈赠人，而且非常想马上丢下手里的工作，即刻赴纽约，造访阁下，以表敬意。

R.W.爱默生

惠特曼离我们而去了，就在不久前！他在世时我们还是些孩童。事实证明，我们现在的时代也会有文化巨匠，即使在美国这样粗犷和年轻的国度里也可出现与众不同而且出类拔萃的诗人。几个月前我站在他位于坎登的宅子中，他在那里瘫痪多年，行动不便。环视左右，人已去而物犹存，不禁黯然神伤，哀叹道：天才也要死的。拿起他的旧作，我重读那些经常萦绕于心中的他的诗句。这些诗句也正好作为本章的告别文字——让我们吟诵着这些诗行，长久地，长久地追忆这位伟大诗人的种种往事：

我走了，如同空气
——披着满头的白发，
看着逃逸的阳光；
我走了，犹如烟雾，
散去了，带着细碎的花边。
我走了，化做泥土，
自草中生长——因为那是我的最爱；
假如你还要我，就去找我，我就在你的
脚下。
你不大知道我是谁，我意味着什么；
可我有益你的健康，
因为，我能过滤和净化你的血。

一开始没找到我吗？那就继续努力；
一个地方没找到，那就再找另一处；
我会在那个地方，等你。

第三章
100种好书

如果我富了，我会拥有许多书，用书娇宠自己：封面要悦目的，摸起来要柔软，纸要厚到不透光，字体采用早年间的样式。装帧要皮面烫金，像供奉神灵那样每晚点燃蜡烛，把书名像佛珠似的串在一起。我的图书室要宽敞、要暗、要凉爽，不可有异样的响动和景象，狭长的落地窗外面是宁静的原野、舒适的坐椅供沉思或遐想，带罩的灯盏照亮一个个阅读与写作的静地。墙上不留白，每一寸都覆盖上人类的精神遗产。我的双手和大脑随时恭候友人的造访但他们必须精神饥渴、两手洁净。

书的殿堂正中，我要集中摆放一百种世界的育人佳作。最好有个巨大的红木桌，那桌子得请善做细部的为西敏寺内亨利国王小教堂干活的木器大师们来制作。（我肯定是个老反动派，因为我讨厌今天用来造水泥房、铁艺床、铁艺桌的坚硬材质，而一切的木器都会唤起我对于有机生命的联想。）桌子中央摆着百部佳作，外面有玻璃罩保护。我想象中友人们每周有几个小时来访，舒服地坐下来悠闲地一卷一卷地浏览这些书籍。

你会同我一起坐下来吗？或许你是个大学毕业生愿意开始这一教育之旅。也许你无缘高校，但很想了解你的孩子们除了当下的道德操守还学习什么。如果孩子们年纪稍长去念大学就会学到很多好东西；可是我们的年轻人进大学时因为还不够成熟而社会环境又是十分复杂所以难以吸收和消化大学教育一股脑传授给他们的那样丰富多彩的人类精神财富。假如你不是从课本而是从生活中学的也无妨；现实的磨砺令你以成熟的心态来了解这些伟大的人物。在这个大书桌旁你将会成为

"思想国际组织"的成员;你将和柏拉图、达·芬奇、培根和蒙田成为朋友;经过他们的思想与品格的熏陶,你便有条件跻身于你的时代,跻身于你的领域里的精英与先导一族。

你能每天抽出一小时来吗?如果哪一天生活工作太忙太累以至晚上实在无暇顾及这些更为精彩的东西,就在周日上午来个补偿——不去翻看没完没了的报纸而是拿出一两个小时来读书。你一周给我七个小时,我就能让你成为学者或哲人;四年之后,你的受教育程度便会完全相当于一个研习届满的哲学博士。

不过咱们得把话说明白:您可别指望和这些伟人们的亲近会带给您任何物质的回报——某些钱财可能不期而至,不过那是将来你日渐成熟以后的事。这些日后的好处,颇似某些保险公司的分红,不是板上钉钉,保证兑现的收入。的确,你在事业或企业方面会"损失"点时间,所以如果你想挣个百八十万的,我还是劝你趁早把这天堂取宝图搁一边去,脚踏实地去做好你的营生。此外,你这一路上还会遇到障碍绊脚石:偶尔会碰到一本晦涩的厚书,一个难上的槛,你得拿出十二分的心力来啃这块硬骨头。至于说道我们所要推荐的书籍,那可不是一百本所谓"绝对"的好书,也不是什么一百本文学艺术的名著。我们选这些书只是想使读书人最大限度地从中得到教益。

既然我们要搞清思想的来龙去脉,避免没有章法的胡乱阅读,我们不妨从头开始——甚至从遥远的星辰与古老的地球开始,这些是我们阅读之旅上的拦路虎。罗马人说得好:好的开始是成功的一半。好吧,现在就让我们准备停当,扎好腰带鼓足勇气,开始攀登眼前的第一座山。余下的就是平路了,因为每个里程碑都标志着我们所获取的新知识和智慧,随着我们一路前行,我们会发现处处有美景。可我们不仅要赏心悦目更要受到教育;我们获取的知识要在记忆中呈现合乎逻辑的顺序,以便最终使我们获得一个全方位的视野,有了这种视野我们才算达到了理解的源泉与巅峰。

确实,开头的几本书是挺吓人的,然而它们却是阅读其他书籍之前必须读的引子。万无一失的首选是《科学纲要》:天啊!竟要用美国式早餐的半流食来喂我们?更糟的还有《历史纲要》,正经的历史学人视之为异类的这本书竟然是我们百种好书单上的第五本,真正的是不可饶恕!请批评家息怒,您马上就会明白以这两本书作为阅读其他书籍之前的一种纲领式的替代和先期准备是再好不过的了。虽然有点招您烦,但我们必须熟悉我们生于斯、长于斯的这个世界用现代科学的方法该是如何描述的;我们得懂点天文学、生物学以便对人类这一概念有一个较为谦虚的看法;我们还得学习当前人们聒噪不停的电子技术啊,染色体啊什么的,而且还得瞧一眼物理学和化学如何改变了这个世界。

还有,作为阅读入门我们还需要读些关于我们自身的书。不能把健康知识推到最后,否则四年后我们成了饱学之士却患上消化不良或者成了哲学家可身体却损坏了,怎么得了啊?好吧,咱们就选两位观点对立的医学专家的健康理论读一读吧。克伦德宁博士,作为科学家他的智慧颇遭人非议,因为他说我们吃的饭、喝的水、抽的烟、做的事大多对身体有益,是好的;而凯洛格博士,除了 70 年的生活经验和他本人的好身体之外便无其他长处可言,此人竟说古老的健身之法全是错的。而我本人倒是相信凯洛格博士是对的;但也有可能他错了,我也错了。

通往自由之路:人类文明史上 100 种最好的教育书籍

第 1 组:综述类

1.汤姆森:《科学大纲》,4 卷

THOMSON, J. A., *The Outline of Science. 4v.*

2.克伦德宁:《人体学》

CLENDENING, LOGAN, *The Human Body.*

*3.凯洛格:《新营养学》,第 1—531 页,第 975—1011 页

KELLOGG, J. H., *The New Dietetics*; pp. 1 –531, 975 –1011.

4.詹姆斯:《心理学原理》,2 卷

JAMES, Wm., *Principles of Psychology*. 2v.

5.威尔斯:《世界史纲》,第 1 至 14 章

WELLS, H. G., *The Outline of History*; chapters 1–14.

6.萨姆纳:《社会习俗》

SUMNER, W. G., *Folkways*.

*7.弗雷泽:《金枝》,一卷本

FRAZER, SIR JAS., *The Golden Bough*, 1-vol. ed.

第 2 组:亚洲和欧洲

*8.布莱斯泰特与罗宾森:《人类探险》,2 卷,第 1 卷第 2 至 7 章

BREASTED and ROBINSON, *The Human Adventure*. 2v.Vol. I, chs. 2–7.

*5.韦尔斯,第 15 至 21 章,第 26 章

WELLS, chs. 15–21, 26.

9.布莱恩·布朗:《中国智慧》

BROWN, BRIAN, *The Wisdom of China*

*10.《圣经》:《创世记》《出埃及记》《路德记》《以斯帖记》《乔布记》《诗篇》《箴言》《传道书》《所罗门之歌》《以赛亚书》《阿摩司书》《弥迦书》《福音书》《使徒行传》《保罗书信》

The Bible: Genesis, Exodus, Ruth, Esther, Job, Psalms, Proverbs, Ecclesi-astes, Song of Solomon, Isaiah, Amos, Micah, the Gospels, Acts of the Apostles, and Epistles of St. Paul.

*11.弗贺:《艺术史》4 卷,第 1 卷第 1 至 3 章,第 2 卷第 1 至 3 章

FAURE, ELIE, *History of Art*. 4v. Vol. I, chs. 1–3; vol. II, chs. 1–3.

12.威廉斯:《科学史》5 卷,第 1 册 1 至 4 章

WILLIAMS, H. S., *History of Science*. 5v. Bk. I, chs. 1–4.

第 3 组:希腊

8.布莱斯泰特与罗宾森,第 1 卷第 8 至 19 章

BREASTED and ROBINSON, vol. I, chs. 8–19.

5.韦尔斯,第 22 至 25 章

WELLS, chs. 22 –25.

13.柏里:《希腊史》,2 卷

BURY, J. B., *History of Greece*. 2v.

14.希罗多德:《历史》

HERODOTUS, *Histories*.(Everyman Library.)

15.修昔底德:《伯罗奔尼撒战争史》

THUCYDIDES, *The Peloponnesian War*.(Everyman Library.)

*16.普鲁塔克:《希腊罗马名人列传》,推荐阅读赖库尔戈斯、梭伦、第米斯托克利 、阿里斯提德斯、伯里克利、亚西比德、狄摩西尼、亚历山大

PLUTARCH, *Lives of Illustrious Men* (esp. Lycurgus, Solon, Themistocles, Aris-tides, Pericles, Alcibiades, Demosthenes, Alexander).

17.穆瑞:《希腊文学》

MURRAY, G., *Greek Literature*.

18.荷马:《伊利亚特》

HOMER, *Iliad*. Trans. Bryant. Selections.

19.荷马:《奥德赛》

HOMER, *Odyssey*. Trans. Bryant. Selections.

20.埃斯库罗斯:《被缚的普罗米修斯》

AESCHYLUS, *Prometheus Bound*. Trans. Eliz. Browning.

21. 索福克勒斯:《俄狄浦斯王》《安提戈涅》

SOPHOCLES, *Oedipus Tyrannus and Antigone*. Trans. Young. (Everyman Library.)

22.欧里庇德斯,所有吉尔伯特·穆瑞翻译过的剧本

EURIPIDES, all plays so far translated by Gilbert Murray.

23.第奥根尼·拉尔修:《名哲言行录》

DIOGENES LAERTIUS, *Lives of the Philosophers*.

*24. 柏拉图:《对话录》, 推荐 《苏格拉底申辩篇》《斐多》《理想国》(第327—332, 336—377, 384—385, 392—426, 433—435, 481—483, 512—520, 572—595节)欧文·艾德曼一卷本

PLATO, Dialogues. Trans. Jowett. Esp. *The Apology of Socrates, Phaedo, and The Republic* (sections 327–32, 336–77, 384–85, 392–426, 433–35, 481–83, 512–20, 572–95). I-vol. ed. by Irwin Edman.

25.亚里士多德:《伦理学》

ARISTOTLE, *Nicomachean Ethics*.

26.亚里士多德:《政治学》

ARISTOTLE, *Politics*.

12.威廉斯:《科学史》,第1册,第5至9章

WILLIAMS, *History of Science*, bk. I, chs. 5–9.

11.弗贺:《艺术史》第1卷,第4至7章

FAURE, *History of Art*, vol. I, chs. 4–7.

第4组:罗马

8.布莱斯泰特与罗宾森,第1卷,第20至30章

BREASTED and ROBINSON, vol. I, chs. 20–30.

5.韦尔斯,第27至29章

WELLS, chs. 27–29.

16.普鲁塔克:《希腊罗马名人列传》,推荐阅读监察官加图、提比略·格拉古、盖约·格拉古、马里乌斯、西拉、庞贝、西塞罗、恺撒、布鲁特斯、安东尼

PLUTARCH, *Lives* (esp. Cato Censor, Tiberius and Caius Gracchus, Mar-ius, Sylla, Pompey, Cicero, Caesar, Brutus, Antony).

27.卢克莱修:《物性论》(在马洛克的《卢克莱修论生死》一书,某些段落有精彩阐释)

LUCRETIUS, *On the Nature of Things*. Trans. Munro. (Certain passages are admirably paraphrased in W. H. Mallock, Lucretius on Life and Death.)

28.维吉尔:《埃涅伊德》

VIRGIL, *AEneid*. Trans. Wm. Morris. Selections.

*29.马可奥勒骝:《沈思录》

MARCUS AURELIUS, *Meditations*. (Everyman Library.)

12.威廉斯,第1册,第10至11章

WILLIAMS, bk. I, chs. 10–11.

11.弗贺,第1卷,第8章

FAURE, vol. I, ch.8.

*30.吉朋:《罗马帝国衰亡史》6卷,尤其是第1至4,9至10,14,15至24,26至28,30至31,35至36,44,71章

GIBBON, E., *Decline and Fall of the Roman Empire*. 6v. (Everyman Li-brary.) Esp. chs. 1–4, 9–10, 14, 15–24, 26–28, 30–31, 35–36, 44, 71.

第 5 组:基督教时代

8.布莱斯泰特与罗宾森,第 2 卷,第 1 至 2 章

BREASTED and ROBINSON, vol. II, chs. 1–11.

5.韦尔斯,第 30 至 34 章

WELLS, chs. 30–34.

30.吉朋:《罗马帝国衰亡史》,第 37 至 38,47 至 53,55 至 59,64 至 65,68 至 70 章

GIBBON, chs. 37–38, 47–53, 55–59, 64–65, 68–70.

*31.莪默·珈扬:《鲁拜集》,菲茨杰拉德释义

OMAR KHAYYAM, *Rubaiyat*. Fitzgerald' s paraphrase.

32.摩尔:《爱洛绮丝和埃布尔拉》,2 卷

MOORE, GEO., *Heloise and Abelard*. 2v.

33.但丁:《神曲》,朗费罗或查理·爱略特·诺顿译

DANTE, *Divine Comedy*. Trans. Longfellow, or C. E. Norton.

*34.泰纳:《英国文学史》第 1 册

TAINE, H., *History of English Literature*, bk. I.

35.乔叟:《坎特伯雷故事集》选集

CHAUCER, G., *Canterbury Tales*.(Everyman Library.)Selections.

36.亚当斯:《圣米歇尔山和夏特尔》

ADAMS, H., *Mont St. Michel and Chartres*.

12.威廉斯,第 2 册,第 1 至 3 章

WILLIAMS, bk. II, chs. 1–3.

11.弗贺,第 2 卷,第 4 至 9 章

FAURE, vol. II, chs. 4–9.

37.格雷:《音乐史》第 1 至 3,5 章

GRAY, C., *History of Music, chs*. 1 –3, 5.

第 6 组:意大利文艺复兴

5.韦尔斯,第 35 章

WELLS, ch. 35.

38.西蒙兹:《意大利文艺复兴时期的文化》,7卷

SYMONDS, J. A., *The Renaissance in Italy. 7v.*

39.切利尼:《自传》,西蒙兹译

CELLINI, B., *Autobiography*. Trans. Symonds.

40.瓦萨里:《画家和雕塑家传》,4卷,推荐阅读乔托、布鲁内莱斯基、波提切利、安吉利柯·达芬奇、拉斐尔、米开朗琪罗

VASARI, G., *Lives of the Painters and Sculptors*. 4v. Esp. Giotto, Brunelleschi, Botticelli, Fra Angelico, Leonardo da Vinci, Raphael, and Michelangelo.

41.霍夫丁:《近代哲学史》2卷,布鲁诺和马基雅维利选编

HOFFDING, H., *History of Modern Philosophy*. 2v. Sections on Bruno and Machiavelli.

42.马基雅维利:《君主论》

MACHIAVELLI, N., *The Prince*.

37.格雷,第6、8章

GRAY, chs. 6, 8.

第7组:16世纪的欧洲

8.布莱斯泰特与罗宾森,第2卷,第13至14章

BREASTED and ROBINSON, vol. II, chs. 13–14.

43.史密斯:《改革时代》

SMITH, P., *The Age of the Reformation*.

44.法盖:《法国文学》,16世纪部分

FAGUET, E., *The Literature of France*; sections on the 16th century.

45.拉伯雷:《巨人传》

RABELAIS, *Gargantua and Pantagruel*.

*46.蒙田:《随笔集》,第3卷,重点是《论训练》《论伟大的烦恼》《论虚荣》《论经验》

MONTAIGNE, *Essays*. 3v. (Everyman Library.) Esp. *Of Coaches, Of the Incommodity of Greatness, Of Vanity, and Of Experience*.

47.塞万提斯:《堂·吉诃德》

CERVANTES, *Don Quixote*.

*48. 莎士比亚:《戏剧集》, 尤其是《哈姆雷特》《李尔王》《麦克白》《奥赛罗》《罗密欧与朱丽叶》《恺撒大帝》《亨利四世》《威尼斯商人》《皆大欢喜》《仲夏夜之梦》《雅典的泰门》《暴风雨》

SHAKESPEARE: Plays. Esp. Hamlet, *Lear*, *Macbeth*, *Othello*, *Romeo and Juliet*, *Julius Caesar*, *Henry IV*, *Merchant of Venice*, *As You Like It*, *Midsummer Night's Dream*, *Timon of Athens*, and *The Tempest*.

34.泰纳,第 2 册,第 1 至 4 章

TAINE, bk. II, chs. 1–4.

37.格雷,第 4、7 章

GRAY, chs. 4, 7.

12.威廉斯,第 2 册,第 4 至 8 章

WILLIAMS, bk. II, chs.4–8.

11.弗贺,第 3 卷,第 4 至 6 章

FAURE, vol. III, chs. 4–6.

第 8 组:17 世纪的欧洲

8.布莱斯泰特与罗宾森,第 2 卷,第 15 章

BREASTED and ROBINSON, vol. II, ch. 15.

44.法盖:《法国文学》,17 世纪部分

FAGUET, sections on the 17th century.

49.拉罗什富科:《回忆录》

LA ROCHEFOUCAULD, *Reflections*.

50. 莫里哀:《戏剧集》,重点:《伪君子》《愤世嫉俗》《悭吝人》《中产阶级绅士》《雕像的盛宴(唐璜)》

MOLIERE, *Plays*. Esp. *Tartuffe*, *The Miser*, *The Misanthrope*, *The Bourgeois Gentleman*, *The Feast of the Statue*(*Don Juan*).

*51.培根:《随笔》全集

BACON, F., *Essays*. All.(Everyman Library.)

52. 弥尔顿:《利西达斯》《快乐的人》《幽思的人》《十四行诗》《论出版自由》以及《失乐园》选集

MILTON, J., *Lycidas, L'Allegro, Il Penseroso, Sonnets, Areopagitica,* and *selections from Paradise Lost.*

12.威廉斯,第 2 册,第 9 至 13 章

WILLIAMS, bk.II, chs. 9–13.

41.霍夫汀:培根、笛卡儿、霍布斯、洛克、斯宾诺莎、莱布尼茨选集

HOFFDING, sections on Bacon, Descartes, Hobbes, Locke, Spinoza, and Leibnitz.

53.霍布斯:《利维坦》

HOBBES, *Leviathan.* (Everyman Library.)

54. 斯宾诺莎:《伦理学》《知性改进论》

SPINOZA, *Ethics and on the Improvement of the Understanding.* (Everyman Library.)

11.弗贺:第 4 卷,第 1 至 4 章

FAURE, vol. IV, chs. 1–4.

37.格雷,第 9 至 10 章

GRAY, chs. 9–10.

第 9 组:18 世纪的欧洲

8.布莱斯泰特与罗宾森,第 2 卷,第 16 至 21 章

BREASTED and ROBINSON, vol. II, chs. 16–21.

5.韦尔斯,第 26 至 27 章

WELLS, chs. 26–27.

44.法盖:《法国文学》,18 世纪部分

FAGUET, sections on the 18th century.

55.圣伯夫:《18 世纪肖像画》

SAINTE-BEUVE, *Portraits of the l8th Century.*

56. 伏尔泰:《作品集》,重点是《戆第德》《查第格》,论文《宽容》《历史》

VOLTAIRE, *Works.* I-vol. ed. Esp. *Candide*, *Zadig*, and *essays on Toleration* and *History.*

57. 卢梭:《忏悔录》

ROUSSEAU, J. J., *Confessions*.

58.泰纳:《当代法国起源》,6卷,第1至4卷

TAINE, H., *Origins of Contemporary France*. 6v. Vols. I–IV.

*59.卡莱尔:《法国革命》2卷

CARLYLE, *The French Revolution*.2v.(Everyman Library.)

34.泰纳:《英国文学史》第3册,第4至7章

TAINE, *History of English Literature*, bk. III, chs. 4–7.

*60. 鲍斯韦尔《塞缪尔·约翰逊传》2卷

BOSWELL, *Life of Samuel Johnson*. 2v.(Everyman Library.)

61.菲尔汀:《汤姆·琼斯》

FIELDING, H., *Tom Jones*.(Everyman Library, 2v.)

62.史坦恩:《项狄传》

STERNE, L., *Tristram Shandy*.(Everyman Library.)

*63. 斯威夫特:《格列佛游记》

SWIFT, J., *Gulliver's Travels*.(Everyman Library.)

64.休谟:《人性论》,2卷,推荐选读第2、3册

HUME, D., *Treatise on Human Nature*. 2v.(Everyman Library.) Esp. bks. II and III.

65.玛丽·沃斯通克拉夫特:《女权辩》

WOLLSTONECRAFT, MARY, *Vindication of the Rights of Woman*.

66.亚当·斯密:《国富论》,2卷

SMITH, ADAM, *The Wealth of Nations*. 2v.(Everyman Library.) Selections.

12.威廉斯,第2册,第14至15章

WILLIAMS, bk. II, chs. 14–15.

41.霍夫汀,18世纪部分

HOFFDING, sections on the 18th century.

11.弗贺,第4卷,第5至6章

FAURE, vol. IV, chs. 5–6.

37.格雷,第11至12章

GRAY, chs. 11–12.

第 10 组:19 世纪的欧洲

8.布莱斯泰特与罗宾森,第 2 卷,第 22 至 28 章

BREASTED and ROBINSON, vol. II, chs. 22–28.

5.韦尔斯,第 38 至 39 章

WELLS, chs. 38–39.

58.泰纳:《当代法国的起源》,第 5 卷《近代政体》,第 1 至 90 页

TAINE, *Origins of Contemporary France*. Vol. V, The Modern Regime, pp. 1–90.

67.陆德维:《拿破仑》

LUDWIG, E., Napoleon.

68.布兰德斯:《19 世纪文学主流》,6 卷

BRANDES, G., *Main Currents of 19th Century Literature*. 6v.

*69.歌德:《浮士德》

GOETHE, *Faust*.

70.埃克曼:《歌德谈话录》

ECKERMANN, *Conversations with Goethe*

71.海涅:《诗集》,路易斯·昂特迈耶译

HEINE, *Poems*. Trans. Louis Untermeyer.

34.泰纳:《英国文学史》,第 4 至 5 册

TAINE, *History of English Literature*, bks. IV–V.

*72.济慈:《诗集》

KEATS, *Poems*.

*73.雪莱:《诗集》

SHELLEY, *Poems*.

*74.拜伦:《诗集》

BYRON, *Poems*.

44.法盖,19 世纪部分

FAGUET, sections on the 19th century.

75.巴尔扎克:《高老头》

BALZAC, *Père Goriot*

*76.福楼拜:《作品集》,推荐阅读《包法利夫人》《萨蓝波》

FLAUBERT, *Works*. I-vol. ed. Esp. Mme. *Bovary* and *Salammbô*.

77.雨果:《悲惨世界》

HUGO, Les *Misérables*.

78.阿纳托尔·法朗士:《企鹅岛》

FRANCE, ANATOLE, *Penguin Isle*.

79.丁尼生:《诗集》

TENNYSON, *Poems*.

80.狄更斯:《匹克威克外传》

DICKENS, *Pickwick Papers*.

81.萨克雷:《名利场》

THACKERAY, Vanity Fair.

82.屠格涅夫:《父与子》

TURGENEV, *Fathers and Children*.

83.陀思妥耶夫斯基:《卡拉玛佐夫兄弟》

DOSTOIEVSKI, *The Brothers Karamazov*

84.托尔斯泰:《战争与和平》

TOLSTOI, *War and Peace*.

85.易卜生:《培尔·金特》

IBSEN, *Peer Gynt*.

12.威廉斯,第 3 至 4 册

WILLIAMS, bks. III–IV.

86.达尔文:《人类源流》

DARWIN, *Descent of Man*.

41.霍夫汀,19 世纪部分

HOFFDING, sections on the 19th century.

87.柏克:《英国文明史》,推荐阅读第 1 部分,第 1 至 5 章

BUCKLE, *Introduction to the History of Civilization in England*. Esp. part I, chs. 1–5, 15.

88.叔本华:《作品集》

SCHOPENHAUER, *Works*.l-Vol. ed.

89.尼采:《查拉图斯特拉如是说》

NIETZSCHE, *Thus Spake Zarathustra*.

11.弗贺,第 4 卷,第 7 至 8 章

FAURE, vol.IV, chs.7–8.

37.格雷,第 13 至 17 章

GRAY, chs. 13–17.

第 11 组:美国

*90.比尔德:《美国文明的兴起》,2 卷

BEARD, C. and M., *The Rise of American Civilization*. 2v.

91.爱伦·坡:《诗集》《小说集》

POE, *Poems* and *Tales*.

92 爱默生:《散文集》

EMERSON, *Essays*.

93. 梭罗:《瓦尔登湖》

THOREAU, *Walden*.

*94.惠特曼:《草叶集》

WHITMAN, *Leaves of Grass*.

95.林肯:《书信演说集》

LINCOLN, *Letters and Speeches*.

第 12 组:20 世纪

8.布莱斯泰特与罗宾森,第 2 卷,第 29 至 30 章

BREASTED and ROBINSON, vol. II, chs. 29–30.

5.韦尔斯,第 40 至 41 章

WELLS, chs. 40 –41.

96.罗曼·罗兰:《约翰·克利斯朵夫》,2 卷

ROLLAND, R., *Jean Christophe*. 2v.

*97.艾利斯:《性心理研究》,4 卷

ELLIS, H., *Studies in the Psychology of Sex*. Vols. I, II, III, VI.

*98. 亨利·亚当斯:《亨利·亚当斯的教育》

ADAMS, H., *The Education of Henry Adams*

99.柏格森:《创造性演化论》

BERGSON, *Creative Evolution*.

*100.斯宾格勒:《西方的没落》,2 卷

SPENGLER, O., *Decline of the West*. 2v.

我们既有思想又有肉身，所以我们不妨在思考人类历史之前先以某种方式了解一下自身。那就先谈威廉·詹姆斯(William James),尽管他的《心理学原理》(Principles of Psychology)一书写于上一代人所生活的年代,然而此书仍然不失为该领域里的一部名著。但不要读这部著作的单卷本的节选版,因为长一点的那种版本更好懂。除非你把詹姆斯啃透了，否则不必看那些昙花一现的时髦的心理学著作,什么精神分析和行为主义之类;有詹姆斯的理论在握,对这些流行时疫你便有了免疫力了。读书要主动不可被动:每到一个阶段就问自己:所读的内容与自己的经历是否相符,在多大程度上可以用来指导自己的生活。倘若不同意作者的观点或惊诧于作者的离经叛道,别放弃,继续读:能容忍差别是绅士的品格之一。对于重塑你的(不是别人的)性格有益的段落或是有助于你实现理想目标的段落要记笔记;笔记要分门别类以便你要用时手到擒来。

这些入门的书要慢慢读,因为智慧的城堡外面有模糊难辨、高大巍峨的重重工事把守着,要靠你长期围攻才能一一拿下。如果实在太难下咽,可从书单中找点可口的小食品调剂一下：普鲁塔克 (Plutarch)、莪默 (Omar)、乔治·摩尔(George Moore),或是拉伯雷或爱伦·坡(见 100 种好书推荐书目第 16,31,32,45,91 本);第 10 组和第 11 组的书可以起开胃小菜的作用,如果那些大部头让你吃不消的话。

甚至韦尔斯(Wells)的书开始读时也显得沉闷,我们会有点烦他的爬行动物和鱼类、克罗马农人(Cro-Magnon)和尼安德特人(Neanderthal)。但是我们必须得攀越过这些沉闷的地质年代、蹚过古生物学化石和人类学起源的无边的沼泽;因为啃过这些硬骨头我们的牙齿会变得锋利，一点点克服困难，我们也一点点变得坚强,再读什么都不怕了。如果经济条件好又有胆识,我们就买一本合手的《韦氏大学词典》(别买太大的,吓得人都不敢用了),墙上再有张大的世界地图供我们对

照新称呼和老地点，那会别有一番新意。读完韦尔斯再读读萨姆纳（Sumner）的《社会风俗》（*Folkways*）就好像正餐之后用甜点，谁也想不到一位大教授竟会把社会学写得如此引人入胜。

想知道宗教的起源以及宗教如何从迷信发展成哲学的吗？读弗雷泽的《金枝》吧。这位了不起的学人穷毕生研究之所得编纂成此一卷留世，为此英国政府——实际是给自己增光，封他为骑士。读书的时候你想跳过某些段落不看也可以：要学会抓每段的“主旨句”，这里有作者提出的命题并会在该段落中求证；如果该命题对你毫无用处或者并非你的兴趣所在，那就跳过去看下一段，或者再下一段，直到你感到作者就是在对你而不是在对别人说话。那本“册封”的书读完了，你的教育重头戏也就算是结束了，接下来就是神仙们的故事了。

为什么我们推荐的一百本好书要按照历史的顺序排列？首先，学史最好按照史实存活的顺序和编纂成史的顺序来进行，而且应该把人类文明的一切活动都归纳在内——经济的、社会的、政治的、科学的、哲学的、宗教的、文学的和艺术的等等。如此一来我们便可以把文学、哲学、艺术等领域中的每一部作品放到它应有的位置去研究，从而更好地理解每一部作品的来龙去脉和重要意义，学习把握作者对于事物的洞察力——这是最重要的能力。其次，如此一来，引人入胜、妙趣横生的作品和沉闷而费解的指导性的鸿篇巨著便可以相互调剂、交替着阅读。这样的安排显然有助于阅读者的消化与吸收。再读一些韦尔斯的书和布莱斯泰特（Breasted）讲述欧洲历史的那本大部头《人类探险》中讲述埃及的那精彩华章之后，来点叫人高兴的轻松读物，诸如布莱恩·布朗（Brian Brown）选编的孔子、老子和孟子的贤明睿智。弗贺（Faure）的艺术赞歌《艺术史》和威廉斯博士的充满真知灼见的《科学史》①读起来颇费心力，而阅读《圣经》，它的无比的简约与美妙令你心旷神怡，这不正是对你钻研弗贺和威廉斯博士的褒奖和补偿？漂洋过海，乘风破浪我们来到了希腊岛屿上。

这里的天才数不胜数，总不能都上我们这区区一百本的推荐书单吧？好吧，让我们请教几位向导吧：布莱斯泰特（Breasted）和韦尔斯（Wells）会指给我们看大的纪念碑式的著作，柏里(J.B.Bury)教授为我们揭示希腊政治的错综复杂，穆瑞（Gol-bert Murray）为我们介绍人类曾经撰写过的最伟大的文学作品。然后就是天才们自

① 如果找不到这本罕见的好书也可由 Dampier-whethan 的《科学史》或 Ginzburg 的《科学之路》代之。

己的作品了；希罗多德（Herodotus）的令人快乐却不一定都是真人真事的故事；还有修昔底德(Thucydides)的现实主义的思维和他的古典主义的风格（参见：修昔底德为伯里克利 (Pericles)写的著名的“悼词”，这篇悼词收在第2卷第6章里）；普鲁塔克 （Plutarch） 写的那些传记的主人公会活灵活现地出现在我们记忆的舞台上；荷马抑扬顿挫地歌唱众神和英雄，歌唱海伦（Helen）和珀涅罗珀（Penelope）；埃斯库罗斯(Aeschylus)这位巨匠所刻画的普罗米修斯，被束缚着却不忏悔——其实那不就是天才们自己的写照？为了人类的进步事业，伟人们往往要遭受惩处。索福克勒斯（Sophocles）历尽苦难方才获得谦和的智慧；还有那位被称之为“最富于人性的人”的欧里庇德斯（Euripides the human），他为他的敌人的不幸而哀伤，最终甚至不论是凶神还是恶煞，一律得到了他的宽恕。

现在该说一说欧洲哲学的发轫之初——同时也是欧洲哲学最辉煌时期那些大师们的著作：第奥根尼·拉尔修（Diogenes Laertius）讲述烈士苏格拉底的故事、改革家柏拉图的故事、德谟克利特（Democritus）这位永远大笑的哲学家的故事、亚里士多德（Aristotle）这位百科专家的故事、哀怨主义者季诺（Zeno）的故事以及开创美食和享乐主义然而自己并不沉湎于此的伊壁鸠鲁（Epicures）的故事。柏拉图陈述和描绘他的所谓“理想国”；那位理性到无可挑剔的程度的亚里士多德（Aristotle）娓娓动听地宣讲他的中庸之道，却娶了全希腊最富有的女子为妻。接下来是威廉斯（Williams）讲科学如何取代了迷信；讲希波克拉底（Hippocrates）如何集数百年的内科医生们之大成，从而成为“现代医学之父”；讲阿基米得（Archimedes）如何在部队当兵时就解开了那些数学难题，而最终却是被刺身亡，象征着战争与艺术之间的永恒的对立！还有最后一位著书立说者埃利·弗贺（Elie Faure），他让我们站在一旁观看菲狄亚斯(Pheidias)如何以天才的恒心和耐力为帕特农（Parthenon）神庙的众多人物雕像，注视普拉克西特列斯 （Praxiteles） 如何雕出阿芙洛狄忒（Aphrodite）——维纳斯——高贵与典雅。我们何时能再见这样伟大的时代啊？

单单了解这些古希腊人本身就足以构成一门教育学科。还真有一位伟大的美国教育家在搞实验：选一百个幸运的学生花两年时间专门研习古希腊文明的种种财富。古罗马人给我们的却不多，因为他们虽然令人称道地为现代欧洲国家奠定了社会秩序和政治系统，却也在频繁地修订法律、连年征战、无休止的筑路挖沟以及日夜提防周边蛮族可能的入侵这种种的辛劳与不安中消耗与迷失了自己，哪里还有闲情逸致采撷那些只有在文学、哲学与艺术的田野里才能绽放的沉思与思想之花！然而即使如此，这里也有如神似仙的非凡人物：比如一些伟大的政治家，他们的生平事迹经过普鲁塔克（Plutarch）的生花妙笔而增加了可读性；还有那位卢克莱修（Lucretius），虽然郁郁寡欢却以阳刚雄劲的诗行揭示出万物无法逃避的本性；还有用词细致而精妙的维吉尔（Virgil），他把祖国那传奇的过去织成金色的锦缎；还有罗马帝国最后一位传人——马可·奥勒留（Marcus Aurelius），他从那至尊至贵的王者高度思考和审视了人类的欲望以及权利的虚荣。

罗马帝国的故事恢弘而悲惨，曾经那样地幅员辽阔和不可一世的大帝国由于腐败和奴隶制而慢慢地溃烂，加之野蛮的部族从外面攻入，以及东方式的个人崇拜所酿成的内患，偌大的一个罗马帝国就这样归于毁灭。史学界的佼佼者爱德华·吉朋（Edward Gibbon）据此成就了他的鸿篇巨制《罗马帝国的兴亡》，他用如歌的散文为这片荒凉的废墟奏出了“葬礼进行曲”（marche fun è bre）。让我们细细品尝这位史学家那高贵的紫色篇章；日常的生活固然重要但也不可以挤掉阅读这位哲学大师的史学力作的时间，而且我们不仅要读，还要沉下心来读，不慌不忙，因为少了这份从容便无法领会他评论中所表现出的才华与智慧的闪光，也无法聆听到他那个时代的气势恢弘的乐章。

吉朋（Gibbon）真是慷慨大方，他不只讲到垂死的罗马帝国，还讲到了罗马帝国以北的欧洲地区的人类文明的婴幼时期，即我们所说的中世纪。在这段时期里，强大的教皇势力促成了欧洲的统一——西方睿智的政治家多年的梦想终于实现了。这一时期康斯坦丁大帝（Constantine）皈依基督，查理曼（Charlemagne）大帝“获得了”加冕。这一时期穆罕默德和他的将军们横扫非洲和西班牙，带领着仇恨神学的部队四处劫掠，建立了巴格达和科尔多瓦（Cordova）的文明，可后来又重返沙漠。因为比他们还凶蛮的土耳其人从高加索长驱直入横扫此时已是一片混乱的西方。至于犹太人和波斯人如何在伊斯兰教的统治下繁荣起来还是让迈蒙尼德（Maimonides）和莪默（Omar）去求证吧。而从威廉斯（Williams）的书中我们将能了解到穆斯林先辈在数学、医学、天文学和哲学方面的辉煌成就；弗贺（Faure）将为我们揭示他们独特而优雅的建筑杰作：一个是格林纳达的阿罕布拉（Alhambra），一个是印度的泰姬陵。

这一时期也不乏基督徒的成就。罗宾森（Robinson）在他的《人类探险》里出色地描述了基督文明史，所以我们把这本书收录在我们所推荐的书目里。另外的两位基督徒——但丁跟乔叟简直将整个这个时代收于囊中：乔叟描述的坎特伯雷的朝圣者虽然虔诚朝圣，而一路上的戏谑故事不断，其不雅与粗俗简直可与拉伯雷的故事媲美；而但丁虽然与他的教会敌对却把无比的尊严与华彩赋予了神学以至我们竟会在瞬间忘记地狱其实是野蛮与暴虐的产物。这个时期有一位大师叫亚伯拉德（Abelard），他曾经怀疑过这种神学可是又突然间丧失勇气而不再坚持自己作为人的立场；他放弃了对神学的怀疑也放弃了和赫洛伊斯（Héloïse）的爱情。没什么比他那缘自软弱的放弃更为可惜的了，然而却也可以理解，因为那本是人类的弱点。即便在当今我们这个已无风格可言的时代，你要是想知道，英语的散文可以完美到什么程度，你就去读乔治·莫尔（George Moore）吧，听他娓娓道来这一段不朽的恋情。亨利·亚当斯（Henry Adams）在《圣米歇尔山和夏特尔》（*Mont St.Michel and Chartres*）里也讲了同样的故事，而且还以其个人的亲历和体会把法国的大教堂逐一点评，其中还穿插了托马斯·阿奎那(St. Thomas Aquinas)的著述为例证，全方位地诠释了阿奎那的正统性；不过请注意：此处的歌特人讲的可是英语而且是讲给美国人听的！还有一本被人忽略的辉煌之作——泰纳（Taine）的《英国文学史》，作者治学的严谨、解析的机智与精彩——这种种品质与能力只能在那位大史学家吉朋那里看到。您别忘了，这部《英国文学史》可是一位法国人在给英国人讲英国文学史！最后，让我们倾听中世纪男性忧伤的乐曲——教皇合唱团那波澜起伏的庄严乐声在我们四周回荡，那忧伤深入我们的心底。不过塞西尔·格雷（Cecil Gray）的介绍过于简洁，作为我们在音乐海洋遨游的向导他不够出色；那些视音乐为最高境界的哲学的人们尽可以不顾我们推荐的书目，找来牛津版的《音乐史》第四、五卷一睹为快。正如尼采所说：生活而没有音乐，那是人生一大错事。

接下去，中世纪消融了，我们突然眼睛一亮，意大利的文艺复兴就在面前：中世纪的艺术与思想之花争先绽放。韦尔斯先生只给了这一时期的短短几页纸的提纲，我们得自己全神贯注地去啃西蒙兹（John Addington Symonds）的那7卷本的巨著了。那是他以久病之躯，呕心沥血，凭着他的道德良知完成的对这一伟大时期的描述。（如果你时间不够也可以读雅各布·布克哈特(Jacob Burkhardt)的一卷本的《文艺复兴在意大利》；如果你想稳中求快，不妨这两位的作品你都读。）这又是个天才辈出的时期：看吧，在佛罗伦萨我们走进美第奇宫(Palace of the Medici)看到皮科·德拉·米兰多拉(Giovanni Pico della Mirandola)在柏拉图半身像前燃着蜡烛顶礼膜拜，还有一个叫米开朗琪罗（Michelaingelo）的男孩在雕刻那位老迈的半人半羊的农牧神；在罗马，让我们进入铺就大理石地面的梵蒂冈，跟随尤利乌斯二世(Julius）和利奥(Leo)十世两位教宗,看他们如何把教堂的财富和诗歌转化成各个艺术门类的动力和营养。而瓦萨里(Vasari)则为我们打开一个个的画室:波提切利(Botticelli)的、布鲁内勒斯基(Brunelleschi)的、达·芬奇的、拉斐尔的和米开朗琪罗的;弗贺(Faure)狂热地赞美这一时期的绘画、雕像与装饰艺术空前灿烂的成果;马基雅维利(Machiavelli)让恺撒·波儿亚(Caesar Borgia)坐下来,为的是要把他画成理想王子;切利尼(Cellini)不时地放弃战场上的杀戮,去雕个好看的盐瓶或铸他的帕修斯(Perseus)铜像;布鲁诺和瓦尼尼(Vanini)坚持不懈地努力为的是让人类以理性去理解这个世界;哥白尼,韦萨留斯(Vesalius)和威廉·吉尔伯特(William Gilbert)为现代科学奠定了基础;帕勒斯蒂那(Palestrina)则让我们乘着歌声的翅膀升华。一位又一位伟大的先驱,一件又一件人类文明的瑰宝,这个非凡的时代就这样向我们展示着它财富中的珍品。

然而,路德,来自寒冷严酷的北方,却不喜欢阳光灿烂的意大利这些"放荡"的艺术;他以一种让全世界都听得见的调门呼吁:教会要回归原始的苦行和朴素清贫的作风。德意志的王公贵族们正好利用宗教反叛为政治工具,就此让他们日益强大的王国脱离了教会的掌控,建立了为数众多的独立国家,开始了民族主义大行其道的朝代,而这正是引导欧洲历史从改革走向革命的线索。民族意识代替了宗教良知,爱国主义代替了宗教的虔诚,欧洲的每一个民族都有了自己的文艺复兴的世纪。这个时代是一个政治罗曼蒂克层出不穷的时代:诸如凯瑟琳·德·美弟奇(Catherine de Medici)和亨利八世,查理五世 Charles V)和无敌舰队的腓力二世(Philip of the Armada),伊丽莎白一世和罗伯特·德瓦瑞克斯(Elizabeth and Essex),苏格兰玛丽女王(Mary Queen of Scots)和她的那些纠缠不清的恋人们以及可怕的伊凡大帝(Ivan the terrible)。这个时代又是文学巨匠不断涌现的时代:在法兰西,拉伯雷对着一切条律与形容词开战,蒙田(Montaigne)在他的随笔中,那是迄今人类所撰写出来的最伟大的随笔,公然议论国事私事;在西班牙,塞万提斯发现独臂照样可以写出最著名的长篇小说;罗伯·代·维加(Lope de Vega)出台了 1800 个剧本;在伦敦,一个屠夫的儿子写出了最伟大的现代戏剧,因而使整个英格兰,如斯宾格勒所说,"状态极佳"。所以我们有理由说:这个时代是现代精神蓬勃向上的春暖花开之季。

学者们习惯说西班牙、英国、法国步入光彩照人的成年期之后,欧洲遭遇了挫折,从文艺复兴的高度回落了一大截。在某种意义上这是对的:17 世纪充满了宗教冲突,30年的战乱摧毁了德国,清教徒的革命结束了英国诗歌与艺术的巅峰时期,使其沉寂了一个世纪之久。然而即使如此,这一时期的先贤谱也颇为壮观。这是三个火枪手的时期:黎塞留(Richelieu)和马萨林(Mazarin)粉碎了封建贵族的阴谋,巩固了法兰西的中央统治,把统一而强大的国家交给了路易十四,正是在此种安全有序的体制内法兰西文化之花才得以在伏尔泰的催生下悉数绽放。拉罗什富科(La Rochefoucauld)使得愤世嫉俗的戏剧得以成型并且对路易十三的宫廷讽刺挖苦;莫里哀以诙谐幽默鞭挞他的人民之虚伪和自以为是;帕斯卡(Pascal)以饱含激情的语言把数学和虔诚结合一处。培根和弥尔顿把英语散文提升到前所未有的高度,而且弥尔顿还写了差强人意的诗篇。这一时期的哲学体系也甚是壮观:英国的培根、霍布斯(Hobbes)和洛克;欧洲大陆则有笛卡儿、斯宾诺沙和莱布尼茨。在科学方面这一时期有天文学领域的伽利略、生理学领域有哈维(Sir William Harvey)、化学领域有波以耳(Robert Boyle)、还有百科领域非常杰出的牛顿。绘画方面的天才更是繁星满天:荷兰的伦勃朗和弗朗斯·霍斯(Franz Hals);佛兰德斯——现在比利时西北部及法国北部——的鲁本斯和凡·迪克;法兰西有普桑(Nicolas Poussin)和克劳德·洛兰(Claude Lorrain);西班牙有埃尔·格列柯(El Greco)和委拉兹开斯(Diego Velazquez);而音乐领域则有巴赫的诞生。

约翰·塞巴斯蒂安·巴赫(Johann Sebastian Bach)简直就是最为接近主神朱庇特(Jove)的一位奥林匹亚神!你听他的《B小调的弥撒曲》,你听他的《马太受难曲》(*St. Matthew Passion*),你的身心会禁不住震撼:为它们鲜明的节奏,更为它们的庄严肃穆。欧洲古典音乐因为这位安斯达特镇的管风琴师出身的大师的出世而跃上了它的双峰之一。顺便说一句:在创作诸多名曲的同时这位大师忙里偷闲竟然有空在各地生下大大小小20个孩子。欧洲古典音乐的另一座高峰是由疯狂豪放的贝多芬问世之后才达到的。18世纪一百年间高贵典雅的音乐不绝于耳:亨德尔的圣经故事清唱剧,海顿的奏鸣曲和交响乐;葛路克(Christoph Willibald Gluck)为伊菲革涅亚(Iphigenia)的牺牲谱写了崇高壮美的伴奏曲,莫扎特把他心中的悲、心中的喜,化成一个个绝妙的音符,化成一曲曲甘甜无比的乐章。这位大师的作品完美至如此的高度以至他之后的曲子不是显得杂乱无章就是让人觉得荒腔走板。假如你想了解"纯粹的音乐",那种不含"意义"而谱写的音乐,不靠故事、图画和思想只凭纯粹的美而谱曲的音乐,那您就关掉收音机,打开久违的留声机放上莫扎特的D大调四重奏,欣赏那悠扬舒缓的乐声。

说到18世纪,克利夫·贝尔(Clive Bell)在他描述文明的鸿篇巨制里说这一世纪是文明史的三大重要时期之一,其他两个时期分别为希腊伯里克利时代(The Age of Pericles)和文艺复兴时期。18世纪既有野蛮的战争又有科学的发展和哲学的解放;既有财主们的巧取豪夺又有典雅的礼仪跟华美的服饰——与之相比,我们时下那分叉的马裤和紧绷的衬衫简直就像丧装跟囚服。被拿破仑戏称为"丝袜中的土坷垃"的聪明人塔列朗(Talleyrand)曾经说道:"谁没在1789年之前生活过,谁就不懂幸福生活的全部含义。"圣伯夫(Sainte-Beuve)在《肖像》一书中描绘了这些镶金镀银的有钱人的生活;在安东尼华托(Watteau)和佛勒龚纳(Fragonard)、瑞诺兹(Reynolds)、根兹博罗(Gainsborough)以及隆尼(Romney)的画作中你都能见到他们的踪影;或许我们可以和泰纳(Taine)、卡莱尔一起在某个大剧院前排就座,好好观赏刻画他们没落的戏剧,那可是场面十分火热的戏剧哪。18世纪确实是一个人才辈出、硕果累累的伟大的时期:诞生了像吉明和伏尔泰那样的历史学家,像休谟和康德那样的哲学家,完成了法兰西《大百科全书》那样的巨著,此外还有传记作家詹姆斯·鲍斯韦尔(James Boswell)。当时还有由约翰逊博士(Johnson)、哥尔斯密(Oliver Goldsmith)、吉朋(Gibbon)、埃德蒙·伯克(Edmund Burke)、演员兼剧作家盖里克 Garrick 和画家雷诺兹 Reynolds 等人组成的小圈子。那个时候还活跃着小说家菲尔汀(Fielding)和斯特恩(Sterne)——此两位在英国文学史上的地位至今无人能够超越。那个时代的杰出人物还有:经济学家亚当·斯密,讽刺作家斯威夫特,还有玛丽·沃斯通克拉夫特(Mary Wollstonecraft)那样非凡的女士!

接下来就是革命了,贵族老爷们上了断头台,艺术和礼仪统统都枯萎凋零了,在真与美这两者之间,人们此时要的是革命的真理。而科学则重新让世界向人类的欲望靠拢。还是听罗宾森(Robinson)讲讲工业革命吧,这场革命迅速而深刻地改变了我们的生活、我们的政府、我们的道德、甚至我们的宗教与我们的哲学;工业革命成为历史的主轴之一,历史是围绕这些主轴而转动的。由于18世纪为力学和物理学铺垫了理论基础,接下来的世纪便是这两大学科付之于应用和喜获成果的时代了。与此同理,19世纪是理论生物学萌发和成熟的时期,所以20世纪必然是生物学的大规模运用和收获成果的时代。自然和人类发展的新概念主宰了科学界因而引发了信仰之争,西方思想界因此而郁郁寡欢不得安宁。19世纪的雕塑作品实在无精彩可言——尽管有尚在探索的罗丹(Rodin);而绘画方面则充斥着令人置疑的实验技法,无论是特纳(Turner)的落日还是韦斯勒(Whistler)的雨景都属于此列；然而音乐却大放异彩，其成就超过历史上的任何时期——在这个机器肆虐的时代里竟然有这样的好事，委实叫人始料未及。

这一时期众多音乐大师之中的第一位便是贝多芬。随着世纪的交替，贝多芬的作品从早期的莫扎特式的简洁过渡到《英雄》（*Eroica*）的雄浑有力，再到《第五交响乐》的完美极致，《皇帝协奏曲》与《克莱采奏鸣曲》的精美优雅，直到他晚期的狂放不羁、热情奔放的奏鸣曲和合唱《欢乐颂》。这一时期还有一位舒伯特，他内心蕴藏了无穷尽的美妙乐曲，可谓才如泉涌，死后阁楼里还发现从未有人咏唱的上百首佳作。第三位要说的是舒曼——有着迷雾一般的忧郁，无论是在现实生活中还是在文艺作品里，舒曼都是最动人的爱情故事的男主角。这第四位要说的是约翰内斯·勃拉姆斯（Johannes Brahms），此人长得活像个屠夫，可作起曲来简直就是天使，他的和弦的深沉和厚重远在舒曼之上，然而他对舒曼的怀念却始终不渝：虽然他全身心地爱着这个癫狂音乐家的遗孀（她是那个时代最出色的女钢琴家）并且悉心呵护了她40年之久，却从不敢向她求婚。对于这几位音乐家来说，18世纪是他们多灾多难的年代——垂危之时的贝多芬向命运愤愤不平地挥动着拳头。舒伯特酗酒。舒曼癫狂。肖邦被肺痨缠身又被乔治·桑抛弃。理查德·瓦格纳，这个天才加骗子，忍辱蒙羞达半个世纪之久，才熬到终于让德国的国王和王子们在拜罗伊特（Bayreuth）为他的生计买单！门德尔松比他们几位幸福，他太善良太简单了所以继续忍受苦难而不悟。李斯特饮誉至最后一滴终成正果——生受崇敬死备哀荣。而那位罗西尼（Rossini）更愿意煮意大利面条而不愿谱写《塞维利亚的理发师》。天才的威尔第(Verdi)靠一曲《走运》才能维持生计，而他正是把手摇风琴推进欧洲的每一所歌剧院的人。俄国的音乐又是另一番风景，那里漫不经心地奏出一片悲情：穆索尔斯基（Moussorgsky）咏颂死神，可怜的柴可夫斯基为了一个歌剧的维纳斯女神悲痛欲绝，终于饮鸩身亡。（这肯定是真的，因为所有令人起敬的历史学人都否认此事。）

显而易见，美生于苦难，智源于悲情。我们父辈那个世纪的哲人们艰辛悲苦的程度绝不亚于这些音乐作曲人；叔本华写了各式各样的悲苦，他的作品堪称悲苦大全，这些哲人们讲述的苦难以叔本华开始，以尼采为最后一位。尼采说他热爱生活因为生活就是一场悲剧，可最后他疯了，因为他担心有可能还得再这样活一次。疾病缠身的亨利·托马斯·巴克尔（Henry Thomas Buckle）则是另一幅人生惨景，他一生不曾享受过一刻的健康，41岁便溘然长辞，甚至未能有暇完成《英国文明史》

的导言！19 世纪的天才中只有一个健康者：老歌德，他和雪莱的差别是长寿令他成熟而雪莱却英年早逝，仅此而已。不信你就读读艾克曼（Eckermann）所著的《歌德谈话录》吧，给自己一周的时间去和成熟的心智做伴。或者读一读《浮士德》的第一章，但千万不要读第二章，不管文学史家——甚至伟大的布兰德斯（Brandes）也在内，如何诱惑你去读第二章。因为那第二章是老糊涂的大杂烩，只配给李尔王去念。那个时代里在思想上堪与歌德媲美的只有拿破仑一人，无论是想象力、精力和意志力两个人都不相上下。让路德维西（Ludwig）把拿破仑的事讲给你听，然后再读泰纳（Taine）在《现代强权》（*The Modern Regime*）那 90 页才华横溢的论述中对这位科西嘉天才的精辟分析。

泰纳（Taine）讲拜伦的那一章要逐字逐句地去读懂并吸收，然后读拜伦的《恰尔德·哈洛尔德游记》（*Childe Harold's Pilgrimage*）和《凯恩》（*Caine*），再读《唐璜》中的两三个篇章。也别漏掉济慈的颂歌，那是英语诗歌中的极品。韦尔兰（Verlaine）和缪塞（De Musset）不在我们的推荐书单上，因为他们的妙文尚无传神的译本；而海涅（Heine）就入选了，尽管众多译作的败笔往往委屈了甚至扼杀了他那诗句中的乐感和智慧。丁尼生（Tennyson）的入选全靠了他的《悼念》（*In Memoriam*）和《国王叙事诗》（*Idylls of the King*）；要是有足够的勇气，我倒是想把他的位置让给托马斯·梅劳里爵士（Sir Thomas Malory），因为此人的《亚瑟王之死》（*Morte d'Arthur*）称得上是英语散文中的恢宏大作的里程碑。读完这个世纪的推荐作品，你一定要大量阅读巴尔扎克的东西，因为这位作家能像生活本身那样启迪你的心灵。雨果的《悲惨世界》可以不读，但福楼拜的两部小说要逐字细读：《包法利夫人》和《萨蓝波》，把这两本书一起推荐是因为这家出版社把福楼拜的大部分作品都收集在一卷本的集子里了。然后你不妨尝一尝阿纳托尔·法朗士（Anatole France）为你准备的佳酿珍馐，此人堪称法兰西文化与艺术的菁华；书单只提了《企鹅岛》，但如果你真钟情于品味话语的优美与精致，那就去读他的 20 卷本巨著吧。作为消遣可以读读《匹克威克外传》和《名利场》（或是《大卫·科波菲尔》和《亨利·埃斯蒙德的历史》）。好吧，让我们先把属于一己之见的，对于维多利亚时期文学水准的菲薄与不屑，搁置一边。让我们对那个时代的文学与我们今天的文学平等看待，之后我们再予以褒贬。我们把目光从英国转到斯堪的那维亚——不要看易卜生其他的剧作，就读《培尔·金特》好了，那是《浮士德》之后最伟大的诗作。跨海去俄罗斯，品尝一下屠格涅夫的极品佳肴，慢慢地攀登上托尔斯泰的《战争与和平》的山峦之巅（也不过 1700 页而已），最后恭恭敬敬向陀思妥耶夫斯基请降臣服，他是最棒的小说家。请注意，这部分图书的每一卷书都弥足珍贵，不可忽略。如果你肯下工夫去按部就班地求索前人的教诲与人类社会的奥秘，那么你不可只读《卡拉马佐夫兄弟》，你还要读《罪与罚》《白痴》和《有产者》。而后你就可以收拾行囊回美国了。

这个推荐书单是否冷落了我们美国本土的英雄人物？但是别忘了我们还是青春年少。我们才刚刚告别拓荒时期进入商业时代，正从商品时代步入艺术的阶段；惠特曼是我们目前仅有的天才。梭罗（Thoreau）所代表的只是完整生命中的一个阶段，一个呼声，一个要求，一个要求回归自然的热情呼声，那热情在每个年轻人的血管里燃烧，那呼声是对太过迅速的文明化的抗议。爱默生（Emerson）的东西今天看来太过单薄，和梭罗（Thoreau）的著作一样没太多肉可啃；但是研究文体的人倒是应该跟他呆上一周。爱伦·坡也有点被人捧过了头，他的文字流畅优美而颇具乐感，还有点神经兮兮，会编那些装神弄鬼的故事，因而很符合布尔乔亚钟情神秘的口味，也颇符合那些未经磨砺的人们对于想象中的痛苦的向往。其实我们倒是很高兴目睹书中人物的磨难，因为这些经历令我们感同身受。我们称爱伦·坡为伟大的艺术家，那只是因为他的传记颇有趣，而他的痛苦对我们也还有吸引的力量。喜欢弱者往往比喜欢强者容易得多，因为强者不需要我们的爱，而且他们的完美令我们感到不快，因而本能地去吹毛求疵，发泄不满。因而每树起一座雕像，必然会激起一阵愤懑。

我们来到了自己的世纪，电器化的世纪和“众神的末日”（Götterdämmerung）的世纪，大疯狂的世纪和疯狂和平的世纪，同时又是知识与道德的变革空前迅速与深刻的伟大世纪。让亨利·亚当斯（Henry Adams）为你揭秘我们这个时代，然而推荐书里没有这一块。也许柏格森（Bergerson）能回答亚当斯的提问：机械论哲学导致了我们的悲观主义，但是从生物学来看我们不必悲观，因为生物学的结论未必那么悲观。大概因为人毕竟不是机器吧。哈夫洛克·艾利斯(Havelock Ellis)——我们这个时代的伟大学者，怎样看也不仅仅是一架机器的零部件吧？我们阅读本世纪最棒的小说《约翰·克利斯朵夫》（Jean Christophe）时就会捕捉到艺术家那种不同于科学家的情感，艺术家强调创造性而科学家强调悲观无助。斯宾格勒（Spengler）与我们不同，他认为我们的文明在消亡；果真如此的话也是由于我们的权力欲跟我们对于战争的贪恋，而斯宾格勒却崇拜这些，此种崇拜还引来知识分子的羡慕，说他天生是行动之人。听听罗宾森(Robinson)和韦尔斯(Wells)[如果你有时间读费伊(Fay)教授的书也可以]为我们揭示一战的根源,那样我们就能看清楚此种被人羡慕的荣耀是多么卑鄙,其导致的结果是何等的肮脏;真应该让我们的孩子们也读一读这些书,让他们明白战争究竟是怎么制造出来的。人类从野蛮到文明花了三千年的时间才艰难地走过来的路,因为这短短三年的战乱,几乎是白费了,一切都须重头来过。

这些书令人黯然神伤可是等读完之后我们会变得坚强得足以直面严酷的真相而无须先注射麻醉剂。尽管我们掌握的知识还很有限,但我们仍旧相信:哺育了柏拉图和达·芬奇的人类早晚会有那么一天孕育出足够的智慧去控制人口、去开发海洋资源,让它为全人类提供食物和燃料、让所有的市场对所有的商人和所有的资本开放、让全人类都能从一个权威的国际组织那里接受再教育,并且保证完成学业,成为远离战乱的好学生。因为比这些更加不可思议的事业在人类历史上已经一一完成了;比这些神奇40倍的事情又算得了什么,因为那仍然比不上人类自身的进程——从鼻滴虫或者野生动物发展进化为孔子和耶稣。一切皆有可能,因为我们的进步才刚刚开始。

这就是我们的读书之旅。书是另一种世界,这里是精选的一百代人的佳作——选择时可能不够公允,而且书籍的世界不如实实在在的自然界和人类活动那般有活力,但是书的世界却充满无可置疑的智慧和尚未开启的美。生活比文学好,友谊比哲学甜蜜,孩子带给我们心灵的音乐比任何交响乐团都更深沉与壮美。但即便如此,生活之乐趣也不会减弱阅读的乐趣,尽管阅读的乐趣排在第二位。生活有时会苦涩,友谊会溜走,孩子们为着追求自己的理想或自己的家庭会离我们而去,然而我们却仍然可以围桌而坐,有莎翁和歌德相伴,或者与拉伯雷一起笑看这个世界,和济慈一起领略这秋的美。这些朋友呈现给我们的是他们最好的东西,他们还不跟我们顶嘴,永远等待着我们有空的时候对它们的召唤。让我们抽点时间与他们相伴,跟他们漫步,恭听他们演讲;让我们隐隐作痛的伤,就这样慢慢愈合;让我们的心终于明白:那安谧与平和其实全来自理解。

走进哲学 2

第一章
斯宾格勒的哲学

斯宾格勒其人其书

曾经有一位学哲学的人于1927年在慕尼黑度过了一周。这个城市融中世纪之美与现代之美于一身。这位哲人尽情享受了这里的静谧与温馨，愉快地穿行于古雅的屋檐下，路过一座又一座古塔，融入喜欢周日出来散步的善良人群，驻足于瓦格纳和伦巴赫的宅前，甚至还经过了威登迈耶斯特拉斯大街——你能想象得到他却浑然不知谁住在里面吗。原来这条宽敞的街道上有一所宅院，奥斯瓦尔德·斯宾格勒就住在里面。这位哲学大师，我们时代最前沿的这位思想家当时就在那里生活和写作。斯宾格勒身材高大，体魄强壮，就像他崇拜的容克士兵一样。他的秃顶下有一张冷峻的脸。斯宾格勒喜欢收藏老式武器，经常徜徉于"旧"画廊，可对"新"的却不屑一顾。他还喜欢研究贝多芬的四重奏。此外，这位饱学之士还做三件事：走长路、爬山和耐心而专注地写他那本阴沉沉的关于西方之没落的书。

早在1912年他就开始了《西方的没落》的写作。他想以概括简洁的形式表述他的信念：欧洲文明和美国文明已经进入不可逆转的衰落期。[第一次]世界大战一度使写作中断可是之后却反而促进了他那近乎疯狂的成书速度，因为他认为一战肯定了他的分析，是文明进入腐烂高峰期的佐证。他说"[这个结论]不是瞬间拼凑起来的松散事实的集合，而且与民族情感或经济趋势都无关……这是发生在这一伟大文明的有机体之内的历史变化的必然阶段……发生的时刻是数百年前就注定的"①；

① 见《西方的没落》，纽约，1926—1928，卷1，第47页。后文所引均指此版本。

它体现了这个文明的不可避免的命运。这个发展顺序是无法抗拒的，而他自己也已经深陷其中；他的悲观主义与怀疑主义所引发的这部著作也是欧洲大陆解体与欧洲文明结束的一个自然组成部分。他说："越来越清楚的是一定要在此时此刻而且就在德国把我的这些想法端出来"。[①]这本书于1922年出版，尽管内容浩繁费解，而且书中有50万个单词不在通俗用语之列，德国人却还是在一年之内就买了十万册。他们接受这本书，把它当作哀歌，用以送别这个被打败的正在死亡的强权，告别这个曾经荣耀的时代。

这本书已经有了英译本，是查尔斯·法朗西斯·阿特金森翻译的，译文文笔流畅。此书有着日耳曼式的翔实内容，是两卷本，印刷格式精美，字体采用的是阿尔弗雷德·诺普夫体。书的首页说作者如何了不起——思想丰富、知识无限广博、目的明确、判断坚决、内容恢弘、风格强悍。斯宾格勒的确是语气简断，毫不拖泥带水；他的观点也非常地直截了当，毫无粉饰。他说起话来那口气就像是战场上的将军。与凯塞林一样，他也不谦虚。至于说他那伤人的傲气，随着你阅读的深入，你会感到他的冒犯其实并没有那么严重。他说："我坚信，我所写的哲学是我们这个时代里唯一的哲学，而不是若干种可能的、合乎逻辑的哲学里面的一种…… 我的这种说法用不着什么推论过程。"[②]他的断言并非用不着推论，不过他的说法也并非全无道理。

斯宾格勒凭借这一本书走到了当代哲学的前沿。长期以来，分析法称霸哲学领域的局面就要结束；而综合法尽管会犯一千种错误，现在却随着这本书的问世又杀回来了。此书以一个人的思想审视整个世界，以整体的眼光判断各个局部，这就是这本书的视角，而视角恰恰是哲学的定义。难怪德国的每一个阵营都被此书所震撼，每一个学者都来评说。当时在世的最伟大的历史学家爱德华·迈耶还专门为此书写了本小册子，于是招致法国人纷纷撰文进行反驳。《伊希斯》杂志的编辑说："这一次又是门外汉迫使专家们重新审视自己的史料，书林的树叶又一次被这一场暴风雨纷纷震落，这位德国思想家的贡献的确不小，他的大名已经家喻户晓。"

这位编辑的话一点不错，19世纪那时候也是这样，对哲学做出永恒贡献的人往往不是那些效忠于传统维护的大学教授们，而大抵是孤军奋战的学者，后者比较

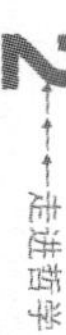

① 见《西方的没落》，第一版前言。
② 见《西方的没落》，第一版前言。

注重研究离经叛道的伟大著述,而不大理会大学教授们。斯宾格勒的哲学就是建立在对哲学以外的“门外汉”的作品研究上,追本溯源的话,他先是研究歌德(他鄙视席勒的“不道德的虚无空洞”)而后是研究尼采。就像尼采看不起柏拉图那样,斯宾格勒也看不上愤怒的叔本华,而且表现得很过分。说他过分是因为他对人家有所亏欠还不肯承认。其实斯宾格勒所起的作用就相当于叔本华在自己那个时代所起的作用,叔本华时期的欧洲遭到拿破仑战争的破坏,而现在欧洲遭到一战的蹂躏,只不过斯宾格勒自己从来没有认识到这一点罢了。斯宾格勒喊出的声音,和叔本华的一样,也是缘于疲惫和绝望。然而,尼采的精神孕育了斯宾格勒的这整本书——那种天不怕地不怕的近乎亡命徒式的风格,警世的言语里面的雄刚之气多于睿智、大肆传播与渲染意志力的作用、重武夫而轻商人、重贵族而轻民主、重本能而轻知识、重血统而轻财富、重实力而轻权利、重视勇于创新的天才们而轻视默默无闻的百姓,而且把非人的因素,即宿命因素,看成是历史的起因和历史的灵魂。自康德以降,德国哲学的薪火传递不是依靠黑格尔、费希特、谢林以及作秀走红的所谓新康德主义者(难道还有比康德主义更老的康德主义?)来传承的,而是通过歌德、叔本华、尼采和斯宾格勒而继承与发展的。他们所爆发出的咆哮才是强大的典型的德国精神的化身,这一点如同蒙田的精神在伏尔泰和安纳托尔·法朗士著述中得到重生一样。德国完全有理由为催生了《西方的没落》并且接受此书的观点而骄傲;这样伟大的作品短期之内不会再次出现。

我们得聚精会神地对待此书,把它作为20世纪最重要的著作来研读。我们的阅读任务十分艰巨,因为斯宾格勒这本书深奥难懂而且他不时地写些大长句子。所有的德国人无论写什么题目都喜欢抽象而且一定会发挥到形而上的极致。这简直不是一本让人阅读的书,因为你要起码看完两遍才刚开始明白书里的内容,而读一遍就要费时一个月。斯宾格勒的庞杂有如歌德,但是当他把起着支撑作用的满天飞的论据都摆出来之后,他最终总还能回到中心论点并能把论证推向顶峰。斯宾格勒把世界看成一个整体,但是他却并不把它作为一个整体来论述。他只是把每一种相关的思想都拿出来,然后让统一性本身去自然而然地跃然纸上。他的书旁征博引有余,然而不够清晰。书的每一页都充斥着他那连篇的术语,而且他对于类比的引证绝对是乐此不疲。

该书的涉猎范围之广无人能比,甚至巴克尔都相形见绌,而且阅读斯宾格勒的书往往有大把的无心插柳的收获。斯宾格勒的学问无所不包:从苏美尔人到美洲人；从少人问津的中世纪（他压根不认可“中世纪”这个提法）的阿拉伯心理学家们的著述到普兰克和波尔的原子理论；从建筑技术到卡尔·马克思的理论；从早于孔子一千年的中国哲学家到伍德罗·威尔逊总统以及坦曼尼协会(Tammany Hall)。他那百万字的笔记里无所不包；有诗歌、戏剧（从埃斯库罗斯到萧伯纳）、宗教（从司阴府之神到安尼伯森夫人）、音乐、雕塑、绘画、数学、物理、化学、天文学、地质学、生物学、心理学、经济学、政治学、军事策略以及最主要的历史学。他讲起几何学来那样头头是道以至我们都无法想象这样的人竟然能够感悟艺术；他能点评印象派并且还能够令我们折服于他对微积分的深刻理解。他写道：“自莱布尼茨之后，不再有通晓自然科学的哲学家”①；可是他本人几乎做到了这一点。他可以用一句话横扫数百年，或仅用一个小句串起好几种文化。他不该那样匆匆忙忙地下结论，不该给我们多得令人难以置信的公式。但是这些结论和公式又使我们耳目一新，而且我们看到综合法重新抬头也颇受鼓舞。我们知道如果知识太多了是很难统一为一个整体的，所以我们才感到茫然；支离破碎的知识会让我们发疯。或许这正是我们面临的问题。

既然在美国似乎没有人读斯宾格勒，我不妨花点时间诠释他的观点但是暂不评论。我只是试图把书里丰富的内容整理出一个头绪来，把他彻底搞懂可是一门大大的学问了。因为要了解过去必须先明白现在和了解我们自己；“没有过去的历史我们不可能存活在当下”②；无论对个人还是对国家，斩断与过去的联系将自己连根拔无异于自杀。“从历史的角度，结合个人的生活并借助想象，去理解人类的存活经验，会使我们赋予生活更加深刻的现实性。这便是历史”。③斯宾格勒相信一切具体问题，无神论、商业主义、社会主义、女性主义、计划生育、悲观主义、印象主义、瓦格纳、婚姻破裂、民主的朽腐，按照他对于历史的重新阐释来看，都更加清晰地显示它们是一个整体的局部。虽然他这是自说自话，可事实的确是如此。他甚至相信只要让我们看到过去的各种法律，以及相关因素和事物的先后顺序，我们便能够预知未来：我们能画出那些已逝去的文明的发展轨迹，而且只要在图上找出我们自己的文化以及我们这一代人的经纬坐标，我们就可以预知命运了。“本书首次提出历

① 见《西方的没落》，原书卷1，第425页。
② 见《西方的没落》，原书卷2，第413页。
③ 见《西方的没落》，原书卷1，第8页。

史先行决定论。”[①]“迄今，每个人都随意地说未来如何如何。在没有事实依据的地方，感情主宰一切。然而从现在开始，每个人都须让自己知道可能发生什么以及即将发生什么，因为命运的不可更改的必然性不依人们的理想、希望和欲望而转移。”[②]他提出“有可能超越把研究课题止于当下的这种限制，而且有可能事先确定西方历史尚未完成的这个阶段的精神形式，它的期限、节奏、意义和产品。”[③]

有可能做到这些吗？让我们拭目以待。

斯宾格勒阐释历史

斯宾格勒说：“一切真正的历史著述都是哲学，那些不值一提的作品除外。”[④]因此大部分历史书都是错的：都是从狭隘的时空、从宗教与政治那片面的角度撰写的，只有从全方位的角度观察才能使得过去的知识照亮现在和预示未来。因此当我们用‘前缩透视法’，转过头去看过去的时候（加之资料缺乏），我们便以为马拉松之前的若干世纪也就相当于历史上的一两章；我们无法想象米尔泰德斯和莱奥尼达斯所处的时期并不是初始的阶段而是中间的时间段，甚至在有文字的历史中他们也不是初始时期；我们认识不到从伯里克利时期到之前的建设金字塔的那个时期之间的距离大大地长于伯里克利和我们现在之间的距离。因此，什么“古代”“中世纪”“现代”这些词语，以历史—哲学家看来，都不妥当，因为历史哲学家就是要从时间的整体性来看待人类和理解人类，正如传统的形而上学要从空间的整体性来把握现实一样。希腊人，相对于图特摩斯和埃赫那吞来说，就相当“现代”了；而后者，相对于奇阿普斯和基夫拉恩或是萨尔贡一世来说，也就是现代了；早期的法老们如果能够从奥西里斯河边回到菲比斯的宏伟的街道，会以为自己置身外

① 见《西方的没落》，原书卷 1，第 3 页 。
② 见《西方的没落》，原书卷 1，第 39 页。
③ 见《西方的没落》，原书卷 1，第 112 页。
④ 见《西方的没落》，原书卷 1，第 41 页。

国，对着外国人讲外国语呢。[①]

历史—哲学家对时间这样看，对空间也这样看：我们的自我中心和我们的兴趣限制了欧洲人看“世界”的视野。对我们来说，印度是由于英国征服了它才具有重要性的，而中国不过是英国鸦片的销售市场。巨大的亚洲对于欧洲而言，就像“欧洲大陆”之于大不列颠那样，西方的“世界”史专家们只是不情愿地在历史书里给它们一章就完了。同样的，中国人写世界历史也会以东方的体貌特征和他们的倾斜视角进行撰写。洋洋30大卷的历史著作里，希腊与罗马占一章，文艺复兴和宗教改革只相当于一行字的量，而恺撒和拿破仑连名字都没有被提到。我们看历史就如同哥白尼之前的人看天文学，我们确信自己面前的小圈圈就是全世界的中心和精华。“当前西欧的这种历史构架体系最确切的名称就应该是‘托勒密系统’。我在此书中提出取而代之的那个系统，在我看来，就好比是历史学领域里的哥白尼的发现，我这个系统不承认古代文明和西方文明的特权地位，我认为在印度、巴比伦、中国、埃及、阿拉伯、墨西哥文明中，在这些与我们隔开的世界里，也有充满活力的人们，他们在更广阔的大历史视角里所起的作用不亚于古典文明，而且往往在精神以及崛起的力量方面更加伟大因而超越了古典文明。”[②]有一点斯宾格勒敢于肯定：他这种从整个地球的视角看历史在哲学上的重要性和影响力，不亚于哥白尼的发现——从星河系的视角看世界。[③]

依斯宾格勒之见，历史是多元的，历史研究的重点是比较各种文化的“形态”——比较在不同的地点和不同的时间所产生的文化之间的相似条件和先后顺序。文化，即一个民族在其历史进程中的所有的机制和生产的总合，是一个有机物，如同一棵树或一朵花；它要生长和腐烂；和任何生物个体一样，它有发展的生理期限，有自然的年限，它必须在此期限中存活并死亡。它有“童年、青年、成年和老年”；它春天发芽、夏天开花、秋天凋谢、冬天死亡。[④]

斯宾格勒发现一切文化中都有相似的现象和相似的先后顺序。宗教出现在每一种文化的初始期，而科学则产生于结束期；城镇出现在初始期而世界都市产生于

① 见《西方的没落》，原书卷1，94页。

② 见《西方的没落》，原书卷1，第18页。

③ 伏尔泰在他的著作《风俗论》中早就预见了这种看法。惠特曼在《向世界致敬》里对这一全球视角做了最为完美的诠释。

④ 见《西方的没落》，原书卷1，第21，104，107页。

结束期；农业在初始期而工业在结束期；简单而强有力的艺术在初始期而软绵绵的虚饰的时尚则出现在结束期。他不满意称拿破仑为“现代的亚历山大”；他决心要找出拿破仑和亚历山大为什么出现在他们各自的文化的末期而不是初期，以及有什么相似的条件令他们出现。[①]“我希望通过我的研究让人们看到一切伟大的文化都毫无例外地诞生并存活在某个同样的时期，它们那些伟大的创造、伟大的宗教、艺术、政治、社会生活、经济和科学之形式都在某个特定的时期内发展、壮大、消亡；一种文化的内部结构”，“必须无一例外地严格符合其他文化的内部结构；一种文化所记载的揭示这一文化内部性质的那些外部特征，即所谓体现深层特征的“体貌”，必须无一例外地在其他种文化记载中有它的对应物；此种对应物必须存在于特定形式和完全固定的时序中的某一点上”。[②]只要找到任何一种文化中的一部分特征，我们就应该能够，通过对其他文化的相关特征的研究，复原该种文化的全貌，像解剖学家那样通过几块骨头复原这个有机体。最后，通过把握过去的各种科学、各种机制、各种艺术的形式特征，以及这些特征从无到有乃至消亡的先后时序，我们就可以确定西方[③]文化的未来。历史研究的目标就是预测未来。

哪些文化是伟大的文化？它们共同的兴起与灭亡的阶段又是什么？埃及、中国、印度、古希腊和罗马、阿拉伯、墨西哥和西方诸文化：这些都是把人类精神提高到形式高度和创造高度的有机体。这些文化中才有历史的精华，而那些抽象的神话般的所谓“人类”处于不断发展之中的断言其实并没有真正的历史可言。古老的墨西哥鲜为人知，我们暂且搁一边，至于我们的西方文化也留待以后再细说。我们先看看其余的这些文化，把它们放在一起来研究它们的青年期、成年期、没落期与消亡期的相似性与“共时”性的特征。了解这些文化的“体貌”特征和每一种文化都必然经过的各个“季节”，以便找出我们当前这个时期的腐烂征兆。

“春季”是农业期，这个时期靠农村经济存活。在埃及，这一时期是前王朝和“提尼斯（Thinite）”时期（公元前 3400—前 3000 年）；在中国是商朝（the Shang period）（公元前 1700—前 1300 年）；在印度是吠陀时期（the Vedicperiod）（公元前 1300—前 1200 年）；在希腊和罗马是多利克和伊特鲁里亚时代（the Doric and

---

① 见《西方的没落》，原书卷 1，第 49 页。

② 见《西方的没落》，原书卷 1，第 112 页。

③ 斯宾格勒所指的“西方”意味着（不包括斯拉夫民族在内的）欧洲与美国。

Etruscan epoch)(公元前 1100—前 800 年);在阿拉伯是原始基督教和与此相应的偶像崇拜时期，福音书与犹太法典的时期，以及摩尼教、普罗提诺与奥利金的时期(the Gospels and the Talmud, of Mani, Plotinus and Origen)(公元 0—300 年)。这一时期充满征服、定居和英雄传奇:美尼斯(Menes),拉玛(Rama),阿伽门农,罗穆卢斯(Romulus)和基督。但是这首先是一个人们深信宗教而且有着伟大神话的时代,表现了原始人恐惧和求神祈福的愿望,因而促进了“夏季”艺术的伟大创作,并为这一时期的文艺创作提供了主题。这是文化的原始冲动和少年成长期。

随着文化“夏季”的来临出现了城镇,以及生命鼎盛时期的成熟觉悟。不过此时的城镇还不是城市,城镇只是在个别的地方统领乡村;社会的基础仍然是农民,政治架构是封建制。贵族的“形式”和品位正在形成但是尚未“文明”到打打杀杀的程度。此时的埃及正处于老王国(the Old Kingdom)时期,那时金字塔和男性雕像盛行(公元前 2900—前 2400 年)。中国则处于“西周”时期(the “early chou” period)(公元前 1300—前 800 年),这一时期中央集权遭破坏、诸侯分封盛行、哲学方面则出现了相当于古希腊的“前苏格拉底”的哲学家们,即早于孔子的哲学家们。印度当时是婆罗门掌权，建立了三级种姓制度 (the three castes)(公元前 1000—前 800 年)。而在希腊与罗马(公元前 700—前 500 年),则是狄俄尼索斯和努玛的宗教盛行;在这个时期,贵族取得了最高政治权利并发展为贵族寡头政治;该时期的希腊是泰勒斯、阿那克西美尼、赫拉克利特的哲学盛行期,而在意大利则是巴门尼德,毕达哥拉斯和恩庇道格拉斯的哲学盛行;这首先是一个多利克式壁柱盛行的时代,“正好体现了古典的生活理想”[1]。而在近东,我们看到的是拜占庭和波斯萨珊王朝的艺术成熟期(公元 300—700 年):此时建筑物的特征是一端为圆形的长厅和圆屋顶、有石柱和拱形顶、装饰有马赛克拼画和阿拉伯式的蔓藤花纹;在这同一时期,基督教的神甫们身披荣耀却心怀歹毒地展开他们和聂斯托利教派、诺斯替教派、摩尼教派、基督一性说派以及基督意志唯一说派的激烈奋战,不仅如此,他们自己之间还相互斗争;这个时期不是历史学家们所认为的西方文化的青年时期,而是东方三智者,即所谓“麻葛(Magian)”之灵魂的巅峰时期;这个时期属于东方不属于西方；这个时期没有把建筑引领到哥特风格也没有把哲学引向经院派而是催生了阿拉伯的代数和穆罕默德的宗教,催生了阿罕布拉宫和泰姬陵。在一

① 见《西方的没落》,原书卷 1,第 345 页。

切的文化中，这一时期都是强大的本能和生命力迸发出来的时期。

文化“秋季”的初始阶段是这种文化最为成熟的季节，只是在接近于秋季的末尾阶段才是这种文化的没落期。此时，封建的贵族制度让位于中央集权的君主制，而且在这个时期里，国家的政治生活实行统一的运作，于是国家得以“形成”了。于是城市兴起，催生了商业，商业又滋养了艺术，以“启蒙”为中心的具有批判思想的知识分子提升了科学与哲学的地位，使它们高于宗教，并且播撒了无神论和革命的种子。在埃及，封建爵位被底比斯的法老们推翻，建立了古埃及中世纪王国（the Middle Kingdom）（公元前 2150—前 1800 年），第十二世王朝的握有掌控权的统治者实行了中央集权，催生了精美的雕塑，恢弘的神庙与宫殿建筑，如凯尔奈克和卢克索以及德—艾尔—巴赫利等地的那些庙宇。在中国，这一时期相当于“周朝晚期”的西周时期（The “late Chou” Period）（公元前 800—前 500 年），即，老子和孔子的时代，老子相当于东方的卢梭，孔子相当于东方的伏尔泰。在印度（公元前 800—500 年），这个时期盛行佛、佛教经典、伟大的吠檀多哲学和瑜伽哲学。在近东（公元 700—1000 年），圣索菲亚大教堂的球形穹顶体现了摩尔式风格清真寺建筑的颠峰，球面三角的计算是阿拉伯数学的登峰造极之成就，伊斯兰教思想家阿尔法拉比、阿维森纳奠定了摩尔哲学的基础。在古希腊与罗马（公元前 650—前 300 年），城邦国家达到鼎盛时期，伟大的政治家领导着全能的“人民”，而罗马的元老院是当时最具权威的统治机构；建筑风格上，原有的多利克式的力量现在又融进了古希腊的美，普拉克希特列斯的雕塑进一步完善了菲迪亚斯的神庙装饰风格；画家波力诺塔斯和宙克西斯令希腊绘画达到巅峰；阿尔希塔斯和希波克拉底使得希腊的数学和医学从此得以成形；智者学派把知识从神话和信仰中解放出来，苏格拉底以他的发难颠覆了一切教条，于是，柏拉图式的乌托邦共产主义［毁掉锡拉库扎（Syracuse）的那个卢梭］宣告没落。

建立在贵族社会的组织机构之上的大机器慢慢地坍塌，因为理性主义和激进主义的宗旨是消灭一切它们无法理解的事物。处于这个时期的埃及（公元前 1788—前 1680 年）的中世纪王国被革命推翻，由外国将军的独裁取而代之，接下来的两百年艺术便消失了。在中国，伟大的周朝被推翻（公元前 441 年），接下来是革命和诸侯的内部混战。在印度，信奉唯物主义的数论学派帮助信奉无神论的佛教打倒了古老的宗教。在希腊和罗马（公元前 400—前 300 年），发生了社会变革与内战，这个时期产生了：激进派的克洛迪厄斯，亚历山大的专制主义，利西波斯的优雅的雕塑，从善如流的阿贝列斯的聪明绘画，亚里士多德的哲学，多利克式的建筑风格的柱子被科林斯式的圆柱所取代，而音乐风格则由伊奥尼亚的长笛所称霸。一切的古老的规范和道德准则都在怀疑主义、奢侈和财富面前土崩瓦解：城市战胜了农村、人民（有钱的中产阶级）战胜了地主老爷、民主制战胜了贵族制、知识战胜了本能、哲学战胜了宗教、科学战胜了艺术。旧的一切都被质疑和削弱；旧制度的一切的支撑全部倒塌；革命的乱世来临，因此世界即将由将军们粉墨登场了。

最后该是文化的“冬季”了——古老的信仰与虔诚、传统习俗与道德，曾经是不容置疑的贵族制以及一度享有主权的国家，全都迅速地分崩离析。西克索人入侵并征服了一片混乱的埃及（公元前1680—前1580），因而打碎了她从别人那里继承下来的政体形式与思想理念；图特摩斯三世入主埃及并几乎征服了全世界；埃赫那吞，法老兼哲学家，摈弃了阿蒙主神教，因而失去了其殖民地和部落，于是无助地眼睁睁地看着埃及衰败；波斯、亚述、希腊、罗马、伊斯兰、英格兰先后征服了埃及；最后，什么也没有留下来，只剩阿拉伯语称之为“fellaheen”的农民阶级——这些人没有历史而且跟金字塔时期之前的人一样原始与落后。那时中国处在“战国时期”（公元前480—前230年），是中国历史的第19个世纪；曾经一度统一的国家变成相互混战的各个诸侯国一直到始皇帝——秦始皇，即东方的奥古斯都，统一称霸与焚书，结束了一个伟大的文明时期；他之后中国不再有历史。佛教（相当于印度的社会主义）涤荡了印度文化里的英雄因素，印度对于阿育王的皈依（公元前264—前228年）标志着一个时代的结束。亚历山大帝国也随着他本人的去世（公元前322年）而分崩离析；希腊的绘画与雕像变得主观、“现实”、戏剧化与怪异；由于犬儒主义、斯多葛主义（希腊的社会主义）、享乐主义和怀疑主义盛行，知识界和道德领域充满动乱与绝望；那些伟大的哲学系统让位于“教室里的专业的哲学流派”以及“哲学文献摘要”之类；欧几里得和阿基米得完善了几何学，科学一片繁荣而宗教走向灭亡；最终，希腊被野蛮的罗马征服。罗马的统治经历了马里乌斯、苏拉、恺撒和庞贝；内部的混乱阻滞了文学艺术的发展——文学艺术让位于架桥铺路，一直到奥古斯都时期才又有了起色；生育控制令原有的人口大减，罗马帝国只剩个空壳，外边的人可以长驱直入；马可·奥勒瑠，人称“哲学老妇”，是衰弱垂死的象征；在他之后，日耳曼人入侵，根本无人抵抗。在近东的伊斯兰国家此时流行无神论，带有公社性质的宗派风起云涌，这些宗派困扰着阿巴斯王朝的统治者们，灰暗的宿命论（阿拉伯的禁欲主义）标志着摩尔人创造力的终结。

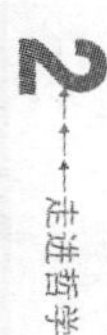

以上的例证说明某一种“文化”的终结发生在被称之为“文明”的综合腐朽之中，这种腐朽由许多部分组成，其中包括：有文化的贵族的统治由有钱的资产阶级所取代；工业和金融业战胜农业；社会的、政治的、经济的权利集中在世界大都市（如底比斯、锡拉库扎、亚历山大港、迦太基、罗马、拜占庭，这些大都市吸尽榨干农村的骨髓而后丢到城市中去让其枯萎；以数量取代质量，以炫耀取代品位，以功利取代美，以财富取代文化，科学和唯物论战胜了宗教和艺术；艺术被肢解为时尚、时髦、复古和怪异；拼命追求审美刺激以满足大城市意识；社会底层不断起义并演化成革命战争；由厌战而产生的和平主义、由厌战而产生的新宗教、还有对遁世和对慰藉的追求；奢靡成风和沉湎于恶习导致体质下降道德败坏以至国家不能自卫；创造力和精神力量消亡；家庭的衰败和教会的道德传统和道德教育的衰弱；知识阶层不生育、“老百姓”拼命生，因而导致大量的无业农民阶层流入城市变为城市里的流浪而无助的人（felleheen）；在文明化的生活中缓慢地孳生出原始时期的人类生存状态；年轻人弱不禁风而且不守规矩，只是一味地要求被宠爱；凡此种种引来了外族的入侵；于是，这一文化结束。

这就是历史的“春秋编年史”。一切上升的都要下降，一切生长的都要腐烂；不仅如此，各种文化当中的生长时期和腐烂时期以及这些时期的特征，都是“同时期的”，而且是平行的，就好比在同一个种族内部，所有的正常的青少年的生长标志和生长阶段都是等同的和平行的；成年人之间也是这样。我们认为在西方文化里各个阶段的先后顺序也必然是相似的，相似的少年期、相似的成年期、相似的老年期以及相似的死亡期。我们也必然会发现各个时期的固定的交替顺序——春播秋收接着是腐烂。可是万一我们已经度过了秋季而且死神之手此刻正在伸向我们的精神文化生命，那么我们该怎么办啊？

西方文明的兴衰

西方文明的春季

按照斯宾格勒的哲学，每一种文化都是一出四幕戏剧，兴起时有贵族制和艺术，衰亡时有民主制和腐朽。西方的文化（指西欧和美国）起源于有贵族老爷和奴隶的封建制，是罗马人征服欧洲时留下的建制，封建制遍布欧洲大地像兵营的网络一般。此种制度的基础是农民，农民和土地紧紧地结合在一起，背负着世界经济生活的重任，那些尚未蜕化至"文明时期"的一切文化都是以木讷的农民为基础的。和农民一起背负重担的是他们的妻子，这些女人与她们的男人一样体魄健壮、清心寡欲。种族的延续全凭她们生育众多的子女，因为死亡的威胁时时存在。男人被劳作和征战折磨的疲惫不堪，女人让种族绵延不断。正如斯宾格勒所说"男人创造历史，女人本身就是历史"①。

农民头上有两个主人：男爵和神甫，这两个阶层也是这个文化不可或缺的成分。男爵代表时代和种族：他的优越性是经过许多代血统的孕育和培养的结果。男爵有着极其坚定的种族信念，包括种族仇恨，因为他要确保他的优越的生活和血统的纯正。"种族观念的缺乏而不是别的任何东西使得知识分子——哲学家、教条主义者、乌托邦主义者——无法理解这种形而上的仇恨的深刻性。"②正如尼采所说，一个国家之所以伟大最终靠的是贵族的血统，这种高贵的血统的保存和传承要依赖于粗犷的经济生活、逐步培养起来的品位、标准和规矩的制定以及"战争——我们称之为政治智慧较量——的不断延续"③。"国家只能是阶级的国家，只能由某些阶级来统治。国家就其根源来说就是不动产，国家和不动产二者同源同根。这就是事实上的国家组织，与书本里讲的和学者头脑里想的都不一样。"④

然而男爵的统治并非没有对手：和行动之人比肩的是思考之人；和铁血之人并

---

① 见《西方的没落》，原书卷 2，第 327 页。
② 见《西方的没落》，原书卷 2，第 319 页。
③ 见《西方的没落》，原书卷 2，第 330 页。
④ 见《西方的没落》，原书卷 2，第 367、370 页。

驾齐驱的是想象力丰富、语言精致之人;语言的力量和刀剑的力量要决一雌雄。在一切文化的春季阶段,最早的思想家就是神甫,一个国家之内,最早、最大的敌对双方就是教堂对城堡,就是主教对骑士。这种对峙到中世纪发展到高峰,演化为国王和教皇的冲突,而后势头减弱最终变成统治者和知识分子之间、军阀和反战派之间、政客和乌托邦主义者之间的长期的争执。

这种对峙在刚刚形成的时候还是充满创造力的,可以说是宗教和战争孕育了文化。“文化的同义词从来都是宗教创意。一切伟大的文化都源于某种恢弘的主题,这一主题来源于有城市之前的农村,而后体现在城市的艺术和智慧之中,最终结束于世界大都市的拜金主义大潮里。”①远古的人们的贫穷激发了强大的宗教幻想、滋润了一切文学艺术的创作、成就了一个理想的世界,这个世界对于虔诚的人们来说比现实还要真实。宗教的座右铭是:“我信仰它因为它荒诞。”这句话的实质是“那不可思议的才是确定的、那超自然的才是事实、生命存在于非现实的世界但是这个非现实的世界确实是真实的。耶稣就活在这个世界,耶稣从未活在其他的世界里。”②

于是从封建制的男爵那里产生了国家、骑士精神、道德荣誉规范;而从被日耳曼人改造过的基督教那里产生出道德、哲学、科学、语言、文学、绘画、建筑以及雕塑艺术等的具体形式,这些具体形式打造出中世纪欧洲的精神。道德规范是有文化烙印的,道德规范只是针对该种文化才起作用;只有传教士才认为同样的道德规范是适用于全人类的。我们想用自己的道德准则去规范全世界,这种强烈的愿望体现了典型的西方“浮士德式”的泛自我中心主义。古代的人不会这样急迫地要让别的民族皈依他们本民族的道德准则,因此“不存在什么‘古代的’改造世界之人”③。

一切浮士德式的意志都是想独自统治。而希腊的情感……其实是宽容……对我们来说,每一个“行动”都意味着取胜,而每一种古典的“态度”都只是自在而已,不大理会邻人的道德及信仰……在伦理方面也强调意志力,满怀激情地制定一套正确的道德准则作为放之四海而皆准的真理,让全人类遵守

① 见《西方的没落》,原书卷 3,第 306 页。
② 见《西方的没落》,原书卷 2,第 217 页。
③ 见《西方的没落》,原书卷 1,第 342 页。

……没有什么比这更能代表我们的精神了。[①]

斯宾格勒此处几乎是把爱因斯坦的相对论运用于历史，他在宣讲历史的相对性：任何事物，甚至真理，也是有它所针对的特定时间和特定地点的，超越了特定的时间地点便不起作用；“对其他人而言，存在着不同的真理”[②]。“雕塑不止一种，绘画不止一种，数学不止一种，物理学不止一种，而是许多种；每一种，究其深刻的本质都有异于其他种种……就像任何一种植物都有自己独特的花朵和自己独特的果实一样。”[③]

科学自身也是相对的，有自己的“体貌特征”；科学本身的特点、教条、甚至坐标都会随着文化的不同而有变化，并且科学也向我们揭示它是哪个时代的产物；西方的数学浸透着浮士德式的那种对“无限”的渴望，而欧几里得几何学却是封闭的静悄悄的，两者之间的区别类似法国沙尔特大教堂和希腊帕特农神庙之间的差异：沙尔特大教堂所体现的是复杂性与渴望的情感，而帕特农神庙所表现的则是简洁性与收敛的情感。“因此如果我们说心理学、数学、理论物理学里面也有所谓巴洛克风格甚至耶稣的风格，读者该不会吃惊吧。”[④]语言也不例外，语言反映出使用这种语言的人民的好恶和这种语言所处的那个时代的特征；罗马人那简单而谦虚的“我做”（feci）这个词语，在个人主义盛行的西方语言里，则变成了“我已经完成”，拉丁文的表达是 ego habeo factum, 法文的表达是 j' ai fait,英文的表达是 I have done。

人类历史处于西方文化的春季的时候，世界各地的艺术形式就都已经带有独特的主观性与精神至上的特点，就已经脱离了古典形式的那种客观性与形而下的具象特点了。西方艺术所表现的是内在精神的那种无止境的向外拓展性；而希腊艺术所表现的是在从容的节制中体现外在美的完美性；这种动与静、向往与现实、灵与肉就是西方艺术和希腊艺术之间的差别。“哥特式教堂的内部装饰使得原始的力量得到提升，而希腊式的庙宇则有着脚踏实地的宏伟与宁静。[⑤]西方文化中的哥

① 见《西方的没落》，原书卷 1，第 343—344 页。
② 见《西方的没落》，原书卷 1，第 25 页。
③ 见《西方的没落》，原书卷 1，第 21 页。
④ 见《西方的没落》，原书卷 1，第 314 页。
⑤ 见《西方的没落》，原书卷 1，第 177 页。

特式教堂和“飞扶壁”就好比是希腊的“多利式”庙宇和“多利式”圆柱。教堂和飞扶壁最好地体现了欧洲历史的青年时期;同样的道理,欧洲的十字军远征就相当于特洛伊之战;《尼布龙根之歌》就是日耳曼版的《伊利亚特》;欧洲的文艺复兴就如同是狄俄尼索斯再生。随着文艺复兴的到来,西方文化的夏天于是便拉开了序幕。

西方文明的夏季

文艺复兴不是对“中年期”的排斥而是孕育了文化的“中年期”,并且令其成熟的过程。中世纪的播种与成长到了含苞待放的时候;欧洲已经度过了青少年的躁动与反叛,现在开始成熟了。代表西方灵魂最佳的时期是16世纪和17世纪,而不是18世纪的启蒙运动。

不仅在意大利是这样,法国更是如此。意大利产生了无法超越的艺术,不过她的城市由于缺乏有效的政府管理而陷入混乱和桎梏。在法国,封建制已经极其成熟,她培养出对国家效忠的贵族阶级;“国家的概念最终已完全渗透到贵族这个第一等级的血液中,他们将会没有保留地效忠国家”[①]。“国家已经坚定地植根于贵族的头脑之中,或者说植根于贵族所维护的传统中,他们将全心全意地为这个共同事业效劳,如同在斯巴达、罗马、中国的秦朝”以及路易十四的时期所表现的那样。[②]一个伟大国家的秘诀首先在于要让血统好的人掌握权力,其次是必须有由这一血统的人所建立的传统,该传统必须坚持数百年来形成的政治文化生活的标准和品位,对潮流风向、时髦时尚、煽动鼓惑等风风雨雨要有免疫力。“传统的缔造意味着消灭偶然事件。传统应该催生更高级的常态,依靠这种惯常状态可以预知未来——就是说不会出现‘恺撒’,只能有元老院;不会出现‘拿破仑’,只能有无以伦比的军官团。”[③]正是在这一点上,腓特烈·威廉一世和冯·毛奇胜利了,而俾斯麦失败了。当这位铁血宰相倒台时,他既没有培养出接班人也没有树立起继承他的事业的传统。“传统可以不要天才,因为传统本身就是宇宙之威力的最大最好的发挥。”[④]“真正的政治家是打造历史的,并以个人的意愿引领历史,而他的性格就表现为历

---

① 见《西方的没落》,原书卷2,第400页。
② 见《西方的没落》,原书卷2,第368页。
③ 见《西方的没落》,原书卷2,第444页。
④ 见《西方的没落》,原书卷2,第418页。

史生命的逻辑。”[①]当居于统治地位的贵族处于鼎盛时期的时候，像1600年的英国和1700年的法国，国家达到最佳状态，好像处于最佳状态的运动员。“一切大文化中都有一个既有教养又有传统的农民阶级：……与此同时社会也处于极好的状态。”[②]当贵族秩序或贵族传统死亡时，混乱接踵而来，而且接下来的并不是自由而是独裁。

文化的夏季时期是治国、科学、文学、哲学和艺术等方面的创造成果最为灿烂的时期。想想这些了不起的人们吧。在政治方面的杰出人物有：科西莫·德·美第奇与罗伦佐·德·美第奇，教皇利奥十世与罗马教皇尤利乌斯二世，神圣罗马帝国弗兰茨一世与亨利四世，加尔文与克伦威尔，红衣主教黎塞留与马萨林，查尔斯五世与菲力普二世，路易十四与查理十二世，亨利八世与伊丽莎白，还有沉默的威廉与彼得大帝。这个时代的科学研究与哲学思辨都充满着高瞻远瞩的气魄和恢弘的理论，这方面的杰出人物有：哥白尼和伽利略、笛卡儿和帕斯卡、莱布尼茨与费尔马、哈威与牛顿、布鲁诺与斯宾诺莎、培根与洛克以及霍布斯。西方数学在这个时期形成了自己的典型特征："数"，原本对希腊人来说是存在的世界（a world of being）里不受时间制约的永恒的"量"，而现在的"数"则意味着处于变化中的世界（a world of becoming）里的"函数"和关系式，意味着变化。静态让位于动态，欧几里得几何让位于解析几何和微分学；它们之间的区别颇似"多利克"风格和"哥特"风格之间的差别，也很像雕塑和音乐之间的差别。[③]甚至数的概念也不是全世界都一样的：印度、阿拉伯、希腊、西欧关于"数"的概念就不同。几何学和天文学也是如此；无穷的空间象征着北部，而封闭的有限的天体（body）则象征远古（antiquity）。[④]周期函数、级数、无理数不过是西方动态流动的象征符号而已，难道不是吗？“当代的历史学家有哪一位意识到了有一种深刻的同一性存在于下列的事物之间：微分学和路易十四时期的动态的政治原则这两者之间，古典的城邦国家和欧几里德几何学这两者之间，西方绘画的空间透视和铁路与电话以及远程武器对空间的征服这两者之间，音乐中的对位和经济中的信贷这两者之间？”[⑤]斯宾格勒在这里所阐释的内

① 见《西方的没落》，原书卷2，第443页。
② 见《西方的没落》，原书卷2，第331页。
③ 见《西方的没落》，原书卷1，第15，224页。
④ 见《西方的没落》，原书卷1，第59，189页。
⑤ 见《西方的没落》，原书卷1，第7页。

容令我们眼花缭乱,使得我们简直喘不过气来,可是我们必须坚持读下去。

这一时期的艺术也非常之伟大,唯一的例外是音乐,音乐是到了欧洲文化的"秋"季才大奏凯歌的。在绘画方面,那是拉斐尔和米开朗琪罗的时期,是乔尔乔涅与柯勒乔的时期,是丁托列托与提香的时期,也是委拉斯盖兹与艾尔·格列柯的时期,是哈尔斯与伦勃朗的时期,也是鲁本斯与凡·戴克的时期。自从建造了帕特农神庙那个时期以来,绘画领域从来就没有如此的群星荟萃与灿烂辉煌。

不过此时腐朽的种子也已经开始出现,就像自然界的夏天就开始有叶子的退色和脱落一样。现代艺术中所表现的那种主观主义、内省的沉思以及那种被禁锢的渴望其实都早已在米开朗琪罗作品中首先展现了。"让我们对比米开朗琪罗雕出的奴隶和波拉西特列斯所雕塑的信使神赫米斯;那奴隶的心理活动仅从一条胳膊上便可以看出,这一个肢体所表现出的心理比整个的赫米斯雕像更为丰富。"①

在西方文化的鼎盛时期,分崩离析是改革前奏的预警。因为文化建立在宗教上,建立在神学和伦理学上;而这种伦理则体现在中世纪的传说中,体现在"圣化"和"圣礼"中,同时也体现在教会中。所以路德一提出改革,他对上述种种的打击就太大了,大到无人能比。此外还有佛罗伦萨宗教改革家萨沃纳罗拉修道士,英国宗教改革家和清教主义的先驱,牛津大学教授威克利夫,捷克宗教改革家胡斯,还有加尔文。这些改革家使得欧洲道德和欧洲国家的神学基础遭到无法修补的打击。路德在威丁堡教堂外贴出的对教会的批判,其中心思想就是法国大革命的序言,是法国大革命把西方文化送上了断头台。

西方文明的秋季

"对于革命者来说,一切无法用理性证明的事物都毫无价值。"②在传统和秩序称霸的时代之后,按照唯一的历史法则(即每一个时代都会推翻前一个时代的所作所为),必然应该是理性和自由的时代。当文化处于晚期时必然有许多人著书立说也必然有许多人阅读作品,因为生命的活力下降,于是纷纷到书本中去找庇护所。"现在是书籍和普遍理论发挥其对政治影响的时代——在中国就是老子的那个时期、在雅典就是诡辩论盛行的时期。"③英国的自由原则,经由洛克的重新措

① 见《西方的没落》,原书卷 1,第 264 页。
② 见《西方的没落》,原书卷 2,第 398 页。
③ 见《西方的没落》,原书卷 2,第 401 页。

辞，传到了法国，又通过法国传到全世界。于是大家都懂了伏尔泰和卢梭，这可真是欧洲的不幸。老百姓倒并没有吸收这两位伟人的智慧，其实大家"也只是接受了醒目的口号而已，而口号的源头——那背后的哲学理论与社会学理论的积淀，对于历史来说，反正也没什么要紧。可是作为口号，两百年期间它们的感召力是一流的，比血液的跳动还有力，不过在城市不断拓展、世界日益变得冷漠无情的时代里，这种力量已经开始失去锋芒。"①

到了这一时期，城市的发展在财富和经济实力方面已经超过农村，拥有土地的贵族已经失去对国家生活的控制力。资产阶级出现了，它发现自己处处受到阻碍，而这种阻碍来自贵族的特权、贵族的排他性、贵族的传统和贵族的赋税。于是资产阶级打出了自由、平等、博爱的口号，而且愿意倾听伟大的作家们，并且还向伟大的作家们伸出援手，而后者的崛起则有意无意地满足了资产阶级的需要。在这种形势之下，哲学得势了，启蒙运动的知识分子登上历史舞台，成为历史上最大的破坏力量。

斯宾格勒恨透了知识分子！他以自己对于知识的轻蔑态度去鄙视知识分子，他所羡慕崇拜的是充满行动的生活。他的仇恨使他的语言也流畅起来：

> 生来就有负有使命之感的人和愿意分析因果的人(实践者和思想者)。两者之间有天壤之别。前者纯粹是活生生的——农民和武士、政治家和将军、市井商人，这些人都想发达、想统治别人、想奋斗、想冒险，他们是组织者和办实业的、是冒险家、亡命徒、赌博者；后者由于他自己思想的左右或者血液上有毛病于是选择做"知识分子"——圣人、神甫、饱学之士、唯心主义者(或理想主义者)以及搞意识形态的……如此等等不一而足。一切鼓励和推动人们去观察去探索的激情、一切行动之人与生俱来的信念或者是和某种正确观点相左的信念、有血性之人的瞬间的决定、经过充分思考而且理由充足的目的和手段，所有这些都遭到后者的否定，因为他们是批判的人与沉思的人。甚至实践者的脚步声都比思想者来得实在，因为后者那种纯粹微观的世界与大地之间没有坚实的联系。②

① 见《西方的没落》，原书卷 2，第 401 页。

② 见《西方的没落》，原书卷 2，第 16 页。

可是18世纪的不幸就在于知识分子占了上风，贵族允许自己接受“贵族制是不公平的”这一说法并且自己带头取消贵族制。首先，贵族自己变成无神论者，继而接受哥白尼学说，而后又接受伏尔泰的学说，之后还接受了霍尔巴赫和狄德罗的学说。“文艺复兴后期以来，上帝的概念在一些位高权重的人们的心灵里已经逐步地等同于无限空间的概念。”[①]然而，上帝与国王、教会与国家已经紧紧地捆绑在一起；一个倒下，另一个也站不稳；宗教神灵们的傍晚就是各个国家的午后，离没落就不远了。古老信仰的虔诚支柱一旦移走，整个社会大厦就摇摇欲坠。引用一句拿破仑的话：“基督教的奇迹”在于穷人不杀富人，不过此种光景即将结束；普通百姓开始威胁官员，他们打开了监狱之门；农民开始抢掠，烧毁城堡并且杀人。文化的基本构架轰然倒塌。

它倒塌的时间恰恰是它成熟的顶峰时期，就在熟透和腐败之间的那短暂时刻。贵族式的生活曾经是多么惬意！华托与布歇笔下的优美绘画，乌东与库伊塞沃的雕塑作品，拉辛与高乃依的戏剧，凡尔赛宫和枫丹白露花园，城堡和沙龙，巴洛克和洛可可风格的建筑，蕾丝花边、皱折与丝绸，领带夹、胸针与假发，朗布耶羊与钻石，葛路克的歌剧、吕里的舞蹈以及拉莫的舞剧，巴赫、海顿与莫扎特的音乐，莫里哀与福坦乃尔的戏剧，拉罗什富科与拉布吕耶尔的哲学，室内乐与小步舞，方阵舞与萨拉班德舞，还有当时那优雅的通奸与机敏！这就是18世纪的美妙生活。

这个时期注定要完结，因为金钱战胜了土地，城市比城堡更强大，金融家比男爵更强大；接下来便是“上面的金融和下面的百姓自然结成的联盟……那是为了打败血统和传统”。男爵们放弃了庄园，逃到了法院变成毫无作用的摆设，无论是政治生活还是经济生活都用不着他们，因为这片土地已经由商人和国王统治了。贵族们的内部腐朽在先，而后才接受来自外部的革命的致命打击。他们的文化在他们放弃土地的时候就已经开始了这一没落过程。革命一来，城市便战胜了农村，这一胜利既是一种象征又使得整个的革命过程得以完成；从此，全法兰西就变成了巴黎的一个省份。

突然，那个垂死时代的一切的成熟之美被一把巨刃在刹那间斩断；长期营造的社会建制、道德规范和国家，一切的一切都被长期积累的愤怒的赤色海洋所吞没。剥削、军事主义和无能都被推翻，取而代之的却依旧是无能、军事主义和剥削。只不

① 见《西方的没落》，原书卷1，第395页。

过男爵让位于金融家、国王让位于演说家、神甫让位于传媒。文化就这样没落，于是所谓“文明”由此开始。我们人类将永远不再有如此伟大的时代。

论种族的退化

朽腐的基本因素

西方的衰落开始于机器的出现；工业革命开启了“现代化”，同时也催生了西方文化的腐朽。所谓“中世纪”就是这一过程的初始阶段而不是什么中间阶段；文艺复兴时期达到这种衰败的高峰期，而不是衰败的初始期；所谓“现代”历史时期，其实是西方文化的结尾，而不是西方文化的高峰。因为机器不仅毁了农民也毁了贵族；社会由此失去了它的自然的基础，同时也就失去了它那自然的高峰；一切都消失了，剩下来的只有大城市，以及在大城市里飞速转动的机器与拥挤在大城市里的无产者奴隶和没有文化的资产阶级。机器取代了种子——这个农业社会的象征，而土地里的种子不仅是农业社会的因果秩序的象征，同时也是上帝的象征；取代了种子的机器于是不断地繁殖，数倍地增长，一直到一切人都匍匐在机器的脚下，尊称它为陛下、屈服于机器陛下的威力。

> 这些机器从形状上看越来越不像人，越来越残忍和神秘，并且向着高精尖发展。这些机器把整个的世界织成一个无边无际的网络，构成这张网的是各式各样的隐蔽的势力、潮流和对抗力。机器本身变得越来越智能而且越来越少噪音。轮子、滑轮和杠杆都不发出声音了。一切关键部位都收敛到机器里面……这个人造的复杂王国的中心便是工程师，工程师就是机器的神甫。①

① 见《西方的没落》，原书卷 2，第 503—505 页。参照尤金·奥尼尔 *Dynamo*，一部深刻的应该永远上演的话剧。

古人说："知识是美德"；今人说"知识是力量"；所以财富来了，和平走了。肌体发达了，灵魂腐朽了。假如人丧失了荣誉、美感、礼貌、品位以及作为艺术家、诗人、政客、哲人和圣贤的精神创造力，那么即使他赢得了整个世界对于他又有什么益处呢？工业家、贸易家、金融家从来不创造财富，他们只是敛财然后交换；他们忙于交易，忙着把别人口袋里的钱装进自己的口袋；他们的成就就是把东西堆成堆，做大买卖、赚大钱造大房子；从来不会为质量牺牲数量，因为他们绝不把有灵魂的形式赋予物质。谁的堆最高谁就是主人；制造商奴役工人，贸易商奴役制造商，金融家奴役贸易商；到处都一样，当一种文化消亡时，金钱就是上帝，金钱就是神，而且身旁容不得其他神。"金钱专制"是腐朽必不可免的先兆。

腐朽的形式就体现为大都市、大都会、国际大都会：和提比斯、巴比伦、迦太基、亚历山大港、罗马形成对照的是巴黎、伦敦、柏林、纽约；"一切的历史都缩小到三四个大城市里"[①]。"纽约是在19世纪的内战时期崛起而成为世界大都会的，这一事实最好地说明了什么叫做孕育过程。"[②]在"文明化"的进程中城市吸纳一切生命；不仅农村没落，村庄没落，乡绅没落，整个的国家，比如斯堪的那维亚各国，中国，甚至整个的大陆如非洲和南美洲，都变成了"省份"，变成了向远方的工业城市提供食品和矿产资源的"省份"，并从城市里贷款和接受城市的订单。一切的问题甚至一切的思维都变成了城市问题和城市思维；社会主义、达尔文主义、生育控制、易卜生、萧伯纳，所有这些和农村又有什么关系？

> 从古老的塔顶上我们俯瞰房屋的海洋，我们能看到在这个被石化了的历史存在物之中，定格着那个时代，那是标志有机体停止生长的时代……在一切的文明中都发生同样的事：城市的布局以棋盘的格局为标准，因而没有了灵魂……这些城市都没有灵魂。[③]

巴黎和柏林有头脑，正在死去的慕尼黑和维也纳也尚有灵魂。世界大都会虽无

① 见《西方的没落》，原书卷1，第32页。
② 见《西方的没落》，原书卷2，第99页。
③ 见《西方的没落》，原书卷2，第100、109页。

灵魂却有知识；这些大都会狡猾、多疑、现实、不信教、不生育；大都会蔑视农民思维的木讷以及农民的种族情结，就像贵族看不起城市那浮华的知识结构一样。与城市相比，农民更为古老、农民的根更深而且农民也更加真实可信；但是一点一点地，随着这种文化的消亡，寄生的城市会引诱农民进入城市而后把他消耗掉。城市一旦抓住了他，就会把他变成无根的无产者，使他不能再从土地里茁壮成长，于是他只能从这个工厂流浪到那个工厂挣他的“进口”面包，因为那面包是从别人那里买来的而不再是自己种的。于是出现了城市里流浪的农民。

> 在大城市里游荡的群氓……取代了人民。历史上这些群氓曾经是亚历山大市和罗马市的市场上的无业游民，而在我们自己这个传媒时代，群氓则是报纸的受众。那个时代的和现在的所谓“受过教育”的人，都崇拜精神的平庸并赞美已经沦为宣传广告的教会。这些受教育者还会去看戏、进行娱乐消遣、进行体育运动、同时也看“畅销书”……电影院、表现主义、通神学、拳击比赛、黑人舞蹈、扑克牌、赛马——这些罗马何尝没有过……只不过以前为的是“面包和马戏”，现如今改头换面为“薪酬与足球赛”……这些群氓是全盘地排斥文化的，也排斥这种文化成熟时期的一切形式。群氓是绝对地没有任何形式的，群氓满怀仇恨地迫害任何一种形式，他们仇视等级差异，他们仇视财产秩序，他们仇视知识秩序。这是大城市里新产生的游牧民族，其成员相当于是古代社会的奴隶和野蛮人或者是印度社会里的第四等级，普遍地讲，一切刚刚脱离禽兽状态的人都在内，简而言之，一切无差别的漂浮之物，甫一出世立即垮台的那些东西，他们既不认可过去也不拥有未来……群氓大众就是这一文化的终结。①

在这些世界级别的城市里，“文化”就这样死去，并以其腐烂之身进入“文明”。

每一种“文化”都有自身的“文明”。“文化”与“文明”这两个词语用来表达不甚明确的与伦理有关的差别。“文化”与“文明”在本书中主要是用来表达时期的先后顺序，表达一种严格的、不可避免的“有机的更迭”。“文明”是“文化”

① 见《西方的没落》，原书卷1，第359页；卷2，第103、133、358页。

> 不可避免的命运……文明是结束，是已经完成的变化取代正在发生着的变化。这就好比死亡跟在生命之后、僵直跟在膨胀之后、人类的知识时代跟在人类的精神童年期之后、僵硬的石头建筑跟在多利克风格和哥特风格的建筑之后、僵硬的世界大都市跟在母亲大地之后一样。这种种的结束是不可逆转的，然而由于内在的必然性，这种结束状态一次次地发生……文化就像是有灵魂的肉体而文明就像它的木乃伊。就西方的存活期而言，两者的区分期是1800年，此前的生命充实而肯定，由内在的自身的成长而成型，沿着哥特式的童年时期进入歌德时期与尼采时期，一路进化未遭中断；此后的生命是秋季的、人造的、无根的大城市，由知识打造成各种时髦的形式。①

知识主义，这种没有种族根源和历史觉悟的思维，其标志和主要影响是失去生育能力——不仅仅是伟大艺术、深刻哲学、周到的礼仪等的灭绝，而且是通过不生育这种相当于种族自杀行为使种族灭绝——“此种现象不独我们有，别种文化也存在，我们虽然观察到了，也哀悼过了，却找不到补救的方法——曾经的罗马帝国和中国这一帝国都是如此”②。无知识的人生育，有知识的人绝育；教育者因出生率而沮丧；无知的繁殖超过了知识的传播。知识是个体的，就像本能是种族的一样；本能驱动我们交配繁衍而知识却割断个体与种族的纽带，只考虑自我的存活与享乐，把性交和生儿育女分开，因此绝了后，那么文化便后继无人。“当一个文化程度很高的民族开始普遍地思考生儿育女的利弊时，大变革时期就到了。”③此时妇女首要的职责不再是母亲和打理家庭；她结婚不再为了子嗣，结婚使得她变成性玩具，她有所谓“事业”，煞有介事却并无明确目标地从事与她的天性不符的职业，她从中也得不到灵魂的满足；于是她成为文学中的一道难题，于是激发了易卜生们和萧伯纳们的创作激情；

> 娜拉是省城里的典型人物，她代表着因为阅读而脱离正常轨道的那些女性……不想要孩子的情形到处都一样，无论是不愿意错过任何享乐的美国妇

① 见《西方的没落》，原书卷1，第31、353页。
② 见《西方的没落》，原书卷1，第359页。
③ 见《西方的没落》，原书卷2，第104页。

女、怕情人离她而去的巴黎妇女还是易卜生笔下的“属于她自己的”女主人公，他们都同样是属于自我的，都不生育……处在这一层次的各种文明都进入了绵延数个世纪的可怕的人口不繁衍的阶段。文化人类的金字塔消失了。倒塌从塔顶开始，先是世界大都市，然后是省级城市，最后是大地自身，大地不由自主地把最好的血液输给了城市，只不过让后者苟延残喘。最后，只有原始的血脉存活下来，但是他那最强壮最有希望的元素已经被洗劫一空。剩下的只是“埃及农民”(Fellah)之类。[①]

艺术朽腐

伴随着血脉的削弱还有文学艺术创造力的逐渐衰竭。期刊——这是“知识男性通过说或写来卖淫”的东西——取代了文学；“戏剧不再是文化时期那原来意义上的诗歌，而是充满了焦虑、辩论和示威”[②]——颇似舞台上的社论；这个时期的戏剧，开始是道德说教的小册子（易卜生和萧伯纳），而后，当知识已经失去一切群体概念和种族概念的时候，就变成了一股反道德的势力。

这一时期艺术那松散的流动性体现在占据这个时期主导艺术地位的音乐方面；正如雕塑是已经完成的人类存在状态（being）、人类种族、人类文化的标志那样，现代音乐则标志着正在变化中的人类存在（becoming）、人类的城市与人类的文明[③]；柏辽斯、李斯特、瓦格纳是死亡的前奏，正如巴赫、莫扎特是生命的标志和巅峰一样；在瓦格纳的歌剧《特里斯坦与伊索尔德》中，我们已经听出了死亡之声。每一种文化都会选择它喜欢的艺术形式来代表它的特色，而“伟大的艺术是不可能再生”[④]的。米开朗琪罗的“真正的传人是意大利作曲家帕莱斯特里纳”，从那个时期到我们这个时代，绘画、雕塑、建筑都腐朽了，只有音乐却一路凯歌。当伦勃朗的棕色让位于印象主义的绿色时，那又是一个象征，一个里程碑：“文化”走了，“文明”来了；城镇走了，城市来了。印象主义连同它那粗糙的怪异和刺耳的新奇：

标志着它和大都会的野蛮主义之间的确有联系，艺术作品里混合了粗俗

① 见《西方的没落》，原书卷1，第33页；卷2，第103、105页。
② 见《西方的没落》，原书卷1，第360、372页。
③ 见《西方的没落》，原书卷1，第97页。
④ 见《西方的没落》，原书卷1，第223页。

性和典雅性,这一点顺理成章地反映出衰败的开始。这一步骤是必不可少的最后的一步。人造的艺术的未来是没有生命力的,这种有机生命力的缺失就是完结的标志。结论让人辛酸:西方艺术的形式就这样不可逆转地完啦……今天的艺术实践……是性无能的,是假的……我们今天还有什么"艺术"吗?冒牌的音乐,充斥着一大堆乐器混合而成的人为的噪音;冒牌的绘画充斥着低能痴呆、异域性以及广告牌之类的效果,而且所谓新"风格"不过是每十年左右就泡制出一个来,其实无非是从那些积累了上千年的形式中捡出来的;……或者是从亚述、埃及、墨西哥文化里随便偷来的一个造型……毋庸置疑,西方民族不再有伟大的绘画和伟大的音乐。他们在建筑方面的潜力近数百年以来也已经消耗殆尽,再无精致可言,只剩下"大规模"这一种可能了……在艺术领域我们正在在玩一场乏味的游戏,用已逝的形式支撑"我们的艺术依然活着"这一幻想。①

科学朽腐

今天,生命不存在于艺术之中,它存在于科学之中,首先是存在于机械学和工程学之中; 在所有一流的工程学的领域里所存在的智识甚至品位都是当代欧洲的绘画和音乐领域里所没有的;远洋轮、钢铁构件、精密车床、数学方程式以及物理学理论中的美感都要多于时下那些"全都是偷来捡来的'艺术品和手工艺品'"②。

19世纪最美的东西是数学家的杰作——非欧几里得几何学的精致的完美以及黎曼和高斯的真知灼见。现代数学和古希腊的数学在风格特点上是多么的不同!古希腊的数学里数字表示大小而现代数学里数字表示函数; 古希腊的数学强调空间感觉而现代数学强调时间感觉;古希腊的数学强调有限性而现代数学里强调"浮士德灵魂的初始象征——无限空间",即无限性。显然,科学也披上了时代的色彩;"大自然"也体现在那一特定文化对它的描述里;世界上的每一种理论都反映出产生这种理论的那个时代和那个地区;科学,和历史一样,也是约定俗成的寓言(une fable convenue),大家都认可的神话。现代的时尚是禁止人们讲鬼怪神灵;结果科学就大谈"电力"、"位能"和"力学";由于工业化取代了农业,于是在科学领域中,

---

① 见《西方的没落》,原书卷1,第293—294页,第240、207页。

② 见《西方的没落》,原书卷1,第293、第44页。

"牛顿的僵化的自然"就取代了"歌德的活生生的自然"①。达尔文的"生存竞争"——这个源于竞争的资产阶级的概念，取代了非竞争性的依靠自我发展的贵族理想;进化被看成是来自外部的力量和刺激的结果而不是来自自身的欲望和意志;按照心理学的说法就是:"机械物代替了有机物,所以我们就缺失了那鲜活的生命之感。"人是什么,科学就是什么;人按照他存世的形象创造了科学,正如他创造了上帝那样。②

机械理论在心理学和哲学领域的普及本身就是腐朽的象征，这一症候说明个体意志和种族意志的衰退。强壮的人信命运而不信因果,信吸引他们前行的而不信扯他们后腿的，信内在的力和灵魂中固有的发展方向而不信外部的决定因素和刺激力。"有机物是机械物的基础",而且"方向是拓展的源头;……因果是命运变僵直的产物;……命运和因果的关系如同"历史"和"自然"的关系,如同变化在进行中和变化已完成的关系"③。

> 依照怀疑论者看来，机械论就是西欧精神的写照……由于把因果律的僵直框架硬套在鲜活的物体上,[机械论者] 歪曲了"进行中的变化"(becoming) 那清晰可见的面貌;并以实体的自然图景的建筑线条去勾勒那一面貌。而且他们对于这其中的彻头彻尾的荒谬竟然毫无知觉。而这一学科的荒谬在于方法论方面的生搬硬套,在于他们把有机的 becoming(进行中的变化)当成机械的 become(已经完成的变化);因为他们已经习惯了因果律思维方式,习惯了他们自己新近的、特大级世界大都会式的思维方式。持"世界是机械的"这一看法的人……傲慢地断言，机械的世界就是这个世界的真正面貌……然而柏拉图和歌德早已摈弃并驳斥了此种看法……与 19 世纪相比,20 世纪的特有的任务就是消灭这种表面的因果律理论系统。④

即使在高贵的科学大厦里,标志着我们时代的软弱与衰退的迹象也随处可见。正当城里的知识界放弃宗教改信科学之时,科学自身却开始腐朽。一切文化都有此

① 见《西方的没落》,原书卷 1,第 169、21 页;卷 2,第 56 页。
② 见《西方的没落》,原书卷 1,第 32、302、308 页。
③ 见《西方的没落》,原书卷 1,第 172—173、119 页。
④ 见《西方的没落》,原书卷 1,第 377、151、99 页;卷 2,第 31 页。

种特征:当文化处于“秋季”,艺术便让位于科学,而当文化处于“冬季”,科学也随着文化的全面灭亡而衰亡。西方物理学显然已经结束;它已经完成了自己的历史使命,即把鲜活的正在生长的事物里面的“浮士德式的自然—感情”转化为机械的僵死的事物里面的“知识分子的知识”;西方物理学已经进入原子领域,并且发现有许多令人骄傲的科学范畴在面对原子时却是一点用也没有;西方物理学以可笑的方式在原子的神秘性面前宣布自己寿终正寝。“不可能将量子理论应用于构成古典力学基础的那一堆假说上;……不仅如此,与因果连续性的原则一起,微积分的基础也受到威胁。”热力学第二定律变成了尖端科学,这是一种不祥的预示;自然界的一切过程都不可逆转,一切能量都在减少。西方数学再不可能达到牛顿、莱布尼茨、黎曼、高斯的高峰;“恢弘气度的思维能力已经走到尽头”。“物理学、化学、生物学、数学等领域的大师们都已经逝去,我们正在经历辉煌之后那逐渐变弱的余晖,所做的无非是组织、收集、收尾的工作,像罗马时代亚历山大的学者们做过的那样。”①

哲学朽腐

哲学也不例外,只不过哲学的腐朽是有目共睹的。“我们所说的哲学是有实际效果的哲学,而不是学院里面的争吵不休的关于‘判断—形式’和‘意义—范畴’等等的哲学。”我们这个时代以前的哲学家都是积极入世的采取行动的政治家与改革者而不仅仅是鼓捣理论的;想想孔子,人家好几次出任宰相;毕达哥拉斯是个伟大的组织者;前苏格拉底的哲学家们都是“伟大的商人和政治家”;柏拉图以及他在锡拉库扎的大胆实践;霍布斯是“英国殖民帝国的缔造者之一”;莱布尼茨创造了好几门学科,他当时是路易十四的老师,可惜他所教给国王的关于莱茵河和苏伊士河的未来的知识没有能够被路易全部理解;歌德的入世经历更为可观,他是执政大臣的楷模,可惜国家太小使得他无从施展他的兴邦大计。对于这些人而言,“认知学”,知识的科学,不是对于外部世界的现实问题做些茶余饭后的业余思考,而是把认知学当成“有关实际生活的各种重要关系的知识”来对待。“最新时代的哲学家们所缺乏的……是真正地深入实际生活。他们之中没有任何一位有效地干预过生活,没有进入过高端政治,没有参与过现代技术的发展,没有面对过公

① 见《西方的没落》,原书卷1,第381、417—420、424页。

共关系，没有涉足过经济学，没有大规模地卷入过现实生活之中，也没有提出过哪怕一个有影响力的想法，或是有过任何一个大动作。这些人都微不足道…… 他们之中哪怕有一个人能证明自己的杰出智慧在政府里、外交界、大型组织中发挥过作用也好啊。仅此一点便令我们觉得他们好可怜。”我们时代真正的哲学家是戏剧家们；“与戏剧家相比，演讲厅里的哲学家们和分类学家们都无足轻重。这些微不足道的教授们为我们所做的不过是书写和改写哲学史（那叫什么历史啊！——日期和‘结果’的收集罢了），因此无人知晓哲学的历史是何物，也无从知道它会是什么样子”①。

在这一腐朽的过程中，两种相关的现象出现了：学院里的学者和媚俗的普及者，前者的学科失去了生活的滋养而后者的学科在实验室和学校都不再有人教授。于是科学和哲学成为少数人的宗教，在科学和哲学的宗教里，教授就是神甫，而博士学位就是神职的授职认证书。“没有授予职位的被当成‘门外汉’对待，‘普及的’科学被猛烈攻击……原本学问的语言只有拉丁文这一种，而如今各种专业领域的语言都自成一体，除了在这一领域里拿到最高学位的人谁也别想懂得此种专门用语。”于是一群作者便应需要而生，以弥补专家和门外汉之间的距离，但是普及者们笔下的“文献—概述”却因此而暴露出腐朽的种种迹象。由于这些作者的影响，出现了对形而上学的反对。实证主义，在哲学上属于功利主义的，却暗示着资产阶级在思想领域的胜利；伦理学取代了形而上学；“人们以宗教般的热诚对待酗酒问题和素食主义”；“现实的存活问题变成了思考的中心，”而“对于纯粹的思维的热忱却减弱了。”季诺，这个寡欲者取代了亚里士多德，而叔本华也取代了康德②。

拥有伟大理论系统的时代一去不复返；怀疑主义破坏了兴举伟业的勇气；叔本华的悲观主义和怀疑论是这个腐朽的“文明时期”必然会出现的哲学；虽然浪漫主义和绝后重生的希望令人们把目光重新投向尼采，可是叔本华的情绪仍然占了上风，无望的黑暗主宰了西方思想界。知识失去了它那往日的荣耀；知识重新回到苏格拉底那里，并且坦陈：一切所谓知识什么也不是；知识重新回到普罗塔哥拉那里，并且承认：仅仅因为人是衡量万物的尺度，所以一切“真理”都是相对的，只是在时空中某个特定的时间和某个移动的点上才成其为真理。爱因斯坦意味着终结；人类

① 见《西方的没落》，原书卷1，第41—43、368页。

② 见《西方的没落》，原书卷2，第346页；卷1，第361、366页。

不可能再认真地对待自己。“生命本身都成为问题了”；人们撰文讨论“生命的价值何在”？由于天堂的失去使得人们空虚的心灵需要慰藉，所以一些庸俗之人便组织了什么进步宗教并大讲什么文化的积累和传递。然而文化是无法被传递的，文化只能就地生长；文化无法传递到大脑里去，文化只能在土壤中生根；文化是本土的是独特的，不可能把哥特式的建筑、雅典戏剧、赋格曲移到外国的土壤中；文化无法出口。可以转移的是文明，——可以转移的不是文化而是工具、技术方法与设备以及生活和思想的外部装束和时尚；然而这不是进步，这只是变化。“‘人类’和蝶科以及兰花科的生物一样，没有什么目标和计划。‘人类’这一词语只表达一个生物学的概念，换言之，一个空泛的词语而已……人类的历史没有任何意义；各种文化的生命进程才具有深刻的意义。”鉴于此，任何伟大的哲学都不复存在；什么都不会留下来，除了虚无的怀疑主义、亚历山大时期的皮洛怀疑主义。也许目前的这个“算不上哲学的哲学”就将是“西欧文化中最后的哲学了”①。

宗教朽腐

在这种条件下，一种奇怪的混合现象，即无神论和对宗教的虔诚信仰的混合体，应运而生。这是一切历史国家垂死阶段的标志。在这一时期，社会的上层阶级摈弃宗教信仰，下层阶级则以上千种形式令宗教再生，这些新形式的宗教比老的更加荒唐。文化的春季，即文化的第一阶段，哲学是宗教的一个部分；进入文化的夏季，哲学把自己从宗教中解放出来；在文化的春季里，哲学曾经分析宗教，而到了文化的冬季，哲学则毁灭宗教。“由于每一种文化的精华都是宗教，因此，后果必然是每一种文明的精华都是反宗教的——宗教和反宗教是同义词…… 大都市相对于古老的城市就好像亚历山大港相对于雅典，巴黎相对于布鲁日，柏林相对于纽伦堡，前者都是反宗教性的，而且这种反宗教性渗透到每一个细节，表现于街道的面貌上，见诸于人们脸上那冷漠的有知识的表情…… 无神论属于大城市，属于大城市里的‘受教育者’，他们与先人的区别在于：先人们本身的生活就孕育创造了那有机的文化，而大城市里的受教育者只是机械地获取先人的创造成果”；这意味着，创造模式发生了变化，城市工业的机械生产取代了作为来自土地的各种作物，甚至艺术也反映了这种变化：试比较利西波斯和菲迪亚斯的雕塑、忒奥克里托斯和品

① 见《西方的没落》，原书卷 1，第 21、45 页；附录；卷 2，第 44 页。

达的诗歌、瓦格纳和海顿的音乐、莫奈和委拉斯盖兹的绘画；印象派其实就是用色彩表现的无神论。“无神论是一种精神现象的必然体现，此种精神已经完成了自身任务，也穷尽了各种可能的宗教发展形式，即将衰败并转变成无机的形式。不妨把无神论比做一种尚存的惆怅、一种对真正的宗教本性的憧憬和向往——在这一点上，无神论与浪漫主义的怀旧很相似，即，想召唤一种无法逆转的过去，而这个过去便是文化[①]。

假如无神论在一个民族的全体人民中获胜，该民族肯定不复存在。理由是，当人们发现生命之外没有任何意义，他们便失去了生活的勇气；他们不知道为什么还要生孩子——除非不负责任地生多少都无所谓，反正像玩具一样——既然生存本身充满悲哀，欢乐又是那么的短暂，知识只是徒然地增加愁苦，而失败几乎是确定无疑的。如若实行计划生育，那么不可避免的结果则是：该种族从上层死去；这个种族的领头人和该种族的伟大之处就此完结。

然而这一切并不意味着宗教的灭亡；只是意味着它不再拥有有机的生命力，不再是文化之灵魂；而在文化的底层，宗教“化脓”了，在人民的“内心”深处，宗教变化为无数的新的神话。机器那无所不能、无所不知、无所不在的特点耗尽了人们的精神，于是人们把灵魂转向神秘的情绪，幻想从中得到慰藉。科学离开宗教越来越远，然而到头来却发现自己竟然在为宗教发号施令：发神秘之号、施信仰之令；唯物主义不再是勇敢地创新，而是成了“对农村的表亲来说唯一正确的世界视角”。“就在这个世纪，这个自我批判的亚历山大主义的世纪，这个伟大的收获的世纪，公式化的最后的世纪里，生出了一种新的内在因素，它要推翻所谓‘科学必胜’的意志力”；甚至工程师也厌倦了全能的科学，并因此而转向了神秘主义。“我们的通灵教的骗局、所谓的“新思想”教派、基督教科学教派，通通符合什么塞拉皮斯神崇拜、伊西斯神崇拜、密特拉神崇拜以及上百种腐朽的古代东方的宗教信仰；城市里的游民（fellaheen）的这些宗教信仰是古代的生长物所化做的腐朽物，这些腐殖质为新的土壤提供了养分；它们是伴随老迈的文化而至的次生的宗教。这种次宗教性质“开始于理性主义并逐步衰退进入到无助状态的时期”[②]；它的许许多多的变

① 见《西方的没落》，原书卷 1，第 358、408–409 页。参见勒南、法朗士、豪特曼、桑塔亚纳以及斯宾格勒作品。

② 参见克鲁奇的《时代精神》。（krutch' s, *The Modern Temper*）

异体和混合体又持续了很长的时期，就像康斯坦丁强迫基督教采取统一形式之前的情形一样；最终，经过数百年的争执，诸多的次宗教形式凝聚为一种信仰，一种仪式，足够强大与统一，以便可以为另外一个春季，另外一个时代的青春提供灵感。这不是科学，这是类似冒险主义的信仰，此种信仰在我们死后将统治欧洲的人文世界。①

政治朽腐

政治方面的腐朽是整个腐朽的最后阶段。该阶段开始于意志力的丧失与战争意识的丧失；和平主义，甚至热衷于安全与和平至膝盖发软的程度，是腐朽标志之最也是最坏的一种。“此处给读者的这一时期的政治全貌是按照实际执行的政治描述的，不是理想的政治系统，不是本该如何如何。”②政治历史的真正法则或者说真正的教训就是：权力永远是正确的。“世界历史就是世界法庭，这个法庭的判决永远是维护更强大者、更充实者、更自信者的生命…… 这个法庭永远为权力与种族而牺牲真理与正义，永远将死刑判给视真理高于战绩，视正义高于权力的那些个人和那些民族。”歌德说：“施为者们永远没有良心，除了看客没有谁有良心。”“在有历史的世界上，没有理想只有事实，没有真理只有事实，没有理性、平等、诚信、崇高目标，只有事实；谁认识不到这一点谁就应该去写政治学的书——千万别让这样的人企图搞政治。”“战争是民族之间最为自然的关系；和平只是胜败长河里喘息的瞬间，而且国内政治的存在仅仅是为了使该国的对外政策得以实现。”③

事情就应该是这样的；“一个种族靠与其他种族为伍或为敌才能使这个种族的人成长与强大；…… 必须由艰苦的战争来孕育人民”。我们这个时代最好的方面就是帝国主义战争，公开为权力而战；19世纪哲学最好的方面就在于人们认可意志力，把意志力看成形而上学、伦理学、政治学的充满活力的原则。尼采是对的，和平主义者是错的；赫拉克里特斯说：“战争是万物之父”，他才是对的。热爱和平会毁掉一个民族，会把一个有高贵血统又强壮有力的种族变成没有历史的埃及农民一样的城市游民，任由一个又一个强权所征服所剥削。因为战争还是和平由不得我

---

① 见《西方的没落》，原书卷2，第310—311页。

② 见《西方的没落》，原书卷2，第439页。写《君王论》的马基雅利又说话了。

③ 见《西方的没落》，原书卷2，第507、442、368、440、385、363、398页。

们选择，我们只能选择是奴役别人还是被别人奴役。"1401 年蒙古人征服了美索布达米亚，用巴格达 10 万人的头颅建了一座胜利纪念碑，因为巴格达没有奋起抵抗。"①要想避免争吵得双方都同意才行。

社会主义就是不明白这个道理，社会主义得势之日就等于他们挂白旗投降之时，这和佛教在印度得势、斯多葛派在希腊得势是一样的，那是结束的标志。"欧洲打起了世界和平、人道、博爱的口号，疲惫的欧洲以此掩盖了它从生存之战的战场逃跑的实质。"腐朽的文化最明显的表征就是社会主义所大力提倡的：抬高群众贬低个体，抬高无业游民贬低有文化、有政治远见和征战精神的贵族；社会主义和民主制一样，都是对伟大人物的不信任。②那些从土地上被连根拔起之后被迫到工厂去打工的群氓中才能产生出这种哲学；那些妄想让这种哲学在历史上得以实现，而且妄想不仅在英国与德国实现，还要在世界所有国家的历史里得到实现的人，等于承认他们自己对历史的无知，而且无知得已经到了可笑的程度。在历史上存在过的任何一个国家里，群众都只不过是原材料而已；如何将材料打造成形则是由人的意志力决定的；战争的双方不是两种不同的原则，而是不同的人；交战的双方不是两种不同的"真理"，而是不同的种族在争斗；战争拼的是双方的血液的储备。最终，还是个人决定历史——地米斯托克利、恺撒、黎塞留、腓特烈大帝、拿破仑、俾斯麦。社会主义得势是历史的笑话，因为社会主义得势之时正好是社会主义对自己的信仰失去信任之时③。

民主制也是如此：全世界都采用了民主制，美国把民主呈现给德国的时候正好是睿智之人摈弃民主制的时刻，这些睿智的人认为民主是整个人类历史上最大的失败。民主不是人民当家做主，更不是最优秀的人做主，而是金钱做主，是屠夫、面包店主、银行家做主，是政客的权势做主，时至今日这一点已经是公开的秘密。这是掌握了政权的中产阶级心目中典型的国家形式。国家处于这样的领导之下必然会促进伦理道德方面的唯物主义的发展——崇拜金钱和奢侈并且按照金银来判断一切事物的价值——文明中的这种伦理道德毁掉了文化仅存的一切。在英国和德国，某些古老的本能，比如前瞻性，这个种族所固有的，蕴藏在他们的血统里的这种前

① 见《西方的没落》，原书卷 2，第 163、373、186 页 。
② 尼采的话。
③ 见《西方的没落》，原书卷 1，第 357 页；卷 2，第 469、441 页。

瞻性,一直幸存并传承至我们这一代;英国与德国这两个国家的贵族便具有这种敏锐性,因此他们虽然接受了民主的形式但是却仍旧主宰着民主的运作。不过这种情形只是一个过渡时期;如今一切地方都是金钱说了算,钞票取代了血统出身,表面的知识取代了深刻的本能,古老的秩序让位于混乱;“民主制给金钱和政权之间画上了等号。任何文化戏剧的后续一幕…… 都是金钱胜出”[①]。

怎么会这样?“人民做主”怎么会变成了黄金专制?这种转变是通过传媒来完成的。学校教给人如何阅读,然后由传媒完成其余的一切。

> 说到现代传媒,不愿意伤到别人感情的人可能会笑一笑因为他们满足于宪法仍旧规定着新闻“自由”的条款,而现实主义者也只是问一问新闻到底听谁的而已…… 传媒不是传播“自由”观点而是制造观点…… 真理是什么?对百姓来说,真理就是他们不断阅读到的和不断灌输到他们耳朵里的那些东西…… 所谓“真理”,如今就是传媒的一个产品:媒体的意志就是真理。传媒只消工作3个星期,真理就被大家所认可…… 特许经营越是接近全民的普及,选民的权力会变得越小…… 媒体和其同伙,电子新闻服务,一唱一和地将世界各国人民那警惕的知觉置于媒体那震耳欲聋的口号、观点、场景、煽情的连珠炮的轰炸之下,日复一日、年复一年,结果每个自我都成了那可怕的某种知识体的作用对象了…… 今天我们在知识炮火的轰击和恫吓下生活,几乎无人可以保持内在的独立性,而这种独立性是认清这恐怖的戏剧的真面目所必不可少的…… 民主政体靠报纸已经把书籍挤出了人们的精神生活。书籍的世界以及书籍里面大量的观点督促人们进行有选择有批判的思考,但是现在只有少数人读书啦…… 还有比这更恐怖的对思想自由的讽刺描述吗?…… 当初巴洛克的亲王们为了控制思想而实行兵役制,现在已经没有这种必要了——只需要用文章、电讯稿和图画(诺思克利夫的连环画册!)鞭挞人们的灵魂就够了,鞭挞至民众强烈地要求战备武器,并且强迫他们的领导人卷入战争,此时那被鞭挞的灵魂已经愿意被迫去做任何事…… 比如在这次世界大战的筹备期,各国的新闻界在财务方面都听命于伦敦和巴黎,他们管辖之下的各国百姓

---

① 见《西方的没落》,原书卷2,第356、412、415、449、450、486、402页。

则成了知识分子的不甚称职的奴才…… 这就是民主的结局[①]。

新闻界终于出声了，它那雪片似的印刷物曾经推翻了贵族制并建立了民主政体，现在新闻界爆出了民主制的腐朽和终结以及人们对此的深深失望，想不到人民做主实际竟然是新闻做主，这是多么的荒唐可笑！金钱控制官员、经济操纵政治等等在知识分子看来已经是司空见惯的事情。议会制全面腐朽；选举出的政府不是由不同意见的团体所组成，而是由制造商协会、工会以及来自罢工、恐慌和四面八方的经济压力所构成。议会和国会成为形式，成为橱窗里的摆设，就像英国的国王。甚至对纲领和理想的那份古老的信念也随同自由派对民主制的过分的炒作一起消亡了，虽然自由派曾经为民主制奋斗流血和牺牲；这些理想被摈弃“不是因为理想被驳倒，而是因为厌倦——这份厌倦曾经杀死了卢梭而且很快会杀死马克思”。柏拉图写《共和国》的时候，全世界都屏息聆听；然而早在“公元前 1 世纪的时候，那些治国理论就像学校的体育运动一样漏洞百出了，所以从那以后就一直是唯有权力说了算。对我们来说也一样，…… 理论的时代正在结束…… 对于纲领的坚定信念是我们先辈的标志和荣耀——但是对我们的孙儿辈来说那却是“省城级别”的思维之明证。取而代之的是‘次宗教’，‘次宗教’即使今天也已经在发展壮大着。”[②]

此种命运无法摆脱，要想摆脱只有通过这种“次生宗教”，次生宗教会带给人们新的希望，这种希望也许最终会鼓舞新文化的出现；此种命运的另外一种摆脱方式是采取一种新的专制制度，这是一种能够给另外一种文化提供新生命和新形式的专制制度，因为这种专制制度有足够强大的新鲜血液和新鲜的力量。或许俄罗斯已经踏上了新信仰之路；俄罗斯不属于彼得大帝或列宁，她属于陀思妥耶夫斯基和托尔斯泰；俄罗斯会突然摈弃西方化的统治者们而转向东方以寻找一种对她的东方土壤来说更加自然的信仰。因为俄罗斯永远永远也不会成为西方。[③]

然而，日本和美国应该被看做是西方的，他们彻里彻外地浸透着西欧之精神，所以他们必定和西欧一起灭亡。日本起先是把自己卖给了中国，后来又委身于欧洲，日本没有自己的灵魂。至于美国，美国不是什么新开始而是我们司空见惯的强

① 见《西方的没落》，原书卷 2，第 403、447、455、461—465 页。
② 见《西方的没落》，原书卷 2，第 415—416、454—5 页。
③ 见《西方的没落》，原书卷 2，第 194—196 页。

弩之末；美国之于欧洲就好比罗马之于希腊一样，只不过是那强有力的唯物主义的尾声。“我们得根据生命晚期的冷峻事实进行分析判断，美国并不是和伯里克利统治的雅典相似而是和恺撒的希腊相似。”美国的一切，甚至美国的“坦曼尼协会”这一组织，都和恺撒时期的罗马极为相似。像罗马一样，美国将会在帝国主义战争中消耗巨资，而美国的艺术将会是模仿性的、贫瘠的；像罗马一样，美国将来留给人们的记忆不是美而是权力——美国的道路和机器就是美国的艺术作品。最终美国那腐败无能的民主制将招致独裁，独裁将标志着这一时期的结束①。

有一种力量可以和金钱抗衡，那就是血液；银行家最终得和专制政权的军队打交道而不是去和乌合之众的寻常百姓交锋。金钱的专横，热闹而滑稽的选举，到头来会令全世界生厌乃至绝望；很快地人们将会高兴地接受任何的政体，只要能结束这些闹剧。想想吧，为了选举权人们曾经血流如注；“现在这些选举权得到了，孙儿们却不会因为享有选举权而被感动，哪怕因为不参选而受罚也感动不了他们”；当前只有妇女参选。由金融操纵又失去诚信的走了样的民主制之后来了一个诚实的专制统治是多么令人放心啊！已经厌倦了旧制度的人们将匍匐在新强人的脚下，因为这个强人不仅能统领这一群人还能控制黄金！人们很高兴地把政府的难题都交给这个人去处理；这个人会面对他毁掉的民主制与自由制哈哈大笑；人们会和他一起笑，然后让他去统治。芸芸众生在和国家捣乱了两百年之后也就偃旗息鼓了；这些寻常百姓将放弃当家做主的理想，转向新的超自然的信仰寻求慰藉。百姓们会回到车床旁看机器或返回到田地里去犁地，于是那没有历史的文化的最后一幕就开始了②。

> 这样形成的国家和上层历史一起，因为厌倦而睡去。人类又重新变成了植物，与土地相依为命、寡言少语、坚忍不拔。古老的村庄和“永恒的”农民重又出现，并生儿育女，在母亲大地上播种、收获——忙忙碌碌无甚不妥的一群人，士兵—皇帝们路过时会骚扰他们，部队过后一切又恢复平静。这块土地上有古老的世界城市，但是已经成为里面空空如也的大容器，城市的灵魂也已经灭亡，只剩下没有历史的人类在里面缓缓地筑巢。人们生活窘迫，将能糊口，俭省度

① 见《西方的没落》，原书卷1，第40页；卷2，第416页。

② 见《西方的没落》，原书卷2，第464—465、432页。

日。百姓被一茬又一茬的征服者所蹂躏，这些征服者们为权力和世上的好处而争夺不休，幸存者以原始的繁衍填补空缺，延续着苦难的生活。在高端则永远有胜负的交替，在底端的沟壑里，众生只能依靠对次生宗教的虔诚祈祷让他们永远免除疑虑。在众生的灵魂深处，世界和平、上帝的安宁以及白头僧人和隐士的福祉已经成为了真实——然而这种真实也只存在于众生的心灵深处。历史的终结唤醒了众生那灾难深重的心灵深处的觉悟，这种觉悟是历史的人类在过去上千年的发展中不曾知晓的。只有到了恢弘的历史的尽头，那神圣的不动声色的上帝，才会重新出现。历史是一场没有目标的戏剧，正因为没有目标所以才崇高，崇高而无目标就是恒星的轨迹，就是地球的转动，就是沧海桑田以及冰河雨林的交替。我们可以惊叹，可以哀伤——然而历史的终结就在那里①。

点评斯宾格勒

耶利米式的悲观警世录到此为止。接下去我们该如何点评斯宾格勒？

首先我们要给他以公道。毫无疑问，斯宾格勒的头脑强大无比，他有着日耳曼民族的勤奋与思维的完美性，他的博学无人可比，堪称博学之最——珠穆朗玛峰。他的归纳有如所向披靡的、装备了上百万条论据的骑兵中队一路向前冲。他那灿烂辉煌的语句像一条条皮鞭抽打着徒有其表的乐观主义者们，并把他们逐出哲学的殿堂。无论对与错，《西方的没落》都是一个里程碑。

如果非要褒贬一下，那就让我们小心翼翼地从他对关联性的偏爱下手吧。从未有人像斯宾格勒这样热衷于公式，有时他甚至不像有深刻思想的人，倒像一个为理论而焦虑不安的，虚张声势的帝国主义分子，咆哮着要用一个短语把全世界降伏。休斯敦·司徒尔特·张伯伦和尼采也有同样的毛病；德国土壤培育出来的公式偏爱症甚至传染了英国和波兰。

① 见《西方的没落》，原书卷2，第435页。

斯宾格勒绝对是形而上学的。他反对黑格尔那种过度依赖于神秘三位一体的历史观去解释历史,而他自己却创造了一个历史主义的形而上学,而且硬是用他头脑中的秩序去套混乱无序的历史。他说:“每一种文化,每一种文化的青春期、成熟期、衰败期,文化自身固有的必须经历的每一个阶段…… 都有固定的长度,而且各种文化的相应阶段的长度都是一样的。”① ——请问还有比这更加傲慢的用公式去套事实的吗?什么样的历史学家会认为一切文化的持续期都是相同的?——雅典和中国、埃及和西班牙、印度和巴比伦,它们的相应的文化持续期的长度难道相同?——难道气候的差异和贸易的起伏都改变不了斯宾格勒按照自己的历史观计算出来的对称公式和勾股定理?

我们不难从斯宾格勒洋洋大观的巨著里找出无数的不可思议的相关性。斯宾格勒说:“纯粹的古代人类…… 总是完满的”(“总是”一词用得颇为大胆,可是却颇欠考虑!),“永不会处于变化过程中”②;比方说,焦躁不安的雅典人亚西比德、到处流浪而且犹豫不决的柏拉图、迷恋金钱的第米斯托克利、激情澎湃的莎孚和贪得无厌的亚历山大;我们不禁要问:还有什么文化比雅典人的文化更加流动、更加活跃、更加充满变化、更加反复无常和永远处于变化之中的吗?斯宾格勒还说:“公正地说,希腊罗马文化就像节奏缓慢与温和的行板,而浮士德的精神就像活泼的快板”③,可是我们还是不禁要问,在那所谓缓慢的行板里谁还能听见匆忙召开的雅典议会里的嘈杂,又如何解释对哲学家动屠刀、下令把将军处死而第二天又想通过立法把他们从棺材里抬出来?谁又能听见狄俄尼索斯醉酒的狂喜、阿基里斯的愤怒以及亚历山大对着克利托斯尸体的垂泪?

我们听说,意志力打造了现代人的品格就好比理性决定了古代人的品格一样;这一说法肯定会激起两个人的兴趣:斯巴达国王列奥尼达和马其顿国王腓力二世,后者被称作最温和的罗马人。斯宾格勒告诉我们,古代人对于时间和距离是没有感觉的,还是比较一下历史学家希罗多德与金字塔前的恺撒的说法吧。希腊人承认局限性,西欧人喜欢无限性;依斯宾格勒看来,仅凭这一点就决定了半部历史。他说:“欧几里得的存在与爱琴海众多的小岛和海角相关联;但是,由于有弗兰克尼亚、

---

① 见《西方的没落》,原书卷 1,第 109 页。
② 见《西方的没落》,原书卷 1,第 103 页。
③ 见《西方的没落》,原书卷 1,第 109 页。

勃艮第和萨克森这样的广袤平原，所以激情澎湃的西方人往往漂泊于无穷无尽的天地之中。”[①]他还说：“希腊商人尽管被赚钱的念头缠住，可是一种形而上的胆怯心理限制了他们的拓展，所以在地理方面就如同他们在其他方面一样，希腊人局限于眼前的事物和附近的地带。[②]”那么按照斯宾格勒的思路，难道因此希腊的殖民地才遍布于地中海一带，从西班牙到黑海的内角吗？所以才有通向东方腹地贸易关隘的特洛伊之争？继续按照他的思路想下去，因为“形而上的胆怯”就是形而上的大胆，所以希腊人胆大到敢于驾驶 “没有罗盘的船”？现代帝国主义被归咎于对“浮士德式的无限空间概念”的迷恋；[③]这就是德国人的“黄金之恋”。因此，我们的郊区“体现了我们那不可抵御的对于无限空间的向往”[④]，那么我们不禁要问斯宾格勒，如此说来，我们蜂拥到大城市里去的倾向又是体现了什么呢？“埃及建筑中的圆柱最开始用的是石头后来改为采用植物的材质，而多利克柱早期用的是木头；这清楚地表明古典主义是从骨子里极端地排斥持久性的”。[⑤]然而假如我们撇开形而上的思路，可否认为埃及圆柱质材的选用不是因为他们排斥持久性而是由于埃及人征服了地中海并拥有了那里的贸易因而有了黄金？因为雅典人建造帕特农神庙时就已经有了金子。按照斯宾格勒的思路，雕塑的腐蚀是由于没有能表现浮士德式的对于无限空间的渴望；而和从南方向北方转移的财富与文明没有关系，财富与文明曾经从悠闲的、阳光明媚、热爱美的南方传到了气候寒冷、人民勤勉、讲究科学、清教徒式的北方。斯宾格勒认为音乐主导着现代艺术是源于“超越空间的意志力”[⑥]，而且声乐让位于器乐是因为声乐无法表现要进入“无限”的那种澎湃的驱动力[⑦]。试比较巴赫的《圣马太受难曲》或《格里高利圣咏》，或是帕勒斯特里纳的弥撒曲，或是路德的赞美诗。根据斯宾格勒的推理，语言也如此：“特指的‘我’的出现就是对于人格一概念的初始的觉悟，以后，这种人格的觉醒又引发了悔罪仪式与赦免”[⑧]；塔西佗的语言里就没有“我”这个词，所以缺乏人格，还有恺撒的话“来

---

① 见《西方的没落》，原书卷 1，第 204 页。
② 见《西方的没落》，原书卷 1，第 334 页。
③ 见《西方的没落》，原书卷 1，第 198 页等。
④ 见《西方的没落》，原书卷 2，第 101 页。
⑤ 见《西方的没落》，原书卷 1，第 12 页。
⑥ 见《西方的没落》，原书卷 1，第 226 页。
⑦ 见《西方的没落》，原书卷 1，第 230 页。
⑧ 见《西方的没落》，原书卷 1，第 263 页。

了、看了、征服了”（veni,vidi,vici）里面也没有“我”，所以缺乏人格。真是一派胡言，简直就是像锦囊巫婆节上的胡乱概括。

有时斯宾格勒式的关联性比新印象派的绘画还要怪异。他说：“伦理社会主义恰恰像是‘超距作用’给人的感觉，好像是另一种境界里的，即第三维度的，道德悲情。”[①]“原子中既有斯多葛主义又有社会主义，这两个词分别描述原子的两种属性，即“静止—灵活”性与“动态—对位”性[②]。斯宾格勒说，“我们自然而然地发现下列的巧合现象，J.R.迈尔的重要发现，（热力学第一定律——能量守恒定律）在时间上，巧合于社会主义理论的诞生日期”[③]，——当然是自然的巧合啦，这谁能强迫啊。斯宾格勒又说，“巴洛克风格的自然神论属于动力学和解析几何学：这种自然神论有三大基本原则，即上帝、自由和永生，这三样在语言上则属于机械论，属于惯性原理，最小作用量原理、能量守恒定律”[④]。斯宾格勒接下去说：“至此，读者应该一丁点儿也不会困惑了…… 我们为什么说微积分是耶稣风格的数学。”[⑤]然而事实却一丁点儿也不像斯宾格勒所说的那样。

无论是对于科学还是对于艺术，我们的作者都像孩子般地任由自己的遐想翱翔。他认为，不同的文化之所以有不同的艺术，是由于他们对于空间有不同的概念[⑥]。斯宾格勒认为，代表伦勃朗特征的棕色“里面体现某种清教徒的东西”；这种“棕色汁”（法国的造反派用语）“对于荷兰人意味着命运之神、上帝和生活的意义”；“棕色成了灵魂的颜色”；与清教徒的棕色形成对照的是“天主教的蓝绿色”[⑦]。音乐也同样：“法国画家让· 安东尼·华托的蓝绿色也体现在…… 音乐家库普兰那里，体现在莫扎特和海顿那里；荷兰人的棕色也体现在音乐家科雷利、亨德尔和贝多芬那里。”[⑧]音乐和绘画之间存在着很多关联。比如说，绘画家弗朗斯·哈尔斯的“极度的快板”和绘画家范迪克的“运动的行板”，等等[⑨]。大约在公元 1700 年的

---

① 见《西方的没落》，原书卷 1，第 347 页。
② 见《西方的没落》，原书卷 1，第 385 页。
③ 见《西方的没落》，原书卷 1，第 417 页。
④ 见《西方的没落》，原书卷 1，第 412 页。
⑤ 见《西方的没落》，原书卷 1，第 412 页。
⑥ 见《西方的没落》，原书卷 1，第 184 页。
⑦ 见《西方的没落》，原书卷 1，第 250—253 页
⑧ 见《西方的没落》，原书卷 1，第 252 注解页。
⑨ 见《西方的没落》，原书卷 1，第 250 页。

时候，绘画让位于音乐，因为“上帝”一词已经成为无人称的，已经和无限空间成为一体①。

斯宾格勒为他的理论挑选了事实之后便以丹东的勇气又把他的理论拿出来，将其作为决定事实的依据。斯宾格勒把历史学家爱德华·梅耶尔给希克索斯王朝划定的时段，以埃及学专家比德里的划分为参照，“重新用来确定其他的文明里相应的时期”②。换言之，可以从其他文明里相似的侵略战争的持续期来确定希克索斯王朝持续期里所发生的事件。恐怕我们从此以后要让凯塞林小心自己的“傲慢”称号了，因为这里有个日耳曼人想要与他比赛谁更傲慢呢。

我们一定要原谅斯宾格勒这一点小小的傲慢，他是个巨人，是哲学上的恐龙啊，以上那些都是他皮毛里的跳蚤，无伤大雅。不过还有更为严重的事情需要我们思考。斯宾格勒无情地抛弃了按照年代的排序从而圆了一个理论家的美梦。不过他的烦恼也就来了，摩尔人艺术在西班牙、西西里和印度的全盛时期不应该归入“麻葛”文化（“Magian” Culture）的“夏季”（公元300—700年），也不该在“秋季”（公元700—1000年），而是处于此种文化的“衰败”期的冬季。斯宾格勒的划分与他自己的公式很难匹配，因为中国文明的“冬季”（始于公元前221年的始皇帝）之后很长一段时期，汉朝统一了中国，并恢复了秩序，之后唐朝出了2230个诗人，其中最伟大的有三位，而且这些诗人的作品还在出版与传诵，之后的宋朝把中国的瓷器提升到后世无法企及的顶峰水平。很有可能唐朝才是中国文明真正的“夏季”；而宋、明、清则是中国文明漫长的“秋季”；中国1911年的革命相当于法国1789年的大革命。今天的中国相当于［在1795—1799年间］统治法国的五人执政团（Directory）的时期，而中国的军阀混战相当于五人执政团的高峰时期；很快地，中国也会出现一个拿破仑；那之后，中国就会进入相当于西欧的19世纪，进入中国的工业革命。果真如此，我们便会有个历时一千年之久的文化之“秋季”，那样一来，不同文化之间的季节的长度可就不一样了；我们也就失去“预告历史的未来”的能力，也就不可能再断言文化“季节”的存活期到底有多长了。斯宾格勒建立起来的大厦因基础不牢而就此倒塌。

如果我们的偏见与斯宾格勒的偏见相左，我们还得进一步揭露他的理论的漏

① 见《西方的没落》，原书卷1，第312页。

② 见《西方的没落》，原书卷2，第427注解页。

洞。斯宾格勒对于资本主义的仇恨不亚于社会主义者对于资本主义的仇恨,而他对于社会主义的仇恨也不亚于资本主义者对于社会主义的仇恨;他像俾斯麦一样,只有当社会主义接受贵族制和战争的情况之下,他才接受社会主义。作为生不逢“战争”之时的知识分子,斯宾格勒嗜战争如命。他以嗜好暴力者的语气说:“19 世纪是一个没有什么伟大战争的世纪”[①],或许 20 世纪会令他感到慰藉。他蔑视哲学和文学,认为这些“对于历史是无关紧要的”[②]。斯宾格勒认为历史就是政治与战争的记录,似乎自 1648 年以来法国和德国的真正历史不过是阿尔萨斯—洛林的不断易主。显然,尼采与蒙森以及特赖奇克与卑恩赫底的传统还没有消逝,普鲁士仍旧以杀戮为荣。斯宾格勒并没有认识到在这些贵族杀戮的背后是赤裸裸的物质利益在驱动,而这和资产阶级的追求是一模一样的。斯宾格勒没有看到在军事主义的高尚旗帜下,施行的是抢钱掠地之实,运用的手段是欺骗、撒谎、抢夺和屠杀。斯宾格勒没有认识到恺撒主义和独裁制都是保护资本主义的手段。斯宾格勒认为阿基米得还不如那个杀死他的无知的愚民。[③]斯宾格勒认为战争是百分之九十九的荣誉和百分之一的痢疾所构成的。

斯宾格勒的历史概念里只有铁和血。即使在他暂时地忘却自身而夸大思想在引发法国革命的作用时,他也只愿意承认思想只能导致恶行而不能引发善举。他压根没有想过德国的许多伟人都算不上是贵族——路德、莱布尼茨、莱辛、康德、歌德、贝多芬、叔本华、海涅、尼采、瓦格纳;他压根不懂历史是由发明创造决定的,尤其是思想观念的创新和由经济需要所引发的思想的创新;他以为经济是商店老板的事情,用不着他去思考。按照斯宾格勒的理论,思想是完全无能的。思想与历史的关系如同感觉之于大脑。感觉无足轻重,重要的是大脑。大脑就像是生命过程中的血液一样重要,而感觉只不过是围绕其外的多余的磷光。

然而斯宾格勒的这些“季节”的提法也是一种概念,这种春、夏、秋、冬的四元组与黑格尔的三元组同样都是形而上的,不可以把这种顺序看成定律。一个民族可能只有春季而没有夏季和秋季,也可能像中国那样从秋季又回到夏季,哄骗腐朽这一魔鬼达一千年之久,从而推迟了冬季的来临。与其用一年四季这样的抽象比喻还

---

① 见《西方的没落》,原书卷 1,第 428 页。

② 见《西方的没落》,原书卷 2,第 401 页。

③ 见《西方的没落》,原书卷 2 ,第 17 页。

不如用实事求是的经济学术语来描述文明的各个不同的周期：开创期，此时有狩猎、开垦土地、作物耕种和矿藏开采；商品期，此时有贸易和工业；（只是有时才有的！）文化期，此时财富积累的硕果使得人们有了闲暇，可以进行思辩和进行文学艺术的创作；最后是老化期，此时灵魂的疲惫意味着土壤的地力已经耗尽，天才们不再涌现意味着商业的繁荣不再。在这个发展过程中没有哪个时期是必不可少的，头一个时期不一定导致第二个时期，第二个时期也未必导致第三个时期；在这个序列中只有从后往前看才有必然性：换言之，第三个时期必定以第二和第一个时期为先决条件。各个时期之间也没有界限；各个时期之间好像榫和卯那样衔接在一起，一个时期也暗含其他时期的内容；其实在亚伯拉德（Abelard）的作品中我们就已经感受到伏尔泰的闪电般的光芒。任何的启蒙都是诞生于卑微的经济之中、植根于泥土之中并且离不开汗水的浇灌。

如今大半个世界都在拼命地奔向商业时期里面的工业化阶段。以农民为主的意大利已经通过法西斯专政转化成以制造业为主的国家，以农民为主的俄国已经变成了共产主义的专政，以农民为主的中国通过知识分子的专政（和军阀们一起）正在积极地让人民变得富裕、强大和焦躁不安，如同西方那样。假如西方死于工业化，那么正在加速西化的东方也在劫难逃；整个地球就衰亡了。

可是我们体内的生命力不会允许我们坐视西方世界的完结，不会答应美国的灭亡，甚至不会让老迈的欧洲死去。以前我们也听说过这些恐怖的预言；这些预言令我们回忆起政客们说过的一些话，什么如果不给他们恢复原先的薪水，宇宙便会毁灭之类的。“宣布伟大帝国的灭亡是很惬意的事；那会慰藉我们的渺小之感。”一个世纪以前，叔本华，也像现在的斯宾格勒一样，发出过预警，当时的世界末日大决战持续了 24 年而不是像这一次世界大战那样只持续了 4 年，所有的哲学家和一半的诗人都认为欧洲完了，欧洲不可能恢复旧日王室的权力与辉煌。田地荒芜、人口锐减、贸易金融一片混乱，整个欧洲陷入贫困与绝望之中。卡莱尔认为活着不如死去，拜伦纵情淫欲，缪塞企盼基督和波旁王朝卷土重来，歌德则感谢上帝，因为当世界显然已经如此衰败的时候他老人家已经不再年轻。在那样绝望的气氛之中谁能看到那个“奇妙的世纪”的前奏，谁能看到那个 19 世纪在行将结束之前竟然取得了如此巨大的成就，其辉煌超过了有纪元以来的所有世纪的成就之总和？19 世纪的进步不仅是在机械和财富方面，而且在科学和音乐方面，在文学和哲学方面；19 世纪在战胜迷信和知识的传播方面更是取得了已知的人类历史上从未有过的伟大胜利。

生活戏弄我们,我们认为她疲惫的时候其实正是我们自己疲倦和老迈的时候。年轻人还没有经过战争的磨难、还没有和众神之余晖决裂，我们要把空间让给他们;在我们学校里就读的年轻人已经把这一次世界大战忘却,因此也就没有时间为之哀伤。当前的世界充满着与死亡对抗的生命活力。

旧的,如果生了病,就必须割掉;贵族虽然有教养,但是已经腐烂,虽然披着美丽的外衣,但是难掩内心的贪婪和残忍;贵族的存活已经超越了自身,他们知道自己已经是烂熟得该死了。宗教已经变得愚昧和专制,而且用生锈的枷锁束缚着思维的翅膀;真该庆幸普罗米修斯给自己松了绑所以才能笔直地站在上帝面前。历史，正如意大利政治家和历史学家马基雅维利必定会说的那样，必须要回到它的源头才能重新开始;历史要打破陈规、清除给天才设置的障碍才有可能,也只可能,从新鲜的血液和新鲜的血统中获得重生。历史要先收回脚步才能完成下一个跃进。

我们有一种病态的胆怯,我们又过分地理想化那旧日的时光,这胆怯与怀旧如梦魇压迫我们的胸膛,让我们产生负疚感,令我们无法心安理得、理直气壮地面对我们的财富与成就、面对我们的舒适享受与权利、面对被我们征服的闪电以及我们对宇宙空间的大胆的冒犯;于是,些许的厚古薄今的前朝遗老心态——某种垂垂老者对于青年时日的怀旧感伤——促使我们拿我们的邻人去和古希腊的天才相比，拿我们的平庸之辈去和古代的旷世奇才相比，拿我们的平原和山谷去和突出的高大巍峨的古典的高峰相比,因为与后者同在的一切都早已被淹没和埋葬;于是,我们便在绝望之中断言,所有的伟人都死了。然而,这只是幻象。“过去的亿万年都加起来也比不上我眼前的这一刻。”新一代人的生活比之前要紧张和复杂许多,经过这种生活的锤炼，他们的优秀程度不亚于任何时代的人，他们之中不乏天才的种子;与之前的任何一代人相比,他们的身体都更清洁,也更强壮,他们更加慷慨大度和善于理解,他们的思想也更敏锐更自由。

即使如此,斯宾格勒仍旧伟大。即使欧洲灭亡而美国留下来,即使欧洲也拒绝消亡,斯宾格勒仍然伟大吗?——是的。这两大卷哥特式的激情澎湃的巨著将被我们的子孙奉为巅峰之作。那里面有多么渊博的知识,多么深刻的启发,多么大胆的挑战平庸、挑战民主、挑战一切的现代之灵魂!这个独断专行者的鞭挞和蔑视,这个刽子手的怒视和铡刀,还有什么比面对这些让我们更加受益?也许我们正好需要这样的凶警预言来激励我们去重生,从拜金主义和自我主义的泥潭拔出双脚,变知识为智识,变科学为智慧,从追求规模转变为谋求发展,从工业的发展转向艺术的繁荣。

至于说我们是否同意他的观点,这个问题是多么的微不足道!他和我们谈了好一阵子,使我们深刻了,或许还用他的粗大的棍棒使我们强壮了。他用自己的理论和公式使得混乱的历史有了理性。许多之前被淹没或忽视的地方都被他照亮。他让我们看到,要想跨越民主制达到更好的政体,我们有必要正视贵族制的长处。他给有如僵尸一样的历史学科带来了爱因斯坦与哥白尼的精神,这便使得一切的真理都带有了谦虚的相对性,而且这也为历史学开辟了比以前更为广阔的视角。最重要的是他用哲学改造了历史,他也用历史改造了哲学,他给历史以统一性和深度,他给了哲学一个新的整体性——时间,他还给了哲学一份无比丰厚的修复自身的大礼——一个更加广阔的视角。当这个世界把他和我们都抛在后面的时候,我们小小的批评会被人遗忘,而他的书将作为我们时代哲学的最重要的成就留存于世。

第二章
凯塞林的哲学

自我中心者的肖像

1928年3月份(月份对吗?)纽约市政大厅:听众大部分是年长的妇女,间或有一些白发苍苍或已经谢顶的男士。人们兴奋地低语,恭候某位大人物的光临。突然,一位小个子男人,头顶像哲学家那么秃,步履却如年轻人那样轻盈,快步走到台前宣布,上午的演讲者是德国的赫尔曼·凯塞林伯爵,他演讲的题目是《我们是否长生不老?》上千名的听众向前探着身因为他们急于知道自己的命运。

伯爵步入演讲厅,他有着北欧人的高大身材,像一棵大树那样庄重;着装得体、无可挑剔;蓄胡须、光头;两只长胳膊像随风摆动的树枝;炯炯的眼神和高高的颧骨颇似蒙古人;神经绷得很紧但是尚能自控所以并未失态;高傲得犹如那些家道中落,命运多舛,却不肯低头的旧贵族。他用英语念讲稿,语气肯定,带着令人愉快的日耳曼腔。可谁也听不懂这位爵爷的演讲内容,然而大家却都听得很专注,因为人们都相信这个人一定会告诉大家:我们死后是否还活着。然而奇怪的是他对这一问题不予理睬,只字未提;只是抽象地大谈生与死、善与恶、美与丑,说这些是生存所必不可少的节奏与旋律,犹如加之于琴弦上的一个个着力点,不把琴弦旋紧就构不成张力,也就弹奏不出美妙的乐曲。这位的演说洋洋洒洒,意在启迪,内容深刻。然而听众却失望地叹气:什么时候他才能讲到他们大老远跑来想听的长生不老的问题?此时,爵爷已经径自读完了讲稿准备离去,可是忽然间脑子里又冒出了新念头,他不耐烦地朝上面望了望,甩出了一句安慰听众或是安慰自己的不伦不类的话:"至于长生不老吗——当然了我们长生不老!"然后他就迈开大步扬长而去;而那些可怜的听众则带着满腹的困惑,惨兮兮地融入了冬日的街道。

此人着实有趣,个性分明;在一个充斥着标准化的复制品的世界里,他走起路来就像高傲的斯巴达人(或者古罗马人)走在一群希洛人或奴隶中间,就像硕大的圣伯尔尼犬遇见了一群小哈巴狗儿。他按自己的路线行驶,绝不随大流;他有毛病,却为此津津乐道;他对城市的繁忙、民族的意识、甚至恒星天体统统不以为然。这样一个人如何看世界倒是很值得我们去了解一番。

然而他是多么的自我中心啊!

让我们正视他的错误然后就一劳永逸地不再提起。我们先充分地展示一下他的自我,把他的自我和他那盘结交错的自傲剥离开来;清除了这一障碍我们就可以一路顺畅地了解他,而且欣赏他了。

"我生于 1880 年……我家在康诺的封建领地上,位于当时的俄国的利沃尼亚——现在叫爱沙尼亚。"[1]伯爵祖上数代人都属名门望族:巴赫、伏尔泰、腓德烈和俾斯麦都曾经是他们这个家族的友人,伊曼努尔·康德曾经担任过这个家族的家庭教师。他的母亲是彼拉·冯·彼尔舒女男爵,出身容克恩—斯特恩堡那个狂暴的封建氏族,这个家族出过奥森道尔斯基(Ossendowski)所写的《人、兽、神》里面的英雄。凯塞林父亲的性格温和,而且颇有文学气质,凯塞林的曾祖父是沙皇尼古拉一世的财政大臣康克林伯爵,凯塞林甚至把自己的血统追溯到成吉思汗那里。这样复杂的出身使得赫尔曼·凯塞林的血统中有一种大气,表现在他的哲学里就是那种灵魂里先天的伟大气质,就像个人之间或集团之间的那种张力,一个国家之所以伟大总是要以这种张力为先决条件。"一方面我极其敏感又不可名状地极其容易被感动和接受暗示,有着女性的感受力;…… 另一方面我有时又暴烈如同爆发的火山,我有着原始人一样的生命活力,还有着统治者的本能。"[2]然而他身上这种别样的背景和性格正是他了解东方和西方必须具备的;俄罗斯的出身加上欧洲的教育令他可以把握这个世界犹如掌上观纹一般。他说:"因为我是波罗的海人,不是德意志帝国时代的德国人,就内心而言,我属于两个世界,即,处于两大地域的接壤之处,又处于两大时代的交接之时,处于时空上的边缘人,我既是北欧的海盗又是横跨欧亚的俄罗斯大草原的孩童,因为我身上既有最古老的传统又有最遥远的未来,

① 见《我的生活与工作》,载于《世界格局的形成》,纽约,1927 年,第 12 页。
② 见《我的生活与工作》,载于《世界格局的形成》,纽约,1927 年,第 12 页。

所以我有条件从事我现在的事业。”[①]

他的教育像他的出身一样复杂。有许多年凯塞林由家里请的私人教师指导他的学习;15 岁时，这羞涩的小伙子被扔到俄罗斯的佩尔诺的一所高中去跟那里的十七八岁的同班同学打交道。1897 年他高中毕业之后去日内瓦学习一年;回到爱沙尼亚之后他进入多尔帕特大学,竭尽一切努力变为男子汉:喝酒、决斗、学习做爱[②]。有一次决斗令他险些丧命,此次伤后那漫长的康复期令他有 20 年的时间沉思和埋头做学问。他从多尔帕特大学转到海德堡大学,从那里又去了维也纳,于 1902 年从那里毕业。他说在大学所修过的课程里,“哲学,以大学里讲授的那个样子,对我说来最没有吸引力”[③],令他开窍的是一本休斯顿·司徒尔特·张伯伦所著的书。张伯伦那振聋发聩的理论以及那骇人听闻的信条深深地吸引了他；而当他后来见到作者本人,成了这位伟人的手下,在那里工作达一年之久以后,他便不可逆转地投身于哲学研习之中了。“由于张伯伦我才看清楚,当时的我并不需要把客观的成就作为我人生的目标,我要做的应该是完善自我”——不是修炼能力,而是修身养性。“看到这一点我感到无比的幸福。”[④]

1903 年凯塞林去了巴黎,在那里逗留的两年中他和柏格森成为朋友。1905 年他完成第一本著作《世界格局的形成》(*Das Gefuge der Welt*)。突然间他接到消息说俄国爆发了革命,苏维埃在彼得堡掌握了政权,他们家在雷库尔的产业被没收充公了。他的收入来源断了,有两年时间他生活贫困,依靠在柏林的断断续续的文字收入过活。与此同时,他家又恢复了财产,随后父亲去世,1908 年已经继承了男爵爵位的赫尔曼·凯塞林回到雷库尔,成为古老城堡的主人及其领地的半封建的地主老爷。

凯塞林发现他和许多从小被送到外地接受教育的人一样，返回祖居之后会感到郁闷不满。周遭的一切看起来是那么野蛮和落后;方圆数英里之内竟然找不到可以倾谈的人。他渴望巴黎的沙龙和维也纳的餐馆。他哀叹道:“全欧洲也找不出一个地方像我的家乡那样没有一点艺术氛围了。”“谢天谢地,我虽自幼就没有什么艺术氛围的滋养，可那些与我景况相同的佛罗伦萨人却是既有品位而且一般说来

① 见《欧洲》,纽约,1928 年第 315 页。
② 见《世界格局的形成》,第 17 页。
③ 见《世界格局的形成》,第 20 页 。
④ 见《世界格局的形成》,第 23 页。

也都有令人愉快的外表。”[①]这是凯塞林说过的仅有的一句谦虚话。凯塞林身上的波罗的海流浪者和北欧海盗的血统令人渴望更大的空间和异国他乡的土地；也许正因为如此他梦想着去征服新的哲学，让新的宗教深化自己；他想知道为什么叔本华认为印度思想那样深邃。他决心离开他舒适而孤独的生活、放弃男爵的享受和爵爷的地位，去神秘的东方看上一看。他庄严地宣称："欧洲再也没有什么可以给我的了。我对欧洲的生活如此的熟悉，以至它无法再勉励我进步。”[②]于是，1911 年 30 岁的凯塞林怀着“沉到最底层那存在（Being）真正的栖身之处”的心愿[③]，起锚向印度出航。

凯塞林此时仍然是个孩子，有年轻人的热忱、女性的敏感、急切地想心悦诚服地拜倒在异国的影响之下。他不想要事实，只想要感觉，不想要新知识，只想要新直悟；他要效仿罗摩克利须那，此人“以亲自皈依的方式去体验形形色色的宗教”[④]。他说：“没有自我舍弃的热忱就谈不上对任何事物的理解。”[⑤]他下定决心无论走到哪里，都接受当地的生活方式、风俗习惯、着装饮食、礼仪和信仰。在印度他成为瑜伽的信奉者，而且成绩显著，他说“32 岁我开始练习瑜伽，只是到这个时候我方能克服神经衰弱，不受干扰，集中精力于某一项学术研究，时间多长都不在话下。”[⑥]后来他又写道：“我现在几乎完全像个中国人那样生活；我大多在使馆住宅区的外面吃饭。此种改变对我有好处；一成不变的生活方式令我们的肌体慵劣无能，令我们的大脑冥顽不灵…… 我深信倘若印度人不是一日三餐都吃同一钵数量的米饭，他们不会看上去这样一成不变。”[⑦]再后来，他写道：“我已经在令人吃惊的程度上变成了一个日本人！”[⑧]

他慢悠悠地旅行，因为在时间上，他确实是一个令人羡慕的贵族而不是一个锱铢必较的吝啬鬼。1912 年他再次回到了老家雷库尔，从容地写下他的经历，成就了一部思想杰出、行文优美的佳作《一个哲学家的旅行日记》。这个 32 岁的年轻人毫

① 见《一个哲学家的旅行日记》，纽约，1928 年，卷 1，第 220 页。
② 见《一个哲学家的旅行日记》，第 16 页。
③ 见《一个哲学家的旅行日记》，第 16 页。
④ 见《创造性地理解》，纽约，1929 年，第 194 页。
⑤ 见《旅行日记》，卷 2，第 260 页。
⑥ 见《世界格局的形成》，第 32 页。
⑦ 见《旅行日记》，卷 2，第 93 页。
⑧ 见《旅行日记》，第 187 页。

不犹豫地马上称自己为哲学家，此举倒也让“哲学家”这个头衔与他名实相副，因为没有谁能在这样尚未成熟的年龄写出如此成熟老到而又见解新颖的作品。他写得很开心，从未有什么娱乐活动让他这样充满创作的热忱，他简直觉得像获得了新生。

1914年书稿几乎完成，他在校对第一卷的校对稿时，第一次世界大战打响了，他周围所有的人都穿上了卡其布军装、挎上了刺刀。“我被深深的悲哀所攫住。我那一度熟悉而且令我感到自在的宽广世界消失了。欧洲，对我说来，已经走到了尽头；我甚至和驻彼得堡的日本大使联系，告诉他我计划隐退到朝鲜金刚山的修道院去。”①他靠重写《旅行日记》获得慰藉，这场战争别的好事没有促成，倒是成全了这位爵爷，使得这部近乎完美的大书得以完成。他花了 4 年的时间殚精竭虑，整理这部书稿，直到 1918 年他才再次把书稿交给出版社。此书的问世得到德国舆论的一片喝彩，被称为独特的上上之作，此时的德国已经因战争而疲惫不堪，因失败而悲观颓废，把这个国家弄得已经有一大半像是东方国家了。那一阵子，凯塞林对自己哲学的看法还真是得到了大家短暂的认同。这是他登峰造极的时刻。

但是就在这同一年，革命又一次光顾了爱沙尼亚；土地所有者全部被剥夺财产，雷库尔被国家没收，凯塞林流亡柏林，囊中一名不文，又一次被迫依靠写作和讲课为生。他曾想在大学谋个位置，但是大学对尚在人世的哲学家不感兴趣。穷困潦倒中他于 1919 年结婚，妻子是铁血宰相俾斯麦的孙女，女伯爵俾斯麦。“这桩喜事是在我最为落魄的时刻来临的，因而我意识到这必然代表着某种成功发迹的征候。我现在大有受命肩负起改变全人类命运的神圣感觉。”凯瑟林如是说。②不过他关于自己婚姻的这一番宏论委实匪夷所思。求婚者竟然把整个人类乃至宇宙扯进来，还没有任何一位女性享受过如此这般地被追求的殊荣。

如果不是他的出版商兼朋友奥托·莱克，还有原来的大公爵恩斯特·路德维格·冯·汉森的帮助，凯塞林可能得挨饿。他们于 1920 年为凯塞林组织了一组讲座课程③，地点是达姆施塔特，凯塞林称之为“智慧学堂”；很快地，这位爵爷就靠着自己的哲学和他的广告天份打造出了一个所谓“第二帕拉德广场”，而且使之名扬全世界。对

① 见《世界格局的形成》，第 46 页。

② 见《世界格局的形成》，第 56 页。

③ 见《世界格局的形成》，第 65、63 页。

此他解释说，而且压根没提他曾经花过两年的时间搞精神分析[1]，“对于他人的责任要求我，为了他们的最高利益去过一种公众生活…… ‘智慧学堂’的创办，其实说到底，便是这种责任所落实的一个行动”[2]。果真如此高尚吗？创办“智慧学堂”的真相却原来是（让我们把弗洛伊德的小把戏在伯爵身上用一用，伯爵本人就经常在后来的作品中使用它们），他发现这“智慧学堂”为他那好炫耀的本性提供了愉快的宣泄场所，而这一点又可以很好地补偿他对独处的偏爱；从此以后这位爵爷的自尊与自恃便无拘无束，犹如脱缰的马。比如，他在这所学校里立了规矩说：在他的讲座之后不准任何人对其进行讨论或质疑；他扬言说他愿意为听众提供“硕果累累”的智慧[3]；他毫不掩饰地将自己等同于“孕育理性”（Logos Spermatikos）之人，认为自己懂得理性的受孕之道；他认为自己拥有丰富的思想精子，因而他就像那只忙着使母鸡受孕的大公鸡那样高傲地喔喔啼。从这一刻开始，他那自我主义的高音便响遍他的作品，像那永无停息的管风琴声。

凯塞林把属下的讲师聚集在他周围，组织他们举办了一些研讨会，据说由此发现“我自己的最具独创的天赋乃是作为精神交响乐队的指挥”。“至于说到融会贯通之妙法，…… 最愉快的书面表达就是我写的《婚姻之书》。”[4]他又补充说，“当然了，‘智慧学堂’的存在是最为重要的”[5]。于是他把讲座教材都编纂成册，公开出版了《真理的发现》和《创造性的理解》。像许多作者一样，他毫不犹豫地把自己的精华与糟粕搭配着兜售，从而毁坏了自己的声誉。而且竟然说这两本书是他的“至关重要的著作”，希望靠它们流芳百世，而不是靠《旅行日记》[6]。诸位千万别上凯塞林的当：这两种书是少有的乏味与沉闷，作者以斜体行书标出的那些部分则更是不值一读。实在说，把这些讲义印成书发行根本就是个严重的错误。这两本书暴露了作者令人遗憾的退步：《旅行日记》里面的那个明哲贤达变成了推销员，名门贵胄变成了平庸的吹鼓手。一部佳作的成功令他承受不了。没有比胜利更能酿造失败了；许多人历经磨难而表现高尚；然而一百个人里也未必有一个可以承受胜利的考验。

---

① 见《真理的发现》，纽约，1929，第 407 页。

② 见《世界格局的形成》，第 63 页；《有创意的理解》第 382 页。

③ 见《真理的发现》，第 462—463 页；《世界格局的形成》，第 28 页。

④ 见《世界格局的形成》，第 71 页，“想要更多了解达姆施塔特精神交响乐的艺术之读者请一读再读我在……里面所讲的”（《真理的发现》第 ix 页。

⑤ 见《创造性地理解》，第 xxi 页。

⑥ 见《世界格局的形成》，第 64 页。

此时多产的凯塞林的下一部书是《世界格局的形成》。开头的介绍部分很有趣，题目是“从我自己的视角看我的生活和工作”。他说：“作为一个人我认为自己直接的义务就是不仅把我的思想而且要把我的生活也公之于众。虽然这一自我揭示并不愉快…… 如果有足够的勇气我会明天就回归独处状态。但是我还不想马上就这样做。”[①]紧接着《婚姻之书》问世，这本研讨会论文集的第一篇是凯塞林的名为“婚姻问题的正确宣言”的文章。然而很可惜，这两种书都属于平平之作。但是接下来的《欧洲》却很精彩，《欧洲》由一系列的论述民族心理的文章构成。在写作《旅行日记》的那些时日，凯塞林解释说：“我的正常的环境范围是我们生活其中的这整个的世界。而自那之后，我便一直被迫将自己活动范围限制在欧洲之内。”可是他对自己的这一解释不甚满意，于是便补充道：“从根本上讲，《欧洲》一书表现的心理状态和《旅行日记》是一样的；1925 年以来我自身所关注的中心再一次起了变化，此次的中心是远见与经验，这是与我独特的生命运动周期相一致的。”[②]此外，这些国家正日益变得自满起来，他说：“所以我的首要任务是尽可能把这些国家写得滑稽可笑。”[③]——除非这样做本身显得滑稽可笑。凯塞林勇气十足地争辩说：“每一个个人，作为一个个体，理所当然地有权评说全人类的各个民族。”[④]这种评说不需要多少知识和经验。“一个人完全可能凭借几个有代表性的个体推论出这个民族的特性——要是做不到这一点，那他就别再打算探索那个民族的民族性。”[⑤]“对这些民族的描绘是我无意识地自然形成的。”[⑥]“我就这样信心十足地——不相信自己会错——不受拘束地写，既不窘迫也无偏见。”[⑦]然后又有点讨好地补充说：“有些人对此书只会感到愤怒。那么我倒是有话可说：我丝毫也不后悔，而且巴不得有这样的结果。我其实真希望所有的伪善者、庸俗之人、所有的傻瓜、资产阶级、不懂幽默者以及缺乏智慧者都受到深深的彻底的伤害。谁若是不能被绝妙而优雅的自我嘲讽所感动，本人拒绝视之为同类。”[⑧]真的，自我嘲讽是好

---

① 见《世界格局的形成》，第 88 页。
② 见《欧洲》，第 352、8 页。
③ 见《欧洲》，第 352 页。
④ 见《欧洲》，第 4 页。
⑤ 见《欧洲》，第 5 页。
⑥ 见《欧洲》，第 8 页。
⑦ 见《欧洲》，第 7 页。
⑧ 见《欧洲》，第 9 页。

事，当然沉默不语就更好。

1928年凯塞林离开达姆施塔特赴美国做巡回讲座。首先，他希望在他心目中的那个美国，人们会更好地理解他："就我而言，完全彻底地了解我讲的全部内容只能通过对我个人的了解来实现。"[①] 此外他还想向美国"输出点智慧"。"无论走到哪里，'智慧学堂'都和我在一起。[②]""我在大庭广众面前所做的一切都是'智慧学堂'的宣言。[③]"为了完成他对美国的启蒙，他归来后写了《被解放了的美国》，此书"不是关于美国的书，而是为美国人所写的书；我想帮助他们。[④]"

凯塞林伯爵很少援引别人的作品，他只引用自己的书，于是他的出版物里便有了非常丰富的引文条目，例如在《真理的发现》一书中，他有63处这类的自己引自己的作品之处；《创造性地理解》有55处。

> 这位狂傲的爵爷说："请允许我提请读者注意我在24岁时出版的《世界格局的形成》[⑤]…… 这一点我已经在我26岁时出版的《长生不老》一书中说过[⑥]…… 信仰，如我首次在《长生不老》中所证实的[⑦]…… 证明我们绝对是彻底地自由的，这是1924年在达姆施塔特，由奥托·莱克出版社出版的《创造性地理解》一书的主要内容[⑧]…… 每一种固定形态的成型和腐朽的问题已经被我在《创造性地理解》一书中盖棺定论了[⑨]…… 请阅读《创造性地理解》。如果我的读者需要彻底地弄懂这一个题目[⑩]…… 比较关于这一事实的详细解释，请参见《创造性地理解》[⑪]，第110,117,187,175页……此书的风格仍属不落俗套，因为它的总体编排甚佳；此处所指的'一种形态达到完美的成型'原本只是限于音乐，而不见于哲学文献中[⑫]…… 此书必须一口气从头到尾读完，否则

① 见《世界格局的形成》，第17页。
② 见《创造性地理解》，第xxi页。
③ 见《世界格局的形成》，地74页。
④ 见《被解放了的美国》，纽约，1929年，第xviii页。
⑤ 见《真理的发现》，第197页。
⑥ 见《真理的发现》，第542页。
⑦ 见《真理的发现》，第248页。
⑧ 见《旅行日记》，卷2，第196页。
⑨ 见《创造性地理解》，第52页。
⑩ 见《被解放的美国》，第540页。
⑪ 见《世界格局的形成》，第108页。
⑫ 见《创造性地理解》，第ix页。

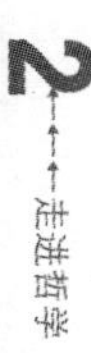

很难全盘把握。重复的地方也不要跳过，因为音乐中同一调式的节奏重复是很重要的[①]…… 请对比《创造性地理解》一书中，我在“我们的意志”这一章里，我给独创性的真正的概念所做的演绎[②]。确切的证实在我的两本书里：《长生不老》和《真理的发现》[③]…… 关于生活之独立，比较《世界格局的形成》——书中的我的深刻论述[④]…… 关于“进步的真正问题”，比较我的《世界格局的形成》一书[⑤]…… 比较我《欧洲》一书中关于犹太问题的深刻论述[⑥]…… 我的著作《欧洲》一书充分论述了德国人和法国人的心理[⑦]。

接着给诸位列举这位以自我为中心的作家最喜欢用的指代自己作品的索引用语，这种丰富的自我索引指南在诸多文献中实属绝无仅有。仅此摘录如下：

这个问题应该掌握，这一点非常之重要。由于这个原因，我将要更加深入地探讨[⑧]…… 整个历史都证明了我的观点之正确[⑨]…… 迄今为止我尚未公开阐明天主教的有关问题。完成这一重大任务于我而言义不容辞[⑩]…… 以下预言一定会不可避免地被付诸实现[⑪]……《婚姻之书》的首要目标和终极目标就是提供帮助。因此勇气和纯洁这一对孪生子是婚姻灵感的源泉。[⑫]…… 对于我，一个贵族个人主义者来说，权威在哪里？权威只存在于个人的优越感之中，却无半点法律意义上的权利。我认为我这一番话是绝对正确的；整个的历史证明了这一点。[⑬]…… 我从未踌躇不前，而是总能不顾各种影响地向前进。[⑭]…… 回顾我生命进程之中我所犯的错误我并没有不满[⑮]。 …… 我的话语是

① 见《创造性地理解》，第 x 页。
② 见《欧洲》，第 65 页。
③ 见《世界格局的形成》，第 7 页。
④ 见《真理的发现》，第 193 页。
⑤ 见《真理的发现》，同上第 63 页。
⑥ 见《被解放的美国》，第 27 页。
⑦ 见《真理的发现》，第 72 页。
⑧ 见《被解放的美国》，第 245 页。
⑨ 见《创造性地理解》，第 446 页。
⑩ 见《真理的发现》，第 87 页。
⑪ 见《世界格局的形成》，第 194 页。
⑫ 见《婚姻之书》，1926，第 iii 页。
⑬ 见《被解放的美国》，第 441 页。
⑭ 见《世界格局的形成》，第 28 页。
⑮ 见《旅行日记》，卷 2，第 239 页。

多层次的而且是复杂的[①]…… 我的思维是音域丰富宽广的乐章。[②]…… 我是思想家，而气质上又肯定属于实干家，甚至是属于战士或军人之类[③]…… 荣格恩·斯特恩伯格男爵于1915年宣布说他将来会看到我带领骠骑兵向敌人冲杀并且建立帝国…… 我的朋友中有多少人会相信我整个的青少年时代被认为是意志薄弱?…… 我自己感觉我首先是政治家和元帅的料…… 无论我的天性如何适合于内向的沉思，我现在是如同普罗米修斯而不是厄庇墨透斯那样来写作的——不是被动地经历，而是主动地创造[④]…… 我的生活总的来说，本质上是美丽的…… 我的家当然不在这个地球上[⑤]…… 一个人的知识超越他的能力是很悲哀的事。为什么我不是神? [⑥]

自从尼采在《超人》中揭示了他那自大狂以来，尚未有人像凯塞林这样披露过这种充满感激的自我欣赏。对比那种真正的贵族气度，那种体现在达尔文、柏格森或者杜威身上的博大而且毫不刻意的谦逊与虚怀若谷，这些广告一般的鼓噪是多么的粗俗和没有节制！有一阵子，凯塞林似乎察觉到自己确实失了分寸，他说:“毫无疑问，我是超乎寻常地以自我为中心。”[⑦]然而，他气愤地问:“为什么要期待一个优秀的人把自己看成驴子?凭什么谦虚被人们如此地推崇与赞赏?”[⑧]凯塞林显然从未想过既然哲学包括从整体的角度看部分，那么谦虚便是这整体的核心;哲学家试图（即使他肯定做不到！）像上帝看人类那样去看待我们自己，如果从上帝的角度看，那么一个人和一头驴子并没有多大的差别。此外，我们也不可以对驴子过分肯定。

凯塞林为自己辩解说只有自我为中心者才可能是深刻的心理学家[⑨]。虽然此话可能接近真实的情况，但是威廉·詹姆士独自一人就推翻了这一概括;而且我们也认为，那明明是我们的弱点却偏要说成是必不可少的品质，这实在不足取。这位伯

① 见《世界格局的形成》，第4页。
② 见《世界格局的形式》，第71页。
③ 见《世界格局的形式》，第4页。
④ 见《世界格局的形式》，第52—53、67、115页。
⑤ 见《真理的发现》，第628—9页。
⑥ 见《旅行日记》，卷2，第188页。
⑦ 见《世界格局的形成》第9页。
⑧ 见《真理的发现》第364页。
⑨ 见《世界格局的形成》，第8页。

爵真正要为自己开脱的，是他只不过说出了我们其余的人偷偷隐藏的东西；他其实并不比我们大家更自我，只不过他更坦诚更直率；他不过道出了我们只要足够胆大也肯定会说的话。既然一切为出版而写的东西都是展示性的，那么印成文字的谦虚和印成文字的骄傲又有什么大的差别；所谓谦虚的作者只不过掌握了间接表述自我的艺术。还需要补充一点：经过翻译之后的许多句子，与原文相比对，会显得不那么谦虚；有些词语在两种语言中的表面含义近似，但是在各自的语言中这些词语的内涵会有天壤之别。毫无疑问，凯塞林的言行表现出一种“逆反”；小时候他受压抑，胆怯，不敢直抒己见，而现在成名了，不妨率性恣意戏耍一番。我们理应原谅他：财产的丧失将他掷于谋生艰难的世界中，强迫他“卖唱”以换取面包——沿街叫卖自己的作品。当自我中心主义似乎是任何理想与成就、任何事业不可或缺的先决条件的时候，上帝知道谦虚是多么不容易做到的美德啊。

如果一个人取得了相当的成就，我们最终还是会原谅他的自我中心主义，凯塞林的情形就是这样。我们一眼就看出他的最坏的毛病，这倒是一件好事，因为我们之后就不用再提它了。尽管有妄自尊大的毛病，只要他时不时地写出深邃的、睿智的、不乏幽默与优雅的好东西也就够了。他已经给我们写了三本好书[①]，而且在今日德国的哲学家排行榜上的地位仅次于斯宾格勒，考虑到这些，此人也就算是可以了。好吧，让我们别再纠缠他的毛病，赶快去发现他的智慧——他的丰富而多彩的智慧。

哲学家的旅行见闻

印　度

现代人谁不渴望周游世界？然而对我们许多人来说，这不过是个梦想，一个充

① 见《旅行日记》、《欧洲》和《被解放的美国》。

满对异国他乡那想象中的奇人奇事和怪异的风土人情的向往而已。对我们中的某些人,这是年轻时候的目标,以犒劳我们的辛勤劳作和节俭的生活,然而正是这种类似田间耕耘的经历才使得我们最终地步入成熟之年。啊!让我们离开鸽子窝,向前沿边界进发,哪怕只有半年的时间,不让它们那狭隘的地方观念犹如给牛马戴的眼罩那样挡住我们的双眼,让我们跨越所有的疆界和桎梏,极目眺望,像惠特曼那样向全人类致敬!

周游世界使凯塞林成为哲学家;周游世界这件事使他这本书也名副其实。凯塞林离开雷库尔先到德国各地转了一下;之后离开德国到巴黎一尝那里的发明创造;离开欧洲之后穿越沙漠,途径苏伊士运河;之后置身于印度,全然放弃那科学的世界,全身心投入到信仰的世界;从印度取道中国,将科学和宗教的世界抛在后面又去发现另一个哲学和艺术的世界——感受这一切的激励与冲击之后却没有变得深刻而依然故我的人肯定是不寻常的大傻瓜。通过沉思、阅读和顿悟皆可以使人成为哲人。通过对人类整个历史时光或整个的宇宙空间进行沉思默想与深入的观察,一个人能成为哲学家。一本书,一本关于宇宙与人类万事万物的历史方面或天文学的书,由一个聪明的人写,被一个聪明的人读,而且读懂了,这本书便能够告诉这个求知若渴的人,真理到底是什么样子以及如何才能掌握真理。对于整体事物的直观直觉的把握也能使一个人获得顿悟,即刻成为哲人。

想象一下凯塞林的情形,在开往科伦坡的轮船上,他迈着一双如同踩了高跷的长脚,在甲板踱来踱去,发誓要从此思索世界问题而暂时忘记什么凯塞林不凯塞林。他立刻便获得了某种程度的客观性,真是非常奇怪。因为这与他平时的那种以自我为中心的思想大相径庭:他说他看到亚丁的尼珂罗人具有“无可挑剔的美好身材”;还没有到达锡兰国他就已经一半皈依了佛门的信仰。他继续前行,一路风景如画,来到康提,他在这里的圣庙看到了象牙或是犀牛牙被当成佛祖的牙齿供奉着;从印度教一路潜行爬进佛教的那些动物诸神,一个个丑陋骇人,他都一律容忍与谅解;还有那荒唐的壁画上画的貌似安详的乔达摩(Gautama)却在地狱里屠杀那些前世享乐的人们,他经过时竟不妄加评论。他愿意宽容这些事,作为对于信众的一种让步,只要能够让他接触到这种宗教信仰所赖以存在的哲学基础,这一切便都值得。他相信这种哲学一定存在,他想不惜一切努力来了解他们的哲学。“我已经是第三天完全将自己全身心地置身于佛堂的氛围之中。我参加了许多宗教功课,和许多神职人员和僧人交谈过。”[①]与这些心地单纯的僧人的闲聊很随意,可是凯塞林硬是用自己的许多概念来诠释这些闲谈；他认为这些佛门弟子们的谈话内容都很深刻,不然他大老远来锡兰国寻找这些僧人还有什么意义可言?（20年之后,这些康提的僧人似乎又成为他们这个种族里最无知、最懒惰最无能的一批草包和蠢货了。）

凯塞林在这些身披黄色袈裟、剃光头发的和尚背后看到了佛的身影和和佛的哲理。他满怀青年人才有的那种幸福感在自己新发现的神龛前顶礼膜拜。

> 与其他宗教的创始人相比,佛祖是最伟大的…… 学者们常常因为基督与佛祖那神授的质朴的品质而感叹不已：为什么他们的伟大与影响远远超过了他们之前和他们之后的一切伟大人物?要知道耶稣所教导的一切没有哪一条是他的前人和后人所不曾涉及过的；而佛祖毫无疑问在认知的深刻性上不及他的前辈。其实他们非同寻常的伟大之处就在于他们两位的教诲不是停留在口头上,或是书面上,而是化成了活生生的血与肉——而这便是人类迄今所能达到的最高境界…… 通过自然逐渐地生长,更通过自身刻苦的修炼加以促进和推动。从这个意义上说,教诲与箴言最终以血肉之躯,而非上苍赐予的形式获得了体现与落实——因此佛祖是有史以来人类最伟大的楷模[②]。

有一段时间凯塞林完全沉迷于佛门教义。他赞扬僧人们那种万念俱焚的精神境界,赞扬笃信佛经而且身体力行佛教教规的锡兰人的行为。[③]（1930年时,锡兰的佛教徒只要有足够的收入便可以吃肉,佛牙寺的主持在宗教仪式一开始先把参观者领到捐献箱那里让大家为供奉佛牙施舍善款。）远离欧洲那疯狂的政治动乱和工业社会的革新喧嚣,在锡兰的这种闲散慵懒的氛围里,凯塞林得出的结论是:这个世界上一切的争斗、一切的欲望以及一切被标了价的商品和事物,在佛的眼中皆为虚无;一种令人愉快的自我放逐的闲散情绪包裹着凯塞林;他甚至感觉自己也几乎可以成为一个和尚,走在湖畔寺院园林的棕榈树荫下,从劳作的农民那里讨供

---

① 见《一个哲学家的旅行日记》,卷1,第51页。

② 见《旅行日记》,第310—311页;《被解放的美国》,第563页。

③ 见《旅行日记》,卷1,第52、55页。

奉,闲暇时沉思生命的虚无。遗憾的是他的旅程安排不容许他这么做,他必须赶火车(可怕的欧洲思维方式!)。不知不觉他已经跨过海峡来到了印度,正站在巨大的神殿前惊叹:拉姆叙瓦拉姆寺、马杜拉寺、特里奇诺波利寺和坦焦尔寺。

凯塞林对于印度百姓并不很感兴趣,他穿行于他们中间却全然视而不见。目光越过他们的头顶,他在寻找他们的僧侣、哲学家和他们的神。凯塞林太喜欢印度的思想家了,于是他便把那里的百姓的思想境界拔高而且也把他们浪漫化了:至于他们的迷信,他们对牛、猴、象、蛇的谦卑的崇拜,他们那些不可思议的偶像以及有着手淫陋习的诸神等等他全都不甚理会;很有代表性的一个例子是他曾经说"印度人…… 认为吃肉是一件很恐怖的事"①,而实际情况却是印度人认为肉很贵,所以不吃。凯塞林心悦诚服地敞开自己的心扉,拜倒在印度的一切影响之下,因为不如此,他便不能最大限度地接受印度的观点和视角。凯塞林的贵族出身使他甚至连种姓制度都大加赞赏。他认为种姓制度兴许更好,因为如此一来,每个人生来便知道自己命定该从事哪一种营生,免得人人永无休止地在职场上拼杀攀比,这山望着那山高。于是人人各司其职,始终不渝,自贵自尊,而且尽职尽责,乃至安居乐业无忧无虑。凯塞林伯爵揣度道,如此一种就业机制在欧洲岂不是可以为人们提供一种令人羡慕的财产保障形式吗?②

凯塞林原谅了印度寺庙里奉行的仪式和那里崇拜的偶像,因为他大度地接受了婆罗门僧侣们的解释:这些意象与形式不过是神的各种符号而已,这个神就是世界之灵魂——梵天,或称婆罗神;而对于民众来说,这些偶像和仪式对于启发他们的想象则是必不可少。因为只有哲学家才能不依靠感官的帮助便可以感知那抽象的神。印度教之于佛教就好比天主教之于新教——印度教和天主教是依靠感官发挥作用的,而佛教和新教是通过思维发挥作用的,这就是它们的区别。在这两种情形中,感官形式的宗教更适应于大众,而理智与思维的形式则是针对少数人的,而且所带来的满足感也是转瞬即逝的。③佛教从印度传向别处而印度教却存留下来;新教也一样,从欧洲传向别处,而天主教则保留下来,甚至会比基督教存活得更久长,个中的道理便是如此。

① 见《旅行日记》,第 187 页。
② 见《旅行日记》,第 191 页。
③ 见《旅行日记》,第 226、231 页。

然而，在这无穷的仪式和对众多神明的信仰背后却有着最完美的宗教、最微妙的心理学和最深刻的哲学思想。[①]说印度教是最完美的宗教是因为依照教义，通过那无比神奇的轮回转世（Kharma and Dharma），野兽竟然能够转化为温文尔雅的人类，也就是说，世界上的任何一种善举与恶行都有相应的报应——善有善报、恶有恶报，或受到嘉奖或遭到罚处：投胎转世变成更高或者更低一级的生命形式。成百上千位先知与圣贤（Rishis）[②]，还有《博伽梵歌》（“或许是世界文学中最瑰丽的作品”[③]）的作者，都在不厌其烦地教导着人们：与其攀上高位而不能胜任，还不如安心本职驾轻就熟来得胜任愉快。说印度教有着最微妙的心理学观念是因为，无论是才智的肤浅，还是理性的谬误，抑或是逻辑和理论的空泛无物，全都一一被它的教宗所彻悟。因为远在康德之前，它的圣徒便已经发现，感知与概念所能触及的无非是些虚幻的表面——即所谓“摩耶”（Maya）[④]。说印度教的哲学思想最深刻是因为，这种哲学认识到，远比知识和科学都深刻的是内视或内省，即，把意念从感觉和“事实”那里收回以求达到出神入化的凝聚与集中，这种哲学思想大大地高于智慧与理性，远远地超越数字、计量、机械与形态，它有着对世界的终极精神与意义的深刻认识与理解，但这是很难用语言来表达和用绘画来描绘的。难怪“这个出类拔萃的哲学民族”拥有的表达哲学思想和宗教思想的梵文词汇要比希腊、拉丁、日耳曼三种语言里已知的同类的词汇的总和还要多[⑤]。“印度人没有创造出哲学系统，因为作为玄学思想的信奉者说来，印度人实在太深刻了；他们知道仅仅凭逻辑学的理解是探究不到事物的根底的。印度人从来不是理性主义者。……从这个意义上来说，印度之所以绝对优越于西方靠的是他们对于文化的深刻理解：他们认为通过表面的扩张学不到文化”（也就是说通过扩大知识领域或者使自己博学是学不到文化的），“正确的方法应该是按照“相”的层次，逐步深入。而深刻与否又取决于意念集中的程度。……因而印度智慧是现存的智慧中最为深刻的”[⑥]。

印度哲学的深刻性源于瑜伽。因为瑜伽节制人的欲望，削减人体的需求直到仅仅能维持生命的程度——最低限度的简单食物跟饮水。如此一来人的肉体便不再

---

① 见《旅行日记》，第 302、270、265 页；卷 2，第 157 页；《被解放的美国》，第 28 页。

② Rishis 就是圣贤之人。

③ 见《旅行日记》，卷 1，第 256 页。

④ 见《旅行日记》，第 257—260 页。

⑤ 见《旅行日记》，卷 1，第 106 页；卷 2，第 157 页。

⑥ 见《旅行日记》，卷 1，第 108、273、265 页。

能控制人的灵魂，那么思想就可以摆脱物欲追求的枷锁，于是气定心宁的身体便可以让解放了的意念得以集中，缓缓地，精神便逐步感知到那种终极的东西；而当你的头脑里充斥着物欲的千思万虑时，你不可能感知到这样的意境。其实，甚至是最为荒唐的方法也能帮助你摆脱掉令你牵肠挂肚，近在咫尺的某些烦恼：比如收听印度音乐，没完没了地以各种方式重复一个基本的音调，或者重复吟诵圣主的名“欧姆”（Om），或者盯着太阳看，这些都可以帮助你心意集中入定，因为，如贺比斯所说，一味地感知同一事物就等于什么也感知不到。你可以有上百种方法去逃避心浮气躁，比如：冷漠而“愚钝”地处置你通过推理思考出来的其实未必有什么意义的种种念头，让灵魂处于自在的状态，不去干扰它，令灵魂处在这样的层面上，即：除了神（God）以外，什么也感知不到，除了不可名状的纯粹的存在（Being）以外，什么也感知不到。僧人们浸泡在肮脏不堪却又神圣无比的恒河水中祈祷光明而不祈祷财富，用神圣的牛粪涂身以象征他们所信仰的神灵，盘着瘦腿坐着，一动不动，一声不出，身披灰尘，目中无物，耳中无音，什么也感觉不到，但是也许又什么都明白。甚至孩子们也学习入定，看着这一切，谁能不感到惊叹，不感到诧异！尽管河水里有上千个沐浴的人，尽管四周有上百个旅游者盯着他们看，孩子们照样凝神屏息在那里打坐。这些沐浴者，或许只是这些孩子们，已经攀上了人类探索和疑问的顶峰，这个高度是我们西方人只有在赢得一切而后又发现一切都是空虚的时候才能到达。完全不必去嘲笑所有这些人，因为他们毫不看重我们视若珍宝的东西。他们并不想方设法去征服世界，而只想委身于这天地间最核心最核心的精华之中，只想结束放逐与漂泊，重归大海，化为一滴水，不复有我，只有一滴水①。

一个经常被征服的民族的这种补偿的哲学正好投合凯塞林的喜好，因为他的东方情结使他喜欢神秘主义。那些骨瘦如柴的瑜伽修炼者在恒河岸边的石阶上虔诚地沐浴。凯塞林伯爵在他们的身上看到了老子，看到了埃克哈特（Meister Eckhart），看到了伯麦（Jakob Bohme）以及柏格森（Bergson）的身影②。有一段时间，凯塞林也想如他们那样清心寡欲做一个圣洁的人。他去了阿迪尔，受到比桑特夫人的接待，接受了人家提供的食宿——虽然是象征性地，却感到欠了人家的情，随后做了一阵子的佛门学者③。凯塞林还去了贝拿勒斯，修炼瑜伽术，每天清晨去圣河沐

① 见《旅行日记》，第266、338、243—244、226、301页。
② 见《旅行日记》，第284、266页。
③ 见《旅行日记》，第138页。

浴[1],学习潜心聚念[2],让意念从事物升华为思维,从思维升华为认知与彻悟,上帝简直就近在眼前了。此时的凯塞林言谈举止俨然就是一位谙熟佛理的先贤智者了。

> 思想的世界并非最高境界,思想之上还有纯意义领域。谁要是能不断领悟纯粹的意义,不断地到达那个境界,谁就无所不在了。……我没有必要具体地详细描述我当时未能达到的那个境界。……然而,在我看来,这一境界似乎已经攫住了我。因为我越来越以印度哲人的存世之道去体验生活,越来越依照"印度斯坦的精神"来观察世界。这种精神对于我已经犹如恒河上那轮红日一般神圣与伟大了。……我现在可以放弃原来的信仰了吗?今天看来,似乎确是如此。此时在我的心中,尘世间人人为之奋斗的目的仿佛已经丧失殆尽,虚名的传扬,地位的角逐,名誉的追求统统化为乌有,不复存在!要是一位高僧大师出现在我面前说一声:"来!"我会闭上眼睛就随大师而去[3]。

中 国

显而易见,凯塞林伯爵算是从印度"逃"的及时。只要他再待一天,他也许就成为瑜伽术士,浑身涂泥蹲在恒河边的台阶上痴迷地盯着太阳修炼。他的旅行计划救了他,让他离开了印度,踏上了前去中国的航程。临行前,这位伯爵感言道:"作为专职的瑜伽术士去潜心修炼对于大多数人来说往往有损他们的精神。……因为神秘主义者历来不够崇高。"[4]

在中国,凯塞林伯爵以同样的敏感、同样的热忱学习异国的神秘,探求别样的哲学底蕴;从一开始凯塞林就全身心投入而且是五体投地地恭谦。他喜欢中国那烟雨朦胧的山川海域,终于明白这便是中国绘画创作源泉之所在,这便是中国绘画细腻精妙与空灵写意的缘由。凯塞林对广州的各种味道——开始极其反感,后来可以勉强容忍,最后竟然喜欢上了那些味道——那些属于那个地方"特殊魅力"的味道!他说:"我感到不好意思的是一开始那盘炒蛆虫令我恶心得发抖,可是后来却

---

① 见《旅行日记》,第321、285页。
② "看!努力成功了"——见《旅行日记》,卷1,第269页。
③ 见《旅行日记》,第269、286、320页。
④ 见《旅行日记》,第129—130页。

发现其实那菜肴竟非常鲜美。”[①]凯塞林非常欣赏中国的烹饪，认为可以和法国的媲美；要是依了他的话，他便会以烹饪手法的高下来排列不同文明的座次。他喜欢这里的五颜六色的服饰、上面绘有家族文饰的旗帜和店铺的招牌、街道上人们那喜悦而坦诚的表情乃至兴奋的交谈和无害的争执；他赞赏工匠们的友好、商人们的礼貌，尤其让他叹羡的是手艺人的技艺。广州令他着迷。

> 这个城市的确很美。每一种装饰都是如此的完美，我从未在别处见到过。金匠的出色技艺、乌木雕、牙雕师傅的精湛技艺简直令人难以置信；即使是这里最初级的工匠也似乎有着极高的品位。……这里的每一栋房屋的建筑和装饰、每一种精致的图案花纹无不浸透着设计者的艺术匠心。……在任何情况下，中国在建筑与工艺品形式上的登峰造极都不容置疑[②]。

印度人和中国人有着怎样的差别啊！中国人充满活力，体魄健壮并且寄希望于此生此世而非来生来世。中国人富于常识而且几乎全然不受制于任何形而上的思想！有一段时间，中国人的简朴与脚踏实地的精神深深地打动了凯塞林。他在中国人身上看不到印度人的那种对于鬼神的敬畏与崇拜。仿佛突然之间，他抓住了中国人的秘密所在：那秘密不是知识而是生存，不是科学而是艺术，不是建立若干种思想体系而是在田间愉快地耕耘劳作。“他们的理想主义体现在他们肩负起日常生活的重担的那种态度上。……中国人在这片土地上的存在本身便足以说明这个民族有多么深沉的底蕴。”[③]他们灿烂的文明便是他们的哲学。

> 中国是唯一的一个在漫长的历史时期妥善处置了社会问题而且广大百姓还能乐得其所的大帝国。……在这样一个幅员辽阔、人口众多的帝国内，尚未爆发针对权力滥用的大规模的暴烈行动[④]。在世界各国中，总体来说，中国保持着更具有连续性的良好社会秩序，治理国家所需要的力度也相对小些。与组织完好的日耳曼帝国相比，在这个没有警察而且执政者的品德也未必高尚的

① 见《旅行日记》，卷2，第21、27、95页。
② 见《旅行日记》，卷2，第28、30页。
③ 见《旅行日记》，第124、108页。
④ 见《旅行日记》，指1911年。

> 国度里,总体而言,盗窃、谋杀、道德沦丧和打架斗殴都比较少。……执政的官员手下既没有军队也没有警察供他们调遣以确保命令的执行,因为政府的指令执行起来十分顺畅。官员们高高在上,大权在握因而威严无比。这是怎样高明的统治理念!这是人类所能设想的最高水准。①

在人类历史上有许许多多国民治理的成功范例,其中的中国模式是最伟大的。伏尔泰和狄德罗曾为此惊愕不已。她的无与伦比的久远性缘于中国人的深厚的道德修养、教育系统和他们的哲学家们。对于每个中国人而言,道德取代了法律;他的政府可以摇摇欲坠甚至可以垮台,但是社会架构仍然坚挺不动,因为它不是建立在国家而是建立在家族的基础上②。我们的道德观念可能更高一等——我们可能对于苦难有更多的同情,爱情上有更多的浪漫,对于妇女有更多照顾;而在中国的道德和家族功能里,我们所有的这些他们并没有。但是在中国,年轻人尊敬老年人,无知的人尊敬有学问的人,这些足以维护社会秩序、约束人的品行、以文明礼貌的教化改变人们野蛮的天性。"中国人总体上比我们西方人'驯顺',和我们西方人相比,……几乎是毫无例外地,两者的关系就好像家畜和野兽一样。……有文化的中国人在自己圈内称我们为'海盗',这种描述当然不算苛刻。由于我在东方住过,我可以说,不幸的是,我不再怀疑我们的文化只不过徒有其表。"尽管中国人谎撒得很聪明,而且毫不羞愧地嫖妓,但是中国人"所达到的道德文化的高度是我们种族里大多数人所无法企及的。"中国人是"迄今仅有的最为接近人类文化理想的人民":每个人都愉快而规规矩矩地从事自己的工作——在某段时间,在某个地点。统治者是民众中的佼佼者,被民众挑选出来治理国家。所以中国人是"迄今为止最文明的人类"③。

由多个民族组成的一个如此庞大的国家如何能够自然而然地把自己的民族性提升到这种"近乎完美的高度"④?我们生活的这个地球上怎么会出现了这种情况?凯塞林相信这一伟大成就应当归功于中国的哲学家们。凯塞林认为"中国人的高明之处产生于他们这样一种深邃的思想:想改善外部形态吗?那就从提高和改善人

---

① 见《旅行日记》,卷 2,第 56、85、77 页。

② 这些句子现在看来得用过去时。

③ 见《创造性的理解》,第 205 页;《旅行日记》,卷 2,第 36、101、97、129、130、359、140 页。

④ 见《创造性地理解》,第 122 页。

的内心开始做起。"规规矩矩做人方能规规矩矩做事,所谓什么样的人就会做出什么样的事(agere sequitur esse)。打造一个国家须从打造这个国家的国民做起——从他们还在摇篮里就抓住他们的心和他们的思想,把他们锻造成能够建设起伟大国家的优秀国民。"社会现象产生的条件是什么?是人。国民素质决定了社会现象,而不是相反。这一根本性的思想观点正是儒家思想体系的基础。历经两千年的时光,靠了这一伟大思想,人类有史以来为数最为众多的人口过上了和谐有序的社会生活[①]……中国哲学比世界上其他的哲学更好地经受了实践的检验";中国哲学创造了人的品格,又通过这种品格创造了一个民族,这个民族延续了比其他民族更为长久的文明史。"中国给我的印象比其他任何国家都深刻,它教给我的东西多得无法计量。"[②]

凯塞林不知道这种充满着大智大慧,着眼于此生此世而非来生来世的中国哲学能否像印度哲学那样让他喜欢——后者曾令他着魔到他得按时去圣河沐浴的程度(那是一幅怎样的图景!人类的渴望跟人类的愚蠢的登峰造极。)凯塞林对旧中国的一切赞不绝口,毫无保留,甚至对1911年中国爆发的推翻帝制的革命充满了贵族式的愤慨。"我越来越敌视这个新生的共和体制的国家了,多么的不协调!……旧政权的官员们比如今当权的没有教养的年轻人优雅多了。这些西方化了的小市民怎么能和扎根于古老传统的人士相提并论呢!……这个引进了西方精神与思潮的东方国家势必要经历一个剧烈的精神与心理的衰变过程,而这必定要导致长期的精神与心理的动乱——甚至可能是长期的政治的大动乱。"[③]

中国自然也必须经历民主从幼年到成年这一成长过程中的一切:腮腺炎、麻疹和百日咳。中国一千年来都是由有学问的贵族来统治的。这些人的遴选办法是国家向所有的人平等地提供受教育的机会,然后进行对全民敞开的科举考试。一代又一代人便这样"学而优则仕"地做了官员。然而,现在中国必须"进步",必须向美国的市和州的政治模式看齐,必须向最蹩脚的人主持的政府看齐,而放弃自己十分优秀的东西。"中国人绝对不会因为革命而获得更多的自由。美国如今的自由程度甚至不及旧的中国。那时候,作为中国社会组织细胞的地方社区在行政管理上是绝对

① 见《创造性地理解》,第203、205页。

② 见《旅行日记》,卷2,第55、137页。

③ 见《旅行日记》,卷2,第78、82页;《创造性地理解》,第159页;《世界格局的形成》,第139页。

独立的…… 中国过去是自由的,今后将被奴役;人民的水平将会下降,群氓将取代知识精英成为国家的统治者——除非中国,比美国和欧洲都幸福的中国,在最后的时刻躲过这一劫难。"[①]也许,中国向美国看齐是必要的;也许,像日本那样,中国也必须由工业取代农耕以便创造财富购买大炮,以便从只懂得美元和枪弹的西方那里杀出一条通向自由的路。然而代价是高昂的:物质的追求,物质的需求,生产的进行,利润的获取,为着"社会进步"所必须的工厂的开办,垄断的实现,以及中间商、矿山等等这一切统统都将奴役中国人一百年,也许一千年。"今天不要再从东方寻找自由之光了;从现在起,东方已经变成拜金主义的象征和载体了。"[②]患上了财富疲劳症的西方要进口的东西是儒学和神智学,而神秘莫测的东方却要制造枪炮。哲学得让位于比自己更重要的社会需求。但是凯塞林说:"对我而言,毫无疑问的是,在未来的时代里,人类发展与进步的方向会是越来越接近于儒家而非时髦的现代人。而未来的理想的社会秩序也将会更接近中国古代,而不是我们的乌托邦主义者所希望的那种"[③]让我们好好研究正在衰亡的中国吧;也许,我们永远不会再看见这样伟大的文明了。

奔赴美国

凯塞林开始踏上这次旅途时曾经想要找到一种新哲学,这种"新哲学能够和平地解决东、西方哲学之间的对立",解决途径是交换各自的"真理"以使二者合而为一[④]。轮船缓缓地离开亚洲驶向美国,凯塞林尽力挣脱东方哲学思想对自己的束缚以使他足以有能力重新思考西方文明的意义和价值;他努力调整自己对于诸如民主、平等、资本主义、社会主义、财富、权力、进步这些概念的看法与态度。他发现这很困难;他在船上遇见了一些传教士,这种邂逅几乎让他想以同情的态度去接近美国的决心丧失殆尽。"尽管我抱着善良的愿望我还是无法和这些传教士交好。 …… 他们之中有些人在中国生活过好几年,我和这些人交谈过了;他们竟然没有注意到儒家哲学的长处!他们这样的睁眼瞎肯定是上帝的恩准,否则只能用迷

---

① 见《旅行日记》,卷 2,第 78、81 页。
② 见《世界格局的形成》,第 267 页。
③ 见《旅行日记》,卷 2,第 135 页。
④ 见《创造性地理解》,第 29 页。

信解释他们了。”[①]凯塞林与传教士们的交谈更加坚定了他对东方哲学思想的情有独钟，“我对东方了解得越多我越看不上现代西方那类人[②]……” 凯塞林的结论是：“印度和西方的哲学完全不相容，两者之间没有任何联系。……我赞成东方主义，不赞成西方主义，因为我更加看重任何形式的完美而不认为成功便是一切。”[③]事实再一次证明奎师那(Krishna)是对的：与其当个不称职的总统不如做个出色的鞋匠。现状比变化好(Being is better than becoming)，完美比进步伟大。理解比征服好，认知比拥有好。

接下来凯塞林迈进金门大桥，探索了旧金山的山区、黄石的冰川、优山美地的群山、莫里普萨红杉林那犹如神明的参天古木、大峡谷的深涧——“天下最伟大的地质奇观”。(他这样描述：“大峡谷深深的沟壑表面仿佛因阳光的照射而流动闪烁，那彩色的光影恰似一张微笑的脸。”[④])凯塞林见到了普通的美国人，发现他们很友好，比美国文学里刻画的好多了。凯塞林对美国的态度开始有了些微的同情。这里空气清新，令人心旷神怡，这里的人们直率而快乐，这里鞋匠和总统以“战友”相称，这里发生了蛮荒变文明的巨大变革。这是一个正在茁壮成长的伟大生命，为了扩大自己的版图正在雄心勃勃地向大自然，而不是向人类开战。凯塞林觉得这是史诗一样的壮举，他被折服了。毕竟，这种让地球屈服的事业含有某种高尚的东西在内，开发地球深藏的宝藏，让最穷的人也享受温饱、让他们生活有保障，让孩子们有书读。中国的肮脏、贫穷、饥馑，印度的宗教虔诚与放弃一切的潜心修行，佛教的皈依和涅槃，婆罗门不顾人民的痛苦与无知而一味沉湎于懒洋洋的沉思冥想——难道这一切，比勇敢地甚至不怕牺牲内心的平静去决心消灭贫穷和无知，更加高尚？或许，从这个翻天覆地的变革中会诞生出一个前所未有的更上一层楼的现实生活来？凯塞林再一次地揣度这个老问题，试着给出一个与以往不同的新答案，并将以此作为他赴美所持的观点。

> 哪一种生存形式更优越，东方的还是西方的？我还能判断吗？我已经有偏向了。我已经又想生长发展、革新图变、有所创造、有所作为以达到完美。这种

① 见《旅行日记》，卷2，第273页。

② 指西欧人(不包括俄国人)和美国人。

③ 见《旅行日记》，卷1，第249、260页；卷2，第262页。

④ 见《旅行日记》，卷2，第291—292页。

意愿如此强烈，以至我已经很难再被别种生存方式所吸引。然而，就目前这个世界而言，西方已经把较好的那部分选走了，这种状况无从改变。所谓正确的东西必须得有实力作为后盾来确保它的正确。因为正确的东西自身往往是苍白无力的。……要是穿透表象揭露实质是人们的精神追求，要是人们把实现这一精神追求作为自己的使命，那么将来唯物主义在价值上便会超过印度斯坦的精神主义。因为在大自然面前，这种精神论确实是无能为力的。精神控制不了自然，因此也就不可能让自然转化为精神。而我们则有可能做到控制自然，让自然变精神[①]。

凯塞林论美国

美国舞台

既然来美国的欧洲知识分子要想收支相抵，就得去讲座或者去写书，或者两者兼顾，而且还喝了人家那么贵的香槟，凯塞林觉得从道义上来说他得颇费些唇舌——出于人道，也是出于说真话的考虑，讲一讲他如何看待现在定居在美国的那些野蛮人。不错，凯塞林伯爵1912年只是走马观花地来美国一趟，1928年也只是逗留了4个月而已，但是对于有着闪电般直觉的伯爵来说，这点时间已是足够了。甚至还嫌多了点，因为对某种事物所知越多，便越难写得有声有色——你的想象会被太多的事端纠缠不清。对于那些尚未亲眼所见的事物，我们往往会描绘得越发栩栩如生。

去美国之前我小心翼翼地尽量不阅读有关那个大陆(美国)的材料。在美

① 见《旅行日记》，第280、284页。这个预言很有意义，见于比尔德的《凋谢的人类？》一书中胡适的那一章。

国各地旅行期间我像老处女那样小心地抵制各种资讯。只要有可能我都尽量避免那些做秀的场景，我也很少提问。所谓的伟人们，我一个都不见，因为用美国人的话说，这些人指不定因为一点什么事而凑巧出了名罢了，所以很好避免。我很少出行，我几乎不阅读报纸，凡是能做的我都做了，为的是让我的良知不受任何纯系偶然的印象的影响。……只要我依旧思维活跃，我便仅仅凭借直觉去观察世界——正是直觉让我们跟整个的生活建立起直接而切近的联系。然而尽管如此，我也还是一点点都不敢肯定地说：我真的每时每刻都触及事物的真谛之所在①。

这比莫里哀和王尔德的戏剧还有趣得多。这种自我中心论令我们很开心，常规定律被无情地打破，对此我们只能哈哈一笑，聊以自保。如前所述，我们都是自我中心论者；但是良好的礼仪是不成文的游戏规则之一，按照这种游戏规则我们得假装自己不是世界瞩目的焦点，不然的话，生活便有可能由于星球的碰撞与轨道的冲突被弄的过不下去。然而凯塞林伯爵全然无视这些规则。于是我们只好把他划归举止不雅之类。可就在我们要把他打入另册的当口，他的书里有几页映入我们的眼帘，让我们眼前一亮！这样一来，我们倒是犹豫不决了。是否可以说他还是说了一些值得一听的话？一个有着哲学背景与哲学视野的人在一个月里所见到的与所领悟的东西要胜过一个什么都看看的旅游者一年的见闻，或许有这种可能？所以，全盘否定他的书是不是太过匆忙？

凯塞林第一眼看到的是美国的种族肤色与种族构成——印第安人、黑人跟白人。"印第安人退化了，因为不允许他们打仗了。"美国的白种人尚未形成一个民族；这些白人来自欧洲各个民族，民族之间的融合程度和他们在欧洲的时候相比并没什么提高；此种民族的融合尚需许多代人的努力方能完成。"美国仍然是个殖民地，到目前为止美国尚未打造出自己民族的文明。"欧洲文明也还没有移植到美国，"经验证明，当一个民族改变居住地的时候，确切地说，只能带走的是这个民族的身，而不是这个民族的魂"。美国目前尚未拥有自己的魂，美国的框架很大，但是精神上还是处于真空状态。因此异域文化对美国的入侵和征服在一段时期内是很容易的事。目前由于缺乏灵魂或者说缺乏我们自身的文化，我们还没能站稳脚跟，

① 见《被解放的美国》，第5、6页。

还缺乏抵抗力，因此我们处于和黑人文化关联紧密的状态。“为什么今天每个人都从黑人的原始状态里找到最适合的存活手段？”因为黑人的精神是统一的而且很单纯，所以能够克服白人思想的复杂性以及白人思想的不统一性。美国自身创造出来的东西没有哪一样能比得上黑人的舞蹈和黑人音乐所具有的令人折服的力量——能够勉强与之比肩的大概只有基督教科学教派这一项了。“我预言美国最伟大的文化成果会顺理成章地归功于她的黑人儿女们。”凯塞林这些话语有些夸张，有些不怀好意，甚至有点预谋的味道。不过我们不妨剔去他话语里的夸张成分，把他的讥讽当激励来接受，甚至试图欣赏他的不怀好意①。

如此看来，美国就还算不上是一个民族，而只是一个国家；我们千万不可期待美国文化会有什么苍劲、老到或者精致与品位；因为春华秋实，这些都是年龄成熟的产物。“移民们所要面对的艰苦生活把他们从当时的欧洲文明推回到人类早期的原始状态”；移民们又变得简单和原始了。但是每一种坏事往往有它的好处；“不成熟”只不过是白种人获得新生的代价，白种人正在从美国的土壤中获得新生。令人感到快慰的是看到一个种族如何通过环境的改变和路线的调整重新获得青春；土壤的清新沁入血液，在欧洲已经变得老迈的那些族系在美国焕发了青春。“为了让新生的得以发展壮大，衰老的便须腐朽与消亡。……从完美文化的观点来看，一个民族要想重新振兴、青春再现，似乎只能再经历一次野蛮化。……日益增长的‘粗俗化’，尽管令人遗憾，却的确意味着新的、推动民族再生的原始动力正在不断生长。……美国的灵魂正在重新进入人类早期的原始状态。”②

凯塞林认为美国的灵魂正在被这里的氛围和这里的土壤所重新铸造。“我个人感到很满意，因为构成各民族心理基础的、由各民族所共有的一种真正的生理机能已经出现。民族的心理类型主要取决于这些民族的内分泌之间的关联性，取决于这些民族的内分泌腺机能之间的关联性。这种相互之间的关联性在很大程度上取决于周遭的物质条件——而非取决于遗传。慢慢地这里的气候会打造出一个新的民族类型——新土壤上的新品种。“其实，不久以前，有文化的北美人还理所当然地依旧属于我们之中的一员，可今天，美国，或者至少是她的年青一代所体现的却是一个名副其实的新世界。”凯塞林援引容格对美国人讨好的描述说美国人是“有

① 见《旅行日记》，卷 2，第 297 页；《被解放的美国》，第 19、39、32 页。

② 见《被解放的美国》，第 141、315、173 页；《旅行日记》，卷 2，第 325、266 页；《欧洲》，第 384 页。

着黑人的举止和印第安人的灵魂的欧洲人”；凯塞林自己又补充说：“美国土壤的原始精神和那里的黑人精神正在和欧洲移民所带过来的精神一争高下，但无论结果如何,最终合成出来的产物便是与众不同的美国精神”①。

从这种民族背景出发,凯塞林认为美国版的史诗《奥德塞》,就本质而言,其实说的便是人类各民族流浪的最后阶段。匈奴人、歌特人、闪族人以及斯拉夫人已经从喜马拉雅山来到了落基山。时至今日美国人仍然是“游牧者”;他们不扎根,因此就不会有深厚的文化;美国人精力充沛,但是不安定,不沉着。纽约是个“游牧者”的城市,这里有美国那智慧的头脑,所以才使得美国免遭基督教原教旨主义和买卖人铜臭的控制。然而追本溯源,大家都不是本地生人所以大家的根都不在此地。从美国东部西行，你会发现稳定性逐渐增加而灵活的智慧逐渐减少，“芝加哥很恐怖,我的友好情怀荡然无存”。这是凯塞林伯爵1912年对芝加哥的评论,到了1927年他仍然没有改变此种看法。他补充的话语更加袒露他的心迹，“我走访了屠宰场”——这话听起来好像是说即使有人要吃肉也万不可屠宰似的。芝加哥对大湖区沿岸的恢弘的改造工程一点也不入伯爵的眼,更不讨他的欢心;他把芝加哥比做墨索里尼执政前的那不勒斯和西西里，他还把黑帮犯罪说成是抵御文明压迫的安全阀——虽然人们通常不会把黑帮犯罪看成是对自身安全的一种保障；他还预言随着美国“文明化”的推进——即军事化和标准化的推进,美国的犯罪会增加而不是减少②。

离开芝加哥继续西行,凯塞林穿过了大草原,从普尔曼式火车的软卧车窗里望出去,伯爵做了如下的概括:“今天的美国人,不像欧洲人,倒更像俄国人和中国人,因为美国人和他们一样,实质上都是幅员辽阔的疆域之子。”凯塞林喜欢旧金山但是对于洛杉矶那种清教徒式的沾沾自喜很不以为然，伯爵认为他们的自满情绪之所以很强烈是由于他们自诩他们不是当地的土著。凯塞林说:“好莱坞之所以建在这里可能是为了救赎的缘故。”显然是洛杉矶人怠慢了伯爵,没给他提供好香槟和娇女子吧,谣传伯爵每到一地都是提前预订这种待遇的,行家里手通常都是很难伺候的。然而弗吉尼亚却做得很成功,所以伯爵说“全美国只有这一个地区普遍的有文化氛围——广义的文化氛围”。伯爵说只有美国的南方才是原汁原味的美

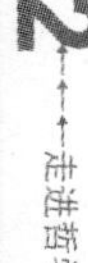

① 见《被解放的美国》,第22页;《欧洲》,第355、357页。

② 见《旅行日记》,卷2,第331、333页。

国典型;美国文化的唯一希望仅仅存在于未来由南方主宰北方的这种可能性里。这句话肯定会让复活过来的南方大感欣慰,不过,想来似乎考虑不周:当南方如同北方一样实现了工业化之后,此二者之间还有什么文化差异可言。这是凯塞林故意不提的一个问题[①]。

美国工业

工业化,与其他事物一样,不但双刃,而且有两个把手;庸俗的商人靠了工业化登上了宝座,而人类也由于工业化而获得了解放。工业化意味着这个行星有史以来第一次,人,这个有机体,做了环境的主人,而且几乎具有神的威力去主宰各种自然之力。工业化意味着在一定程度上征服了贫穷,普通百姓可以享受以前皇室才有的奢侈和安逸。然而工业化也意味着在无情的商业斗争中每一个角逐者都为了商业利益而变得粗鄙;意味着为量而牺牲质、为科学而牺牲艺术、为了以竞争为目的的消费与刻意的炫耀而牺牲那可敬可贵的个人闲暇。最后人就被他的生活标准所左右;人会把自己的未来抵押以换取目前的灿烂,而且在债务与劳作的重压之下,无暇问津文学与艺术。美国生活中有一种让人精神焕发的善良和简朴,而且美国没有欧洲那种对立阶级之间的嫉妒和仇恨;然而迟早经济斗争会毒害这一切。友谊会变成来去匆匆的商业上的互相利用;政府会变成卖货和敛钱的伙计与店员。20世纪的美国商业人士不让我们猜到他们的祖先原本是为了宗教的原因而出逃,而漂洋过海,其目的就是想在地球上建立一个圣人的国度[②]。

工业化产生的结果是一种“怨声载道的繁荣景象”,人们的收入翻了番,而烦恼也跟着翻了番。为了向邻居看齐,美国人引进了奴隶制但却不是奴役别人而是把自己也变成了奴隶。换言之,美国人把工作变成生活的唯一内容,因而成了工作的奴隶。“美国人的生活犹如一座工厂,一切都有严格的组织与安排。”美国人不能休息但是可以玩;美国人“害怕闲暇犹如我们这个时代有些人害怕地狱一般——虽然这种人少之又少。”极其少有的情况下美国人才会考虑有比物质进步更高尚一点的东西,这便是美国的野蛮主义的秘密。动物们对舒适和安逸的追求便足以使美国人满足;推销员看世界的视野侵入各个领域,最终导致天才不再出现,有的不过

---

① 见《被解放的美国》,第65、73、57、117、133页。

② 见《被解放的美国》,第168、389、176、222、432、166页。

是商界与财界的巨子而已。“在美国,人们以为财富可以创造出‘伟大人物’。”果真如此,这种演变岂不是跟圣餐上的面包与酒变成耶稣的肉与血一样神奇了吗?①

这种体制对于国民性格形成的影响屡见不鲜。我们反过来看,经济个人主义可以变成心理上的社会主义。对财富的追求导致大规模的生产和标准化的商品、标准化的品位、标准化的思想和标准化的灵魂;把同样的产品卖给众多的人就要求这众多的人得很相像,他们得有同样的标准与同样的需求;让人们的思想与行动都步调一致,这就是广告的功能——一则一则的广告犹如一滴一滴的水,反反复复,无情地滴,渐渐渗入人们的头脑里,直至一个一个的个体统统变得麻木,剩下来的只是千万个个体的毫无差别的应声。“只有在美国,如此这般的广告才能成为独立的生意”;没有这种广告,大规模的生产就不可能。通过这样的广告所种炮制出来的公共舆论就在每一个领域应运而生,而且通过模仿,这种公共舆论以几何级数增长直至其力量大到无人可以抗拒。“人类竟然对这种令人难以置信的理想深信不疑——这种大街上最普通的人的理想”,渴望随大流,想要和其他人完全一模一样,使得大家的服饰、行为、思想乃至脸庞都仿佛由同一个模子刻印出来的。最终,每个人都是其他人的复制品,其结果便是:独特性,这一人类精神世界最本质的特征便因此而不复存在,犹如一个毫无个性可言的机器人站在一个英国人面前——在这里我们就当这个英国人是人类个体的化身吧,他拥护隐私权,主张留有余地,承认差异,认可等级而且重视质量,尊重一切事物中的个性的存在。如此一比,那个机器人似的美国人就会羞愧难当了,那时他才知道精神的东西是独特的,而且只有个体才能创造出精神的东西。这种通过公共舆论控制和恫吓个体的情况“是美国生活中仅有的真正黑暗和极为醒目的污点”。在美国,“今后应该比世界其他地方更加强调种族与层次的多样化”②。

凯塞林称美国的社会化思想为社会主义,他还认为辛克莱·路易斯的作品准确而科学地描绘了美国的生活。不过辛克莱·路易斯先生如果听说按照凯塞林伯爵的理解,美国的扶轮社成员就是最完美的社会主义者,并且世界上与美国最为相似的国家,说来该死(原文为拉丁文。译者注),竟然是苏维埃俄国,辛克莱·路易斯先生一定会大吃一惊的。在苏维埃俄国,个人服从团体,纪律要求个人必须和集体保持

① 见《被解放的美国》,第320、413、445、216、558、446页;《旅行日记》,卷2,第335、264页。

② 见《被解放的美国》,第131、77、263、130、229、267、452、264、98、509、484、459页。

一致以便最大限度地生产出物质产品。凯塞林有些像小顽童那样高兴地发现他可以积攒下充足的证据来证明这两个国家有多么相似，虽然双方总是事事别扭而且都视对方为敌手，当然了，两国人民还是不一样的。区别在于：人类身上既有动物的兽性又有上帝之子的人性，俄国人身上的主要性格特征就体现在这两者之间的对立上，而美国人身上则缺乏这种张力。除了这一点以外，布尔什维克和新美国的精神生活之间几乎没有差别，美国精神和俄国精神一样地原始和落后；美国人和俄国人一样地鄙视文化价值和精神价值，鄙视宫廷式的举止和贵族的血统；而且美国人假惺惺的社会平等与俄国的同志之间的平等关系简直如出一辙。“在美国和在俄国一样，个人已经被淹没在没有个体差异的大众之中了”；同样在这两个国家里，一种新的奴隶制结束了个人主义和个体差异的时代。有一幅苏维埃的招贴画这样说：“让我们把俄罗斯的激情注入美国的组织机构中，那么地球上就会出现一个天堂。”①

总的说来，“一些最有才华的年轻人的布尔什维克化的潮流今天正在世界各地风起云涌，势不可当。美国和俄国在这一运动中遥遥领先。时髦的美国人有相当大的一部分都打扮得很性感，这也和年轻的布尔什维克一模一样；美国“现代青年人的反叛”也和俄国正在进行的推翻宗教和道德的行为一模一样。全世界都在追随美国或者俄国：一些国家效仿美国的自由竞争的社会主义，另一些国家则效仿苏维埃政府强制下的社会主义。这两个国家有着相似的目标，却采用了不同的手段，这将使他们成为未来世界瞩目的焦点。所以最大的冲突必将发生在这两个国家之间，因为他们是如此的相似，他们是两个都誓言要进入社会主义天堂的竞争对手。凯塞林相信美国的制度肯定会胜出，因为就物质财富而言，美国已经实现了 19 世纪社会主义者的梦想。由于这一原因美国对于共产主义的种种图谋与侵袭都具有免疫力②。

按照凯塞林对我们的观察，我们所需要的不是共产主义而是贵族制；我们必须承认有卓越超群之人所以我们必须欢迎大智大勇的旷世奇才。凯塞林相信，智力测验的结果动摇了我们对民主政体的信念；我们认识到鉴于芸芸众生中总有一大部

---

① 见《被解放的美国》，第 237、107、131、506、255、312 页；《欧洲》，第 391、385 页。

② 见《创造性地理解》，第 163 页；《被解放的美国》，第 161、160、189、253、254、245、239 页（当然，写于 1929 年 10 月之前）。

分人是愚钝之人,我们就得设法阻止蠢材们当政,否则一旦发生唯有深谋远虑之人方能化解的重大危机时,国家必遭灭顶之灾无疑。凯塞林把没有我们的政治腐败归咎于官员们特别的贪赃枉法而是归咎于我们没有给予市政官员以足额的薪酬——不过他倒是说我们的市长们正在纠正这一弊端。然而总的说来凯塞林并不认为政府的管理有多么重要。尽管我们的政客们终日争吵不休、贪污弄权,但是国家生活照常进行,而且美国的工业、美国的道德与思想正在不依人的意志为转移地、逐步地实现着改造。“毫无疑问我们正生活在一个国家的重要性日趋缩小的时代。”①

我们的道德

什么令凯塞林兴趣盎然,令他时而情绪高昂滔滔不绝,时而消沉沮丧言辞乏味?是我们道德生活的巨大转变。作为爱莎尼亚的贵族,虽然权位不再,但王者风度犹存,凯塞林,十足的凯塞林全然鄙视那些被解放了的妇女以及我们这个时代的疯狂的性欲。“跟一位笃信旧秩序为真理的女士相比,那些摩登女郎之类的轻浮女子,绝对是人格低下的。”凯塞林哀叹浪漫的爱情被玩世不恭的感官享乐所取代,并且认为这是精神匮乏的象征,是文明向野蛮倒退的又一个标志。“能够真诚恋爱的人比冷冰冰的怀疑主义者更加深刻”(萧伯纳看来比哈代和托尔斯泰深刻)——“昔日里,男士们如同珍爱华美的刺绣一般对待初始爱情的那种柔情跟礼仪统统不见了——甚至在法国都不再时兴!欲望…… 一次次被强化、被下画线标出、被夸张;在女士面前,男士们不是变得更加光彩照人而是更加粗俗无理”。从苏俄到美国,浪漫之情到处受到惩罚,感情正在消亡。“美国把精神和道德秩序作为‘胡言乱语’而丢弃。”新一代在智能方面跟老一代人相比,是广而(不深),然而在情感方面却是狭隘而贫瘠;“也许自从大移民时代开始以来没有任何一代人的内心世界会是如此的贫瘠…… 如果这一代人发现他们拥有的个人感情‘不现代’,那不足为奇,因为他们根本就没有任何个人感情可言”②。

精神世界这种令人警惕的变化以及情感方面的麻木不仁,究竟是如何造成的?凯塞林不是在城市化以及工业化冲击之下的生活那里去寻找原因,而是将这一切统统归咎于宗教信仰的日趋衰微。当宗教不再能控制人类于股掌之中,这不行,那

① 见《世界格局的形成》,第 189 页;《被解放的美国》第 206、298 页。

② 见《旅行日记》,卷 2,第 274、63、181 页;《世界格局的形成》,第 152 页;《欧洲》,第 69 页;《被解放的美国》第 504、526、475 页。

也不许的各种清规戒律便遭到抛弃，于是，人类生理本能的一切便以其最原始的形式赤裸裸地重新显现出来。凯塞林认为这种结果无论对个人还是对种族都是有害的。“节制情欲对于精神生活的发展是必须的，这就像乐器的弦需要旋紧才能奏出悠扬乐曲是一样的道理…… 没有道德约束是违反自然的，因为它相当于生物界没有了形式一样；没有形式的生命是不会延续的 …… 大自然会用死来惩罚道德的沦丧。 …… 假如，在现代青年反叛的旗帜下，一种新型的美国人得势了，那就从根本上意味着，数千年前发生在印度阿育王朝时代的悲剧进程便会在美国的领土上重演——当年那种达罗毗荼人的精神在印度人中占了上风，使这个伟大的王朝大伤元气，日渐衰落。[①]”

由此可见，现代青年并不现代，而是原始，其实他们是属于倒退的一族，在他们那里，文明的进步与优雅丧失殆尽。我们的居无定所犹如的“游牧者”的生活方式，我们永无休止地变换职业和居所就是回归至原始；我们婚前的滥交和试婚都是原始行为；也许甚至连我们的母权思想和对于妇女的百依百顺都是向原始状态的倒退。美国妇女趋向于变成强悍剽勇的女战士，既不敏锐又不温柔，只是一心一意对男人称霸；美国男人则变为奴隶和保姆：这，在凯塞林看来，“是整个美国生活的主要特征”。妇女“在美国的地位相当于统治者一族，颇似英国在印度的地位”。男人对女人的谦让通常被认为是强者对弱者的照顾；但是在美国却是胆小的位卑者对上层人士的唯命是从。“美国男人往往是积极进取者。但却很少是他们自诩的‘雄赳赳的男人’”；对于这种类型的自我拔高的称赞实际是对自身软弱的弗洛伊德式的招供。实际上，美国男人“绝对是谦卑一族。他们基本上是尚未长大的婴儿；换言之，他们刚好缺乏令男人成其为男人的那些素质”。阳气衰败的最后阶段便是男男女女同性恋的一派繁荣[②]。

这种女人的专权其实并非不自然，因为男性天生就是第二位的。在性方面男人依赖女人多于女人对男人的依赖。不仅如此，“女人是天生的统治者”，不仅由于女人通常是家庭的管理者，还因为文明社会里，在专权与统治赖以维持的种种艺术与技巧方面，女人都强过男人，比如发号施令、出谋献策、巧言令色、阿谀奉承、敏于领会等。但是在18世纪，妇女取得领导权靠的是鼓励男人创新图业；她们依靠优雅、

---

① 见《被解放的美国》，第359、527、490、34页。

② 见《被解放的美国》，第60、164、166、381、380、373、391、379、343、404页。

纤巧与细腻令男人充分发挥潜力将他提升到他的最高水准，把他从一头野兽变成一个朝臣；因为“女人热望男人的是思想和灵魂而男人热望女人的却是她的身体”。女人的优雅娴静、谦和与细腻的无穷魅力曾经使得男人的威力如虎添翼，而一旦丧失了，代之以粗野的直截了当、简单赤裸的动物性以及几近野蛮的攻击性，文明便将丧失促进自身成长的一大秘密源泉：男人渴望女人的认可。有了这种认可，男人能成就一切。果真如此，人类的举止将回归野蛮。所以凯塞林的结论是：“美国人是野蛮人。”①

我们的思想

凯塞林发现野蛮主义不只存在于我们的举止上而且存在于我们的思想中。他评论说美国到处都是难以取悦的人——他们坚持的事情并不错但是选择的时间是错误的；他还批评美国人的轻信，喜欢效仿的陋习以及普通美国人身上的极端的保守性；他还说美国人“思维的迟钝像原住民一样”，而且普遍倾向于偏爱口号和标题式的话语。我们重视体力轻视脑力；我们的头脑里有太多的想法和事实，但是我们缺乏必要的智慧去消化它们也没有能力去运用它们；“知识化了却没有相应的灵魂方面的升华，其结果一定会造成国民整体上的野蛮化”。美国教育重视发展体能多于重视大脑的开发，对于大脑的开发又多于灵魂的启迪；美国教育是一种对动物的训练方式，而非对人的教育。这种教育造就出来的人只会赚钱，并且以为惠特曼不过是糖果店的伙计。我们的大学是世界上装备最好的；大学里什么都有就是没有文化。某种意义上，欧洲也是如此。

> 如今在人们习惯称之为“教育”的全部内容里，都忽略了一个头等要素：如今的教育只是传授知识却不鼓励学生们自己去体会与理解；重视效率却不能培养出更高层次的人才。如此说来，教育并非在进步，如今的教育与中世纪的学院相比较，原则上没什么两样，那时的学院只是教给年轻人如何去解释已成定论的知识罢了。情况确实如此，因此在我看来，这一点——世界范围内受教育者群体的水平日渐低劣这一事实，终将证被明；他们的知识越多，他们的理解力越差；他们的专门知识和技能日益增长，可是他们的人格却日渐低劣与残

① 见《婚姻之书》，第34页；《被解放的美国》，第418、165页；《旅行日记》，卷2，第285页。

缺[1]。

凯塞林对于为了实用而牺牲文化的做法深感愤慨，可伯爵忘记了自从他的房子和土地被没收之后，他自己也得挣钱吃饭。可是谈到那种似乎把真理认同于成功、把“美”认同于“实用”的实用主义哲学,他却是一副贵族老爷的鄙夷嘴脸。凯塞林还嘲笑那种所谓“刺激—反应”的行为主义理论,认为那是典型的美国理论:即,人是投币机,只要投入相应的硬币就能产生想要的反应。他认为此种哲学和此种心理学会毁掉文化、宗教和艺术；他认为此种哲学和此种心理学不传递美学标准,除了能炫耀和能计费之外没有任何的价值意义。提倡此种哲学和此种心理学的结果是丢失了个性和品位,而且缺失的程度之甚令人惊诧。像古罗马一样,美国的某些“金属建筑物、车站、桥梁和隧道倒是具有活生生的艺术价值”,但是就大部分建筑而言,我们“似乎完全缺乏艺术天赋和兴趣……”凯塞林说,“没有比那些标准化的美国住宅让我的审美情感更加震惊的了。”这些住宅都一模一样,没有一栋表现出主人的个性;这些房子,和它们的主人一样,都缺乏灵性。凯塞林发现的美国唯一值得赞扬的“文化孕育的美”是新奥尔良菜市场里蔬菜的摆放;可是就连这,也只是向伯爵暗示 “糟糕的烹饪以及人们对此的容忍是美国文化进步的巨大障碍”。伯爵本人竟然也是个实用主义者[2]。

在宗教信仰方面我们更趋向于让它处于初始的信仰状态，但是这种原始性导致的结果堪忧。与欧洲不同,美国对待宗教很认真。美国“是西方世界里仅有的一个只信基督教的国家，因为美国是唯一的其心理之根尚未深刻到能触及异教邪说的国家。”不过欧洲所理解的基督教精神在美国也正处于衰败之中。基督教原端旨主义的兴起意味着垂死的清教主义信仰在汇集最后的一点力量，尽管清教的伦理道德还会存活很长的一段时期。“比较规范的教会不再在精神生活中起什么值得一提的作用。……大部分美国人对他们所属教会的归属感不会超过他们所在的高尔夫球俱乐部或是扶轮社。”美国唯一有活力的宗教是基督教科学派,其原因只有精神分析专家才能明白。“由于美国生活比以往的任何人类生活方式都更加专

---

① 见《旅行日记》,卷 2,第 10、270、347 页;《被解放的美国》第 38、263、7—8、49、506、525 页;《创造性地理解》,第 xiv 页。

② 见《被解放的美国》,第 125、193、131、523、63、60;《旅行日记》,卷 2,第 200 页。

注于征服和主宰物质世界，作为一种逻辑的必然，美国的真正有创意而却又很原始的宗教应该是基督教科学派或与此相似的宗教教派，因为基督教科学派对物质通盘否定。”对于一位一周中的六天都在追求物质赢利的商业人士来说，还有什么比有人每逢礼拜天就告诉他“一切物质的东西都不存在”更能令他精神一振的。那简直好得像斋戒一样。①

我们的未来

分析的结论令人悲观。那么说，美国没有真正的文化；“美国的外在的进步与内在的完美之间的裂缝比欧洲的大；…… 在这块我们在欧洲仍然称之为自由之地的地方，思想自由受到赞许的程度竟然少得令人诧异”，由此可见我们距离精神文明有多么遥远，而精神的培养与身体的滋养是完全不同的两码事。我们正在实现的是古罗马的理想，不是古希腊的理想；我们将成为世界上最强大的国家，可是我们的艺术、哲学与文学却是取自被我们降伏的外国人和异族人那里。一旦我们在经济上赶超了欧洲，一个新的黑暗世纪就可能到来。“我根据什么预见并预言一个新的黑暗世纪——这次可能会席卷整个世界？就凭现在世界范围内正在发生的变化的激烈程度，两千年前就是这样的”：在欧洲，唯物主义的无产阶级上台当政，它仇视一切精神的东西；在美国，唯物主义的资产阶级上台当政，它对一切精神的东西都无知。“真正有文化的时代…… 只不过是人类历史的片段和偶然。”精神进步的时代完结了，专职司机、机械师和个体户的时代来临了。②

然而，从另外一个角度看，美国象征着希望而不是腐朽。因为美国所具备的两种条件代表着长远的未来的振兴和发展。其一，许多民族的融合，经过数代之后，会孕育出新的种族，新种族具有创新的品质和振兴的活力；其二，在这个大熔炉中，也许北方各国的经济活力会与地中海民族的艺术情感相融合，由此而打造出新人类，会比以往的人类更健壮更精致。“美国的历史才刚刚开始。从其他国家移民过来的种族只靠数百年的时间不足以成为地道的当地人。 …… 黑暗世纪意味着孕育期”。这些年的拜金主义和财富的积累以及生产与分配方式的革命和变革都是新秩序的婴幼期，新秩序的目标是消灭贫穷和建立一个更加人道的文化基础。“尽管

① 见《被解放的美国》，第 86、485—486、202、87 页。

② 见《旅行日记》，卷 2，第 346 页；《被解放的美国》，第 332、69、153、147—148 页；《欧洲》，第 385 页。

美国还只是具备了未来长期振兴与发展的初期特征，美国还是比欧洲更加接近我们人类进化要达到的理想目标。……一旦美国人纵情玩耍够了，一旦他们那种粗鲁的自我主义也经过了生活的锤炼，那么西方观点中的最高级的文明将会在美国率先繁荣起来，这并不是不可能的。……如果我们能够实现人类的进化，那肯定是在美国。”若想从进化的青春期进入成熟期，我们需要做两件事。首先，大无畏地揭短的批评会使得我们得到解放，就像心理分析可以解放个人那样，把拒绝成熟的个人从“婴儿发育停滞期”解放出来一样；其次，经历一次大危机，比如对外战争或国内危机之类，以便人的灵魂再一次经受或战胜灾难或被灾难打垮的考验。“我相信上帝会以赐予美国艰难险阻的方式保佑美国。这是美国要想达到自身的完美所必须经历的。……这个艰难时世一定会来到。”①

悬而未决的判词

我们富裕的美国人好可怜，全世界以及我们本土的格林尼治村都谴责我们，可是全世界又都模仿美国人，这些谴责之声的大部分以前我们也听到过，我们不喜欢这个诡秘怪诞的什么艰难时世即将来临的预言。我们在这里认出了斯宾格勒那悲观阴郁的声音，我们认出了欧洲的普遍感觉，一方面欧洲由于匆忙宣战而现在必须拿出大量时间为此付出代价，另一方面欧洲又觉得美国太幸运了，拥有丰富的物质资源和创新的技术力量，所以应该不时地怀着高尚的目的提醒美国人别忘记自己仍然乳臭未干。但是正如皮特所言，时间将会纠正青春的劣行。

我们当然是唯物主义的：一个新国家为了开发资源必须刺激企业也必须敛财；这个民族，直至我们这一代，既无财产可以继承又无特权可以享受，只能强迫全体公民自谋生路，赚钱养家，暂时还顾不上创造文化，更不要说享受文化了。民主制所必要的那些简单的必要条件我们都没有；我们正在制造阶级和种姓，制造可以继承的土地和财产，以及打造一个悠闲的贵族阶级，这个贵族阶级正在从错误中学习如何理解和支持艺术。很快我们也会有矗立在奴隶们的脊背上的文化。②

要说敛财，美国人并不比英国人、法国人和中国人更甚；也许美国人比他们更

① 见《被解放的美国》，第51、325、318页；《旅行日记》，卷2，第318、322、289页。

② 我不准备在这里详细讨论凯塞林对美国这几个州所罗列的指控，我想把自己的担忧和希望另文讨论，届时将详细论述美国文明的特点和趋势。

慷慨一点点，更舍得抛金；与那些急于拿到小费的人相比，他们手指头上的胶可能少一些。英国那些有文化的贵族的子弟们对印度的毁灭性的剥削和课税的龌龊与贪婪在美国生活中是没有的。也许美国是对的：先结束贫穷，然后再找时间从事艺术。有趣的是请看有多少作家和演说家在美国这个野蛮的国家却拥有最多的受众，而在他们自己的国家反而没有。这些鄙视财富的人可是身价不菲，他们声讨拜金主义所拿到的酬金是一个字十美分。凯塞林认为繁荣阻碍精神的进步，但是假如允许我们按照他的脚注判断，只要我们买他的书他就会不停地写下去。

尽管如此我们仍旧可以从凯塞林这里学到一些东西。凯塞林说“圣人不诅咒任何人，智者不把人看得一无是处。”让我们也当一回智者吧。尽管他有错误，尽管他喜欢重复又爱作秀，尽管他自以为是，尽管他大段地离题，尽管他那急于断言的心理分析不过是把每一件事实都拿来为他当时的目的所用，而他的目的无非是用这些来支持他的论断，或者证明那是对美国人的惩罚，尽管有这一切的一切，我们还是得承认凯塞林写得很出色，他让人耳目一新，他的话很有分量；尽管凯塞林谴责的面太广，但是他的诚恳让人不会生他的气；尽管他的判断太突兀，但是他的话语充满了独立的见解和无所畏惧的态度。他的鄙视对我们有益，因为即使我们有些长处他没有发现，并且把他苛责我们的那些毛病讲给大半个世界听，我们还得承认他的手术准确到位，直捣坏疽。凯塞林毕竟还是宽厚仁慈的，他只字未提我们的功夫片。说到底，我们认为他的书对我们的国家进行了让人震撼的分析；凯塞林的分析比齐格弗里德（Siegfried）的分析更为深刻，因为凯塞林的书并未停留在我们生活的经济层面而是更多地分析我们那难以触及的灵魂。凯塞林说：“中国人给智者定义靠两个表意字的结合：狂风和闪电。”[①] 是啊，狂风和闪电——那恰好是凯塞林自身的写照。

① 见《被解放的美国》，第 xvi 页。

凯塞林论欧洲

傲慢与偏见

《欧洲》是凯塞林最少公允最多偏见的著作，却也是最激发人思考最有成果的著述之一，该书原名是《欧罗巴如是说》（*Das Spektrum Europas*），英文翻译为《欧洲》。愉快的伯爵从他的象牙塔向外张望，审视着那些围绕“智慧学堂”的各个民族，并且不无公正、不失怨恨、不乏幽默地对这些民族评头品足。

我们阅读任何关于民族心理的著作时一定要打个折扣，因为任何作家都无法抵御仅仅观察、记住、笔录与自己理论相符合的现象这种诱惑，以至意志薄弱者动笔写书时也是如此这般。因此凯塞林刻画德国人的性格时说“沉迷于内视”（他后来抱怨德国人好内省）——他这样说好像英国人、美国人、中国人、日本人不好内省似的…… 所谓“民族性”的东西大抵都不只属于哪一个民族而是十多个民族所共享的。打个比方，法国人在节约方面比苏格兰人还苏格兰，而且此种影响也蔓延到英国人身上。不仅如此，哪一位作者在写一个民族的时候不是从他狭隘的经历出发进行大胆概括呢，而且作者往往忘记我们在叙述经历时就已经把写着我们的喜怒哀乐的脸以及我们把握事物的方式呈现给了世人。作者可能仅仅凭他对某个门房的印象就指控那整个民族。在《欧洲》一书中，我们会发现每一章里都有一件事暴露出凯塞林的偏见，而他自己却丝毫没有察觉。第一章里他说：“我总是不懂为什么恰好是英国批评家说我没有幽默感”；凯塞林又说：“不是有位知名评论家，此人为英国最古老的杂志撰稿，在评论我的《旅行日记》时宣布说，该书作者生活在‘确定无疑是不体面的，与自己的狎昵之中’吗？①”请问，在受了如此这般的侮辱——往伤口上撒所谓“真相”之盐——之后你还能指望作者不含偏见地书写英国？

再看这一例：“在巴黎逗留期间，我住院数月，病得很厉害。在我的法国朋友来照顾我之前，…… 我经历了，我以为不可能在欧洲发生的，不人道待遇”②；读者在

---

① 见《欧洲》，第 15、30 页。

② 见《欧洲》，第 54 页。

阅读凯塞林对法国的评论时可要记住他的这段话。读者如果发现瑞士篇里伯爵的谴责暴露了他的狭小胸襟,我们不要忘记这一份瑞士报纸《伯尔尼联盟》(Berner Bund)曾经"以令人难以置信的粗暴态度"批评过伯爵并且还搞"人身攻击"①;假如伯爵对俄国革命有些许的怨恨,我们得原谅他——他被剥夺了一切财产。在斯德哥尔摩他被激怒了,绝对应该宽恕他,因为讲座通知上对伯爵的头衔是这么写的:"演讲人凯塞林。街头歌者X。晚餐。舞蹈"②;凯塞林的结论是"斯堪的那维亚的伟人们永远在外面开拓新王国,留在家里的都是渣滓"③。在第257页《论荷兰》那一章里,有一位读者在该页的留白处写了"我期待后面一定有导致这一谴责的凯塞林个人遭遇的叙述"。果然,没过几页就出现了:"最近在比利时某旅馆……我吃的蚌不干净导致我中了尸毒。"④相关的这一章是烹饪这些蚌所导致的终端产品,这是一种大脑酸中毒的症状。

尽管如此,《欧洲》仍然是一本好书。我们会从中获益良多。

英 国

> 所有的民族国家,当然了,都是彻底令人不愉快的东西。处于民族国家之内的人类肯定也是靠不住的;人类一旦作为集体出现,他们那差劲的一面就成正比地增长,而那令人愉快的一面就急剧缩小。……说到作为民族国家而言的民族,我们首先要关注的一点就是,它们是没有价值的。⑤

这是典型的凯塞林式的序曲。像往常一样,在一番咆哮的背后还是隐藏着某些真理。民族,即使作为一个国家,也不是完全没有价值。比如说,美国之所以伟大还是指作为整体而言,不是指单个的美国人;美国的伟大在于它的整体水平的繁荣,在于它整体的活力和技艺,尽管美国的领导者们在一般的事物方面平庸而只是在创新性和勤奋方面优秀。这说明是一般性而非卓越性使得整体有了价值。然而这一

① 见《欧洲》,第234页。
② 见《欧洲》,第273页。
③ 见《欧洲》,第282页。
④ 见《欧洲》,第266页。
⑤ 见《欧洲》,第3—4页。

点,如我们所见,正好是凯塞林所厌恶的;他鄙视一般人,只重视杰出人才,否则他才不去理会人类。他赞同歌德说的,人的恶习来自环境而人的优点全部属于他自身。

因此凯塞林容忍英国,理由是虽然他将英国的人民列为世界上最沉闷之列,可是他却非常地崇拜英国的领袖们,将他们列为现存人类发展进化的最高峰。"哪里也找不到这么多如此深刻而美好的人。"[①]凯塞林说:"英国绅士处于最佳状态时是唯一达到了古希腊的美与善(Kalos Kagathos)的人类典型。"[②]凯塞林崇拜英国的思想自由和行动自由,也崇拜英国以友善的态度接受一切符合惯例的传统习性与异端的做法;自由从未如此的有别于特权。旧哥特时代的日耳曼式的自由,没有在德国却在英国得到传承;尼采所理想的贵族制的无政府主义在英国几乎都得到了实现。"当高尔斯华绥警告萧伯纳说如果他再这样率性所为,他将一个朋友也不剩,萧伯纳反驳说:'如果你这样下去,你很快便一个敌人也没有了。'"[③]

英国是最幸运的国家。不仅因为它的日不落帝国(帝国主义者们自以为如此)通过"并非刻意追求"的机遇而壮大成长,而且因为它的地理位置使它免遭欧洲大陆的战争破坏,无论是它挑起的战争,还是它资助或鼓励的战争,都没有伤到它自身。还有,清教主义在英国的发展几乎和瑜伽术的沉思具有同样的功效;清教主义既强化了性格又深化了灵魂。自从克伦威尔革命以来,英国人就把道德置于知识之上;他们的学校把锻炼品格看得比传授知识更为重要,学校的培养目标不是学究和抄写员而是统治者和人民。[④]结果英国学校培养出与众不同的异类,欧洲大陆不甚理解的异类,与大洋彼岸喧闹健谈的美国人有天壤之别。"如果你天生不是英国人那块料,那你无论如何也变不成英国人。"[⑤]

不过英国教育出来的,说来奇怪,是非智能的物种。英国的"绅士靠血统,如同某些高贵的动物那样;绅士的本能却是训练出来的"[⑥]。英国绅士的力量存在于他的无意识之中;甚至他的权利欲都是无意识的,而且他们失聪的耳朵绝对听不见

---

① 见《欧洲》,第 33 页。

② 见《欧洲》,第 32 页;《旅行日记》,卷 2,第 62 页。

③ 见《欧洲》,第 25、27 页。

④ 见《欧洲》,第 32 页;《创造性理解》,第 122 页。

⑤ 见《旅行日记》,卷 2,第 62 页。

⑥ 见《欧洲》,第 30 页。

"印度人抱怨东印度公司对于印度的举世无双的掠夺与蹂躏"。"至于说英国人的理想","任何英国人都还没有发现任何实践是与他们的理想背道而驰的"[1]。

简而言之,英国人是完美的动物,被牛肉和啤酒喂得很好。英国人最上乘者是英雄,有处理危机的本事,而且洞察一切;泰坦尼克号沉船时他们唱"上帝走近你"。中乘者是运动员,输得起,失败不失优雅,喜欢和有武器装备的任何人进行公平竞争。下乘者"是骑马者,有着与马相匹配的特征"[2]。

在各个层次上英国人都与智力无缘。"整个民族对于思维有着坚不可摧的偏见。""一般的英国人从不反思"[3];英国人认为"在球场上跑得喘不过气来比精读好书更有意义"[4]。英国人"讲陈词滥调所用的说服力度有如伽利略宣布他的"地球确实在动"的断言时所花费的力气"[5]。典型的英国人的典范是约翰逊博士,"在人类记忆中有一席之地的人中间,约翰逊博士就是那一位用了最大的最深刻的说服力度宣读了最大量的普通事物的人"[6]。"英国知识分子少有可以与其他民族所产生的知识分子比肩的"[7]——这个判断一笔勾销了巴克耳与赫胥黎、萧伯纳与威尔斯、穆尔与切斯特顿这些人的成就。"当今世界,作为一个哲学家,你要么像英国人要么像德国人,你根本不可能完全地不似英国人又基本上不是德国人"[8]——凯塞林此处等于是在用他自己的言说方式承认他自己在知识方面有缺陷,等于说自己头脑不够清醒,所以才忘记其实认知缺陷症还是从洛克和休谟传染给莱布尼茨和康德的,他们有着师承关系,可是伯爵对充满入世活力的培根和霍布斯却全无兴趣。接下来还有最不留情的致命一刀:"人类一尝那智慧树的果便失去了无辜,随之也失去了天堂乐园。因此,与其他的欧洲人相比,英国人天生地更加应该在健康方面去适应环境,也更加应该接受和谐方面的训练。"[9]仅这一句就足够报了整个的《凡尔赛条约》的仇了。

---

① 见《欧洲》,第16、21—22、18页。
② 见《欧洲》,第34、30、17页。
③ 见《欧洲》,第15页。
④ 见《欧洲》,第17页。
⑤ 见《世界格局的形成》,第62页。
⑥ 见《旅行日记》,卷2,第120页。
⑦ 见《欧洲》,第279、33页。
⑧ 见《欧洲》,第16页。
⑨ 见《欧洲》,第31页

法 国

法国的情形比英国好。有一种优雅和礼貌始终贯穿她的文明,这是在我们这个地球上的其他任何地方都没有的。[①]这种身心两方面的高雅是长期传统打造的结果,是两百年来法国在思想领域和行为举止领域的无可置疑的领先地位所造成的。(甚至英国,这个曾经的与世隔绝的海上城堡,也在逐渐地臣服于欧洲大陆的影响。[②])稳坐世界高雅潮流裁判官宝座的巴黎,带着一脸淡定的微笑,接受一切革新,从裸体女演员到写《追忆似水年华》的马塞尔普鲁斯特;巴黎见过太多的新奇玩意,不会再沦为它们的奴隶;而围绕巴黎的周边地区却是全欧洲那个最保守的民族:法兰西[③]。人们记住了她的革命却忘记了她的官僚机制的稳定性与一成不变的守旧性;基本上,"法国自从罗马时期以来就没有经历过任何不稳定的时期"[④]。——不过对于罗伯斯庇尔来说这倒是新闻。

然而法国被赞美得太多以至"很少有人喜欢"她[⑤];她有欧洲大陆最高贵的教堂和最糟糕的旅店店主。"紧握拳头的法国农民像老树根一般坚硬。……即便是心情最轻松的法国人也比最谨慎的德国人还要悭吝。"[⑥]这到底是伯爵的心理问题,还是他的爱国主义情怀的抒发,抑或是他给法国人的真实写照呢?

不过伯爵还是了解他的法国的,从解剖学到美学。法国妇女,伯爵告诉我们,着装比其他地方的妇女更有品位,因为她们身材欠佳[⑦]。尽管法国妇女有这一缺陷,伯爵还是喜欢她们胜过他喜欢法国作家们。伯爵怀疑后者对于文体的过分关注是因为他们原本就没什么可说的。

> 巴尔扎克,就好像是一块大陆,而18世纪以降的所有法国作家都只不过是这块大陆面前的水域里面的小虫子而已。巴尔扎克在他自己的国度里并不受崇敬。似乎是认为他缺乏风格。……就好像任何巨人,塞万提斯也好,陀思妥耶夫斯基也罢,抑或是歌德,曾经有过什么类似泰奥菲勒·戈蒂埃(Theophile

---

① 见《欧洲》,第61页。
② 见《欧洲》,第369页。
③ 见《欧洲》,第60、45页。
④ 见《欧洲》,第54页
⑤ 见《欧洲》,第41页。
⑥ 见《欧洲》,第51页。
⑦ 见《欧洲》,第254页。

Gautier)的劳什子形式似的。其实,众神和首饰匠各尊其法[①]。

法国人最大的弱点在于他们的理性主义,在于他们过分相信知识和理性。“当世界其他地区都在强调无意识的非理性的力量的时候,法国却比以往任何时候都更加强调智性。”[②]在一个与文学、心理学、哲学、政治学领域的反理性紧密结合的世界上,这一点很有价值,但是这一点又使得法国人特别地不具备理解其他民族的能力。“法国人几乎不可能理解,相对于‘智识真理’的那种‘精神真理’是什么意思。”[③]既然知识主义的辉煌时期已经过去,于是法国也正在失去她原有的霸权;“开辟新途径不适合法国”[④];伏尔泰是法国的辉煌的顶峰,理性女神则宣告了法国的没落。“其实自从18世纪以来,法国人就已经走下坡路了,尽管时至今日甚至都还没有出现种族退化的问题;…… 他们在这次世界大战表现出的优越性格”也消除了人们对此的疑虑[⑤]。然而一个民族不可能长久地处于优越的顶峰。法国称霸了18世纪,英国引领了19世纪,其他的民族,可能是德国人吧,将领20世纪的风骚。今天,法国的“文化已经没有新的创造力”,“法国已经造不出杰出的人了”[⑥]。(让克莱门索、安纳托尔·法朗士和福煦元帅回应这一问题吧。)“按照俄国和德国的理解,杰出人才只能从年轻人中间涌现。…… 马塞尔·普鲁斯特毫无疑问指的是绝对的尾声。”[⑦]自从柏克以来,哪一代人没有宣布过法国时代的终结?

意大利

意大利虽然古老但是她的未来要比法国的好。因为毫无疑问(凯塞林这么认为),那个空谈的议会制只会令人恶心而且在战争中通常引起伤亡的就是议会制,与之形成对照的是法西斯制度,法西斯代表一个新的开始,一个新的英雄时代。凯塞林援引并认可法西斯的如下宣言:“所谓的自由精神是最可怜的失败,自由精神无法取代古老的真理,因为自由精神什么都不能确定,只知道如何创立原

① 见《欧洲》,第64页。
② 见《欧洲》,第61页。
③ 见《被解放的美国》,第577页。
④ 见《欧洲》,第62页。
⑤ 见《旅行日记》,卷2,第223页;《创造性地理解》,第121页。
⑥见《欧洲》,第57页。
⑦ 见《欧洲》,第61页。

则。"[①]（由此可见墨索里尼与教皇试图勾结的底里；独裁统治必须有盟友，正如思想需要有一个教条系统的支撑一样）。秩序必须定期地取代自由制以便构成历史的节奏；理性和自由的时代业已结束，新的权威时代已经开始。法西斯主义"为西方世界的全体人民提供了他们所需要的最好的象征"[②]。——法西斯的作用是遏止了肆无忌惮的暴徒，通过机器政治和帮派统治的手段这些暴徒破坏我们的城市，用野蛮人的冲动和野蛮人的好恶破坏我们的艺术与道德。

法西斯主义首先来到意大利因为她最迫切地需要"这种普鲁士纪律"[③]。"意大利民族性格里最本质的东西是它那举世无双的原始性。外国人，倘若不是由于有着善良的天性，肯定会第一眼就把最优秀阶层的意大利人，而且不止一个，当作是野蛮之人。"[④]为了证明这一点，凯塞林援引了达南泽欧的故事（我们被告之故事来源于无可置疑的权威），达南泽欧把契车林（苏联当时的外交部长——译者注）骗到加尔多内湖边的一个房间里，锁上门，抽出剑，告诉这个手无寸铁的相当于法国国家代表"塔列朗"（Talleyrand）的苏维埃人，说马上要把他肢解。"一个天生的无政府主义的民族，几百年以来都缺乏强有力的国家统治，政治操守也已经被自由主义所搞垮，而自由主义是与这个民族的本性不相符合的，——这样的民族所需要的是普鲁士的国家主义，国家主义才能使意大利从中获益，德国曾经一度丧失了国家主义因而国力也丧失殆尽。…… 国家主义对德国曾经起过完全有益的作用，否则德国还是拿破仑之前的样子呢。"[⑤]

民主制正在消亡，而且它应该灭亡，因为民主制错误地高估了一群乌合之众的理解力并且错误地以为这些乌合之众懂得进行选择。整个欧洲都必须有更强有力的统治，以便使成群的人服从于钢铁意志，就像尼采给欧洲开出的良方那样，此种钢铁意志已经在俄罗斯和意大利得以实现。尽管墨索里尼没有他自己以为的那么伟大，列宁去世以后，墨索里尼就称得上是欧洲大熔炉锻造出来的具有政治家品格的一位人物了[⑥]。这倒并非因为他把统治的权术玩得漂亮，那是他自己的看法，这是

---

① 见《欧洲》，第 174—175 页。
② 见《欧洲》，第 179 页。
③ 见《欧洲》，第 167 页。
④ 见《欧洲》，第 153 页。
⑤ 见《欧洲》，第 167、167 页。
⑥ 见《欧洲》，第 173 页。

由于他完全代表了他的人民——每一个意大利人都梦想自己是墨索里尼。所以他们需要他。

贵族制的欧洲

既然民主制已经褪色，凯塞林就想寻找一种方式来重振那些民主制的痼疾不甚猖獗的、其民族品性和纪律尚未遭到破坏的国家，比如意大利、西班牙、匈牙利、土耳其、俄罗斯。印度和中国已经感染了议会制的细菌，也许再过一百年他们才能从所感染的细菌中痊愈；但是在西班牙和匈牙利，天生的坚不可摧的贵族政体一定会显示其优越性；而在俄罗斯和意大利，独裁制将会取代天然的自发的秩序，那是整个社会和每个个体从传统统治那里所继承下来的。

"从种族上看，西班牙处于当今欧洲人类之巅峰。"因为在西班牙，每个人都是贵族，他们在上帝、魔鬼和英国面前都昂首挺胸；从比利牛斯山脉到地中海，没有一个贱民。自打西班牙无敌舰队之后，西班牙每战必败但是却从未丢失一寸尊严。阿拉伯和贝都因人的既严厉又宿命的那一种淡定精神在西班牙人身上留下了烙印；鉴于西班牙既有贵族又有沙漠，与其把它归入欧洲不如让它属于非洲。西班牙既无文艺复兴也无宗教改革，西班牙和中世纪从未隔断，西班牙从未脱离过塞万提斯和熙德。西班牙的根须是完整的。假如西班牙的王室一直存活到超越了民主制的最后阶段，那么，"在西班牙的皇家墓室里——那里排列着一个又一个未出世国王的石棺"，石头棺材里就仍然会躺着未来的君主[①]。

上一个世纪（19 世纪）里，大多数的欧洲血统都出现了相当程度的退化，因为战争和控制生育阻碍了种族的繁衍，尤其是阻碍了人口中优秀血脉的延续。比如，100 年的分崩离析使得奥地利贵族在战争中遭受打击；奥地利贵族现在只剩下了好的举止，其他的一切丧失殆尽……"许多尚存的奥地利贵族子弟身上体现出无懈可击的酒店领班这个行业的奠基者们的风采，这是我们最有可能对他们大加赞扬的地方了"[②]。然而在东欧，贵族血脉和高贵的血统仍然存在。匈牙利人是"当今欧洲贵族血统中最优秀的"[③]。的确，"匈牙利的显贵是欧洲大陆仅存的贵族"[④]。

① 见《欧洲》，第 80、76、64、75、80、79 页。
② 见《欧洲》，第 148 页。
③ 见《欧洲》，第 184 页。
④见《欧洲》，第 190 页。

匈牙利东边就是土耳其人，一个几乎未被现代发明所破坏的优秀种族。"长期以来土耳其人不仅是仅存的最尊贵的种族之一，而且也是最漂亮的种族之一……综观人类历史，土耳其人证明了他们这个种族是产生最伟大的统治者类型的民族。雅利安这个种族…… 从未产生过类似匈奴王阿提拉、成吉思汗或泰姆勃兰式的伟大人物。只要是土耳其血统和任何其他高贵血统的种族相结合就会出现独特的优秀的人物。西方从未出现过可以和亚格伯相比的人物，亚格伯，这个莫卧儿帝国统治者，是帖木儿和拉其普特人的混血种。"（真是应了那句名言——距离产生迷人的景色）列宁就是我们这个时代的混血种；也许，甚至克列孟梭的血液里也有土耳其人的成分[①]。

资产阶级的欧洲

凯塞林伯爵之所以爱这些实行贵族制的国家还有理智以外的原因，伯爵是在以这些民族的名义唱迷人的"赞歌给贵族显赫"，歌颂贵族制的德行（见《欧洲》第183—220页）。对于那些商业制的国家，伯爵则是一脸的鄙夷；伯爵认为这些国家不过是工厂和旅馆，对他们来说赚钱是唯一的生活内容，记账就是仅有的艺术形式。伯爵说瑞士人"只作为招待客人活着"，瑞士人只会当客店主人招待欧洲的游客；瑞士人普遍的愚蠢而且长相难看，这些表明瑞士人体貌上的深刻缺陷；在完美的自然景色中，瑞士人的血统衰败了[②]。伯爵对荷兰更加不满意。"荷兰人太丑了，这要由上帝负全责。荷兰人的语言让我们说什么好呢？荷兰港口的暴徒属于世界上最为丑陋的那一类。街头的娼妓恐怕撒旦本人在走近她们之前都要犹豫再三。"[③]

凯塞林讨厌那些与优秀的斯拉夫人相似的犹太人。他可以接受信奉犹太教的犹太人，那些忠实于自己的传统和自己的人民的人；他认为那些蓄胡子的长者身上有一种单纯的高贵品质，他们更接近公元1世纪希勒尔所在的那个时期，而不属于我们这个时代。他讨厌一切现代类型的犹太人，尤其仇恨没有国籍的犹太人，凯塞林认为没有国籍等于斩断了维系自己与本族人民以及本族历史之间的根，他们披着保护色，混迹于大多数种族，亦步亦趋地模仿别人以求得自保；这是这个种族衰

① 见《欧洲》，第215页。

② 见《欧洲》，第224、227页。

③ 见《欧洲》，第256—257页。

败最为明显的标记[①]。凯塞林承认，“上半个世纪有非常多的具有代表性的人物的血管里流淌着犹太人的血液”[②];凯塞林相信“今天的犹太人已经成为我们当中不可缺少的一部分,就像肠道里面的某些寄生虫一样”[③];假如我们驱虫,那么世界的信贷系统就会崩溃。(此种比喻对于世界上最为强大和最有善心的人民是极不公平的。)凯塞林说:“像古代的没落时期一样,今天的犹太人,尽管他们的人数很少,却正在赢得无可置疑的显赫地位。”[④]犹太人的习俗和思维方式为这个时代的文化定了调;犹太人的知识至上、怀疑主义、狡诈、不感情用事以及经济观点正在成为几乎全欧洲乃至美国和亚洲的典型品格[⑤]。商业精神就是当前世界的时代精神。

因为此种商业精神业已征服了德国，所以凯塞林同样严厉地批评这个现在已经是他的家园的国家。他称德国人为“中产阶级的典型”,并且在他们身上发现灵魂的丧失与机械化程度比美国的还要糟糕。他“惊恐地看着”“美国人的理想状态正在‘德国精神领袖们’身上日益增长”[⑥]。不足为奇的是“美国人里面的德国裔美国人是最最拜金的”[⑦]。凯塞林微笑地看着普鲁士人趾高气扬的步态和日耳曼人对雄性的重视,凯塞林认为这恰好暴露出真正的女性品格[⑧]。日耳曼人不是武士而是教授；正如一个英国人所说的，假如让日耳曼人选择要天堂还是要有关天堂的演讲,他们一定会选择要演讲。[⑨]这些教授和讲师们也并不是很出色,尽管在美国的声望颇高:“假如到这些人著述中的七成里去寻找,平均每一千页也难找到一个新颖的想法。”[⑩]

> 自从俾斯麦下台,德国到处都是学者在掌政,哪怕是绝对无知的学者。战争以来情况更糟糕了。学者的秉性原本就是丝毫不懂心理层面的现实。学者不会替别人着想,这是上帝的旨意。学者只能把握已经是现状的东西,而不是正

① 见《欧洲》,第226页;《被解放的美国》第27页。
② 见《欧洲》,第276页。
③ 见《欧洲》,第379页。
④ 见《创造性地理解》,第275页。
⑤ 见《欧洲》,第336页。
⑥ 见《欧洲》,第119页。
⑦ 见《欧洲》,第118、115页。
⑧ 见《欧洲》,第120—121页。
⑨ 见《欧洲》,第101页。
⑩ 见《欧洲》,第107页。

> 在处于变化过程中的东西。他的每一种器官都不适合鲜活的生活。这才从根本上解释了为什么有很高天分的日耳曼人在伟人的指引下取得辉煌成就之后却不能长久保持这些成就[①]。

然而此种对于学问与思维的嗜好使日耳曼人变得深刻。日耳曼人对自身的审视比其他的民族更彻底,他们所探究到的深度也是别的民族未曾企及的。日耳曼人为内省付出了代价,甚至体现在深深吸引他的事物以及他的商业活动中;不过这也使他们提升了自己,而且不时地有优越于其他欧洲人的业绩:想想歌德和叔本华,俾斯麦和尼采。中世纪和现代历史上的伟大人物几乎都是日耳曼人。“法国精英中最优秀的代表也还是比不上最伟大的日耳曼个体的水平。伏尔泰从腓特烈二世这里拿养老金,而 19 世纪德国以外的哲学界的所有的哲学家都不过是给康德做注解点评的角色。”[②]日耳曼血统中有一种野性的活力,那是不可能被学术所淹没的;他们仍旧是欧洲最健康最强壮的民族。法国的胜利几乎摧垮了德国;如今德国只能尽力存活。然而德国的失败却使得她更加纯洁与强壮;不久,德国将会比以往任何时候都更加强壮;“时间在德国这一边”。[③]

苏维埃俄国

凯塞林书中的严重失误是他详细讨论了欧洲的每一个国家,唯独没有俄罗斯。对于哪怕只是稍微关注生活的哲学家来说,地球上没有其他民族,甚至印度也在内,其兴趣和戏剧性可以和当今的俄罗斯相比。地球的四分之一变成了经济和政治的实验场地了;一千年以来只是停留在人们头脑里的想法突然有机会用事实来证实自己了;做工的,种田的,还有知识分子尝试亲自治理国家和制订军事策略;过去那古老的无意识的专制供求制度突然让位于有意识的由中央控制的涉及 1.5 亿人口的全部的商业关系、金融关系以及生产与分配;像历史本身一样古老的个体农业被废除,建立了由国家管理的合作式的巨大农场;废除了贵族制和民主制,由垄断一切权利但是又向每一个阶层开放的一党专政取而代之:怎么会有任何国家不向

---

① 见《欧洲》,第 109 页。

② 见《欧洲》,第 122、133、139 页。

③ 见《欧洲》,第 53 页。

俄罗斯汲取点消化酶?

然而凯塞林对那一大片地区和实验场只是在讲述别的问题时作为佐证提一下;凯塞林唯一没有明确地连篇累牍地表达其看法的一个主题就是俄罗斯。他意识到革命偶尔发生的合法性,因为历史上掠夺成性的种族所积累的财富的流向具有无可避免的天生的不平等性质,所以要通过不时地发生的革命来纠正一下;凯塞林竟然有英雄般的忘我片刻,请看他下面这段话。

> 每当新的基础建立时,不讲信用、无情攻击、不守规矩、取消已享有的权利都属于正常的做法;否则什么新制度也无法建立,除非是例外的情形。可以确凿断言的一个事实是今天的财产假如追溯其来源的话,百分之七十都是掠夺来的。如果没有布尔什维克之类的不时地来搞个物归原主的话,那么整个地球很快就被少数个人所掌握了[①]。

凯塞林还补充说:“每一种进步都必定由左派来进行。[②]”也许布尔什维克所摧毁的大部分事物反正早就变得没有什么意义了[③]。凯塞林甚至可以容忍暴力、杀人、强制但是讲到契卡时他满怀恐惧。“暴力作为第一步是必须的;随着时间的推移,原本是强制的结果后来就自动地变成了个人的意愿。”他还补充了一个典型的凯塞林式的骇人听闻的比较:“基督教在漫长的数个世纪里也是按照同样的手法行事的。”[④]

但是凯塞林对于俄罗斯急于实行工业化表示不信任;他引用奥尼尔话剧里一句意味深长的话说“布尔什维克正在用‘机器上帝’代替‘基督上帝’[⑤];“布尔什维克画家的作品里,机器被赋予有如上帝一般的一切神圣属性”[⑥]。最终可能俄罗斯会成功地复制美国[⑦]。

凯塞林对于俄国领导人的理想主义具有权威性质这一点是认可的,并且预言

① 见《真理的发现》,第133页。
② 见《真理的发现》,第15页。
③ 见《创造性地理解》,第172页。
④ 见《创造性地理解》,第98页。
⑤ 见《欧洲》,第67页。
⑥ 见《被解放的美国》,第581页。
⑦ 见《被解放的美国》,第812页。

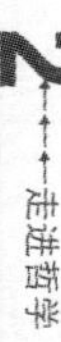

俄国思想将称霸亚洲。“莫斯科确定无疑地成了整个东方进入现代世界并且获得再生的标志。”[①]凯塞林相信不仅俄国本身会继续布尔什维克化,而且整个欧洲最终也会如此,就像民主制曾经席卷整个欧洲一样,甚至“20世纪的英国如今和布尔什维克的密切关系已经超过和他那维多利亚祖父的密切程度”[②]。世界无可救药地被社会主义思想所迷住,社会主义不在全世界得到全面实现是不会善罢甘休的;社会主义理想是对这个资产阶级的时代精神的一种报应性的补偿,而且“对于社会主义的一切抽象的反驳在活生生的范例面前其实都是无能为力的”[③]。

说到底,凯塞林还是忠诚于他对斯拉夫人的喜爱所以他慷慨地宽容了他们的错误。正如休斯敦·司徒尔特·张伯伦认为基督肯定是日耳曼人因为基督这个人太好了,同样地,凯塞林认为苏格拉底肯定是俄罗斯人。苏格拉底那浓眉大眼和他那高贵的鼻子让人一看就知道他属于特拉斯(Thracian),即俄罗斯人种;理所当然地苏格拉底辩论起来斩钉截铁就像是一个俄罗斯学者[④]。考虑到所有的因素,“斯拉夫人的普遍天赋远远地多于欧洲的其他民族”[⑤];这是由于和蒙古血统的混合使得俄罗斯的灵魂中有一种创造性的张力,界于野兽和圣人之间,界乎于泰姆勃兰和耶稣之间的张力。[⑥]“俄罗斯人介乎于两个极端之间,一头是野兽一头是上帝。目前俄罗斯人决定倒向野兽一边。”[⑦]凯塞林的结论如下:

> 我坚信俄国有伟大的未来;各方面都是首屈一指的那样一种未来。天赋这样好,灵魂这样丰富,这样富有活力的人民一定会产生出前所未有的最伟大的人类文化。但是这个伟大光辉的未来大概要数个世纪之后才能到来。在那之前,混乱将不可避免。[⑧]

布尔什维克对这番话的回应肯定是:“任何我们不喜欢的秩序都是混乱。”

---

① 见《欧洲》,第386—387页。
② 见《世界格局的形成》,第134页;《欧洲》,第20页。
③ 见《世界格局的形成》,第134页;《欧洲》,第171页。
④ 见《欧洲》,第331页。
⑤ 见《创造性地理解》,第119页。
⑥ 见《欧洲》,第216页。
⑦ 见《欧洲》,第178页。
⑧ 见《欧洲》,第389页。

整个欧洲

凯塞林把欧洲作为一个整体审视的时候，他所看到的是一个具有迷人的多样性和险象环生的欧洲。他维护欧洲的巴尔干诸国的民族特点，为欧洲的多语言种类、多民族、多国家辩护；他说这样小的空间要容纳这样丰富的差异就必须保证把独特性和个体性放在首位，因此这种情形为思想和精神的发展提供了所需的张力。欧洲应该成为各个种族势力的交会区域，这对欧洲有益，古罗马和条顿族裔的势力、西方和斯拉夫族裔的势力在这里纠缠较量；较量的精彩之处在于一切尝试让欧洲统一的努力全告失败，从恺撒到拿破仑。“欧洲的精华在于巴尔干诸国，试想假如欧洲统一了，大家都一样了，像美国或俄国那样，欧洲的意义将全部蒸发，不复存在。”[①]“为了欧洲自身的利益可千万不要让国际主义思想征服欧洲。”[②]今天的欧洲人“比以前的欧洲居民强，因为他们包容的范围比之前广阔。一切的优越性都取决于价值观的整合，各个种族自身的价值观是单一性的，排他的，但是整合之后便达到更高层次的一致性”[③]。

然而欧洲各民族在保持乃至突出其各自的文化、经济、政治生活的差异性的同时，还必须相互达成超越民族的经济秩序与政治秩序的协议，否则面对美国和亚洲的崛起他们将无从保存自己[④]。白种人的声望已经被这场战争所破坏[⑤]；不再害怕西方的亚洲利用这次战争的机会开始了东方的工业化，这将最终摧毁欧洲的市场以及欧洲在亚洲的势力[⑥]。白种人统治全球的时代正在结束。

今天的欧洲惴惴不安因为它面临着觉醒的亚洲和军事化的美国。欧洲在东方正在被自己输出给日本、中国、俄国和印度的政治理念和科学技术所打败；整个东方都在提倡机械化，提倡民主和自由。欧洲人曾经在大西洋彼岸殖民，如今这些欧洲的殖民地已经壮大到足以令欧洲这一小块陆地感到恐惧；甚至在精神上欧洲也面临被美国征服的危险[⑦]。在这双重危险——俄国的社会主义和美国的军事化，身

① 见《欧洲》，第322、353页。
② 见《欧洲》，第364页。
③ 见《欧洲》，第370页。
④ 见《欧洲》，第367页。
⑤ 见《欧洲》，第37页。
⑥ 见《被解放的美国》，第186页。
⑦ 见《欧洲》，第371、356页。

体与思想两方面的军事化，的包围之中，欧洲的任务是保存其个性。即使社会主义和军事化会给欧洲带来财富也不为所动；“获得财富是大猩猩也做得到的”①。在这场较量中欧洲必须坚持用思想去战胜物质，自由制战胜奴隶制，歌德战胜军佐。在我们这个到处是动乱的时代，我们的文化遗产的保存，甚至文化本身的存活都受到了自从罗马衰亡以来所未曾有过的威胁。

> 自从民族开始迁徙以来，欧洲从未处于类似于今天这样的大变化之中。传统丧失了所有的历史意义，先例不再适用，原有的和谐不复存在，所有的平衡都被打破。……世界大战的真正后果不是同盟国思想的胜利而是旧秩序被摧毁。不仅在俄国出现了新的统治类型：德国和英国也如是；美国比其他国家更是如此。这种新类型的最高的象征和代表就是专职司机而这种类型的人是没有文化的。这些人落后、有暴力倾向、精力旺盛而且有青春期的自负。②

凯塞林对这个问题不时地感到绝望，甚至认为接下来的黑暗时期会很长久，然后就是世纪末日的大洪水。可是那之后，凯塞林不屈的天性之中的乐观主义又顽强地冲破绝望，于是他又对欧洲充满坚定的信心。“不仅是欧洲的精英，而且欧洲的百姓都是从根本上对美国主义和布尔什维克主义有免疫力的。欧洲不会再有什么像模像样的思潮会使欧洲为物质而放弃精神。”③

但愿如此。也许好伯爵给他的同胞以过多的期许；腓特烈大帝曾经对左尔内说：“对这个该死的民族你不如我了解。”腓特烈在天有知或许会对凯塞林讲同样的话。可能全世界都要美国化，既然天堂的希望已经破灭，追求物质舒适的欲望会主宰地球上的每一个民族。智慧的人不会因为天堂希望的破灭而呻吟，顶多也只会有些许的惋惜，就像为其他的笃定要破灭的东西而惋惜一样；智慧的人会努力去寻找那隐藏的可以开启精神之门的把手，为哲学和艺术寻找隐秘的营养。未来的文化不会是垂死的贵族珍存下来的历史遗产的复制品，未来的文化必定是从那个史无前例的世界，由我们的发明和绝望所制造的世界中崛起的，而且，伴随这种文化的

---

① 见《欧洲》，第 392 页。

② 见《欧洲》，第 47 页；《被解放的美国》，第 149 页。

③ 见《欧洲》，第 391 页。

还有青春期头脑里所有的错误。在生活和思想的每个领域，工业革命都有待完成，因此历史的脚步不会停歇。

凯塞林论生与死

凯塞林通过旅行学到了哲学，他首先把世界看做一个空间的整体去观察，在更多的旅行间歇中他又把世界看做是一个时间的整体，于是他学到了更为深刻的哲学。在这方面凯塞林不是太成功，因为他从不断的旅行中所获得的精神方面的支离破碎的片段使他很难耐下心来稳稳当当地把人生的意义从摇篮到墓穴用一根线串起。但是从他那不计其数的文字中还是可以把人生哲学的松散片段梳理为：逻辑学与形而上学，伦理学与宗教学，历史学与国家理论。

生死问题的逻辑基础

凯塞林仍旧以他惯用的花哨语言为开场白，说自己目前的业余癖好是沉溺于世界上最美丽的动物。“当今最重要的任务没有下达给宗教学而是给了哲学”①，也没有给科学“因为科学只不过是世界的语法”，而且“虽然语法人人都得掌握否则无法说话”②，但是说什么却取决于言说者的智慧。这任务也不是给作为认知的哲学，因为认知学只是学问人的游戏③，而世界从他们那里什么也别指望，只有永久的蜘蛛网。打造出人和国家的哲学不是学派之间的唇枪舌剑而是智者那有生命力的智慧。西方需要中国“清朝官员”那样的阶级，这是多么的令人悲哀啊！中国的官员们淡定地立于工业化的喧闹和敛财的狂热之上，把生活之中的种种混乱与愚蠢纳入秩序和尊严中，这是多么的深刻而有意义！

---

① 见《创造性地理解》，第 125 页。
② 见《世界格局的形成》，第 45 页。
③ 见《创造性地理解》，第 125、140 页。

智者不同于学问人这一现象对西方人是何等的陌生;"完美的智者是知者而不是追求学问的人,此种看法对我们这半球的人简直不可思议"[①]。我们的哲学家大抵是不发挥实际作用的学院中人,这些人把知识与智慧混为一谈,把逻辑和经验混为一谈,把推理和理性的生活混为一谈;他们不食人间烟火,书本中自有他们的酒肉,他们在时代冲突中既不敢表态又不敢进攻;他们在生活中也同他们做学问的风格一样,缺乏实在的具体内容。比这些哲学行家们更差劲的是文学家,文学家把未经深思熟虑的想法随便地写成歌大量地塞进社会的每一个缝隙中,塞进道德秩序的每一个裂缝中;伏尔泰称他们为写作的暴徒,他们把一座座树林变成纸浆,用来写专栏或著书立说;他们摒弃自己不懂得的一切事物而且极尽讽喻之能事,只须只言片语就毁掉经过数百年由无言的智慧所孕育而成的社会机制与习俗。[②]

由于智慧是无意识的,智慧不能从公式化的前提中推导出结论,智慧从生活经验中感受到结论;智慧的论证不是通过大脑而是通过血液。智识则不然,它是分析器官,但是它不会真正的综合或理解;像暴徒一样,智识只会破坏而不会建设;智识可以毁掉阵亡勇士的归宿——瓦尔哈拉神宫但是却救不活哪怕是一条被损毁的生命。智识可以把雅典变成一个到处都是辩论的社会,难怪雅典注定要分裂、混乱和失败;智识把路易十四的法国变成了罗伯斯庇尔的烂摊子。[③]然而只凭借逻辑与智慧也并不能使得一个民族伟大,一个民族的伟大靠品格和与生俱来的高贵。[④]也许当我们停止辩论的时候我们会再一次开始生活。我们不可能推翻智识的宝座,因为智识的王朝,受了时代情绪的影响,恐怕还要延续很多代人;不过我们可以把智识的根更深地扎入灵魂那无意识的深层中去以丰富和加强智识的力量。[⑤]

形而上学的思考

我们大可不必庸人自扰,因为按照智识的描述我们是古怪的小土坷垃,无望地踏着遗传、环境以及境遇的乐曲起舞。我们以为我们是机器,但是我们知道我们不是机器;而这种直接的知识形式是并不关注所谓"科学"的人工构件的。智能可能

① 见《创造性地理解》,第131、139页。
② 见《旅行日记》,第198、242页;《欧洲》,第194页。
③ 见《创造性地理解》,第129—131页。
④ 见《创造性地理解》,第116页。
⑤ 见《创造性的理解》,第121、125、119页。

是“物质”的运作[①],但是“生命绝对不是一种机械过程”[②]:“我们基本上属于精神的世界,精神世界的法则颇不同于现实世界的法则。”[③]

此处我们的哲学家凯塞林放弃了精神和现实的统一性(这是对哲学的背叛),承认了人和现实世界之间的差距。凯塞林接下来以感人的模糊性为人的形而上的思考自由进行辩护。“我们称什么为自由行为?按照事先严格规定的法则而发生的自发事件。……我认为没有比从热带土壤里冒出一棵幼芽来更为自发的事件,或者说更少机械性的事件了。……没有什么比这更直接地证明自然法则的了;发芽事件的本质可以被理解为数学过程或物理过程或理解为技术员策划了这一事件。那么我要问,我们人类的实践活动比植物更自由吗,无论在什么意义上?不是的。”[④]然而,“神秘的转世轮回是无法解释的。无可怀疑的事实是:一方面,人是精神的存在,没有精神的真,人永远不可能完整和幸福;另一方面,人和物质的关系盘根错节密不可分就像‘思想’和表达这种思想的‘词语’之间的关系一样”[⑤]。“唯一正确的形而上学的”基本概念就是生命[⑥]。生命之花是精神,精神之花是自由。我们的根在现实的土壤中,但是通过这些根,我们向上成长,脱离土壤和土地的限制。每一点知识的积累,每一次想象力的拓展,都使得我们从自然环境和现实世界的桎梏中解放出来一些。假如我们的知识完整了,我们也就完全地自由了[⑦]。

道德进程

正如植物生长有其结构系统,人的自由也必须由秩序来约束;那么,就其本质而言,“道德其实就是用来约束人的‘形式’和‘秩序’”[⑧],“只有肤浅的个体才提倡什么个体主义,深刻的个体能切身地感受到他和整体的关系”[⑨];但凡深刻的个体都懂得:形式是生长必不可少的模子,而混乱无序只能使种族削弱。

我们现在正处在此种混乱中,因为城市工业以及就业问题上的个人主义已经

---

① 见《旅行日记》,卷1,第323页。
② 见《被解放的美国》,第153页。
③ 见《旅行日记》,卷1,第332页。
④见《旅行日记》,卷2,第18页;《真理的发现》,第184—185页。
⑤ 见《被解放的美国》,第519页。
⑥ 见《旅行日记》,第322页。
⑦ 见《真理的发现》,第191、234、236页。
⑧ 见《被解放的美国》,第497页。
⑨ 见《旅行日记》,卷2,第271页。

在某种程度上摧毁了家庭，而家庭是有史以来一切道德与秩序系统赖以存在的社会机制[①]。父母对子女的约束管教也遭到损害，因为个体在经济上得到了解放，不再依赖家庭，而农业社会的生产单位是家庭，所以家庭是社会的单位并且家庭有权威。可是现在道德传统的延续却已经被剪断。

现代文学所描绘的那些爱情婚姻对当前的道德混乱与道德沦丧起了很大的作用，因为这些由爱情结合起来的婚姻取消了父母在儿女择偶问题上的权威作用，而这种权威对种族的存亡起着关键作用。没有比因爱而结合的婚姻更糟的了[②]；这不仅是因为“爱情就其本质而言是不公正的，带有偏见的，排他的，隐蔽的而且没有慈善精神的”[③]，还因为从根本上说“爱完全是艺术的产物”[④]，是情诗批发商的杰作，爱情与为社会稳定和种族活力提供坚实基础相差十万八千里。“我几乎无法说，与东方的背景相比，典型的西方爱情观有多么的肤浅。爱上某个特定的愉悦感官的对象就成了生活的意义。…… 这是大错特错的观念，…… 而且是肤浅的明证。”[⑤]依照感情来签订或取消婚约足以反映一个人地位和心态的劣势[⑥]。“生儿育女是关系种族的大事，应该有规矩，不能让个人好恶起决定作用。…… 种族的延续不可以永远放任给感情倾向。”[⑦]就拿我们引以为荣的上一个世纪的人口增长为例，其中的大多数都是源于劣等血统的繁殖，由此导致的种族的衰败是无法遏制的，除非推行个人对集体负责的优生政策[⑧]。男人永远不应该娶地位低于他的女人，理由是尽管女人可以帮助男人提高地位，男人却无法帮助女人提高[⑨]；天才们的子女都很平庸，因为天才们很少娶与他们地位相配的女子[⑩]。歌德能指望克丽丝蒂安妮给他生出什么样的儿子来？

婚姻机制的毁灭也会导致一切西方文明的毁灭[⑪]，婚姻毁灭的根源在于人们对

---

① 见《旅行日记》，卷2，第200页；《被解放的美国》，第535—536页。
② 见《婚姻的书》，第275页。
③ 见《旅行日记》，卷2，第238页。
④ 见《创造性地理解》，第455页。
⑤ 见《旅行日记》，卷2，第100页。
⑥ 见《婚姻之书》，第20页。
⑦ 见《旅行日记》，卷2，第98、101页。
⑧ 见《婚姻之书》，第196—197页。
⑨ 见《婚姻之书》，第288页。
⑩ 见《婚姻之书》，第294页。
⑪ 见《婚姻之书》，第Ⅳ页。

于婚姻的荒唐的误解。人们步入婚姻是把婚姻看成保证他们性欲合法宣泄的手段；他们以为婚姻是幸福的蜜月但是很快就同意了塔列朗的描述："两人白天争吵，晚上'肉搏'"。（deux mauvaises humeurs pendant le jour, et deux mauvaises odeurs pendant la nuit.）当"每一个人的天性都是多配偶的而且女性尤甚"[①]的时候，婚姻怎么会是幸福的呢？或者说，"男人和女人无论作为个体还是作为类型从根本上就是不同的，相互不匹配的，基本上是独处的，永远不可能相互理解的"[②]，此时婚姻又怎么会是幸福的呢？一个个体越是高度发展，越是与众不同，越是敏感，就越是难以从婚姻中找到幸福[③]。

所以思想成熟的人就会容忍婚姻的不幸福，这不仅是因为"凡是有子女的人都会放弃个人独立的要求"，而且正是由于婚姻的不幸，这种两极的张力和痛苦才使得个人被提升到他的最高境界。在这种不幸的冲突中，而且是无法解决的冲突中，男人找到他最深刻的动力和他最大的发展；通过接受为人父的责任，男人把自己放到创造的激流中，站在生活意义的最核心处，因此男人会从最大的张力中拿出最高水平的创作成果[④]。

既然婚姻的本质是如此，那么步入婚姻就应该首先深思熟虑并听取意见而不能只凭一时的狂喜与情感。"由有经验的亲友安排的婚姻一般比因恋爱而结合的婚姻更幸福。在因恋爱而结合的婚姻中，个人往往会醒悟到自己的真正喜爱，而在由别人安排的婚姻里，个人的感情会持久些。""无论是嫁错郎还是娶错女都应该被看做是不道德的"[⑤]，因为这是对种族的犯罪。所以"应当警告那些与众不同的男人不要在30岁之前成家，至于现代女孩，则要等到思想和经验能够使她重新获得处女般的纯洁，即只想与一个性伴侣做爱，之后再结婚"[⑥]——可是这第二个天真无邪期何时开始并无定论。

一旦结婚就要维持到永远，离婚对精神的摧残甚于婚姻的张力和争斗。对于那些极其敏感的人们，则应该准许他们离婚，但是对于一般人来说，还是通奸比较好[⑦]。

① 见《婚姻之书》，第6页。
② 见《婚姻之书》，第17—18页。
③ 见《婚姻之书》，第6、29页。
④ 见《婚姻之书》，第278、47、16页。
⑤ 见《婚姻之书》，第14、26页
⑥ 见《婚姻之书》，第33页。
⑦ 见《婚姻之书》，第26页。

通奸行为已经有相当长的历史了，但是并没有造成对婚姻机制的破坏，可是只实行了半个世纪之久的离婚制却把婚姻机制推到了毁灭的边缘[①]。要防止婚姻中的不忠实现象，最基本的策略是生理的：双方要给对方最完全的肉欲的满足；如果天生没有具备这点智慧，那就要研究和学会[②]。正是因为有了这种肉体的亲昵，所以才一定要保持精神上的距离。每个人都要允许对方保有一定的自己的习惯和精神方面的隐私，并且允许对方和自己之间存在有广泛的差距并允许对方保留个人的癖好。即使我们之中最善于交际的人，其内心深处也是独处者，也喜欢享受自己的秘密和内心的平静；还有，"在婚姻的领域内，必须彻底地保证自我的隔绝封闭"。婚姻的维系有一半的技巧在于及时地友好地分开一段时间[③]。

明智之人对于生活本身会采取斯多葛派的态度，这也是明智之人对婚姻所必须采取的态度。因为生活，基本上也是同婚姻一样，是悲剧性的，而且也是一道无解的题。如果个体的敌人是这个世界与死神，那么个体的意志又怎么能不失败呢？[④]最好是像东方人那样对待死亡，在东方人看来，死并不可怕，因为与死亡的抗争肯定失败，而死的"来临是那样自然，它没有歧视地降临到每个人身上，令我们像大地里的昆虫一样"[⑤]。

生与死相互对应，彼此不可分割，可以放在一起来描述和界定生存[⑥]。个体的死关联着种族的延续；个体失败的总和使整个人类进步。和婚姻一样，生命也是一种两极现象[⑦]；生与死的更迭交替构成宇宙范围的摆幅，其中包含了许多的对立，如日与夜、冬与夏、播种与收获、善与恶、成与败、男与女、亲与子、个体与社会、秩序与自由、青春与老年。恶是善的必要相关物，而智慧不仅接受善恶两者之间的张力而且把这种张力看成是生命之乐曲的节奏和生命的运行机制[⑧]。广阔的胸襟可以医治大多数的邪恶，不过这反而会突显我们那可悲的狭隘胸襟。"从某种意义上来看，每一种天性都会导致善；生活的艺术之最根本的问题就是要看到这一点；人类智慧的

① 见《婚姻之书》，第 27 页。
② 见《婚姻之书》，第 38—39 页。
③ 见《婚姻之书》，第 6、8、36 页。
④ 见《旅行日记》，第 134—136 页。
⑤ 见《旅行日记》，卷 2，第 34 页。
⑥ 见《欧洲》，第 184 页。
⑦ 见《被解放的美国》，第 140 页。
⑧ 见《被解放的美国》，第 458 页；《真理的发现》，第 7 页。

终极目标就是在类似善与恶的这种广泛的关联性中感受到这一点[①]。

宗教的遁世

宗教的本质就是要努力克服死亡阴影的影响。佛教徒用转世说,基督徒和穆罕默德信徒用灵魂不灭说。信仰在一瞬间就回答了哲学无法解决的这个难题:在一个不停变化的整体中,部分怎么能有永恒性。所以说,宗教给众人以慰藉而哲学给少数人以支撑。信仰强化勇气而怀疑让精神解体。“一切的时代都是宗教信仰者表现出最强大的生命力和行动力。”[②]“人类什么事情都能容忍只有一个例外,那就是承认人类的生存没有意义;因为意义和生命是一回事而且是一样的。”[③]“所以才有了机械化社会的自杀的思想状态”[④],一种文明如果连自身都不相信,那就是这一文明的失落。

凯塞林非常想恢复他青年时代对某些宗教教义的信仰,有几次他通过令人惊愕的类似魔术般的逻辑推理,几乎说服了他自己他是相信这些的。他勇气十足地宣布自己接受转世轮回说[⑤]。他的论证颇似斯宾诺莎,他说每个人的灵魂都是不朽的,那么他的思想和目的就会超越死亡,凯塞林于是黑暗中吹哨——给自己壮胆,下结论说:“生命的不朽就是这样被证明是存在的。”[⑥]他写道:“只有肤浅的人才没有宗教信仰;一旦灵魂的深邃性穿透你的表层,你就有了对上帝的感知。”[⑦]甚至上帝也是真实的,只要人们头脑里孕育出一个善良的造物主而后被这一想法所感动并受到其影响,在此种情形下上帝就是真的[⑧];上帝也许(像西班牙哲学家桑塔亚纳所说)仅仅是我们灵魂中最高的理想,可是我们从对他的信仰中创造出吸引我们前进的力量。然而在痛苦时刻这种自我安慰的、认为上帝是完美的真实存在的逻辑,便不再能说服我们;当我们无缘无故地遭受苦难时,这种灵魂中的最高理想就会由于苦难的打击而枯萎,于是邪恶的理性几乎吃掉我们对上帝的感知。

---

① 见《旅行日记》,卷 1,第 184 页。
② 见《创造性地理解》,第 174 页。
③ 见《创造性地理解》,第 172 页。
④ 见《创造性地理解》,第 173 页。
⑤ 见《真理的发现》,第 177 页。
⑥ 见《真理的发现》,第 171—173 页。
⑦ 见《旅行日记》,卷 1,第 273 页。
⑧ 见《真理的发现》,第 587 页。

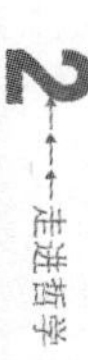

多么荒唐的想法！竟然相信造物主可以从外部指引我们的生活和我们的世界。…… 上帝全然不顾世界上发生什么。昨天还有灵，今天却全无，明天可能又有了；一会儿是花园，一会儿是沙漠，一会儿是史前森林，一会儿是海洋；我敢说漫无目的的变化令他老人家开心，就像疲倦时的印度大君马哈拉迦喜欢职业的舞蹈表演一样，为的是，对于上帝他老人家来说，永恒就不至于那么无聊不至于那么的难以忍受了①。

这才是货真价实的凯塞林，那位《旅行日记》的观察者，他太爱印度了，以至他曾经梦想要是能成为佛教的僧人该多么愉快。可是一回到欧洲，他就又重新找回自己的根，于是又想做回他的好基督徒，像以前那样。凯塞林告诉我们说，“基督教高于其他一切宗教”②因为“基督教体现了自由的精神，而这是其他宗教所没有的”③；基督教提倡个人高于国家，良心高于法律；而且基督教还宣布一无所有的人，甚至灵魂最卑鄙的人，从永恒来看，也有无限的价值④。基督教通过它的天主教派给了我们艺术，通过它的新教主义给了我们科学；尽管盎格鲁—撒克逊的基督教派是严格的禁欲主义，它的宗教改革仍然催生了科学和自由⑤。…… 同时，基督教所“给予我们的还不仅仅是善的宝藏，它还给了我们恶的丰收。基督教降低了西方人的思想水平。我们时代的可恶的拜金主义就是中世纪人们争着进天堂的斗争的延续，拜金主义的祖父就是那竞入天堂之争；庸俗的下等人对有教养、思想好的分子的专政之危险日益严重，这也正是由于一千年以来，精神贫乏的人被宣布为是上帝的保佑对象的直接后果”⑥。

最后凯塞林的结论是基督教即将灭亡。“人类的基督时代毫无疑问已经成为过去；…… 欧洲人和基督徒在这一次世界大战之前的盛誉业已消失；…… 后基督时代已经从世界大战时就开始了。”⑦“毫无疑问我们将进入一个必定是反宗教的

---

① 见《旅行日记》，卷 1，第 197 页。
② 见《真理的发现》，第 594 页。
③ 见《旅行日记》，卷 2，第 275 页。
④ 见《旅行日记》，卷 2，第 314 页。
⑤ 见《旅行日记》，卷 1，第 167 页；《真理的发现》，第 78 页。
⑥ 见《旅行日记》，卷 1，第 66 页；尼采的回声之一种。
⑦见《真理的发现》，第 599 页；《欧洲》，第 344、175 页。

时期。"[①]基督教将失去自己的立足之地，因为人类控制了自然，所以没有必要再去崇拜已经被自己控制的东西。天主教不会那么快就灭亡，因为天主教不以智识和证据为基础；新教主义会首先消失，原因有二：其一是"作为一种思想来说，新教主义大获全胜"[②]，换言之，新教主义的判断自由与信仰自由的思想已经取得了完全的胜利；其二是"新教主义犯了求助于理性的错误"。"成果辉煌的清教主义盛行的时期在全世界都已经成为过去时。没有人再坚守伟大而持久的信仰了；也不可能坚守这样的信仰了，因为人们对事物的关联性有了广博而深邃的领悟，所以人们从原则上恢复了自由的人生观，这种自由的观点是西方世界里古代的无神论者就曾经持有的看法。"[③]基督教经过了20个世纪的努力，可是现在人们认为它失败了。其实，基督教从未真正地征服过欧洲：在欧洲南部，基督教向无神论投了降；在欧洲北部，基督教让位于北欧的军事民族主义，后者并不认同基督教而是更接近原先的日耳曼精神[④]。欧洲对基督教的皈依已经被消解，在精神层面，意大利和德国现在又回到了教皇统治之前的时期。我们的时代很像是基督教初期的那几个世纪，当时旧有的宗教已经腐朽，于是留下一个心理的真空地带，于是上千种新的信仰纷纷出现，一个比一个怪异。其中有一个必然会胜出，于是人类那无法根除的希望就披上了这一种信仰的形式。

政治冲突

于是，人类，就好像是又一个被逐出天堂的恶魔，发现自己和大地绑在了一起，分不开了，而且——胸膛里窜动着永不熄灭的希望——决心让地球成为人类的天堂。神学衰退了，民主制和社会主义取而代之，那些不幸的和被压迫的人们甚至可以在地球上找到他们的补偿以及他们的天堂。

可能吗？凯塞林期待着社会主义在欧洲的普及[⑤]，而且他还承认工业由国家控制可能会伴随毋庸置疑的好处，即消灭贫穷[⑥]。但是普通百姓上台执政之后的情形令他

---

① 见《被解放的美国》，第581页。
② 见《真理的发现》，第78页。
③ 见《欧洲》，第261页。
④ 见《被解放的美国》，第465页。
⑤ 见《被解放的美国》，第442页。
⑥ 见《欧洲》，第382页。

十分惊诧。他认识到,社会主义是“文化最残酷的敌人,而且是史无前例的”[①];社会主义要建立机械的思维方式,专职司机那一类的,来统治科学家、思想家、艺术家,并开启可能会延续一千年的精神上的另一个黑暗时期;社会主义保护弱者和傻瓜,不让他们被自然选择所淘汰;社会主义让低能的人大量繁殖,所以社会充斥着低能者,因而降低了欧洲各民族的活力和创造性至如此的程度,以至将来一旦爆发洲际冲突,欧洲必败无疑[②]。凯塞林想到,人类的本性是不会长期容忍社会主义的,所以他又感到一丝安慰;人类要获取知识的本性是无法改变的,所以必然要破坏让一切人平等的实验,为的是让杰出的人士得到解放,让他们脱离暴徒一伙[③]。

不可避免地,民主制令凯塞林不快,一个人既是伯爵又热爱民主制是太困难了。首先,民主制不诚实,原因是民主制要花很多时间搞竞选和其他把戏,以哄骗人民接受由候选人所控制的各种想法。其次,民主制不道德,原因是民主制助长嫉妒心[④]。最后,民主制具有破坏性,理由如下:商业化和工业化推动了民主制,所以民主制和这两者一样,把数量置于质量之上、数目置于能力之上,因而导致官员变坏[⑤]。民主制仅有的好处如下:赞美和鼓励普通人,敌视(从理论上)贫穷,敌视社会歧视也敌视法律歧视,以及慢慢地将人类提升到稍微高一点的思想水平上以便将来从这里繁衍出新一代的更优秀的贵族[⑥]。也许这是必要的前奏和准备,在我们这个世纪只能做到这么多。

“从现在起,只有让质量统治一切才能挽救欧洲;追求数量的想法已经完成了它的使命。”[⑦]贵族制不论以什么形式都必须再生。不仅因为这是“历史对位法”——指一种政府形式或一种艺术风格总是会由它的对立面来取代它[⑧]——的要求,也不仅是因为在民主制之中贵族制的理想必然会再现;而是因为贵族制是社会秩序和社会安全所必须的。人们,无论本身是否情愿,一定会认识到,领袖指引的方向、领袖的才能和道德水准需要有连续性;人们也会认识到至少需要三代人才能培

---

① 见《欧洲》,第 125 页。
② 见《欧洲》,第 305 页。
③ 见《创造性地理解》,第 170 页。
④ 见《旅行日记》,卷 2,第 354、357 页;《欧洲》,第 844 页。
⑤ 见《旅行日记》,卷 2,第 79—81 页。
⑥ 见《旅行日记》,卷 2,第 268、286 页;《欧洲》,第 210、220 页。
⑦ 见《欧洲》,第 220 页。
⑧ 见《创造性地理解》,第 187 页;《欧洲》,第 220 页。

养出一个绅士或政治家[1]；人们还会接受鲁道夫·凯斯纳关于高贵出身的界定，他认为高贵出身抵得过经验，高贵出身可以使得能力的积累和传承通过选择父母以及训练的连续性而得以完成；最终，贵族制的优越性就会又一次显得自然之极，像美国的玛利波萨树林的杉树一样（毫无疑问，它们脚下四周的灌木丛会抱怨这些挺拔的杉树那高大骄人的树身与它们所吸收的大量的阳光[2]）；贵族应享有特权以使他们免除经济困窘或减轻他们的经济困境，这种特权应该被看做是我们必须付出的代价，我们对“随波逐流者和中流砥柱”要区别对待，对政府和黑帮要区别对待，这种特权就是区别对待必须付出的代价。“我们的先驱者相信祖宗的血脉遗传与天生的品质的重要性，他们的看法与当前的概念形成对立但是他们的看法是对的，这种重要性业已得到了验证，已经由上个世纪的生死攸关的实验所不容置疑地验证了。”[3]民主制结束了；民主制在凡尔赛条约签订时就被毒死了。[4]

因此当今最基本的问题是新一代的贵族能否形成？“这个问题的重要性不亚于孕育更深刻的新型人类。”[5]我们必须再次培养出高贵人种：这种人有遗传的天赋、强大的力量；具有发达肌体对一切张力的敏感性、同时又稳重淡定，因为他们的身体内有着“每一个真正的贵族血液里都有的起稳定作用的陀螺仪”[6]；这种人“哪一方面都不是专才”[7]，但是审视世界时却有着与生俱来的深度和广度，而且是那种圣人都难以企及的深度和广度，圣人要奋斗并且要经历漫长的过程去克服狭隘性和无知的状态才能达到如此的深度和广度[8]；这些人不追求安全（像资产阶级那样）却追求责任和风险、不追求“权利”却追求义务、不追求享乐却追求艰难险阻[9]；这些人保守，像一切成熟的个体一样“有历史感，而且懂得只有有机的生长过程才是健康向上的”[10]；这些人不创作艺术作品但是在生活的每个方面都是艺术家；这些人通过有礼貌的举止保持与他人的距离和自己的骄傲，却因此而把周围的人们

---

① 见《旅行日记》，卷2，第268页。
② 见《旅行日记》，第289页。
③ 见《婚姻之书》，第300页。
④ 见《欧洲》，第220页。
⑤ 见《创造性的理解》，第189页。
⑥ 见《欧洲》，第184、194页。
⑦ 见《欧洲》，第190页。
⑧ 见《欧洲》，第198页。
⑨ 见《欧洲》，第190页。
⑩ 见《旅行日记》，卷2，第54页。

提升到他的高度[①];这些人的财富、光芒和好运看起来是那么的自然恰当,所有的人都因此而变得心满意足和高尚[②]。

凯塞林把希望的触角伸向这些从资产阶级的茫茫黑夜之中崛起的人;或许,有一个崭新的贵族阶层正在形成,他们远离当今的市场机制和议会机制,等到目前争论的双方都彻底失败把世界搞得一团糟的时候,这批新贵族会出来接管并让各国恢复秩序与健康的精神[③]。只有这种人才能使"全世界基督徒团结一致",或者说,组织起超越民族的国家,而那正是西欧所必须做的,否则面对苏维埃的无情竞争,西欧将无法保存自己。民族国家正在消亡[④];民族国家不适合工业国际化也不适合国际化的金融和贸易,因为各国要相互依存[⑤]。"全世界基督徒团结一致的国家事实上已经存在"[⑥];俄国已经由中央统一控制 1.5 亿人的生命,而且伊斯兰各国也有不断增长的统一的经济和共同的感情,还有东方世界和盎格鲁—撒克逊世界[⑦]。"各国之间的敌对性"迫于竞争和现实环境的压力将会结束,取而代之的起码将是"泛欧洲,即使不是整个西方的团结统一,而此种情形将会是中世纪以来所不曾有过的"[⑧]。由交流、交通、工业国际化而维系的统一的世界要有更加宏大的谋略和更加深刻的指导思想,而商人—政治家做不到这一点。我们不能再容许四流的角色继续统治我们了。

历史的悲剧

可是——甚至贵族本人都明白了,旧的贵族制及其文化都已经死亡了;他们的时代结束了,苏维埃的斧头结束了贵族制及其文化。不仅在俄国而且在全欧洲乃至整个地球,一个新的时代开始了,一个机械师、技术工人和专职司机的时代开始了;会造机器和能修机器的人将成为这块大地的传承者[⑨]。

---

① 见《欧洲》,第 196—197 页。
② 见《欧洲》,第 189 页。
③ 见《创造性地理解》,第 188 页。
④ 见《欧洲》,第 299 页。
⑤ 见《被解放的美国》,第 295 页。
⑥ 见《世界格局的形成》,第 105 页。
⑦ 见《世界格局的形成》,第 185 页。
⑧ 见《创造性地理解》,第 187 页。此处的提法与凯塞林宣称的"国际主义思想千万不要征服欧洲"是相矛盾的。(参见 Supra, 以及《欧洲》,第 364 页)这一例证表明凯塞林的思想缺乏整合。
⑨ 见《欧洲》,第 118、389 页;《被解放的美国》,第 582 页;《世界格局的形成》,第 132 页。

一个大众的时代在全球出现了。……今天地球上一切的旧文化正在消亡因为意志坚定的新型人类不认可旧文化。……那种回归至前科技时代的主张到处碰壁，那些鼓吹一切回归科技时代之前的人不过是差劲的浪漫主义者。……生活绝不会温情脉脉；生活一丁点儿都不去理会浪漫之人的向往。……怎么会有任何人喋喋不休地提念古代的时光。…… 怎么可能真的相信这些人会代表任何的势力？和有作为的布尔什维克领导人相比，他们哪里配代表什么势力[①]？！

那么今天的世界与以往的世界一样，甚至比以往更甚，是既有腐朽没落又有生长发展的混合体。分崩离析的现象随处可见，不只是各地的政体，而且波及人的灵魂；新的野蛮主义会吞没我们，因为原先处在社会底层的阶级已经崛起，他们在旧的家庭和旧传统的废墟上掌权当政；也许“得数百年之后才能再次出现适合当今的精英们，即昨天的贵族们的生存发展的那种有机的条件”[②]。东方也救不了我们；东方自己也被钢铁和黄金所腐蚀了，也在热切地巴望工业化和强权，也会迅速忘却圣贤，也在那里忙着顶礼膜拜专职司机。

那么历史，像生活一样，也是一个悲剧、一个无解的等式、一个无理数；因为死神的手触及万物，无限珍贵的文明成果被野蛮的革命所毁灭，或者毁灭于地质灾害，又或者不起眼的天体的一个微小变化也会令土壤慢慢干涸[③]。面对种种全无意义的破坏，我们在改革工具和提高舒适享受方面的“进步”似乎是微不足道，是白费力气；尽管“电话已经进入寻常人家”，可是这一事实挡不住道德、礼仪举止与价值观的毁灭，两者之间并不存在着平衡[④]。不时地，我们的灵魂会内省，而一旦发现自己不再有古老的信仰、希望和梦想，我们就会失去生活的热情，甚至会半认真地想，死亡未必不是一种安慰；如果整个民族或整个文明都失去了他们的理想、他们的神，这个民族就会变得愤世嫉俗、陷入绝望之中，那么这个种族就失去了活力，而这正是腐朽的先兆[⑤]。

---

① 见《被解放的美国》，第 511 页；《世界格局的形成》，第 135、129、235、262 页。

② 见《被解放的美国》，第 579 页；《欧洲》，第 371 页；《世界格局的形成》，第 236 页；《创造性地理解》，第 117 页。

③ 见《真理的发现》，第 137 页。

④ 见《真理的发现》，第 124 页。

⑤ 见《被解放的美国》，第 551 页。

可是,人没有信仰怎么活呢?我们是这样安慰自己的,历史,不也同我们自身一样,都是“旧的死去就意味着新的诞生”[①];毁灭就好像动手术,除去病灶才能保有健康。旧文化已经变得愚不可及,而且失去了作用,只有一个空壳而已,而且也已经失去了诚信,因此不再适合于现实的生活;旧文化只能被造反的奴隶和暴躁的青年人送去断头台。可是旧文化也并不会全部丧失,“每一种文明都像人体内的一种基因,它会存活下来”[②]。革命的混乱一结束,新的野蛮人便会如饥似渴地恢复过去的文化遗产,就像文艺复兴时期那样兴奋地恢复古希腊和古罗马的文化一样。人类不会永远地满足于有面包吃有薪酬领。“我们即将步入一个黑暗的时期。…… 但是黑暗的尽头可能是人类从未见过的光明世纪。”[③]

点评凯塞林

既然已经把凯塞林的哲学详尽地解释了就几乎没有必要再进行评论;分析本身就是最好的评论。如果说现在还需要什么结论和评价,那只有留待读者自己去做判断;在已有证据的基础上,读者认为凯塞林的哲学对他有什么意义。

毫无疑问,凯塞林有诸多瑕疵。无论开始介绍他还是现在回顾他的著述,我们一直都坦诚地面对他这些错误,然后就把它们搁置一旁,这样做才能更加清楚地审视他的学术成就及其作用。也许他的直白清晰和他的幽默帮了倒忙,反而损坏了他的声誉;人们喜欢他们的哲学家晦涩难懂,他们给令他们落眼泪的哲学家的赞誉远远超过让他们开怀大笑的。凯塞林对此辩解得非常好:“深奥性还算不上真正的深刻除非能表达得优美而文雅;…… 轻松的笔触才真正象征着克服了拗口笨拙之后的最终胜利;笨拙的笔触总是意味着笔者尚未从精神上把握所讲的事物。”[④]至于

① 见《世界格局的形成》,第 140 页。
② 见《欧洲》,第 38 页。
③ 见《被解放的美国》,第 584 页。
④ 见《被解放的美国》,第 518 页。

幽默，凯塞林说得妙：“比幽默更为深刻的事物极其少见。……拥有幽默能力的人必须懂得如何深刻地表达异议，而且要有仁慈而平静的心态与视角才能拥有这份深刻”[1]。

总的来说我们得承认凯塞林的写作水平自从《旅行日记》之后有所下降。在《旅行日记》里凯塞林像个学生那样谦虚地热切地学习着；在那之后的各种著述中他都像个教师那样坚定不移地要指教别人。一个作家的第一本书被认为是最成功的佳作是一种不幸，因为人们将以此为基准衡量他之后的一切努力而且会发现与第一本相比其他的都有欠缺。凯塞林这辈子注定要面对大量的失败。他早期的佳作字斟句酌、精雕细刻，加之他有贵族的闲暇，所以写得既清晰又优美；《旅行日记》里有一连数页令人心旷神怡的如诗一般的佳句[2]和美轮美奂的华彩章节[3]，这些美文是作者极其用心地诠释的；之后的作品越来越漫不经心和费解，以民主的高速度甚至是商业的急速，一蹴而就地成篇。凯塞林以斯拉夫人的敏感细腻开始写作，（随后从爱莎尼亚移居德国）以日耳曼人的严肃笨拙而告终。凯塞林的热情活力贯穿始终只是冗赘词句不断增加，到写《创造性地理解》和《真理的发现》时，他已经能把一本小册子的素材演绎成上千页的巨著了。而且后来的书里，抽象概念越来越多[4]，段落的篇幅也越拉越长，终于达到一个段落占据 4 页纸之多[5]，而且矛盾之处不断翻番，就是把惠特曼全集表现出的勇气都加在一起也抵不上凯塞林的大胆[6]。

凯塞林写作质量下降的根本问题在于他的神秘逻辑。任何哲学如果强调无意识比意识优越，非理性比理性优越，那么这种哲学注定会变得模糊不清和游移不定；对于宗教和艺术这可能有价值但是对于哲学这无异于自杀；毕竟，哲学是理性的生命，而理性又是哲学的生命。虽然，我们应该警惕知识至上——的确不能以书本代替生活，不能用理论代替实际经验，不能用谋略代替情感；但是，过分强调本能和直觉（无论这些令人怀疑的东西为何物）而不去细心求证，不去用观察与实验检验思想是否正确（智能的含义就在于求证、观察和实验），那就是让哲学向神学投

① 见《旅行日记》，卷 2，第 33 页。

② 例如《旅行日记》，卷 1，第 315—316 页。

③ 例如《旅行日记》。卷 2，第 32—33、250—251、365 页以及第三编第 21 章。

④ 比较和参阅，例如《婚姻之书》，第 226、246 页。

⑤ 例如：《婚姻之书》，第 37—41 页；尽管该段落是指导性文字。

⑥ 例如《旅行日记》，卷 1，第 304、312 页；卷 2，第 329、351 页；《欧洲》，第 77、97 页。

降,让智慧服从于幼稚。正是由于凯塞林不耐烦这种慢条斯理的推理过程才导致他接受星象学,认为星象学“业已经过严格证明”[①],并且用他那强烈的大范围的自我欣赏毁掉了自己[②]。

凯塞林的第一次自我发现正好发生在他在东方旅行的时候,这件事也许在某种程度上导致了他对神秘的“无意识”着了迷。后来他花了很长时间才从他和印度的“试婚”中走出来。他去印度旅行时,正是他最容易被感动的年龄,所以他才会被印度所倾倒;他错把“新奇”当成“优秀”,就像旅游者错把“新奇”当作“美”一样,所以他才那样正面地赞美中国的优越性并且还说“印度绝对有超过欧洲的优越性”之类。有一阵,他意识到自己太陶醉了:“我已经很难不带偏见地进行判断了”,他诚恳地说:“因为我看欧洲人时,主要看他们的缺点,而对亚洲人我只讲他们的好话。”[③]凯塞林的错误是所有的学生都容易犯的,因为这样可以给他们的经历和报告添加光彩,会使家乡的没有学问的左邻右舍相形见绌:我们都希望自己发现的是一片大海而不是一条小河。所以凯塞林对印度哲学那样吹捧而且那样的崇拜中国以至我们都恨不得留长辫子了;他不怀疑印度正处在文艺复兴之前的欧洲,中国正处在工业革命前的欧洲;当东方正在砸烂它的古老传统以便效法欧洲的时候,凯塞林却完全主张效仿东方。也许他和他们都错了。我们对于无辜的机器的批判太过浪漫,而东方又太急功近利地摒弃他们那深厚的儒家理智、佛的慈悲以及武士道的英雄气概。

然而,凯塞林以多么美好和细腻的同情去写宗教啊!不是粗鲁地将上帝一笔抹杀而是以足够解放的心态审视符号和仪式背后的人类苦难和希望的永恒之谜。凯塞林心中仍然有某种古老的信仰留存,这几乎是他斯拉夫血统的一部分;他那样易于接受修行的诱惑以至巴望做一名僧人,一了他对平静与沉思的向往;他喜欢用宗教词汇表述现世的和世俗的概念[④];他力求在某种形式上保留他对不朽和神圣的信仰。他焦虑地看到未来的最大的难题:不是社会主义,不是革命,不是战争与和平,而是人类是否能忍受没有上帝的生活。

由于工业化在世界的普及所以我们人类被掷入实验中,而且这些实验经常被

① 见《真理的发现》,第316、352页及注解。

② 参见他给 Primo de Rivera 有关如何接待他的指导性意见;《欧洲》,第81页。

③ 见《旅行日记》,卷2,第149页。

④ 见《解放了的美国》,第579页。

历史证明是生死攸关的，比如道德与宗教的剥离，政府与贵族的剥离。哲学有一种习惯，即毁灭神学而后宣布说由于没有超自然力量的支持所以道德沦丧；哲学还有一种习惯，即毁灭贵族制而后宣布说由于没有超人所以政府垮台；哲学怀疑上帝可是又不相信人类，怀疑贵族又不相信暴徒。

这样一来，凯塞林便颇感困惑，一方面他看到了基督教的错误，另一方面他也不能肯定地说人类并不需要中世纪那样的教会，因为中世纪的教会用给人类以安慰的神话将人类统一起来并用道德约束人类，而这是人类秩序和人类消遣所必须的。作为被剥夺了财产的伯爵，凯塞林对贵族自然会有天生的爱，对我们这个民主时代的野蛮自然会鄙视；可是他承认贵族总是滥用职权，凯塞林还以他一贯的勇敢态度宣布，“人类真正的历史现在才刚刚开始”①——开始于我们这个“暴徒和专职司机”的时代！在思想不成熟的人看来，凯塞林的最大的弱点就是——无论褒贬他都不会忽略细节的差别，比如此处的暴徒与专职司机。

说到底，凯塞林不愧是激活当代思想的媒介，虽然比不上斯宾格勒那样深刻、那样地发人深省、那样地有创意和那样地强有力，虽然不如罗素那样清晰和直截了当，虽然没有杜威那样鼓舞人心的巨大影响力，然而，在当今的哲学家之列，就他的著作对他这个时代的价值而言，凯塞林的地位仅仅次于上面这三位。

我们不要用完美去苛责凯塞林，自身的艺术气质以及不安定的生活已经搅扰得他身心不宁了。也许，待他心中的火山退去，年龄让他冷静下来之后，他会过一段没有声誉之累的平静日子，也许他会重拾写作，用心地、不赶进度地、从容地达到他的深度，以同情的笔触将他的“专职司机”揭示给世人。他今年50岁了，可那又有什么关系②？50岁是哲学家起步的年龄。也许在他自己目前这个人生百年的转折点，凯塞林会停下来，教教书，再一次开始学习。

① 见《欧洲》，第301页；《创造性的理解》，第324页。
② 此话写于1930年。

第三章
罗素论婚姻与道德

问 题

哲学家们很少谈论婚姻。其中有一些人是由于认识到婚姻是个难题而且难以把握的程度超过玄学;另一些人则尚未成为鳏夫;未成为鳏夫的人里面又有不少人是由于他们很明智，所以尚未在婚姻问题上有过任何亲身体验。然而自从所罗门(此人用多多益善来解决婚姻问题)时代以来,面对婚姻的难题,即使你有智慧也无济于事,婚姻已成为惩罚人类生存的一种形式。100 年前,雪莱在《麦布女王》一诗的注释里写道:“在仇恨人类幸福的各种制度里，包括从一切的细节上仇视人类,婚姻制度高居首位。没有任何把人结合起来的制度比婚姻制度更仇恨人类幸福的了。”这是雪莱与第一任妻子之间唯一没有异议的一个看法,她在泰晤士河里淹死了自己。

我们的先辈的婚姻生活并不比我们自己的好，但是他们把婚姻的苦难看做是自然的事,(或者像他们用文学语言所描述的那样)看做是上帝的旨意。他们希望,发明了婚姻机制的这位上帝,将来会用天堂的幸福生活来补偿他们,他们用此种方法聊以自慰;如果他们能容忍自己的伴侣达 60 年之久,那么他们就可以获准在天堂享受永恒的自由。我们这些现代人却已经失去了这种慰藉我们的希望,随着希望的失去,我们也没有了对婚姻的虔诚的顺从;我们需要的幸福必须是能够马上兑现的幸福,而不是存在银行那紧闭的门后的幸福的信贷。霸道的一夫一妻制那恶毒的弓箭已经伤到了我们那紧绷的脆弱神经,每个家庭都成了一个战场,晚上的拥抱只是暂时的和解,是上帝要休战。我们对不幸婚姻的忍耐已经到头,现在非得要说出来不可。

尽管婚姻这个难题由来已久然而婚姻这个形式却是新的，而且现代国家没有哪一个找到了解决婚姻难题的办法。在所谓古老的好时期（即被遗忘的时期）婚姻受人欢迎是因为买老婆比买其他的奴隶便宜；那时候做母亲很神圣因为孩子是农场的财产；计划生育是奢侈的事，离婚更是罕见；因为以前的家庭都是多子女的，所以要求父母共同照顾孩子，一直到最小的孩子长大成人，而到那时候，父母已经疲惫不堪，只能忠实于自己的婚姻了。男人有权通奸，但是会使用伪装来掩饰自己的通奸行为；而农村的与世隔绝的环境也限制了男人通奸的机会，因而男人会在封闭条件的约束范围内忠实于婚姻。女人则容忍她们的从属地位，因为这种地位是被各种清规戒律所规定的，而且她的地位全凭男人的意愿来决定，如果有必要的话，她可以被降价出售。家庭的机制稳健而强大——父亲的权威是社会秩序的坚实基础——因为家庭是经济社会的生产单位，耕种土地、收获庄稼的领导权和所有权都掌握在全能的男性手中。一夫一妻制和农耕生活由上百种方式捆绑在一起。

现在工业革命威胁着要把过去的神圣时期的妇德随同君主制和神学一起抛弃。因为工业催生了城市、工厂、各式各样的人群、多样性、奢侈性、复杂性、个人主义和避孕方法。在城市里，青春期延长了，教育年限加长了，经济上的成熟自立向后推迟了，结婚年龄也推后了，单身汉增多但是不繁殖后代，独身的幸福使得人们不再像过去那样羡慕婚姻和巴望自己不要在婚姻上落后于人，人们都感觉到，让种族繁衍的古老任务已经放缓了脚步。妇女被解放了，但是只要没有人提出要娶她，那么她的地位仍和从前一样。16岁的时候她令人心动，如果25岁还没有结婚，她面临滥交或让自己干涸的两难选择；而如果她选择性开放，那么她就破坏了结婚的理由之一。

如果她结婚，十有八九，对方是这么一位绅士：经验老到、厌倦了追求、视婚姻功能为提供肉体便利但是略优越于卖淫制。他们的结合没有体面的市政参事或是贫困的县长主持的仪式庆典，婚后就去林荫大道或赫斯特大街的一栋宿舍楼里居住。他们没有孩子，养孩子纯粹是损失，因为城市里禁止奴役未成年人而且城市里实行强制教育直至孩子达到反叛的青春期。夫妻俩年年搬家，从来不把房子收拾成一个家。古老的家务现在都由工厂完成了，男人为此拼命工作以便支付这些费用，女人则不知道自己在没有子女的公寓单元里能做点什么。由于两人是平等的所以两个人就处在永无休止的拔河竞赛中。他们共同享受并共同分担一切，所以蜜月一结束，就开始为钱而吵架。他们的忍耐力和好奇心都消耗殆尽，于是他们不再有情欲，也不再有爱情；他们渴望新的浪漫，那浪漫中的绝顶的荒唐可能伴随着诗歌般的美丽语言的助兴，以便推迟那完美时刻的到来。他们住在城市里，那里提供的可供他们联系的人不计其数，那里也有最多的刺激。于是那位女士表示后悔遇到这位绅士，而他也表示同意女士的看法，说他们的相遇是一场灾难。

一夫一妻制真的不可能吗？

建 议

一夫一妻制是否可能，这是伯特兰·罗素准备回答的问题，而前面所描述的这种情况也是罗素在《婚姻与道德》这本颇为轻率的著述中承诺要面对的。我说“轻率”是因为，这位公开发表意见的，对爱情和婚姻最敏感的方面说长道短的，竟然是一位英国人（反正这很少见）；何况他夫人中至少有一位仍然在世，而且罗素提出的建议可能令美国当局阻止他再次入境，假如他们能读懂他的建议。尽管对于所有受过教育的读者而言，罗素先生的书并不难懂，可是罗素先生那彬彬有礼的语言却具有欺骗性；罗素先生引爆炸弹的方式极其优雅；随着读者一路看下来没有谁会怀疑这些婉转的温文尔雅的行文所表达的思想其实就是数年前艾玛·郭德曼（Emma Goldman）所说过的。这对于被放逐的艾玛·郭德曼来说，对于这位不屈不挠的梦想家——艾玛·郭德曼来说，应该是一种安慰（她的理论对于我们这个邪恶而凶残的民族是那样的公正）。因为在她那无人附和的异端邪说问世20年之后，一位极有声望的哲学家用自己的主张使她那引发争议的创新理论得到了肯定。

伯特兰·罗素，即使以他的无政府主义者的面目示人的时候，也仍然不失一位哲学家的本色。他从不大喊大叫，而且他那种和蔼的忍耐让人以为那是一切哲学家都遵守的准则。他认识到自己也有可能是错误的，所以尽管白发苍苍他仍然谦虚地说：“我恐怕改革是无望了，要等到现在的老年人和中年人都死了才有可能。”[①]他

---

① 见《婚姻与道德》，纽约，1929年，第104页。

有时候写作不够投入，作为一个拒绝继承遗产而靠自己的写作挣面包还要支撑一个学派的人,恐怕这在所难免吧。但是即使在他这本全无风格可言的书中,他也往往很出色而且极少不讲真话。最重要的是他是一位绅士,即使面临最严峻的考验他仍然彬彬有礼,他保证出击之前他的剑上有按掣控制。全世界都会接受他的理论,倘若全世界都有他那样的智能的话。

罗素对宗教有一些偏见,他对宗教的界定是,"在大多数的宗教形式中,人们都相信众神是站在政府一边的[①]。而且对于那给种族百姓以慰藉的,关于天堂的幻想,罗素是没有一丝的温柔之情的,而勒南与安纳托尔·法朗士与他正好相反,他们两位对此种慰藉的博大情怀世人有目共睹。罗素由他那具有自由思想的父亲培育成人,因而对于人们年轻时代的那种虔诚信仰罗素没有丝毫的怀旧记忆。罗素相信人们谴责最多的道德问题是嫉妒心。他相信当我们感觉别人超过我们时,我们的良心刺得我们最痛,而且他还相信,我们大抵只是谴责我们不得已而犯下的罪,即自然环境没有机会为我们提供设施或条件使得我们可以过正常的性生活而不去犯罪。所以,按照罗素的判断,我们的性道德规范是既腐朽又神经质的——虚伪导致了腐朽而少见多怪和诸多的禁忌则导致了神经质。"所有的性行为,甚至婚姻中的性行为,都被认为是令人遗憾的坏事,…… 这种观点使得基督教从始至终都是一种把人逼疯的力量并且导致人们对生活持有不健康的看法。"[②]毫无疑问罗素会从温文尔雅、彬彬有礼地给宗教消毒来开始他对世界的改造。

视性知识为禁忌的后果对妇女的损害最为严重。罗素认为女人更为愚蠢是由于她们比男人缺乏性知识[③];他相信许多不幸的婚姻是由于处于成熟期的女孩不会区分欲望和爱情。他希望男孩女孩应该放在一起去成长而且成长的过程中应该经常地赤身裸体,他相信这样不仅会给他们更好的道德和健康还能带给他们更好的审美标准[④]。罗素对于一切的禁令都持怀疑的态度。至于淫秽作品和出版物,罗素"主张对此不设任何法律限制…… 只要性教育是理性的那么即使是百分百的淫秽成人出版物也不会对青少年有什么危害"[⑤]。罗素鲁莽地张开双臂迎接妇女解放并

① 见《婚姻与道德》,第 30 页。
② 见《婚姻与道德》,第 48 页。
③ 见《婚姻与道德》,第 102 页。
④ 见《婚姻与道德》,第 117 页。
⑤ 见《婚姻与道德》,第 112 页。

祝她们在获得性知识和性经验方面一路平安。他全心全意地赞成伴侣婚姻，只是抱怨人们在这方面走得还不够远。罗素说：“我认为没有子女的性关系应该被看做是纯粹个人的事情，选择一起生活而不要小孩，那是他们自己的事，别人管不着。……婚姻的法律效力应该从妻子第一次怀孕时才生效。……婚姻的真正目的是子女而不是性生活。”[①] 由于有了避孕措施所以人们得以区别性行为的目的是单纯做爱还是要生儿育女，因此试婚制应当予以鼓励，甚至在大学生当中也应鼓励，这样可以避免滥交这一堕落行为。

怀孕之后便应该有合法的婚姻，婚姻的约束力不应该像现在这么严格；妻子应该（罗素先生和罗素太太认为）允许她丈夫，丈夫也应该允许他妻子，偶尔有些通奸行为，假如此种通奸伴有爱情的装饰。

> 毫无疑问，让婚姻完全封闭人们的思想因而拒绝婚姻之外的爱的造访就是减少这种珍贵的人类接触的机会，削弱人们对此类接触的接受程度，并降低人们对此类接触的恻隐之心。……通奸本身（假如足够小心而没怀孕的话），在我看来，不应该作为离婚的理由。……打个比方，一个男人因公出差要离家好几个月。假如他身体健康，他会很难在这整段时间里不出轨，无论他可能多么爱他的妻子。……这种情况之下发生的不忠实，不应该成为这以后的这个婚姻幸福的障碍，而且实际上可能也没有成为婚姻继续幸福的障碍，如果夫妻双方都认为没有必要纵容戏剧化的嫉妒情绪的发作。……双方都应该能够容忍这种一时的迷恋，……只要夫妻双方的爱情不受影响[②]。

这一段当然是罗素先生一书的中心段落，而且马上让人觉得不仅他本人具有十足的勇气而且他的妻子也是十二分的好脾气。然而，就此认定他是个极端分子，妄想毁掉比他的世纪更为古老的这一切，又未免太仓促了些；与此相反，他满怀感情地写到浪漫爱情，说那就像“生命所能提供的最为深刻的喜悦之源泉”[③]，而且他认为“与爱情分离的性行为无法带来深刻的本能的满足”[④]。他以不掺杂个人因素

①见《婚姻与道德》第165—166页。
② 见《婚姻与道德》，第141、230—231页。
③ 见《婚姻与道德》，第74页。
④ 见《婚姻与道德》，第128页。

的公正性对频繁的离婚表示遗憾,并认为会对子女造成损害,所以他主张非万不得已不要离婚[①]。的确,他担心"在美国离婚这么容易,人们肯定把离婚看做一种过渡,是从父母双方的家庭向只有母亲的家庭的过渡阶段"[②];他认为"父亲不久就会被完全地取代,这绝对不是不可能的事"[③],换言之,国家机构将要取代父亲去履行照顾母亲、养育与教育子女,以及维护权威与秩序等职责。但是与其他共产主义者不同的是,罗素并不乐意看到此种前景。"交给机构去管理的孩子们可能被培养成一个模样,少数孩子与此种被认可的模式不合拍,而这些孩子可能遭到迫害。……只要国际主义的问题没有解决,让国家增加开支去担负照顾和教育儿童的费用是弊多利少,尽管那样做的好处是无可置疑的。"[④]作为他的责任,罗素决心自己把孩子抚养成人,在智育与裸育方面给他们以教导,并尽量推迟"父亲在重要性方面将等同于猫狗之类的那一时刻的来临"[⑤]。他想要乌托邦,但是他不要披着俄国衣服的乌托邦。因为那种乌托邦将使得"理想主义者遭受灭顶之灾——他们所获得的理想主义的形式正好毁灭了他们的理想"[⑥]。

几点考量

经常旅行的人会满怀感激地接受这样一种性道德观,这种性道德观为到处搞演讲的讲师和其他的推销者之流提供了急救包。萧伯纳先生误以为存在于婚姻之中的诱惑和艳遇却原来是源于这个不断流动的世界,这个给人以最大诱惑和艳遇的流动世界现在可以偷偷地放下心来,因为它将听到有一种哲学将对以往的性道

① 见《婚姻与道德》,第 197 页。
② 见《婚姻与道德》,第 238 页。
③ 见《婚姻与道德》,第 187 页。
④ 见《婚姻与道德》,第 217—218 页。
⑤ 见《婚姻与道德》,第 213 页。
⑥ 见《婚姻与道德》,第 81 页。

德观进行当众批判；数千的精力充沛的人原本不应该受到良心的谴责也不应该受到胆怯的折磨，所幸的是他们将找到对此种痛苦的理性的解释。而我的责任就是诚实地面对这些问题，以应有的体面去揭露人类的虚伪。

首先来看最体面的几点考量：罗素先生太小看了他予以驳斥的观点。我发现尽管罗素先生的礼貌颇具征服力，我们却可以证明两点：首先我们可以有力地证明维多利亚时期的婚姻态度是正确的，这大大超乎罗素先生原先的想当然，其次，对于我们的论证所引发的，涉及性道德领域以及社会实验等方面的论点，假如真有这种论点的话，我们将给予适度的驳斥。

首先，保守的立场是基于人类文明对于有性能力的年龄和适合结婚的年龄予以区分。自然的本能驱使进入青春期的人交配并（像自然所希望的那样）生育；但是在金融人士和心理学家看来，虽然进入了青春期，可是我们仍然处于经济意义和思想意义上的儿童阶段；甚至生理学家都怀疑一进入青春期或刚进入青春期不久就马上交配可能对父母及其后代都有害无益。因此，中年人认为应该尽可能地转移青年人对性的注意力，以减少驱使他们交配的那种刺激力度，不过罗素先生正耐心地巴望中年人快点死去。于是出现了老式的对性问题的沉默寡言、对青年人的跟踪盯梢、限制给青少年看的文学作品和科学知识、不仅禁止淫秽的东西甚至不许他们了解性知识。根据精神分析专家的意见，此种做法是神经过敏的表现，但是对于保守观点而言，这是童贞绽放的标志，是教育的延长，是保护个体免于过早地为种族传宗接代的神圣事业而消耗。

其次，保守的立场是考虑到妇女在生理和经济方面的依附性。利用妇女对平等的要求来大讲男女在性行为准则上的平等肯定是不光彩的。因为无论妇女自己说什么，也无论我们被她们抓到时她们如何制服我们，妇女仍然是两性之中的弱者，理由如下：她们周期性的有时不能有性行为，她们在生育过程中的巨大付出，她们老得快，失去性的吸引力比男人早，在世上的谋生能力较男人弱。除非在生理上和经济上妇女在现实世界中真正获得独立，不是在纲领和条文上，两性之间的这种野狗般的不受约束的关系是不在绅士的行为准则考虑之内的；和绅士一起生活的这个女士，如果她价值不如从前或发生什么困难，那位绅士如果能负起责任来该多么好。

维多利亚时期的这种保守立场的第三种考虑关系到婚姻财产的基础。男人接受一夫一妻制是要把他们积累的财富传给孩子，可以想见是传给他们自己的孩子。

所以他们要妻子恪守妇道绝对忠诚，而他们给自己留有较为宽泛的自由。男人拒绝让女人享受他自古以来就有的通奸权力，因为女人无法证明，并且要达到让表现主义戏剧大师斯特林堡一派都要满意的程度，她给她丈夫生的孩子的确是他的骨肉，不是他的朋友们的馈赠。

最后一点是男人的财产观念。男人用金子或用服务买来女人，这是许多代人的经历。所以男人的这种财产观念也延伸到了他妻子身上，还促进了他的强烈的嫉妒心的增长。他喜欢他的女人属于他；尽管他可以委曲求全地和一个对所有人都慷慨的姑娘睡上一夜、一周或一个月，他却想全权拥有他的妻子，拥有她的身体和她的灵魂。从理性的角度看，这是很滑稽的感情，我们不妨希望此种感情尽早削弱和消亡，但是只要这种感情还存在，每一种“试婚”都会使得女人身上的某一方面在婚姻领域的市场价值遭到贬值。就此而言，伴侣式的婚姻与自由恋爱一样，带给妇女的幸福令人怀疑，而对男人则是不费吹灰之力的恩赐。

不过这一切都是逻辑，而逻辑是比生活简单的。我们社会的性机制，像我们的肌肉协调能力一样，是潜在的本能和长期的种族经验的产物；企图消除那些年轻的理性尚不能理解的一切等于过分强调思维的绝对正确，其实弗洛伊德才刚刚开始揭示思维对性欲的屈从。理性的每一种建议都隐藏着上千种理性所无法预见的后果；把道德与社会剥离开来而使道德贴近自己的梦想的每一个知识分子，就如同业余水准的机械师给一部名车的发动机搞大修，十有八九的结果是功过参半。当智识和祖先的机制起了冲突，我们要放手让智识发难祖宗机制，但是发难的态度应该谦卑得像是小孩子面对圣贤那样。怀疑是智慧的起点；谦卑才能使人获得智慧。

倘若以上这些都得到了认可，那么还有一件事实需要考虑，就是经济环境改变了道德的实际情况，古老的习惯在城市化和不断创新的世界里失去了效力。婚前性行为越发普遍，这似乎已无法避免，不该发生的爱情越来越多，现代婚姻的延续期越发短暂，婚姻的中断越来越快，宿舍公寓取代了家，托儿所和学校代替了父母。在这样快速变化的环境中，罗素先生的建议只是各色实验当中的一种而已，只不过罗素先生的这一种是更加的没有顾忌罢了，其危害充其量也不至于超过其余的实验。

比方说，让小孩子们都不分男女地赤身裸体是令人羡慕的事，可是孩子们长到一定高度会向横向发展，再这么赤裸下去就不明智了；进入成年期就得着装，这是美的第一要求。至于淫秽制品，我的态度没有罗素先生那么自由开放。因为毫无限制地传播淫秽图片可能给儿童造成心理伤害（儿童如诗般的童年千万不要过早地僵化为散文),我赞成对淫秽出版物设禁;但是我主张让被告向由作家和艺术家组成的陪审团举证说明涉案作品就其总体而言是否以淫秽为唯一目的。这样做可以让文学和戏剧不受损害,而科学的传播也可以不受法律的阻碍。

对于罗素先生计划的其余部分我没有反对意见,不仅不反对,还发现其便利的地方。但是我由于年老力衰而忘记了我年轻时的偏见所以我更加认可正统的婚姻结合,因为从长远看,它比罗素先生提出的更激动人心的多样性婚姻带给人更大的满足。我恐怕罗素先生建议的通奸慰藉合法化要以高度的个人卫生为前提;但是我不确定妻子会相信丈夫说的他的通奸行为是消毒达标的,或者他会相信她说的她的通奸也是消毒达标的。很有可能的是我们大多数人明智地把沉默和虚假加入罗素先生的计划之中。没有比真实更具破坏力的了;能够永远彬彬有礼的人难道还能总是诚实的。(发明了诚实的那个人绝对不可能永远做到礼貌周到,那太难了。)

若是想让婚姻关系恢复健康,那么妻子儿女都要重新被作为经济财产来对待。为此我们将不得不认可妇女的家务完全由机器来代劳的事实,而这种代劳的后果必然是家的传承不再继续,而且会逐步消亡。让我们祈祷,因此而无所事事的妇女们在农业制过渡到工业制的转型期仍然装饰打理我们的家。今后孩子的教育费用将会越发地依赖国家,否则男女都会拒绝生育后代,那么孩子就将成为奢侈品,于是社会上只有穷人才生养。孕期、产期的费用,假如要充裕的话,足以使得知识精英却步,于是他们就会把生育留给没有知识的人,使生儿育女成为没有知识的人的专利,让他们继续繁殖无知无识的后代;假如这个种族不想没完没了地繁殖社会渣滓,那么用不了多久,养育费用就会由社区整体来承担了。

有了这些变化,婚姻可能再次地具有吸引力了。假如恢复了旧有的陪嫁制度,那么在经济日趋复杂因而社会保障缺乏的社会,嫁妆可以减轻经济尚未独立的年轻人的压力,于是早婚现象就可能会恢复,这不失为替代滥交的好办法。孩子们为初恋发狂,来求我们允许他们结婚,我们应该坚决支持孩子们因为爱情而结合,别让他们向银行举债;即使初恋的婚姻很短暂,在婚姻的延续期也是美好得像抒情诗一样。但是如果后来两个人都同意离婚,我们也应该允许他们离;不能要求他们永远地捆绑在这个婚姻之内,因为他们走到一起时还太年轻,何况现在的年轻人只是欠缺书本知识,其他方面是很聪明的,假如他们得知,像莎士比亚在《哈姆雷特》中说的那样,婚姻是一条有去无回的黄泉路,那他们压根就不会过早地步入婚姻了。

既然有这些可行性很好的结婚与离婚的相关规定,我认为没有理由让通奸合法化。忠诚固然不是自然天成的，可是礼貌也不是自然天成的；假如行为举止任其自然，人类还能有文明可言吗？允许在喜欢猎奇和满足于稳定这两者之间进行选择，允许在遍尝征服的乐趣和夫妻白头偕老这两者之间进行选择，稳定的白头到老的婚姻会使夫妻双方经历考验并留下记忆，这种牢不可破的结合是人类结合的最高境界。

至于我，我宁愿牺牲变化所带来的一切快乐，以及百老汇的全部的花样、胡闹、丑闻和美女以换取旧式的夫妻之间的忠诚和旧式的家庭。然而我并不想把个人的品位提升至道德的高度，也不想把我个人的一己之见变成法律；而且作为我们这个漂泊不定时代必须付出的代价，我还是欢迎各种创新和实验。我只想以我满怀的反动情绪很谦卑地对罗素先生说，我崇拜他的直白和勇气，他的朴素和赤裸裸；还有，无论他对祖先的道德规范反抗到什么程度，我相信罗素先生都会保持绅士风度，而且说到底这也是我对罗素先生唯一的道德要求。

3
走进文学

第一章
福楼拜礼赞

文体大家福楼拜

“我藐视一切的文学法则，只有一条例外：一种文学样式的成功完全是由于它对之前的那一种反其道而行之。”①艾米尔·法盖如是说。古典主义之后是浪漫主义；浪漫主义之后是现实主义；现实主义之后是象征主义；象征主义之后是世界上一切的主义：看来，艾米尔·法盖似乎是对的。然而他却错了！因为这些文学思潮当中的每一种都是缘于那个时代所发生的事件与那个时代所具有的特点。新思潮的出现不是由于对旧思潮的反对，而是出于一种反思，一种对那个时代的社会变革与知识背景所做的反思。古典主义是贵族制的一部分，浪漫主义是对新兴的资产阶级的补偿，现实主义是胜出的科学在文学方面的表现，现实主义是文学借用物理学和化学的客观角度来看这个世界的努力。

古斯塔夫·福楼拜是19世纪法国文学的高峰，因为他把这一切的思潮和文体都融于他那完美无瑕的手法：因为他在《包法利夫人》中确定了现实主义的手法，在《萨蓝波》里恢复了浪漫主义的手法，并在其所有的著作中，他都使得古典主义风格攀上了完美的的巅峰：简洁与节制。福楼拜之后再也没有人这样深刻地影响过文学，也没有人写得这样完美。

福楼拜的父亲和祖父都是医生。像陀思妥耶夫斯基一样，福楼拜也是在医学氛围里长大的；他喜欢诊断和开处方，而且畸形几乎令他走火入魔；他作品中的人物

---

① 见《古斯塔法·福楼拜》，巴黎，1913年，第68页。

就是他的患者，他的一个个“案例”；而且，福楼拜，像一个好大夫那样，让患者一个个都死去才让作品杀青。

福楼拜于1821年生于卢昂，正值拿破仑即将死于圣·海仑纳岛上的时候。福楼拜小时候被送到巴黎去拿学位和学习处世之道。25岁回到位于卢昂郊区的克鲁瓦塞和母亲及妹妹一起靠从父亲那里继承的微薄收入过活。除了三次去布列塔尼和一次近东之行以外，福楼拜一生都在克鲁瓦塞度过，他对于母亲那种弗洛伊德式的爱伴随了他一辈子而且他终生都躲避婚姻。

福楼拜的身体一开始很健康，后来得了一种病因不清、令他非常痛苦的、而且是致命的病。据爱德蒙·果塞说，年轻时的福楼拜“像希腊青年”那样精力充沛、风度优雅、兴奋活泼、与众不同；“他有着警卫一样的高大身材，像维京人一样的大脑袋”。但是后来出现了癫痫病的症状，于是抽搐毁了他的身体，忧郁毁了他的精神。1846年12月14日（他才25岁）那一天，他写道：“昨天我的额面动了个小手术，因为有脓肿；亚麻布包着我的脸，看上去很恐怖。好像临盆之前的腐烂和感染以及死后重新被腐败和炎症侵蚀还不够似的，我们在有生之年还要不断地腐烂变坏……今天丢颗牙齿，明天掉把头发；破个口、化个脓，起了泡，再用针挑破。此外还有脚上长鸡眼，还有可恶的天生的体腺臭，各种各样的而且气味各异的分泌物，人类自身的模样一点也不令人兴奋。怎么能想象人类会喜欢这一切！即使人们都喜欢自己，连我也喜欢我本人，我无论如何也不会厚颜无耻到揽镜自顾时还能不失声狂笑。”正如安纳托尔·法朗士所说[①]，“这是不雅的绝妙写照”，读过这段描述之后，看福楼拜的新拥趸们还敢爱他不。

神经方面的病痛令福楼拜变得胆小可是他又有好斗的傲气。感情上他容易被激怒，朋友们出于礼貌得对他让步才能和他相处。大部分时间朋友们都任由他变成一个仇恨人类的人，一个愿意独处的人。福楼拜恋爱过两次但是都没有结果。一次是爱上年长他11岁的一位女士而且是已婚的，后来福楼拜成为她丈夫和她一家人的朋友但是从来都没有吐露过对她的爱情。最后福楼拜退避到文学里去修行了，成为一名独身的文学“修士”。

福楼拜把自己圈在克鲁瓦塞，他想让所有的人都明白，除了最密切的朋友以外，他不想被任何人打扰；他给人们发出“不许碰我”(Noli me tangere)的警告。福楼

① 见《文学与人生札记》，纽约，1914年，卷2，第23页。

拜对于功利之事不感兴趣，任何人只要把宗教或者政治之类与文学艺术相提并论他就会瞪大了眼睛表现出一脸的错愕与怜悯。福楼拜和艺术结合了，把自己全部的创造力都献给了她，而且从她这里追求到自己全部的慰藉。福楼拜写道："我现在过着圣洁的生活，虽然我这个人生来就有许多欲求，但是神圣的文学已经变为我存在的一个部分。""热爱艺术超过热爱你自己吧！"这是福楼拜给我们的忠告。"这是一种不会让你失望的爱；疾病触不到这种爱，死亡也夺不走这种爱。"①

福楼拜9岁就决定要当一名伟大的作家。"我要写几部小说，已经打好腹稿了：《美丽的安妲露希安》《戴面罩的球》《谨慎的丈夫》。"②这些无非是献给成长过程的祭品，幸亏没有人给印成书。"啊，我年轻时多么明智，所以才没有把这些出版！否则我现在该多么的汗颜！"③为了追求完美，福楼拜心甘情愿地付出了多年的实践、劳神运思，屁股都坐疼了；日复一日、年复一年，福楼拜坐在写字台前雕琢每个词、每句话。福楼拜说："你不坐下来就没有办法思考，也没有办法写。"然而尼采却正相反，他太紧张以至无法长时间坐下来，他攻击福楼拜说："我抓到你了，你这个虚无主义者！坐着的生活是对圣灵的犯罪。行走时的思考才有价值。"④真所谓见仁见智。

福楼拜仇恨资产阶级，把资产阶级看成艺术的敌人，但是他自己又是资产阶级的种种美德——秩序、规律、精确、勤勉的典范；"人应该过资产阶级的生活但是应该像艺术家那样思考"⑤。"为了干好这一行，…… 你得每天工作8到10个小时，…… 你得有强健的体魄而且你的大脑的耐久力必须像巨神泰坦一样才行。"是啊，要有时间！"人生苦短！我永远写不完我想写的，甚至四分之一的梦想都实现不了。我们所感受到的那一切的力量，那压得我们透不过气来的力量，必定会随着我们的死去而消亡，无法继续奔腾四溢。"⑥

于是，福楼拜在沉默和孤独中工作着，有时一周才写一页，总是不满意已经写就的章节，为一个形容词折磨自己，为一个短语绞尽脑汁。"所有的表达法中，所有的形式中，所有的转折中，用来表达我想要说的内容的只有唯一的一个表达法、转

---

① 见《书信》，1860年7月20日。
② 法朗士作品引文，第24页。
③ 见《书信》，第73页。
④ 见《偶像的黄昏》，爱丁堡，1911年，第6页。
⑤ 引自洪奈克《自我主义者》，纽约，1910年，第113页。
⑥ 见《书信》，第59页。

折或形式是恰当的。”[①]“我宁愿像狗一样死去,也不会匆忙用一个生涩的句子搪塞!”小仲马说:“福楼拜会采伐整座树林的木材来制作一个壁橱。”[②]福楼拜列出完美散文的写作规则如下:“首先,紧紧把握你用的比喻;不许有题外的细节;循着一条直线写下去。”[③]“浓缩你的思想。没有思想只有华丽的辞藻不行。统一性——所有的东西都统一在内!一个整体——今天的大小作家都败在这里。…… 风格要紧凑。编织的作品应该像丝绸般的柔软,像邮包一样地结实。”永远不要在一页之内重复使用一个形容词,不要在一个句子里重复使用一个前置词;假如你“写到法兰西语言王国的边界去了”,那么你就犯了弥天大罪[④]。最后,每一个段落都须朗朗上口。“写得不好的句子经不住这一考验。 …… 当一个句子读起来与呼吸完全合拍,那就是正确的句子。”[⑤]福楼拜身体力行他的这些规则,经常是计程马车的司机们聚在他的窗户下面,还以为他们听到有人在歌唱,指望音乐会一结束就有人雇车呢,其实是福楼拜在抑扬顿挫地吟诵他那庄严雄伟的章句[⑥]。

精湛的技艺不会“自动地”、“灵感似的”降临到福楼拜身上;充满了语法错误和修辞上的瑕疵的福楼拜的书信多次描述他如何艰难地写作和修改。“啊!我知道错在哪里了,是所用的文体太恐怖了!”[⑦]“伏案太久了,我的脖子要断了。我使用了那么多的‘所有的’、‘但是’、‘为了’、‘然而’,这些我都必须删去,这些恶毒的章句真是没完没了。”[⑧]浪漫的人称之为“创作乐趣”的东西,对于福楼拜来说,是令他筋疲力尽的高烧。法朗士说:“人们不是为了自身的乐趣写佳作,而是迫于无法遏止的命运之压力。”[⑨]叔本华说天才存在于客观的知识中,但又补充说,还存在于永远不知疲倦地追求精致完美的意志里。

---

①见《福楼拜作品集》,纽约,1904年,《萨蓝波》,序言,第ixvii页。
②转引自葛塞尔(Gsell)《法朗士的观点》,纽约,1922年,第98页。
③见《书信》,第50页。
④法盖(Faguet),第146页。
⑤法盖(Faguet),第147页。
⑥胡内克,第122页。
⑦见《书信》,第102页。
⑧见《书信》,第52页。
⑨见《文学与人生札记》,卷2,第22页。

现实主义者福楼拜

福楼拜的第一部完美佳作终于出炉，1857 年《包法利夫人》以连载形式在《巴黎评论》上开始出现。福楼拜惊愕地发现他和他的出版商被控犯有不道德罪，因而出庭受审。满足淫欲从未进入过福楼拜的头脑之中；福楼拜绝对不会为了这个目的而辛苦劳作 6 个年头才完成一本书。他描写通奸就像他描写出麻疹一样，毫不动情，也没有特别的强调之处；那通奸的描写只不过是他分析一颗浪漫的心所使用的事件而已。他狂怒地进行无罪抗辩，在轰动了整个法国文学界的庭审之后，福楼拜和他的出版商被宣判无罪，因为，法庭认为，"该书的写作看起来不是…… 以引起肉欲满足为唯一目的"①。

《包法利夫人》一书大获成功，然而其后果却是对福楼拜的损害。这本书使读者大众期待福楼拜的每一本书都能愉快地撩拨他们那性欲的神经；可是他们发现福楼拜对文学的兴趣高于他对于性的兴趣，于是他们不再理会福楼拜，把他丢给精英们去阅读了。福楼拜像一位品德高尚的隐士，而且似乎因为有着圣安东尼一样的远见卓识而心满意足。福楼拜是"最少邪恶念头的男人"，他在《情感教育》一书中的这句话足以证明这一点。该书中的一个人物说："来得快的女人比维纳斯更有趣…… 你是这么看吗，杜萨地耶神父？""杜萨地耶不做声。他们挤兑他说出自己的品位。'这个'，杜萨地耶红着脸说，'说到我的品位，我希望永远爱同一个人！'…… 有好一会儿没有人说话，他们之中有些人被这一番坦言惊呆了，另一些人发现他的话也许就是他们灵魂深处隐秘的渴望。"②

福楼拜逐个地构建他故事里的人物。第一个，像我们所预期的，是那个乡村医生，包法利；福楼拜笔下的这个乡村医生与巴尔扎克《乡村医生》里的那个纯洁高尚的怪物相比，真实多了；福楼拜的乡村医生之所以更加真实是因为他更加的平庸——没有比平庸更加贴近生活的了。包法利在一个小城镇开始行医，他唯一的竞争者是药剂师贺迈，此人狡诈，靠偷偷地违法给人开处方发达起来，他的处方的死

---

① 见《法盖》，第 14 页。

②见《情感教育》，卷 1，第 87 页。

亡率并不见得高于包法利的死亡率。包法利也不抱怨，照样勤勉地行医，他的勤勉和他的无能不相上下。包法利悄无声息地生活在他那狭隘的中产阶级的环境中，享受着没有“往事”之累的幸福，幸福生活一直持续到他娶了一位美丽的女人。

包法利夫人是“小说里塑造最完美的人物形象”①。她阅读爱情故事而不读圣贤故事，以此来报复她在修道院接受的教育；她读过所有的浪漫故事，而且她想象着她和包法利的婚姻将会像她在书中读到的最温柔的田园诗一样的美丽。从最新出版的书本里她所读到的那些英雄品质和浪漫情感，都被她赋予了这位头脑简单的医生。

问题是即使是一位天才也会很快地在他夫人眼里变得乏味；过了一两年，她已经了解了他全部的思想，而且听腻了他的话；她认为他的知识毫不起眼，而且以呵欠来回应他的灵感什么的。天才的丈夫都如此，何况头脑简单有如包法利者，情况肯定更糟糕。包法利“没有理想”，可是在女人眼里，理想就是男人的生命；谁也不能长久地爱下去，除非爱的对象变化、发展、成长；女人的本质就在于刺激男人不断创造新的成就，可是包法利却很满足；从妇产科到爱情，他只追求四平八稳按部就班。“他的激情变为规律，他在固定的时刻拥抱她。这只是他诸多的习惯之一。”②

爱玛·包法利发现自己坐立不安。浪漫飞走了，可是她心里痒痒的要去追逐浪漫，她怎能容忍这种乏味的生活，她曾经梦想做侯爵夫人的呀？读者可能以为她需要的是生个孩子。福楼拜让她有了一个孩子，孩子现在由女仆带着，可是两年之后她又向往巴黎了，只要能去巴黎她认为一切就都会好起来。“她脸色苍白、心悸。包法利给她的处方是颉草与樟脑浴。”

接下去她邂逅了茹道夫，英俊，虽不道德却令人愉快，属于那些受过教育的、一发情就大谈自由恋爱的男士一类。他告诉她，她是多么美丽迷人，而这些话包法利有一年没说过了；她听了飘飘然，为自己又被人心仪渴望而激动不已。他用三段论引诱她，全然不知这些纯属多余。当他滔滔不绝地讲他对她的不朽之爱的时候，我们在他的间歇中听到镇长在对赶集的农民演说；我们看到一个老妇得到 5 块钱的奖金以酬劳她“在同一个农场的 54 年的忠诚服务”；我们看着她胆怯地接了钱，一路跑着缴给了神父去做弥撒，祈求她灵魂的永恒的安宁。如此成功地刻画这些互不

① 胡奈克，第 108 页。
② 见《包法利夫人》，现代图书版本，第 33 页。

相关的平淡事物,这些就发生在浪漫的爱情表白的中心周遭的琐事,这在文学中是极为罕见的,这些平凡琐事吞掉了时间的分分秒秒,也吞没了那爱情的表白。有几个月,茹道夫和爱玛暗中约会;可是由于她的爱有如倾盆大雨,他很快便厌倦了她。他俩经历了爱情降温的各个阶段。随着她“越发对他加倍地温柔”,“茹道夫越来越不屑掩饰他的冷淡”。她提议和他私奔时,他写了张便条给她,用谨慎的措辞表示了悔意,然后就消失了。她用宗教慰藉自己。“当她跪在哥特式的祈祷用的矮台上向上帝祷告时,祷告的内容仍然是她通奸时对情人倾泻的那些温柔话语。”①

一年之后她又邂逅了列昂,来自巴黎的一头“狮子”。他告诉她巴黎的壮丽荣光,他是为躲避债主而离开那里的;他和她做爱,只消说“巴黎就这样干”便轻而易举地说服了她。每周一次去见他使得她陷入谎言与债务的旋涡中;她毫无节制地把每一种美和每一种宠爱都献给他;于是她再一次发现,甘愿家庭破碎的男人可不是世界上最忠诚的情人。他腻味了她,她也腻味了他。“她又一次发现,通奸中也有存在于婚姻之中的那一切的平庸。”②——这是这本书里最核心的一句话,也是福楼拜讲得最为深刻的一句话。她恳求他借钱给她以偿还他们幽会的费用,他拔腿就跑了,于是她就服了毒。

临死前,她拥抱了自己的丈夫。“你是好人——你”,她哭着说。善良并不总是和能力为伍,而且爱的回报太丰厚就会导致爱的死亡,这两点都是永恒的悲剧。包法利温柔地安放了她,对她的奇遇毫不知情,只剩下对她的回忆。一切真实的灾难都不复存在,所以他更加地爱她了,死去的妻子永远没有不是。他找出她的那些小饰物来亲,准备当成宝贝珍藏,就在这些东西里他无意中发现了她给列昂的那些信以及茹道夫的一些照片。惊愕窒息了他的呼吸,仆人发现他坐在花园里,死了。

福楼拜原本打算禁止任何不真实的感情,无论是文学中还是生活中的,进入这本书,所以这种谋杀式的结局几乎是这书唯一的瑕疵。其实,这本书而不是后来的那一本反而应该叫做《情感教育》,这书给荒诞的资产阶级灵魂做出了精确的诊断结论。《包法利夫人》是冷静而精确的现实主义之最。与这书的绝无偏见的准确性相比, 左拉对于贫民窟之旅的描述简直就像是党徒们的宣传小册子。《包法利夫人》一书的观察之精致可以和司汤达的作品媲美,描述的深刻性不让巴尔扎克;可

---

① 见《包法利夫人》,第 167 页。

② 见《包法利夫人》,第 226 页。

是巴尔扎克是先描写后叙事,而福楼拜则是只通过叙事来描写,而且只是当他的人物来到现场并感知到现场时才描写。剧中每个人既是类型又是个体,仅仅通过一个人就能够揭示全人类;福楼拜书中所有的人物加在一起就是一本心理学的教科书和一本资产阶级的文明史。没有人比福楼拜更客观,他无论讲“好”还是讲“坏”都是一副殡仪员的模样。《包法利夫人》已经成为一种文学样式:一个伟大的文学流派从中成长——龚古尔兄弟(Goncourts)、都德(Daudet)、左拉(Zola)、莫泊桑(De Maupassant)。《包法利夫人》是真正的现实主义的第一本作品,而且是迄今最好的一本。

这本书太过愤世了吗?圣伯夫为本书中连一个高尚的人物都没有而颇觉得遗憾,而且本书的最后一笔写的是那个药剂师贺迈接续包法利行医而获得荣誉勋章,以此作为对他的肆无忌惮的无耻行径的奖赏。读者对此甚感愤慨,因为他们在学校里学的是德行与幸福才构成确定的因果关系。倘若本书假装是真正的生活之全貌,人们是无法容忍的;作为一个侧面的刻画,那简直就和照片一样真实。至于说道德,大家还是振作起来别灰心。《包法利夫人》一书中作为世上最不可恕的弥天大罪来揭露的罪行,只要一夫一妻制还在延续,是永远都会发生的。

浪漫主义者福楼拜

《包法利夫人》令福楼拜一举成名也令他臭名远扬。巴黎的好人们指责他腐蚀年轻人,而当他屈尊离开克鲁瓦塞到首都来请客做东时,巴黎的天才们则聚集在他的周围。莫泊桑形容说这个有病的“维京人”在他的各个房间里接受对手们给他的祝贺;各路文学巨擘有如奥林匹亚众神现身于晚宴,这些在马尼举行的晚宴都有着神圣的传统,福楼拜一一会见出席宴会的众人:圣伯夫和泰因、屠格涅夫和戈蒂埃、勒南和乔治桑、左拉和都德。这些都是那个时代的巨人。

在一片阿谀奉承中,福楼拜感到极其不满意:这位伟大的现实主义者不愿意被人们称为现实主义者。“当我告诉你们,你们在我的小说中发现的那卑鄙的现实主义，不仅令你们感到恶心，也同样让我感到恶心的时候，难道你们不相信我吗？如果你们了解我多一些你们就会知道我憎恶平庸的存活状态。我尽量让自己远离庸俗。”[①]福楼拜生活在平庸的环境中可是他憎恶这种环境，他描写真实的生活但是他向往心中的幻想。福楼拜在一封信里说：“我身上有两个人：一个是抒情诗人，喜欢新奇的，魂牵梦绕的，给人深刻印象的东西；另一个希望他描写的事物给人以完全是物质的本性的感觉。”因此，福楼拜在描写法国农村时他梦想的是遥远的色彩斑斓的东方。“想到我可能永远看不到中国，永远不会让驼铃催我入梦，永远也看不到卧在竹林中的老虎的眼睛在树林中闪闪发光——想到这些我非常难过。”[②]

每一位天才的身上都有浪漫的一面，因为天才的身上有诗人的成分。在柏拉图和歌德这样的人身上，年轻时的浪漫主义情怀逐渐地、自然地成熟起来演变成优雅的淡定；在拿破仑和福楼拜身上，浪漫的想象和典雅的睿智同时存在，轮流占据主导地位。福楼拜身上的主导成分是由被激怒的情感导致的愤怒的现实主义；他对于主题的全神贯注表明这一主题完全占据了他；他谴责浪漫主义正是因为他血液里有这东西而他急于想清除它，从而使自己变得“坚强”。

然而驱除了身体里的浪漫主义的福楼拜却发现自己又被历史中的浪漫主义所诱惑。“我疯狂地热爱历史！死人远比活人令我愉快。”[③]福楼拜一定知道像他这样喜欢坐在书桌前洞察天下的人在感情上是多么接近最狂野的浪漫主义；因为死去的曾经活过，活着的早晚会死；两者之中谁有魅力谁更愚钝只不过看人们的目的和兴趣罢了。假如我们是诗人，那么任何事物里就都有诗，甚至在厨房里赫拉克利特都发现众神。对于福楼拜来说，死人的好处是他们不会激怒他。以书为友的好处是我们想思考的时候，书就会不出声，而朋友却做不到这样。

于是福楼拜迷上了考古学，这使得他对古代知识的精湛了解不亚于对他的塞得山庄的鬼魂后裔。1873 年法朗士拜访他时，他没完没了地大谈荷马、欧里庇德斯和特洛伊。“看来他对自己没有生在阿迦曼侬时代由衷地遗憾。”[④]福楼拜在给乔治桑这位他最喜欢的通信人的信中说，“我好像从古代一路活到现在；我拥有对法老时期的记忆！…… 我当过尼罗河上的船夫；罗马—迦太基战争时期我是罗马的

① 见《书信》，第 75 页.
② 见《法盖》，第 27 页。
③ 见《书信》，第 87 页。
④ 见《文学与人生札记》，卷 2，第 20 页。

勇士;我是生活在罗马的贫民窟的古希腊的雄辩家,我在那里被臭虫咬得够呛;我死于十字军远征中,因为我吃了叙利亚海岸的葡萄;我当过海盗,做过和尚,扮过小丑还赶过马车;还当过东方的皇帝"!永远永远的东方——浪漫情怀的永恒的源泉。

不知是天才的冲动还是感情的迫使,福楼拜决定把他那全部被压抑的浪漫主义的情愫倾注到一部了不起的著作之中。他把克鲁瓦塞乃至全法国的资产阶级世界、狭隘的农民们、无情的金融家们全丢到了脑后,全身心地投入对东方的历史的研究。甚至在写《包法利夫人》的时候,他就构思着这本书:"我真盼着快点写完《包法利夫人》…… 好进入一个新的时期,全力以赴地去写美的人!…… 通过艺术来表达全部属于我自己的东西,我本人所感受到的…… 对于丑恶的东西和丑恶的环境我腻味透了。 …… 我计划用大概几年的时间和一个美妙的主题一起生活,全然不去理睬这个现代的世界。这是个疯狂的计划,不会受到读者的欢迎。那又怎样!人必须把为着自己而写放到首位。 …… 这是仅有的一次创造美的机会。"[①]

远在《包法利夫人》问世之前,福楼拜就于1849年去过了埃及、努比亚、巴勒斯坦、叙利亚、土耳其和希腊。他从来没有忘记过这些地方,而且一直都在阅读相关的资料。现在他完全沉浸在古代东方的研究之中。福楼拜问龚古尔兄弟:"目前你们在做什么?""至于我自己,我正在研读喀巴拉的著作和东方的神秘主义还有古代人的军事策略等等——大量的对我没有什么特殊用途的阅读,但是我受了良心的驱使深感要抓紧阅读这一切,当然对于我,这也是非常有趣的阅读!"[②]"关于迦太基人的一切,我相信我的阅读已经穷尽了这个题目的一切文本。"福楼拜花了9年的时间仔细阅读了古代的和现代的文献;然后,于1858年,他去了迦太基以便在当地继续他的研究。回来之后,他终于动笔了,经过4年的殚精竭虑福楼拜完成了他的佳作——《萨蓝波》。福楼拜为写这部浪漫主义小说所做的历史知识的积淀是极为罕见的。

故事写的是第一次罗马—迦太基战争(公元前268—公元前241年)之后的迦太基。故事的轮廓和中心人物在历史上都有根有据,但是由于故事背后的丰富素材被精心编织成有血有肉的叙事,所以我们根本感觉不到历史学家的存在。书中对

① 见《书信》,第59页;《法盖》,第45页。
② 见《书信》,1860年7月3日和20日。

迦太基城本身那雄伟的宫殿和灰暗的庙宇的描写不甚清晰，因为历史几乎连这个城市的概貌都没有留给我们；可是城的四周以及放眼望去那无边的大漠和那永恒的一切所构成的真实世界,虽然静默无言却隐约可见。

迦太基被打败,国王哈米尔卡流亡在外;国库几乎空虚,为迦太基而战的雇佣军在催发拖欠已久的军饷。统治该城的“远古神民们”以美丽的许诺搪塞部队,可又怕这些许诺无法满足部队的口腹之需，所以在哈米尔卡的宫殿里用好吃好喝招待部队。福楼拜以疯狂的执著转述当时那些令人食指大动的今天看来怪异费解的美味佳肴——蜗牛、炸蚂蚱、腌制的睡鼠;“还有,人们没忘把圆滚滚的毛色粉红闪亮的小狗狗也烹饪上桌”[1]。士兵们,战争已经使他们变得残忍无情,不要命地狂饮;喝得醉醺醺的士兵们准备抢劫宫殿了,这时,在宫殿上层的祭坛上,脸色苍白、神情庄重的萨蓝波,流亡的哈米尔卡的女儿,仍为处女身的女祭司,国神塔妮丝祭坛的主持,从大理石台阶上走下来,她用充满鄙视的美丽扫了他们一眼就令他们神魂颠倒,把他们全都震慑住,让他们断了那洗劫的念头。

士兵们走了,可是他们那野蛮的头儿,高卢人马托,发觉自己的心被萨蓝波的形象燃烧着。“她用人们看不见的枷锁束缚了我。如果我走路,就好像是她也在前行,我停下,她也不动！她的眼睛灼着我。我听见她的声音。她包围了我,她穿透了我。好像她已经变成了我的灵魂！…… 我恨她！我想鞭挞她！…… 我要把她处死！…… 没错,我要杀死她！”[2]

依然没有拿到军饷,而且在沙漠中挨饿,愤怒的士兵们返回来包围了该城。此处,写小说的人把他的考古知识给我们露了一手,他把古代如何围城讲得比任何历史书都清楚。焦躁不安的马托不顾危险地潜回城里并悄悄地进了哈米尔卡的宫殿,他必须再次见到萨蓝波。从已经入睡的狮子群中间穿行,他爬上了塔尼丝的祭坛,偷了女神的面纱,迷信的迦太基人认为那面纱是胜利必不可少的象征,面纱是如此的神圣以至人们不敢触碰它的持有者。用面纱的褶皱掩着脸,马托侵入了萨蓝波的寝室,无声地、渴望地注视着睡眠中的她。她醒了,轻蔑地任由他去崇拜,一看到面纱的贴近,她惊住了,命令侍从们抓住这个高卢人。趁侍从们犹豫是否要触碰遮盖

---

① 见《萨蓝波》,卷 1,第 3—4 页。

② 见《萨蓝波》,第 37—38、105 页;这种被爱的人无处不在的性幻想也重现于《圣安东尼的诱惑》和安纳托里·法朗士的与此同源的《塔伊斯》中的修士身上。

着他的神圣标志的刹那间,他逃出了宫殿;尽管愤怒之极的群众从四面八方冲他喊叫,他还是毫发无损地穿过街道回到了他的帐篷,为他的战利品沾沾自喜同时也为他的爱情而备受煎熬。

从那一时刻起,不幸的大潮就在这座城市涌起。每一次出击都失败,每一天都有人饿死。这些远古神民虽然仍旧憎恨哈米尔卡但是都希望他回来率领他们重振军威。哈米尔卡是个目中无人的贵族、狡猾的商人、对穷人慷慨的慈善家、野蛮的有天赋的将军、还是小汉尼拔和骄傲的处女萨蓝波的温柔的父亲:这是一个更加真实的人,因为他集这些矛盾的性格于一身。就在哈米尔卡率领重整的部队从迦太基出发去进攻围城的雇佣军的当晚,塔尼丝神庙的大祭司命令萨蓝波追回被盗的面纱,必要的话甚至得献身给那野蛮人。

她走过城中暗道来到敌营边上,克服了重重障碍,胆小的她来到了马托的帐篷,那个人和那块纱就在那里。马托凭着原始的感情冲动一把将她搂入怀里,就在这一刻,响起了集合号角——哈米尔卡发起了进攻。马托没有刹那的犹豫,身为战士的他战胜了作为情人的他;他撇下萨蓝波,忘记了面纱,冲出帐篷去率领他的部队。萨蓝波顺利地不慌不忙地拿到了那神圣的标志,然后书中出现了一句只有福楼拜才写得出的话:“她站在那里为没有实现的梦想而哀伤。”被人爱的感觉是多么甜蜜啊!

现在故事又在战场展开,福楼拜的描写层层升级,扣人心弦的力量以及恐惧与美丽交替出现。雇佣军被打败,尸横遍野。“妇女们张开双臂伸展双腿趴在尸体上,嘴对嘴、眉对眉;妇女必须打他们的男人,这样才能在地陷的时刻让男人退却。”[①] 马托率残部逃走,可是哈米尔卡,以无情的科学对阵原始的激情,早在峡谷布下陷阱,封锁了一切的出口等着敌人饿死。

雇佣军里最坚韧的士兵们聚在一起,一小圈一小圈地围坐在到处是尸体的平原上;他们裹着斗篷悲哀地一声不出。那些在城市里出生的士兵回忆着那热闹的街道、旅店、剧院、浴池等等。……另一些人则仿佛又看到了乡村的日落、玉米地里金色的谷浪、健硕的牛驾着犁耙上山。旅人梦想见到水池,猎人梦见他们的森林,老兵脑海里涌现厮杀的战场;在这令他们麻木的梦幻中,千

① 见《萨蓝波》,卷2,第45页。

> 万种思绪急促地翻滚碰撞和清晰的梦境搅在一起。突然间他们出现了幻觉;他们要穿山而逃就得找到能进得去的门。另一些人幻想自己在暴风雨中航行,给舵手发号施令。…… 也有人想象自己在宴会上大吃大喝还唱歌。许多人莫名其妙地狂躁地重复一句话或没完没了地做一个手势。然后当他们刚好抬头互相对视时,却从对方的脸上发现他们企图抢劫的后果原来如此恐怖,于是一片哽咽…… 死亡已经确定无疑,而且会马上降临每个人身上,无一幸免。[①]

哈米尔卡同意放了他们并且给他们食物，条件是马托同意接受迦太基给他的任何惩罚。因为大祭司已经把面纱的事情告诉了哈米尔卡而且萨蓝波也坦白了她去马托帐篷一事，这位父亲就是不相信马托会没有令萨蓝波破身。所以为了惩罚她,他逼迫她嫁给雇佣军里面一个背叛马托的家伙,此人名叫纳尔哈维斯。马托愿意受死以使他的部下可以活下来,这时哈米尔卡将军下令将马托折磨致死。行刑这一天被宣布为迦太基施虐狂们的假日;哈米尔卡就座于广场的王位,身旁坐着不情愿的萨蓝波;迦太基的全体人民手里攥着皮鞭站在街道两旁;马托赤身裸体被赶着从人群穿过,他一边跑一边被鞭挞上千次。最后他来到萨蓝波面前,已经是可怕的血肉模糊一团,透过鲜血直流的眼睛,他温柔地望了萨蓝波好一会儿。她从镶嵌着珠宝的座位上站起来,满怀哀怜地向他伸出双臂,惊愕的人群像被施了催眠术一般一动不动地哑了声音。可是那高卢人倒在了她的脚边,死了;萨蓝波无限悔恨地大叫一声,从纳尔哈维斯的手里挣脱出来,倒在了马托的尸体上,和他死在了一起。

从内容到形式这都是一个非常感人的故事，故事表现的意义和情感都自然而有力,而且有完美的文体。要说美中不足就仅仅是苦难和屠杀场面的描写太长了;迦太基儿童在祭坛的火焰中牺牲的描写既让人反感又违背历史的真实；最后的章节完全是乱哄哄的鞭挞的场面，每一章都像是报纸上的讣闻栏目。福楼拜写道:“我的写作在向前推进。眼下正全神贯注于大象的厮杀,我向你保证我会让成批的人有如苍蝇般被杀死;我要让血流成河。”[②]这个老施虐狂！人们禁不住要说,每一页都让有人死去很容易抓住读者的兴趣。《萨蓝波》一书的结构也有缺陷;我们想读到更多的关于萨蓝波的剧情;正如福楼拜自己向评论家们慷慨坦承的那样“底

---

① 见《萨蓝波》,第127页。

② 见《书信》,第94页。

座太大、铺垫太多，所以上面的塑像显得太小了。”[①]但是福楼拜的语言太棒了！比如这一段，写迦太基日出的：

> 一条横向的光带从东方升起，在那遥远的光带左下方，麦加拉纵横的河流似白色条纹开始蜿蜒在她绿色的原野。七角庙宇的圆锥屋顶、阶梯、台阶、垛子墙都让白色晨曦刻上了深浅不一的光和影；白色的浪花带将迦太基半岛推来推去地拥着摇着，绿宝石一样的海似乎在清晨新鲜的空气中凝固了。随着天空中的玫瑰色扩展开来，肃穆的房屋俯视着山坡上的土壤，像一群黑色的山羊沿着山坡而下，一层又一层，越来越多。清冷的街道拉长了；随处可见长过墙的高大棕榈树纹丝不动；储满了水的蓄水池宛如一个个的银扣遗落在庭院；赫尔迈乌姆的灯塔渐渐苍白起来。……一切物体上的红色都扩散开来因为太阳神似乎要化成万道霞光把迦太基城染成一片金黄。平底大船的船喙开始闪亮，卡蒙的屋顶像在火焰中燃烧，远处的庙宇正在开启一扇扇的庙门，门里射出的闪光依稀可辨。敞篷双轮马车，从乡间驶来，轧过石板路面……兑换银子的钱庄把顶层的招牌在交叉路口高高挂起，白鹳在空中翱翔，白帆在风中飘荡。在塔妮丝的林子里还能听到圣洁的官妓的手鼓声。[②]

法语的美丽在福楼拜的《萨蓝波》里得到登峰造极的展现，即使在译作里，我们仍然看到法语的闪光，听到它那悦耳的歌唱和那动听的小舌音。福楼拜说他曾经梦想“有那么一种文体，节奏像诗歌、精确性像科学、又有大提琴的深沉的哀叹与震颤、还要像火焰般炫目”。莫泊桑称这部作品是“散文形式的歌剧”，可是为什么一比较就要抬出歌剧来作为标准？这部作品中没有一句陈词滥调，没有一句陈腐的短语或比喻，没有泰因作品中的神经兮兮的句子，没有巴尔扎克作品中的粗糙与突兀，也没有雨果作品中的亢奋的修辞。这里有的是巴赫的音乐、欧里庇德斯的壮丽辉煌；有的是如同给庙宇雕梁画栋那样用心推敲出来的句子。这绝对是福楼拜的佳作；怪不得这一部也是他本人的最爱，而且这本书的创作过程一直使福楼拜处于极度欢愉的状态。这一部，而不是《包法利夫人》，才使得福楼拜成为全体法国人心目

① 见《法盖》，第 52 页。

② 见《萨蓝波》，卷 1，第 19 页脚注 。

中的文体之神，也是全世界的作家们的一代宗师，福楼拜不愧是现代散文的济慈。

愤世主义者福楼拜

在这样令人着迷的巅峰之作的创作之后，走下坡路是极其自然的事。对于已经沉埋地下的久远的过去所怀有的浪漫情愫，一经释怀，福楼拜便又回到了现实主义，还有他最中意的夙敌，资产阶级这里。福楼拜已经分析过了女人的浪漫性格；现在该分析男人的了，而且会更加的无情。弗里德里克是《情感教育》（1869年）一书中的主人公，按照法盖的表述，这位主人公可以说是包法利夫妇的儿子，他总是在吹美丽的肥皂泡，成天幻想，总是让生命中的恋爱大事和重大决策滑向毁灭。他学习很差，考试不及格，当不了律师。幸亏有一笔遗产救了他，可是没过几年他就把遗产挥霍光了。他梦想成就一番大事业，但是却忽视和逃避作为成就大事之必要手段的小事。他属于那种总是下决心但是总也不去果敢地执行，那种总是责备环境而从不检讨由于自己的无能所导致的后果的人；他“发现他那优秀的灵魂所期盼的幸福总是迟迟不造访他”[1]。

不过，弗里德里克是个慷慨的人，像大部分败家子那样。如果和彻头彻尾的资产阶级德罗利尔一比我们几乎就会喜欢上他了，后者只知道赚钱和摆阔。德罗利尔对弗里德里克谈到他的遗产时说“至于我，我要买银盘子”——福楼拜接下去补充道——“对价钱高的东西的喜好暴露了这个人的卑微出身”[2]。福楼拜对莫泊桑说：“谁的思想肮脏我就称谁为资产阶级。”[3]——要想贬低任何一个阶级都不妨使用这个定义。

《情感教育》的女主人公是阿尔努夫人，她的唯一的魅力是她的德行。她的丈夫和包法利夫人一样滥交，福楼拜似乎认为男女中倘若有一方是忠实的，那么必然

---

① 见《情感教育》，卷1，第8页。
② 见《情感教育》，卷1，第170页。
③ 见《萨蓝波》，引子，第liii页。

会使另一方不忠实。弗里德里克一出大学就爱上了阿尔努夫人，而她恰好有吸引年轻人的丰乳肥臀的成熟体型。他胆怯地下决心去引诱她，而且为达目的找到她家的大门；可是"一听到说'夫人不在家'，他立刻如释重负般地放下了一颗悬着的心"①。不过事情还是有转机，因为女人可以拒绝任何东西，只有男人对她的爱慕之情除外。就在阿尔努夫人刚要委身于他的时候，她的孩子得了重病，于是乎她向上帝发誓，只要能使儿子恢复健康"她会牺牲一切，乃至毁灭一切也在所不辞，包括她的第一次真感情，也是她作为女人的唯一的弱点"②。弗里德里克像往常一样地败下阵来，他用阿尔努夫人这位女冒险家来慰藉自己的同时却在追求一位女继承人，丹布茹丝夫人。怀里拥抱的是一个，而心里思念的却是另外一个，弗里德里克对自己说："我扮演着流氓的角色！"——与此同时"颇为欣赏自己的变态"③。可是丹布茹丝夫人失去了继承权，所以弗里德里克立刻取消了与她的婚约。50岁的他，在世界上孤独一人，和妓女鬼混，一个朋友也没有，既没有理想，也没有家。

和这个乏味的爱情故事交织在一起的是革命者杜萨尔梯耶的浪漫故事。他是个温和的社会主义者，刚好与残忍的社会主义者塞内郭尔形成对照；杜萨尔梯耶不蔑视任何朋友而塞内郭尔谴责与他的革命理论有分歧的任何人。1848年他们俩一起为共和而奋斗；1849年来临了，他们失望地看到激进派与保守派一样的贪得无厌，于是他们的平等梦想也随之毁灭。塞内郭尔卖身投靠警察局当了间谍。杜萨尔梯耶对弗里德里克说："我原以为革命一来我们就都幸福了；你还记得当时革命是多么美好的事物吗？——我们的呼吸都是自由的！可是现在我们却回到比原来更糟糕的环境里。"④1851年的政变又有杜萨尔梯耶的参加，这一次也仍然是为共和而战，不过此时的他已经不再相信共和了。弗里德里克赶到现场时，刚好看到这位社会主义者被警察所射杀，而他认出那警察就是塞内郭尔。

此处，现实主义的福楼拜，甚至是愤世的福楼拜，又回来了；有感于人类的一切的苦难，福楼拜开始怀疑这一切苦难都既无意义，也不起任何作用。与福楼拜那写实如照片的笔触所描写的幻想的破灭和生命的无意义等肮脏的画面相比，我们还是更多一点喜欢他的那些关于东方的王宫、神秘的处女、蛮族的酋长等浪漫的故

① 见《情感教育》，卷1，第82页。
② 见《情感教育》，卷2，第105页。
③ 见《情感教育》，卷2，第241页。
④ 见《情感教育》，卷2，第243页。

事。我们每个人都既是现实主义者又是浪漫主义者,两者交替轮换;福楼拜徘徊于这两者之间,像浮士德徘徊于梅菲斯特和玛格丽特之间一样;福楼拜从未把这两者织成一个统一体,无论是在他的艺术中还是在他的灵魂中。所以这种割裂让他最后癫狂了。

此种割裂在持续,福楼拜的疯狂在他最为震撼的作品之一——《圣安东尼的诱惑》(1874年)中开始显露。这一次的故事又发生在非洲,但不是在辉煌灿烂的皇宫里,而是沙漠中的小茅屋,而且没有武士、公主什么的,只有一个赤身裸体的癫狂的圣人。"30多年了,我在这沙漠里不断地呻吟。"[①]我们满以为经过一代人那么长时间的自我克制,这位圣人不会再受到诱惑了;然而正相反,原始的肉欲复活了,不仅如此,这欲望化脓了而且成了畸形;在自我鞭挞中,一种自虐的快感竟然把快乐的信息传达给他的痛苦:"啊!!啊!啊!每一鞭子都撕裂我的皮肤让我皮开肉绽。疼得厉害。啊!没有那么可怕!会习惯的。对我似乎是……多么开心啊!鞭挞有如亲吻。"[②]

各种诱惑接踵而至,比如下述这些夜晚入侵的魑魅魍魉:想让教会大幅度提升给予自己的持有俸禄,自己被诸多的信众顶礼膜拜的画面,祈祷在辩论中驳倒异端邪说。沙漠中灰尘覆盖的物体幻化成令人心神不宁的怪异形状:"悬崖边上长着一簇簇黄色树叶的古老棕榈树变成了女人的躯体探着身在深渊边沿。"[③]表情庄重的可爱的皇后主动把自己的美丽献给他;他拒绝了她,于是她就不见了,可是后面有个声音挥之不去地附在他的灵魂中对他说话。"不要拒绝,我无所不能。每一座树林都回应我的叹息;海浪因我的鼓动而喧嚣;美德、勇气和虔诚都被我香甜的呼吸所消融。男人的每一步都由我陪伴;在通向坟墓的门槛,男人回归到我的身边。"[④]知识的诱惑也向他发起了攻势:怀疑、拒否、异端;所有重量级的异教首领都在他的幻觉中涌现,向他耳语对正统信仰的挑战;那些已经灭亡的和遥远的种族的众神和偶像在他兴奋的脑海里一一闪过,而且佛陀讲述的他的本生故事竟然和上帝之子的故事在有关奇迹的细节上惊人的相似。魔鬼来了,把他驮到天空中;圣人惊恐地发现地球只是宇宙星辰构成的汪洋大海中的一个泥点,不是世界的中心,也不是万

① 见《圣安东尼的诱惑》,纽约,1904,第11页。
② 见《圣安东尼的诱惑》,第31页。
③ 见《圣安东尼的诱惑》,第14页。
④ 见《圣安东尼的诱惑》,第157页。

物创造、万物轮回、赎罪和复活的场地；魔鬼先于斯宾诺莎之前就提出了上帝的非人属性以及善与恶的主观相对性。安东尼从他的幻想之旅醒来发现他的弟子希拉里昂是个科学的怀疑论者，而且突然间象征性地长得又高又强壮。

《圣安东尼的诱惑》是一本行文优美、想象丰富的佳作，堪与米开朗琪罗所创作的那些备受煎熬的人物相媲美；在法朗士所著的《塔伊丝》一书中，无论是为女性灵魂辩护的思想，还是主张教士不禁婚的帕弗奴舍斯这一人物形象，都从《圣安东尼的诱惑》一书中汲取了源泉；勒南和法朗士作品里有诸多篇幅详细描述那已逝的古老信仰，这种怀旧情绪也是源于《圣安东尼的诱惑》一书；勒南和法朗士热爱这些古老的信仰，这份无法实现的感情在他们的这些作品中得以宣泄；有关这种信仰的知识业已失传，但是那感情却会留存人们的心中；《圣安东尼的诱惑》集天才和癫狂于一身，福楼拜为此书而埋头于对疯狂的探索，而且已经离绝望不远了；读者不禁边读边想，作者的大脑很快就要崩溃了。

献身者福楼拜

福楼拜去世时留下一部尚未完成的作品，《布瓦尔与佩居谢》，从手稿看很糟糕。故事讲的是政府部门的两个抄写员继承了一笔遗产，因而可以摆脱沉闷无聊的誊写工作，去实现到农村生活的梦想。于是他们阅读了农业方面的书籍，把书中的原则用于实践，可是结果失败了。他们于是放弃了农业又搞起了化学，陶醉于科学那壮观和迷人的前景；他们做实验，经历了数次爆炸之后觉得还是学地质学比较安全；“可是当他们得知自己的身体里有磷，像火柴那样，还有氢，像街灯一样，他们感到十分的屈辱”①。这一回轮到地质学使他们受挫了，因为他们被火成论者和水成论者的理论搞得很沮丧，于是他们从对地球的研究里钻出来开始学习考古和历史。但是这个领域里的权威们相互矛盾，所以一切都不确定；从华尔特·罗利爵士那

① 见《布瓦尔与佩居谢》，纽约，1904，卷1，第73页。

里他们得知甚至近期事件的证据也充满掩盖不住的矛盾，这令他们吃惊；于是，像马修·阿诺德一样，他们的结论是历史是一条充满谬误的长河，有如密西西比。他们又去弄文学，这下子好了，文学呈现给他们的东西，众所周知，是充满想象的；可是他们再一次失望地发现文学作品全然不顾及可能性和现实性，所呈现出的人性与人生的画面会把人引入歧途。于是他们开始投身于政治，做了革命者；可是虽然革命成功了而他们的结论却是政府的更替是世界上最肤浅的事物。于是他们在爱情上一试身手，结果一个人染上了病，另一个被人甩掉因为他的收入没有那位女士以为的那么多。于是他们开始学习哲学，继而断定哲学的历史是由一个接一个的驳论所编织而成的，而幻想的破灭与道德的沦丧就是哲学的终结。于是他们又回到宗教那里，跟着斯韦登伯格漫游于天堂和地狱；他们学会了挑战他的地理知识，并且告诉他，一切的灵性都是骗人的玩意。于是他们自己成了教育者，阅读改革派的书，运用新理论，却发觉他们的学生在他们的亲手教育下变成了恶棍。于是他们决定从成人教育入手，他们开创了一门讲座课程给老百姓；可是听课的人指责他们煽动造反，于是他们被逐出该城。这毁掉了他们的神经，令他们陷入绝望中。现在他们还能做什么呢？“悄悄地他们俩都怀揣一个好主意。他们都向对方隐瞒这个主意。一想到这个主意他们就会笑；终于他们互相通了气：‘做回抄写员。’”他们于是谋求原来的职务，而且如愿以偿。“他们坐下来抄写。”

这是多么令人心酸的哲学，也许智慧的获取离不开对于艰辛的品尝。这个故事如果是短篇就好了，只需要令人信服地揭示人类场景的一个侧面就够了；伏尔泰或者莫泊桑会把它变成一篇讲述绝望的珍品。仅凭这部作品的长度我们便得知福楼拜的疯狂已初见端倪。此处的福楼拜忘记了一条他自认为是非常基本的原则，即，“美”是超越“善”和“真”的，或许福楼拜发现这种肤浅的循环中自有一种但丁式的魅力在内。福楼拜对于揭露人类的愚蠢着了迷，因而扯着嗓门地去喊叫着寻找最佳的范例。他写信给左拉说：“你的作品引发的所有的愚蠢的评论你都给我保留好。此种文献我最感兴趣。”① “为什么每发现一个错误都令我喜滋滋的？…… 我喜欢看到人类以及人类所尊敬的一切都被作践、被奚落、被辱骂、被嘘；而且正是出于这一原因我对苦行僧还有些尊敬。”② “我觉得现在我对自己的同类有一种平静

① 见《书信》，1874年6月3日。

② 见《法盖》，第23页。

的仇恨,或者叫做静止的怜悯,'怜悯'一词与'仇恨'接近。过去两年里我有了长足的进步,当前的政治现状进一步确定了我先前对于有羽毛的两足动物的先验理论,我认为它们,总的来说,无非就是鹰类和鹅类。"[①]"贝勒宁不承认有美丽的女人;他更欣赏老虎。"[②]

福楼拜对于他后来的作品没有获得《包法利夫人》那样的认可很是愤愤不平;令他耿耿于怀的是甚至《三个故事》也胎死腹中,尽管其中有写得非常完美的《赫鲁特亚王后》,以及《医院牧师圣朱利安的传说》。更糟糕的是他的癫痫病越发的厉害了,发作更频繁,发作程度更严重。福楼拜失去了大部分亲友,或因为吵了架或因为做了古;晚年的福楼拜,贫苦而孤独,像个沮丧而独居的僧人,从他的乡间小屋观察他所鄙视的人类。福楼拜大声地说:"没有人了解我啊,我属于另一个世界。"

福楼拜的独身生活使他在精神上和母亲很亲近,所以母亲的去世使福楼拜的生活失去了意义。"过去的两周使我认识到我的可怜的好母亲是我最爱的人。失去母亲就好像撕去了我身体的一部分。"[③]没过多久,死亡又夺走了乔治·桑。虽然福楼拜只是靠通信和她联系,可她是福楼拜最亲密的朋友。"对我来说,好像是又把母亲埋葬了一次。"不久,福楼拜就追随她们而去了,1880 年 5 月 18 日,福楼拜死于中风,享年 58 岁。

乔治·桑曾经警告过福楼拜:"你太爱文学啦,文学会毁掉你的。"福楼拜清楚这一点,可是他并不在乎。我们大家反正注定都会被毁掉,那么为什么不让崇高的献身来毁掉呢?福楼拜愿意花上血的代价换取思想的力度和美以及技艺的精湛,这使他成为法国的经典之一。也许福楼拜缺乏透视法,缺乏对待自身的幽默感,所以没能使自己统一为一个整体。他缺乏伏尔泰和安纳托尔·法朗士的那份从容、魅力和清醒,但是福楼拜有深度、有严肃的激情和庄严的目的,相比之下那些享乐主义者就显得肤浅和轻佻。他们也热爱文学,但是不会为文学而献身。

"福楼拜",把他作为偶像来崇拜的他的学生莫泊桑说,"从青年时期开始就把他的一生献给了文学创作,始终不离不弃。福楼拜,像因为激情而战栗的恋人,把他的温柔毫无节制地奉献,每天都耗尽最大的力量去猛烈做爱,早晨刚一醒来便又

① 见《书信》,第 52 页。
② 见《情感教育》,卷 1,第 86 页。
③ 见《书信》,第 125 页。

开始聚精会神于他的所爱，就这样穷尽了他的一生。最后有一天，他终于倒下了，被击败，在他的写字台的脚边，被‘她’要了命，被文学，像一切伟大的灵魂那样被他们的激情燃烧致死”[①]。就让这句话作为福楼拜的墓志铭。

① 见《萨蓝波》，引子，第 lxi 页。

第二章
安纳托尔·法朗士

与众不同的安纳托尔·法朗士

安纳托尔·法朗士说："假如我是造物主，我不会让自己创造的男人和女人像现在的这一副大猩猩一般的尊容，我要比照昆虫的样子塑造人类，让他们一生都像毛毛虫，最后的时刻化成蝴蝶，在这生存的最后阶段不要有思想，只是去爱和被爱。我会把青年时期作为整个人生的尾声……于是男人和女人在生命的最后时刻便展开闪亮的翅膀，在最后的短暂时刻仅靠露珠和相互的渴望维持生命，在热烈的亲吻中狂喜而死①。

或许大自然就是按照这样的模式造就了安纳托尔·法朗士。我们大部分人会从生活中淡出引退到书本里，因胆怯而蜷缩于象牙塔之中；而安纳托尔·法朗士却从书本里钻出来投入生活中，把安静的学术研究抛在脑后，置身险象环生风云变幻的生活大潮。我们大部分人都是作为侃侃而谈的激进派步入社会，后来以哑了声的保守派而告终；随着我们对于银行存款的兴趣逐渐提升我们对于改革的兴趣逐渐减退。可是安纳托尔·法朗士却以极其顽固的保守主义者步入世界，一直坚持到他50岁；在这个大部分人的思想已经僵死的年龄，他却转过头来面对升起的太阳，并且和世界各地的自由派结盟。同样是44岁的时候，斯宾诺莎辞世、尼采发疯，而安纳托尔·法朗士却在此时加盟《时报》，这个法国最受人尊敬的杂志；52岁时，他以保

① 见《伊壁鸠鲁的乐园》，第47页。（参考书目大多是 Chapman and May 馆藏的英文译本，John Lane 出版的。凡是书名用法语的则是法文原著。）

守派的对立面,温和的自由派候选人,入选法兰西学院;74岁时他参加了共产党,并且把他获得的4万法郎的诺贝尔奖金捐给俄国救灾。40岁的时候他像一个八旬老翁,80岁的时候他却有着年轻人的反叛与乐观主义精神。随后他依靠露珠和情欲存活了一段时间;而且一直不肯辞世,直到他又变为青春少年。

我们应该如何解释这一异常现象?难道这位善良的老人饮过令青春永驻的神秘泉水?这位写了《人生与文学随笔》的并不活跃的怀疑主义者怎么会变成撰写《教会与共和》的勇士?这位《西尔维斯特·波纳尔的罪行》的作者,放荡不羁而又风趣幽默,怎么变成了具有冒险精神的革命党人而且还写出了《向着更美好的时代》和《在白石上》——这个钻图书馆故纸堆的、浸透古人的精神的、与世隔绝的书虫怎么会站在了斗争的前沿,成为向神甫、士兵和帝国主义宣战的自由与和平的斗士?

让我们仔细观察他的各个阶段,审视他的成长。也许我们会因此而了解这个天才为什么与常人迥异,进而解读他青春永驻的奥秘。

安纳托尔·法朗士其人

安纳托尔·雅克·蒂博生于1844年4月16日[①]。他是巴黎的儿子,所以他给自己的笔名是“法兰西”,这个名称是对他最好的概括。他认为自己是“从身体到精神彻头彻尾的巴黎人”,而且对巴黎有着“无尽的爱”[②]。他的声音就是自己出生地城市的声音:代表那个阅尽天地人生因而不再叹羡的巴黎,代表那个满怀种种希望又遍尝各种失败的巴黎,代表那个品味过每一种哲学也啜饮过每一种罪恶的巴黎;巴黎是西方文化、智慧与艺术的集大成者也是西方文化、智慧与艺术的中心。

法朗士说:“我们出生的时候就已经很老了。”[③]而且这不仅是指生物遗传方

① 他看起来像是纯粹的法兰西后裔虽然有人说他的父母有一方有犹太血统。

② 见《文学生活》,卷3,第295页。

③ 转引自J. H. 罗宾森的《思想的形成》,纽约,1921,第64页。

面：这个国家的文学艺术的全部财富都无孔不入地往法朗士那广博有如整个宇宙的灵魂中渗透。法朗士在他那往往会充满爱国柔情的段落里这样写道："我们法国文化是世界上最高尚最细腻的东西。"[①]正是缘于此，法国永远爱他，即使当他谴责法国的领导们把国家拖入战争并阻止和解及和平的实现时也仍旧爱他。就是这法国文化的奶水把他养大，他几乎把这位母亲的乳汁吸吮干了。没有人比他更了解这种文化，或者说广义上的拉丁文化。他对于德国文学和英国文学所知甚少，对于他周围的，勒南称之为"沉重的异常活跃的囊括欧亚大陆、北非、南北美洲的各种文学"，他更是一无所知。他是从里到外彻头彻尾地浸透着法国文化、拉丁文化、希腊文化的人，像柏格森的哲学记忆一样，法朗士把过去的一切都打好捆儿，背负在身上，只要他一开口，出来的就是法国的声音。在法朗士身上，我们看到法国文化更深层次的传承与延续。他能像拉伯雷那样令我们开怀大笑，有着像蒙田一样的亲切平和的心境以及伏尔泰那含蓄的讽刺。在他的《鹅掌女王烤肉店》里，法朗士就是拉伯雷，在《人生与文学随笔》里，法朗士就是蒙田，在《企鹅岛》里，法朗士就是伏尔泰，在《伊壁鸠鲁的花园》里，法朗士就是勒南，在《滑稽史》里的图布莱身上我们看到泰因笔下的格莱因多热，在《塔伊丝》里，我们仿佛置身于福楼拜在《圣安东尼的诱惑》中所描写的埃及沙漠中的修道院。法朗士与之相似的这些人有些共同之处，一种亲切的失落感、一种对城市的谙熟与世故、一种对精致细腻的生活的欣赏、一种异教的率直和对享乐的大胆、一种对于艺术的敏感和感动，这些使他们成为现代文学的无与伦比的王朝。安纳托尔·法朗士是这些人的继承者，是他们的转世再生，是他们的集大成者。

于是他就理所当然地获得了使用笔名"法兰西"的权利，他的真名被永远地湮没在笔名的光辉里。其实他的笔名来自他的父亲，弗朗索瓦·努艾尔·蒂博，由于父亲的友人们图省事称弗朗索瓦为"法兰西"。这位父亲是虔诚的天主教徒也是毫不妥协地维护凡丁传统的保守派，曾服务于查里十世的卫队并随着国王的垮台而没落。他把波旁王朝的信条教给儿子，向他转述法国革命那些丑恶的方方面面；安纳托尔几乎用了半个世纪的时间来摆脱父亲的影响，这种影响一直到《诸神渴了》（1912年）里才慢慢消失。安纳托尔的祖母则是完全不同的人，既不虔诚又不保皇但是非常聪明，她不信教只信伏尔泰；"她的不虔诚犹如小鸟；她绝对属于18世

① 见《人生与文学随笔》，卷1，第247页。

纪”[①]。

安纳托尔的父亲无法用传统方式教育儿子，因为他们在卢浮宫正对面的马拉给堤道有个书店，儿子就在那闪耀着无神论光辉的书海里成长起来。安纳托尔的摇篮周围簇拥着所有的文学大师们，前院堆满了顶级的世界艺术珍品。这一切似乎合谋着要把安纳托尔·法朗士变成一个学者、一个艺术家和一个哲学家。

在法朗士回忆录性质的作品——《友人之书》(1885)、《皮埃尔·诺兹亚尔》(1899)和《小皮埃尔》(1915)——里面他以孩子的天真活泼讲述了童年的故事，也许他青春永驻是因为他不断刷新儿时的记忆。“我的宇宙无限大。……大地在我的房子周围建了一个大大的圆圈。每天我都看到人们在街道上来来往往好像在做着陌生而有趣的游戏，生活的游戏。我确定他们人很多，超过一百。”过了一段时间，他离开房子更远了；保姆带他去动物园，而他以为那是伊甸园；因为“妈妈不是说伊甸园是‘一个很可爱的地方，里面有美丽的树木和造物主创造的所有的动物’吗”？唯一的不同是这里的“动物，由于文明进步的结果，都被关在铁条后面，……而且把守入口的手执火焰之剑的天使让位给了身着红色礼裤的士兵”[②]。

法朗士在很稚嫩的年龄就从一个叫阿尔芳静的小女孩那里领略到性的奥秘。“我感激阿尔芳静因为她在我才两岁的时候就大大地扩充了我关于人类本性的知识。”[③]法朗士是个聪明的小学生，这种早期的对于性爱知识的启蒙使他一生都在这方面享有优势。他不无骄傲的夸大其词地把自己描绘成一个坏小子。有一次他正淘气时被母亲抓住；“她脸红了，斜眼看着我，在我的脸上扫来扫去企图发现我蠢行或罪行的迹象”[④]。显然，他最大的罪行无非是好奇，他说他6岁的时候，“已经被好奇心折磨，这巨大的好奇心成为我生活的麻烦和快乐的源泉，让我终生对它进行探索而始终没有找到答案”[⑤]。

法朗士上学了，但是他在学校还没有在大街上学到的多。“我就读过的学校里只有在‘逃学博士’那里我最开心，学到的东西也最多。”[⑥]就学习价值而言，排在第二位的是书店。

---

① 转引自单克斯(Shanks)，《安纳托尔·法朗士》，芝加哥，1919，第7页。
② 见《皮埃尔·诺兹亚尔》，第19页。
③ 见《小皮埃尔》，第28页。
④ 见《小皮埃尔》，第134页。
⑤ 转引自G.米肖特《安纳托尔·法朗士》，巴黎，1913，第48页。
⑥ 见《小皮埃尔》，第51页。

我在码头边长大，那里的旧书构成了巴黎的一道风景线。……如果塞纳河是美丽的那么我们必须承认摆放在码头上的那些书就是镶嵌在塞纳河上的王冠……归根结底，最甜美温柔的乐趣莫过于在巴黎的码头上淘书了……在这些孤零零的旧书店里，你可以唤醒已逝者的灵魂就像手里拿着巫师的魔杖一样……就我而言，我在那里找到了智慧。那些油墨印刷的一沓沓的字纸教我懂得了成功的虚荣会退去，荣耀之花在盛开之后只能凋谢……啊，那些脏兮兮的犹太老人，耿直的书店老板，我的师傅们啊，我是多么的感谢你们！你们比大学的教授们强多了……你们向我展开过去生活的神秘，指给我看一座座人类思想宝贵的里程碑。①

我们仿佛看到法朗士"像蜜蜂在花丛中采蜜一样从一本书到另一本书，而时钟那无情的摆漠然而准确地削去生命的分分秒秒"。就是在这些书店里度过的时光给他打下了浩瀚的令人震惊的学问基础，那些学问的财富谦虚地藏在法朗士完美的艺术风格之中。在那些时日里，法朗士"作为家里的独生子生活在自己那充满想象的生活中"；书籍和女性伴随他成长使他成为一个温柔敏感的读书人，使他几乎成了这个地球上的异类。父亲对他的沉思习惯颇为反感，"独处"，父亲说道，"令人浮想联翩"。父亲怎么也没有想到是自然的天性选择了他的儿子使得他成为想象力极为丰富的艺术家；同时父亲也忘记了：活跃只会削弱想象，正如想象使活动迟钝一样。好动的男孩很少成为天才，甚至成不了行动方面的天才。而安纳托尔·法朗士早已决心成为一名天才。

在极其稚嫩的年龄我就想出名，想名垂千古，我被这种愿望所迷住。……假如有可能我一定会为了荣誉而奋战沙场。……可是我没有马匹、没有军服、没有团队、没有敌人，没有这些哪儿来的军队的功勋。所以我想我要成为圣徒。圣徒的着装比起军旅生涯的那些着装规定简单多了②。

① 见《皮埃尔·诺兹亚尔》，第59、72页；单克斯第22页；布兰地斯著《安纳托尔·法朗士》，纽约，1908，第15页。

② 见《友人之书》，第68页。

可以想见，这就是每天摄食圣徒传记的结果，这就是每天被不懈地喂食圣徒言行录的结果；更为永久性的后果是安纳托尔成了中世纪圣徒传说的专家，而且他的博学令神甫们伤透了脑筋。于是终于有那么一天，他拒绝吃早点，玩具也都不要了，毁了他最好的帽子，把这作为自我禁欲的苦行（正是在此时他母亲开始怀疑宗教），还把扶手椅的衬垫塞在后背上作为僧侣穿的刚毛衬衫惩罚自己。

像勒南和勒梅特尔一样，法朗士也被送到耶稣会的学校——史塔尼斯拉斯中学就读。“庙宇中锻造出来的是毁坏庙宇的大锤。”①法朗士喜欢那所学校的生活，只是不喜欢每周那令他苦恼的告解，因为他没有什么罪行可求恕的。他查阅了祈祷书上列出的罪行清单，发现了一些恐怖的罪名如“买卖圣职”、“推诿搪塞”、“淫欲”；因为他想不出比这更轻的罪行来，所以他决定把这些罪名加在自己身上；可是在最后一刻他退缩了，因为他想到可能神父会问他这些词的意思。他被迫满脸羞愧地承认，他什么罪也没有犯下。

在《如花之年》（1920）里，法朗士讲述了对他的学院生涯非常关键的一件事——“文理分科”，即，学生要选择是读自然科学还是文学艺术。他就“分科”一事求教于女佣可是却无法说服这位女佣根深蒂固的偏见：“分科”不是一种野兽就是一种疾病。他求教于父母而他们却让他自己做主。“我母亲毫不怀疑，无论我选择什么道路，我那炯烧的才华，尽管有时藏而不露，一定会显露出来，而我父亲则认为不管我学文还是学理我都永远不会有什么成就。”父亲的个人看法是分科本身就很荒谬。“无论我们做什么选择，我们的思想都会严重受损；因为脱离文学的自然科学必定会是机械的与野蛮的，而脱离科学的文学则必定会是空洞的，因为科学是文学的精髓。”父亲认为，掌权的资产阶级作为政治家是失败的，因为他们的头脑只是按照机械主义方式训练的，没有人文学科的熏陶；父亲认为大学里应该要求学生学一点希腊文和拉丁文；父亲坚信没有古典文学知识的人不适合做统治者。

> 我选择了文科，因为文科课程看起来比较轻松容易…… 本能没有欺骗我。在那些脏兮兮的房间里，古希腊和古罗马都帮过我的忙；希腊把科学与审美教给人，而罗马给世界带来和平…… 你们可以称我为贵族或清朝官员但是我相信经过六至七年的文学的熏陶会使我们的思想易于接受高尚的情愫、伟

① 见《商场的榆树》（*Elm-Tree on the Mall*），第13页。

大的力量和美感，而这些是无法通过其他方式获得的。[①]

也许正是由于这种高雅的异教文化的启示才颠覆了安纳托尔对天主教教条的信仰，就像类似的启示使得文艺复兴时期的意大利被异教所化了一样。此外，泰因和萧伯纳已经把决定论和进化论变成当时的时尚；还有，安纳托尔读了达尔文和斯宾塞之后成了激烈的进化论者，把博物馆作为他的庙宇，把馆中所陈列的，从软体动物到人的进化过程，看了个够。[②]此时的安纳托尔对科学有满腔的激情，他通读了物理学、天文学、地质学和人类学，而且在这些学科之上建立了他认为是无可置疑的哲学系统。由于要攻克这种哲学和科学，作为诗人的安纳托尔似乎失去了他的翅膀；出过两本诗歌集之后安纳托尔就改用散文来写诗了。也许，经过写诗的训练他才成为了那个年代法语最棒的大师。写过诗的人方能写出好的散文。

与此同时，他正在从一个天主教徒转变成一个相信不可知论的达尔文主义者，转变的过程颇不顺利。在《让·塞尔维安的愿望》（1882）一书中，他回忆了灵魂处于信仰衰落时所经历的折磨；他描写了让·塞尔维安变成异教徒所经历的种种变化，每一种都是下意识的：在塞尔维安的毕业典礼的当天，为他而骄傲的父母（他们期待他做牧师）当晚请儿子看戏，没想到他疯狂地爱上了女主角；爱情、信仰和怀疑在让·塞尔维安的灵魂里展开了令人沮丧的交锋；爱情、信仰和怀疑将塞尔维安引入相互矛盾的愿望里，这种描写简直就像是俄罗斯式的希望与绝望交替出现的翻版，最后这一切导致了让的自杀。像《少年维特之烦恼》里的歌德一样，安纳托尔·法朗士等于让塞尔维安代表自己去死，而他自己留下来讲这个故事。

① 见《如花之年》，载于《表盘》（*Dial*）杂志，1921 年 10 月号。

② 米肖特（Michaut），第 xii 页。

保守派安纳托尔·法朗士

法朗士毕业之后在勒迈尔出版社担任图书馆员和审校的工作，1876 年法朗士成为法国宪法委员会的图书馆馆员。这些职业强化了他的学术爱好，使他进一步钟情于古典文化。后来他被问到为什么他的私人藏书很少有现代作家的作品，法朗士回答说他很少阅读当代作品，因为这些作品讲的东西他都知道，而且是来自他的直接经验，所以更加值得信赖。利用图书馆和家里（他于 19 世纪 80 年代成了家）的这些安静的时日，法朗士完成了我们现在称之为他的第一时期的 4 部小说：《伊俄卡斯忒和饥饿的猫》（1879）、《波纳尔的罪行》（1881）、《让·塞尔维安的愿望》(1882)、《友人之书》(1885)。《友人之书》为我们展开了一幅童年的画卷，而《波纳尔的罪行》则是一幅老年的画卷。每一幅都是如此的亲切和真实，以至世人很难相信它们出自同一位作者，而且成书的年龄也几乎一样。

波纳尔是位上了年纪的享有尊荣的学院教授，在自己的图书馆里做些研究，房间里只有一把舒服的座椅，他和他的猫不免要抢着坐。波纳尔不时地到欧洲各地转悠一番收集一些学术方面的古董，他谦虚地认为，火花收集者特勒波伏夫人与自己在科学尊严方面享有同等的地位。我们发现他到离家很远的西西里，从起劲叫卖且很有说服力的小贩手中买切成一瓣瓣的西瓜：“Co tra calle vive, magna, e lava la facci”——“只要三分钱，包您吃、喝、外带洗脸。”[①] 可是无论做学问还是旅行，波纳尔的心思都不在手稿上，也不在旧版本上。多年来他都无望地却忠实地爱着一位女士，此人现已作古，但是她的女儿却在令人窒息的修道院中消瘦憔悴，无朋无友，原来是对这姑娘的牵挂使他分神。他没有合法的权利可以成为这姑娘的监护人，所以在黑夜的掩护下他把她偷出来接到他的家中。这就是他的罪恶。多年来他对姑娘宠爱有加。接着，不可避免的追求者来了；老波纳尔最为珍惜的宝贝不辞而别，令他感到前所未有的孤独。他并没有任何怨言，只是祝福这一对情人，而且为了给她凑一笔像样的嫁妆，变卖了他唯一的财产——他的图书馆，那是他花了一生的时间收集的，每一本书他都喜欢。姑娘走了之后，老波纳尔感到自己的两种至爱都弃他而

---

① 见《波纳尔的罪行》，第 35 页。

去了，于是他带着空落落的心回到了空空荡荡的书房，却发现他的猫已经霸占了他的坐椅。

这是一个非同寻常的故事，书中所传达的温情与细腻和同时代的作品大相径庭，当时的法国文学都在尝试着去破第六条戒律，每一本小说都离不开通奸。安纳托尔·法朗士一步登天成了经典。最具权威的巴黎报纸《时报》向他发出了难以拒绝的充满诱惑的邀请——每周为它写文学评论。这些评论文章后来汇集成书就是评论集《文学生活》（英文书名是《人生与文学随笔》）——这些坦率、主观和印象主义的评论为法国文学爱好者所钟爱。为《时报》撰稿这4年（1888—1892年）使得安纳托尔·法朗士成为法国文学的领军人物；1892年恩斯特·勒南去世，已经48岁的新批评家法朗士顺理成章地接替勒南登上了世界拉丁语系文化的王位。

这种文化是贵族式的、觉醒的、嬉戏而轻浮的。此刻的安纳托尔·法朗士意识到此种文化的唯一的罪行是：缺乏品位。“因为没有品位，你可以感动同样没有品位的人。”[①] 与触犯刑法相比，文体方面的错误更为恐怖。他谴责左拉的作品没有品位，可是他用于谴责左拉的语言却也很没有节制，这是法朗士极少使用的玷污他的行文的语言。[②] 这一时期法朗士的理想是“平和淡定（oequanimitas）”——斯宾诺莎的座右铭，斯宾诺莎实践了这一座右铭而尼采没有这么做。法朗士想在修道院那样与世隔绝的环境中隐居，他称自己为“哲学僧侣，内心深处属于迪拉玛修道院一派”[③]。

法朗士认为平静的奥秘在于和已故去的高尚灵魂生活在一起；他认为自己的评论就像是他的灵魂在佳作中探索徜徉。然而他注意到出版这些无穷无尽的书籍都是徒劳，几乎没有任何用处。“每次去书店浏览廉价书箱里的那些书我都忍不住悲从中来，是那种平静而温和的悲哀，于是我问自己，‘再给这一大堆墨汁污染的纸增加页数有什么用呢？’”[④] 他那著名的关于快乐者的衬衫的故事宣扬的是一种卢梭式的简朴：故事里有一位不开心的国王被一个算命的告之说如果他找到一件快乐者的衬衫他就能重新得到他的幸福，于是国王派他的左右到四面八方去寻找

① 见《文学生活》，卷1，第17页。

② 左拉满可以回敬说安纳托尔本人的品位是喜欢女人的内衣，例如《柳条模型》，第210页；《红宝石戒指》，第221页。

③ 见《人生与文学随笔》，卷1，第viii页。

④ 见《皮埃尔·诺兹亚尔》，第72页。

这样一个人；他们找了朝臣、金融家、热恋中人、将军、艺术家和哲学家，但是他们都坦白说自己有隐秘的苦难；当他们终于找到了一个拥有幸福的人时，却发现他是个隐士，在树林里生活，以土地的自然出产为食物而且他没有衬衫。

最后，俨然伏尔泰的孙儿辈，安纳托尔·法朗士启用老实人的福音书方式教育起人来了。“我相信种白菜比写书更明智…… 书籍是西方世界的鸦片。它们会吞噬我们。 …… 你们应该相信我告诉你们的，我就是爱书的人，我早已毫无保留地把自己献给了书籍。”[①]法朗士以羡慕的心情描写搓玉米粒的人：

> 在他们身边我的任务算个什么？在他们面前我感到自己多么谦卑和渺小啊！他们的工作是必不可少的。而我们，不过是轻浮的变戏法的，没用的吹笛子的！把地犁得笔直的牛和扶犁的人是多么的幸福！除此之外的一切都是疯狂，或至少是一种不确定性，是麻烦与担忧的缘由。从我的窗户向外望去，那些脱玉米粒的农工今天能脱三百捆，晚上回家睡觉时准会又累又满足，而且绝不怀疑他们工作的质量与意义。完成日常的确切任务多么令人开心啊！而我呢，今晚我完成了 10 页的写作之后，我会因为度过了充实的一天而心安理得地入睡吗？我怎么知道自己把好的精神食粮运进了精神的谷仓？怎么知道我写的话语就是生命之必不可少的食粮？[②]

热爱平静与有规律的生存方式使他的天性接近保守主义，使他热爱传统，热爱他如此崇拜的农民（而农民，毫无疑问，会对他的想法报以微笑，他竟然以为他们没有烦恼）。他对于过去了解的太多所以一谈到未来就容易兴奋。他认为一切都试过了。应该追求的不是乌托邦而是安定；文化的繁荣只有在强有力而且稳定的统治下才有可能。这一时期他的朋友都是保守阵营的——神甫、将军、外交官；如果后来法朗士在他的小说里给他们描写得那么逼真，那是因为他太了解他们了。后来，有一本反对军事化的小说《骑兵的悲惨遭遇》（*Le Cavalier Miserey*）出版了，而且有些法国士兵也买了这本书的时候，安纳托尔·法朗士却以赞许的态度援引了部队长官的苛刻法令——“营房里如果发现这本书应该在马粪堆上烧掉，发现一本就烧

① 见《人生与文学随笔》，卷 1，第 ix、xii 页。
② 见《人生与文学随笔》，卷 2，第 233 页。

掉一本，营房里如果发现有携带这本书的士兵就应当给那士兵关禁闭”。安纳托尔·法朗士说，“这一禁令的行文欠优雅，…… 不过我宁肯写这不优雅的禁令也不愿写那400页的小说。因为我相信这一禁令对我的祖国更有价值”①。再后来，某年的7月14日，法朗士热情洋溢地描写了全国休假日那一天的阅兵式，他用了爱国的口号“军队万岁！”作为文章的结尾。可是10年之后他满怀悲愤和哀伤地看着巴黎的暴民，在德莱弗斯和左拉的敌人煽动下，站在他的房前，冲着他的脸高喊那句爱国的口号。

伊壁鸠鲁派安纳托尔·法朗士

长寿拯救了安纳托尔·法朗士；长寿让他经历了半个世纪之久的青春期然后从容地达到成熟的年龄。在大部分创作者都已经完成一生的创作任务的年龄，他却突然放弃了正统的信仰和传统，开始创作一部又一部佳作。46岁的时候他写出了最好的长篇作品《塔伊丝》；48岁的时候他写出了最好的短篇小说《犹迪亚的检察官》（载于《珍珠之母》）；49岁的时候他最有趣的小说《鹅掌女王烤肉店》出笼；50岁的时候他写出了最有哲理的大作《伊壁鸠鲁的花园》。除此之外还有《热罗姆·瓜纳尔长老先生的见解》（1893），《红百合花》（1894），《人间悲剧》（1895）。这些构成了他的第二个创作期，时间跨度为1890年至1895年，这个时期标志着安纳托尔·法朗士在创作的数量和力度上都达到了巅峰期。

《塔伊丝》讲述女演员和圣徒的故事。故事发生在亚历山大港，整个城市都在谈论塔伊丝的舞蹈，尽管此时是公元2世纪，而且该城的宗教激情已经达到白热化的程度，这种宗教热情与来自西拜德修道院的谴责之声遥相呼应。无论穷人和富人都拜倒在塔伊丝的魅力下：哲学家们对于她的美丽褒贬不一；“搬运工、清洁工、码

① 见《人生与文学随笔》，卷1，第70页。

头苦力用买面包和大蒜的钱也要买票去看她的表演”[①]。同时,在沙漠中的圣僧,一度爱过塔伊丝的,派弗努舍斯,无法摆脱对她的回忆,他那再度苏醒的欲望变成了一种理性化的向往:他想要劝塔伊丝皈依神圣基督。他不顾修道院院长的警告,离开了他修行的单人小间踏上了往亚历山大城的路。安纳托尔很乐于揭示虔诚的信仰如何成了掩盖欲望的假面具,以及基督教法规和道德的防御工事在自然欲望的坚攻之下如何垮塌。

在一群崇拜塔伊丝的贵族那里,派弗努舍斯找到了她,贵族们的精彩讨论在智识方面使得僧人的情感大大地受挫。这小娼妇公然宣称鄙视他的布道,而且活像阿芙洛狄忒对希波吕托斯说话那样地警告他说:因为他蔑视爱情,所以维纳斯要报复他,难道人不是为爱而生吗,难道生存的救赎还能不依靠爱情吗?然而,尽管派弗努舍斯的灵魂因情欲而焦渴,却假装藐视她的魅力;他越是藐视她,她越是偷偷地想听命于他——隐身于女修道院去赎罪。正如男人追随美女一样(安纳托尔说:“当然了,美是世界上最伟大的力量。”),女人追随的是她眼中的力量所在。她厌倦了奴才般的恋人们以及他们的老掉牙的赞美词;让男人用他的命令去鞭策她,那该多么新颖!所以她就跟随派弗努舍斯回到了沙漠中,她进了女修道院,而胜利的僧人则回到了他的单人修行室。

然而他犯了带自己的肉身同行的错误,现在他的肉身无休止地折磨着他,他满脑子都是肉体享受的意象和梦想。他面前出现了鬼魂而且那鬼魂向他揭示了他原本忽视的真相:“你摆脱不了我:我就是女性之美。你逃到哪里能摆脱我,你这没有理智的傻瓜?万紫千红的花朵、优美的棕榈树、飞翔的鸽子、圈里的羚羊、潺潺的小溪、柔和的月光,哪里都有我的化身;如果你闭上眼睛,你会发现我就在你的身体里。”[②]终于,“梦想的力量大于现实[③]”,派弗努舍斯奔出修行的小屋,穿过沙漠,强行进入女修道院,却没想到,塔伊丝已经像圣人一样死去。他把她拥入怀里却发现抱着的

① 见《塔伊丝》,第83页。安纳托尔喜欢讲葛莱在为马斯涅的歌剧写脚本时遇到的剧中人起什么名字的难题。“葛莱坦言他不能用“派弗努舍斯”这名字做我的主人公,因为这个发音和一些高尚的字眼不押韵。与之押韵的词的意思又不好,比如“普斯”这个音的意思是“跳蚤”,“普里普斯”的意思是“包皮”,葛莱当然不满意。所以他把我书中主人公的名字改成“阿泰纳伊尔”(Athanael),与之押韵的都是很适合礼貌社会的好词,比如“天堂”、“圣坛”、“不真实的”以及“蜂蜜”。“参看葛塞尔(Gsell)《安纳托尔·法朗士的见解》,纽约,1922,第155页。”

② 见《塔伊丝》,第207页。

③ 见《塔伊丝》,第178页。

是一具尸体。圣洁的修女们反感于他想复活肉身的举动而把他驱逐到沙漠之中，他就在那里流浪到天亮，疯癫了。

文学作品中从未有过肉体战胜灵魂、享乐精神战胜斯多葛精神、异教精神战胜基督精神被刻画地如此精致而且以这样优雅的文笔与如此美妙的风格叙事。在本书中，作者的艺术表现力高于他的哲学教条，作者对享乐主义信条只给了暗示却并未明说。而在这一时期的其他作品中，如《鹅掌女王烤肉店》和《热罗姆·瓜纳尔长老的见解》里，作者对肉欲的兴趣显然占了那个艺术家的上风，有一个时期，安纳托尔·法朗士非常迷恋拉伯雷式的表现手法。《鹅掌女王烤肉店》一书中的那个烤肉店由雅克·杜尔内布罗什的父母打理；老两口为儿子规划的前程是做个教士，可是儿子却落入热罗姆·瓜纳尔长老以及两个姿色多于德行的姑娘手中。姑娘们以他们的朝三暮四折磨雅克——其中较为可爱的那一位问雅克："你以为做个漂亮姑娘又不惹麻烦是很容易的，是不是？"——而瓜纳尔就用哲学来安慰雅克。修道院的这位快活的长老是安纳托尔·法朗士作品中刻画的最为成功的人物，不过也许贝日莱先生除外。瓜纳尔的职业是神甫，他那总是滑落的裤子反映出他道德方面的不检点（假如裤子能够反映什么的话）；他的灵魂里既有对年轻女性身体的肉欲又有对古旧书籍的知识追求。在和他的学生的恋人做爱的前夜，他问道："和亚历山大的纸莎草相比，女人又算得了什么呢？"与他形成对照的是苦行炼金术士，达斯塔拉。这个人看不起女人，只喜欢科学和火蜥蜴。他说："两性之间的任何一种结合，远远不能保证这一对爱人的长生不老，所以，其实这种结合是死亡的明证。因此，假如我们注定要永垂不朽，我们就应该永远不知爱情为何物。"达斯塔拉还以酷似萧伯纳的腔调接着说："我向自己承诺，我一定要借助科学的力量，大大地延长人类寿命，使人类至少能活 5 到 6 个世纪之久。"他不喜欢感官的愉悦，认为进餐是可悲的兽行，还说"人类的牙齿是他们残忍的标志"[①]。"假如在全体专家教授中有哪怕是一名化学博士或哲学博士的话，我们就可以免去这些坐在餐桌边的饕餮狂欢了。博士会为我们准备好从肉类中提炼出来的精华，此种精华和我们人体的情感和偏好相适宜…… 我们可以免除长时间的累人的消化过程，人们会变得异乎寻常地敏捷，视力好到可以看清楚在月球海洋上滑行的船。"[②]就在这一番虚幻的乙太

① 见《鹅掌女王烤肉店》，第 115、59 页。

② 见《鹅掌女王烤肉店》，第 50 页。

福音之后,长老和他的学生雅克为着一个姑娘而大打出手,长老还杀了一位爵爷,躲藏在树林里,随后又劫持了犹太学者默塞伊德的漂亮女儿雅亿。可是默塞伊德紧追不放,并一刀捅死了长老,结束了故事。

在19世纪和20世纪之交,安纳托尔·法朗士不断地看到一种现象:男人追逐少女。《红百合花》是对理性和罪恶的又一种探索,这一次是由温和的享乐主义者舒莱特的评论话语来演绎这种现象(似乎用的是魏尔兰的模型)。安纳托尔相信,智慧是哲学和爱情的结合,其中爱情起着更为主要的作用。“没有人精确地为我指一条正确的路……唯有对美人的爱慕指引我。舍此,男人还能有更好的引路人吗?……假如我被迫在美人和真理之间二选一,我决不犹豫,我一定留下美人。……这世界上只有美是真实的”[①]。感官的美是艺术感受力的基础,伟大艺术家的天才的四分之三是感官的美构成的。[②]因此安纳托尔在成长过程中是一个毫不羞愧的享乐主义者,单纯地追求感官的享乐,像孩童那样以为理想国就在自己的拇指上。安纳托尔的眼里没有罪恶只有错误;“基督教太强调爱了,简直把爱变成了一种罪恶”[③]。他激情满怀地引述“热那亚海滨的美少女对圣母的祷告词:‘上帝的神圣的母亲啊,您没有犯罪就怀孕了,保佑我犯罪而不会怀上孕吧’”[④]。尼西亚斯宣扬肉体的享乐,派弗努舍斯天性里有这种欲望而自己却不知晓。安纳托尔承认“这个世界上一切都有代价,特别是享乐”[⑤];然而他“仍然坚定地主张,享乐比起任何一种对天性的违反都要优越得多,而且他反对‘受苦有益’的理论”[⑥]。“别听教士们宣传什么受苦有益”,他对工人阶级听众说,“享乐才是好的。……不要害怕享乐,当美的东西或者微笑的想法让我们去享受它们的时候,我们不要拒绝”[⑦]。

安纳托尔是一个在形而上学和道德方面的享乐主义者,他和伊壁鸠鲁一样,也相信一切事物都是由原子的各种排列组合所构成,而且安纳托尔“极为赞许构成女人的原子排列组合”[⑧]。的确,他偶尔也说几乎完全相反的话:德·台雷蒙先生说,

---

① 见《人生与文学随笔》,卷2,前言和第113页。
② 转引自葛塞尔,第180页。
③ 见《伊壁鸠鲁的花园》,第17页。
④ 见《在白石上》,第17页。
⑤ 见《人生与文学随笔》,卷1,第223页。
⑥ 布兰德斯,第107页。
⑦ 转引自单克斯,第217页。
⑧ 见《诸神渴了》,第165页。

“我注意到,造型完美的女人,…… 极为罕见”。“医生,您让我想起我的按摩师…… 我的按摩师说,‘假如您是按摩师,您绝对不想取女人身上的任何部分。’”[①] 不过安纳托尔还是无怨无悔地为美效劳,唯一的遗憾是美女有舌头。他写过一个小剧本,名为《娶了哑妻的男人》(对拉伯雷的阐释),其中讲到一个法官经过多方探询终于找到一位外科医生可以使他久已失声的妻子恢复话语权。“快给我拿镜子来”,妻子一发现她舌头变灵活了马上说,“你这个老笨蛋,你得在我过生日的时候买给我缎子长袍和天鹅绒滚边的斗篷”[②]。于是她开始像尼亚加拉大瀑布一样滔滔不绝地说起话来,以至法官为了不让自己发疯,恳求医生消除手术的效果,可是医生说那是违法的,于是法官安排了为自己拿掉听觉器官的手术。

我们很难发现安纳托尔·法朗士和女性这个要命的性别相处时是怎样的情形。他结过两次婚,这可以算做是对妇女的赞美;但是有些话语又表明他的悲愤与失望,比如,“希望在女人的心里占有一席之地如同妄想在流动的水面上盖上图章”[③]。他还说过,也许女人有权作践男人,作为对男人的报复,因为女人并非由于自身的原因而被男人爱,男人是为了要满足自己的肉欲才爱女人。雅亿警告雅克时说,“在爱情上,人千万不可以太自我中心,而男人恰恰不懂这一点,不过我们已教会了他们”[④]。安纳托尔自己说道,“在教育男人方面,女人的影响力很大;是女人的培训使得男人的天赋变成了男人的魅力,让男人拥有了礼貌、谨慎和自尊,那种不会过分自以为是的自尊。是女人的教导使得少数男人学会了讨喜的技巧,是女人的教导使所有的男人学会了非常实用的不讨人厌的窍门”[⑤]。

理想的女人,安纳托尔认为,应该趁魅力光芒四射的时候显得神秘而迷人,之后就引退到修道院去。或许女人在超自然的宗教影响下比在科学和怀疑主义的时代里更加地幸福一些。现把安纳托尔对女人的忠告节录如下:

> 想要从今天的你,这个既让人害怕又非常美妙的你,变成导致无数的牺牲和罪恶的那个冷漠和自主的你,你还需要两件事:文明和宗教,文明给你面纱,

---

① 见《路旁榆树》,第146页。
② 见《娶了哑妻的男人》,第51页。
③ 见《鹅掌女王烤肉店》,第184页。
④ 见《鹅掌女王烤肉店》,第121页。
⑤ 见《伊壁鸠鲁的花园》,第36页。

宗教给你顾忌。而后，你的力量就完美无缺啦，你现在既是神秘的又是罪恶的。…… 坦率地讲，我不认为理性主义对你有益。换位思考，如果处于你的位置，我不会喜欢生理学家，他们太过轻率，…… 我们认为你们精神焕发的时候他们却说你们有病。…… 在《黄金传奇》里他们可不是这么说的；在那本中世纪的书里，他们称呼你们为“白鸽”，“纯洁的百合”，“爱的玫瑰”。这多么悦耳，可是自从科学进驻，你们就天天被诠释为神经紧张，患了僵直症，出现幻觉…… 好自为之吧，我说：你们已经抖落了身上的部分神秘和魅力。[①]

怀疑主义者安纳托尔·法朗士

安纳托尔·法朗士忽略了蒙田的警告：“不要聪明过了头，否则你会变傻。”法朗士什么都研究，结果发现自己几乎什么也不懂。一切教育都会削弱确定性；只要人一开始推理，那整个的信仰系统就开始垮塌。“必须在尚未形成看法之前就已经有正确的看法否则就晚了。”[②]所以安纳托尔怀疑一切；米舒特把《伊壁鸠鲁的花园》称为“怀疑主义者大全”是非常准确的。泰因、勒南、伽桑狄和蒙田这四个人是什么都不信的，然而安纳托尔·法朗士却比这四位走得更远，他声称一切他都照收不误，理由是，在所有的哲学和宗教中，他认为没有什么好选择的，所以不妨全部吞下，像霍布斯所建议的那样。这是比任何的怀疑主义都更加苛刻的怀疑主义。

他喜欢天主教就像人们喜欢怀旧自己小时候住过的地方一样，但是他对天主教的教义却并不抱什么幻想。他认为天主教那各式各样的信条无非是“很古老的一大堆体系，其中包括了占星术和算术、警察规章…… 食谱和清洁戒律、原始农耕格言以及基本的行为规范”[③]。至于宇宙的格局，他认为，宇宙的杂乱无章而不是宇

① 见《伊壁鸠鲁的花园》，第 19 页。

② 见《企鹅岛》，第 156 页。

③ 见《皮埃尔·诺兹亚尔》，第 135 页。

宙的秩序与和谐更令他吃惊。可能有某种链条把世界串在一起构成了宇宙，但是“实际情况是这条链上的各个环节都纠缠在一起，恐怕是魔鬼本人也拆不开，哪怕是懂得逻辑学的魔鬼也没用”[①]。假如真有链条，那一定是盲目的无情的命定论的链条。在《法国快艇》里，安纳托尔用拿破仑的嘴说：“没有人能逃过命运的手心。布鲁图，一个平庸之辈，却相信人类意志的力量能战胜一切。更加伟大的人绝对不会抱有此种幻想。伟大的人物懂得：自己是无法超越必然的力量的…… 只有孩子们才会造反。伟大的人物不造反。人的生命是什么？一颗射出的子弹所必然会遵守的曲线而已。”[②]

我们生活在围绕气泡转动的一滴泥浆上。情况很有可能是这样的：

> 苍穹之上并不会有比地球上更多的宁静；地球上冲突争斗的法则同样统治着无穷的宇宙。…… 要存活就需要破坏，要行动就有伤亡。……宇宙的秩序就是冲突和谋杀，就是敌对势力的盲目的交战。宇宙自己毁灭自己，我越是思考这个问题就越是相信，宇宙是疯狂的。…… 大自然，我唯一的情妇，我唯一的教导者，没有给我任何暗示让我觉得生命有什么价值；正相反，她用各种方式让我明白生命没有任何价值。一切活物的唯一的目的与目标就是成为其他生物的食物，而其他生物也命定是同样的结局。…… 我乐意相信有机的生命体是我们这个不幸的小小行星上特有的恶魔。一想到在无限的天堂里有机体就这么无休止地吃和被吃真让人不寒而栗。[③]

总而言之，“从出色诗人的角度看，世界是个大悲剧”[④]。安纳托尔讲述了一个衣冠禽兽的故事。那人为了赢得打赌中的一瓶酒，把和自己同居的女孩扔到塞纳河里。[⑤]安纳托尔的悲观主义里面表现出他对文学本身的自我膨胀及自我贬值的厌恶，这体现在另一个故事里，这故事说有个国王，人家告诉他没几年好活了，于是他

---

① 见《米舒特》，第 19 页。

② 引自布兰地斯（Brandes），第 57 页。

③ 见《伊壁鸠鲁的花园》，第 12 页；《柳条模型》，（*Wicher-Work Women*），第 190、200 页；《诸神渴了》，第 69、61 页。

④ 见《塔伊丝》，第 129 页。

⑤ 见《人生与文学随笔》，卷 2，第 75 页。

花钱雇了一帮饱学之士为他写一部世界历史，并要在他死前完成，以便他可以读到。一年之后，国王病情恶化，于是他问起写书的进度，国王被告之仍然在写史前期，国王恳求他们聚精会神抓紧写给他看。又过了几个月，国王快死了，问及写书的进度，却被告之他们尚未完篇。最后，国王临终时恳求最睿智的历史学家简要地给他讲讲世界历史，这位历史学家说："他们出生，他们受苦，然后他们死去。"

安纳托尔认为无论是自然界还是历史，除了下意识的幽默以外，没有什么值得我们崇拜的东西。没有比人类的虚伪、妄想和痴恋更为可笑的了。我们不过是众神的笑料罢了。耶和华造了人类之后肯定看过了自己的作品而且发现不怎么样。"没有哪一个工匠对自己辛勤制作的对象更为厌恶和反感的了。耶和华想到过把他们都毁掉，也的确把他们大部分都淹死在洪水里了，他们确实只配被淹死。"① 瓜纳尔长老对雅克说："我们只不过是，我的孩子，会动弹的陶器罢了。"的确，看到这可悲的世界上人们以无比的勤奋在生育，死一个生一个，或者死一个生多个，而且每经历一次战争的破坏之后人类都会重新繁衍，波纳尔先生对他的管家说，"让这些不幸的小家伙们来到世界上当然是很不明智。可是，我亲爱的特蕾莎，这种事天天发生，全世界的哲学家一起来努力也无法革除这一习惯"②。（咱们自己的这位哲学家有过一个孩子，叫苏姗娜，嫁给了恩斯特·勒南的孙子，女婿在大战中丧生，女儿于1918年去世。③）于是安纳托尔悲哀地总结说这种习俗会一直延续到太阳不再发光、地球不再给人类提供食品；那时人类将会饿死，文明将会消失；"地球上最后的居民将变得贫穷与无知、弱小而愚钝，像原始时期那样"。其他的物种将会取代人类而成为造物的主人。有些无脊椎动物比人类更耐寒。谁能说那未来不是为他们准备的？说不定那未来世界的空间是为着这些无脊椎动物可以在其中不慌不忙地进行它们的活动所准备的。安知当地球不再适合我们人类的生存之后不会变得对这些无脊椎动物更加适宜？④

一切都命定要被取代，迟早而已；死亡的法则涂满在生命的面颊上。安纳托尔说，"我深刻地悟到事物的流逝以及所有的一切都是虚无。我猜测人类不过是宇宙幻象中的不断变换的各种意象，所以从觉悟的那一刻起我就对人类充满了悲哀、温

---

① 见《鹅掌女王烤肉店》，第101页。

② 见《波纳尔的罪行》，第10页。

③ J.L.梅《安纳托尔·法朗士》，伦敦，1924，第88页。

④ 见《伊壁鸠鲁的花园》，第26、28页。

柔和怜悯之情。”[①]安纳托尔讲到瓜纳尔时说，“他对人类怀有温和的鄙视”[②]。安纳托尔满怀深情地重复他那心爱的准则：“让我们把讽刺和怜悯一并交给人类，由人类去见证并听凭人类去评判吧。”[③]

安纳托尔对科学的怀疑与他对于神学的怀疑同样地无情。因为怀疑主义是对怀疑主义者自身的惩罚；要确立怀疑的原则就必须把自身驱赶回出发点，而且还要超越出发点。安纳托尔·法朗士，如同泰因和勒南一样，最初满怀对于这一使命的信心，要用科学的力量去清洁世界和改造世界，但是他最终放弃了对于这一使命的信心。“我憎恶科学，因为以前对科学爱之太甚所以现在恨之越深，颇似那些因为女人不符合他们的梦想而责备女人的酒色之徒，现在我憎恶科学。”[④]科学研究的对象是物质、空间、时间，也就是说，科学要和不可知的，或许是各种非实体打交道。我们只知道一种现实，即思维；人自身之外的一切都是不可知的，而人自身之内的一切又都是神秘的；“我们追求，结果我们只发现我们自己”[⑤]。科学是无力的，因为它不能改变人类的本性；如果人类本性不变，那么究竟是什么被改变了呢？可是勒南却相信科学“会改变世界，因为科学可以在山中凿隧道。……勒南欣然接受科学道德观的梦想，笑容灿烂地匍匐于这一梦想的脚下”[⑥]。然而教育只能使人更加聪明却不能让人更加善良。自从全民教育开展以来，腐败和欺骗就成了世界的主宰。

哲学的无能为力也和科学一样地令人失望。“圣贤们构建的哲学系统只是用来哄骗永远也长不大的人类，只是一些大话而已……古希腊人为我们树立了榜样，我步他们的后尘，于是我也喜欢听故事，喜欢听诗人和哲学家讲话。哲学和文学就是西方的《一千零一夜》。”[⑦]至于说安纳托尔，他才不屑搞自己的一套系统呢；他宁愿随便聊聊老学者们的曲折故事——什么波纳尔、瓜纳尔、贝日莱、图布莱、布罗杜——用这些人的嘴来说出安纳托尔自己那些或愉快或不愉快的想法。故事本身对安纳托尔是无所谓的，摆弄这些想法才是正经，才是他的本意。有位编辑把安

① 引自单克斯，第53页。
② 引自盖拉尔，《19世纪的法国文明》，伦敦，1914，第13页。
③ 引自盖拉尔，《19世纪的法国文明》，伦敦，1914，第13页。
④ 见《热罗姆·瓜纳尔长老的见解》，第113页。
⑤ 见《小皮埃尔》，第110页。
⑥ 见《伊壁鸠鲁的花园》，第51页。
⑦ 见《人生与文学随笔》，卷2，第134页；单克斯，第69页。

纳托尔一本书里各集的顺序搞混了，竟然没有人觉察到这一错误，甚至作者本人都没有看出来。[①]这种写作方法很有随笔漫谈的魅力而且不用顾及连贯性的问题。安纳托尔知道自己的思想有矛盾之处，但是也并不刻意地去纠正这个问题；相反，“他平静地凝视矛盾双方的永久的对立”[②]，似乎他的思考只是忠实地反映了事物本身的矛盾状态。安纳托尔说，“应该允许我们每一个人同时有两三种哲学；除非你创造出一种学说，否则没有理由相信任何一种是好的”[③]。安纳托尔认为一切话语中最睿智的一句是彼拉多提的关于真理的问题，可是他不认为人类回答得了这个问题。弗雷·乔凡尼，《人类的悲剧》（*The Human Tragedy*）里的人物，梦见一个多彩的圆盘一转动起来就变成了白色，这种由矛盾构成的物体就是真理的象征。安纳托尔，和蒙田看法一样，相信“为某种思想而献身等于为某种猜想定下相当高的价值。”[④]“理论被创造出来并公之于世的结果只能是遭到事实的责难，理论被肢解，被鼓吹，最后像气球一样爆破。”[⑤]

> 人之所以达到至高至纯的真理不是靠沉思或知识而是靠感受……思维是可怕的事。思维是溶解宇宙的酸；如果全世界的人决定立刻都来思考，那么世界马上不复存在。但是我们不必担心此种不幸会发生……知识分子发现的真理是不会有生命力的……试图用理论感动老百姓是愚蠢的想法。和摧毁各种各样的法律与各式各样的政府一样，要想摧毁偏见，也只能靠盲目的力量、聋耳的力量、缓慢的力量、不可抗拒的力量……人类作为一个整体本能地憎恶知识。这种憎恶知识的本能源于一种模糊的由来已久的信念：憎恶知识符合人类自身的最大利益……给平庸的大脑灌输科学真理犹如让这些真理沉入沼泽地去遭受灭顶之灾。科学真理在他们的头脑里不会引发任何的激荡而且无力摧毁他们头脑中的错误和偏见。对于你我有巨大影响的实验室的科学真理是不会影响公众的思想的……科学从未伤害过宗教，而且沉迷宗教的人数也并没有在减少，这一事实也能清楚地证明宗教活动的荒唐性。公众是不接受科学真

---

① 葛塞尔，第108页。
② 米舒特，第17页。
③ 见《人生与文学随笔》，卷2，第vi页。
④ 引自单克斯，第96页。
⑤ 见《友人之书》，法文版，第284页。

> 理的。民族国家靠神话而生存;它们从传说中汲取一切生存所必要的思想。他们需要的并不多,一些简单的寓言就足以令数百万人的生活金光闪闪。总之真理掌控不了人类……与谬误相比,真理有诸多劣势所以几乎笃定要灭亡……洛尔地的圣贝尔纳多特(Bernadotte of Lourdes)吸引了无数的朝圣者上路,让数十亿人朝着比利牛斯山脉的一座山峰拥去。而我的尊敬的友人皮耶·拉斐特,却向我保证说,我们已经进入实证主义哲学的时期……我们时代的科学将引来迷信……宗教就在我们眼皮底下出现……他们却声称要把他们的信仰建立在科学上……然而一切都是可能的,甚至包括真理的胜出。①

安纳托尔的结论是“领悟的愉快是一种悲哀的愉快”。“无知是人类幸福的必要条件,而且还必须承认大多数情况下我们都很好地满足了这一条件。”②古人明智地认为预言的本领是一种阴郁的致命的天赋,不幸的卡桑德拉就是这种信仰的化身。“如果有可能预知将要发生什么事,那么我们除了去死就没有什么可做的了。”③安纳托尔说贝日莱先生应该得到我们的怜悯因为他思考问题。“会思考是一大不幸,特别是在乡下。”④瓜纳尔长老对他的弟子说:“上帝保护你让你远离思考,我的孩子,如同他保护自己最伟大的圣徒们还有他特别爱护的那些灵魂一样,只有远离思考才能使他们永远地忠实于他。”⑤

尽管如此,安纳托尔·法朗士仍然喜欢思考带来的种种痛苦。“正如获得高度道德完善的宗教信仰者品尝到放弃信仰的乐趣一样,饱学之士一旦认识到周围的一切都是自负的做秀和虚张声势之后,便能深刻地品尝到哲学的悲哀,于是便忘记自身而陶醉于一种淡定的绝望所带来的喜悦之中。这是一种深刻而高尚的悲哀,凡是品尝过这种悲哀的人绝对不会用它去交换庸俗的大众的肤浅欢娱与空洞的希望。”⑥毕竟,哲学的探讨是多么惬意的事啊!安纳托尔不断地援引一位学者的话,“我们厌倦了一切,唯独领悟令我们愉快”;他还声称“思考是最伟大的人类探

---

① 见《塔伊丝》第175页;《文学生活》卷2,第173页;《热罗姆·瓜纳尔长老的见解》,第280、30页;《皮埃尔·诺兹亚尔》,第132、135页;《红宝石戒指》,第143、146、111页;《路旁榆树》,第107页。

② 见《诸神渴了》,第57页;米舒特,第34页。

③ 见《贝日莱先生在巴黎》,第174页。

④ 引自米舒特,第35页。

⑤ 引自布兰德斯,第5页。

⑥ 见《伊壁鸠鲁的花园》,第120页。

险”[①]。思考的确比行动伟大:“如果拿破仑有斯宾诺莎的头脑,他一定会住在阁楼里写出四部大作。”[②]安纳托尔还翻译了他非常钟爱的伊壁鸠鲁的片段:“拥有知识的人才是幸福的!这样的人不追求霸占其他公民的权力也不处心积虑地策划不正当的行为。这样的人凝视永恒的自然、沉思不变的秩序、思考万物的起源和构成宇宙的元素,这样的灵魂永不会被可耻的欲望所玷污。”[③]的确如此!没有比思考更高贵的了。“广袤的星空算不上神奇,神奇的是人类丈量了它……在荒凉的无穷大的宇宙之中,地球不过是一粒沙;然而,假如只有在地球上,人才能尝到思考的痛苦,那么地球就比其余的宇宙加在一起还要伟大。”[④]

《人类的悲剧》(*The Human Tragedy*)[⑤]记录了第二个时期的安纳托尔·法朗士的内心深处的起起落落。该书描绘了温和的弗雷·乔凡尼的虔诚与幸福,讲述了撒旦如何通过教给年轻的修士进行思考从而毁掉了他那简朴的快乐。“下界王”陛下说:“我要告诉他们真理,通过这种方式去折磨这些修士,而且我要一一向他们讲述理性的始末让修士们感到悲苦。我要把思想的利剑刺入他们的心脏。一旦懂得了真理,他们就愉快不起来了。因为,没有幻想就没有欢娱,平静只存在于无知中。”于是撒旦介绍乔凡尼认识了一个工人,工人向他揭露了现代社会的经济模式所带来的种种不公平和苦难。年轻修士的心灵被震撼、被激怒,于是他到城里去传播社会正义的新福音。第二天乔凡尼就被抓进监狱,在那里思考关于公民自由和社会正义的问题。魔鬼来跟他谈论神学,由于乔凡尼增多了疑问所以他的辩论越发地激情四溢。突然间,他的宗教信仰,像被风吹落的袍子一样,离他而去,原来是撒旦在他四周刮起了拒否的冷风,于是乔凡尼在冷风中颤抖。他在受苦,但是他并没有丧失自尊;他很感激这痛苦的觉醒;他追随撒旦往山上走的时候,对撒旦说:“你瞧!我是个不幸的人,因为我追随了你,人类的王子……由于你,我遭受苦难可是我爱你。我爱你因为你是我的苦难和骄傲、我的欢娱和愁苦、你有万物的灿烂也有他们的残忍……我品尝了分辨善恶的知识之果……我爱你因为由于你我被贬到地狱。”“乔凡尼靠在魔鬼天使长的肩膀上大哭起来。”

① 见《文学生活》,卷2,第303页。
② 见《贝日莱先生在巴黎》,第180页。
③ 见《人生与文学随笔》,卷2,第133页。
④ 见《伊壁鸠鲁的花园》,第16、50页。
⑤ 神奇的是此书可以用5美分在《小蓝丛书》系列里买到,Girard,堪萨斯州。

毫无疑问，当初安纳托尔·法朗士由于背离他年轻时的信仰而曾经遭受精神的创伤。他身上有着丰富的人类善良的乳汁，又有着对哲学与沉思的嗜好，这两者交织在一起，使得他天生是做神甫的料；直到最后，虽然他仍然心存怀疑，但是他身上还是保有特拉比斯特修士的某些气质，而且他称自己是“顽皮的本笃会修士”[①]他那位于塞德庄园的家有彩色的窗玻璃，他的图书馆装修得像个小教堂。[②]“他穿的晨衣剪裁成修士袍的式样……他总是戴一顶小教堂的神甫戴的瓜皮帽”；有时他活像献身犹太法典研究的一位拉比。他是“一名宗教物品的热心收藏家。对于基督教藏品的品位，世界上没有人能够与他相比……圣器、圣杯、圣体匣、圣餐碟、香炉把他的很多古董柜都塞满，可是仍然还有些藏品没处放”[③]。他的耳边经常响起古老的礼拜仪式的音乐，脑海里经常出现古代宗教仪式的壮观场面；天主教经常在他的灵魂深处向他低语，像埋在地底下的教堂的钟声，这些都和勒南的感觉一样。他是伟大的法国血脉的又一传人，圣伯夫恰如其分地描写道，这些人即使早已放弃了基督的信仰却也仍旧是天主教徒。

他具有宗教的一切情怀，但是他不信神学，也不承认自己有罪。他喜欢听母亲讲述的那许许多多的古老的宗教传说，而且尽管他谴责神学本身，他还是最喜欢沉迷于神学那精致细腻的神秘性。“他崇拜神秘的东西尽管他并不相信这些”[④]；神学的神秘性能调剂现实生活的平庸乏味。他在叙事过程中总是打断自己转而去叙述某位圣徒的故事——比如这一段，“阿洛伊修斯·贡萨格，此人非常地谦虚……以至只要母亲和他同处一室他便会脸红”[⑤]。他的忧郁的气质应该部分地归咎于这些虽然美丽却并不真实的圣徒传说。他对于神学的思考几乎从未动摇过他对于宗教的感情；在某种意义上，他属于那种“灵魂是天生的基督教徒”的异教徒。有时候他讲话的口气就像是只要稍微给他一点诱惑，他便会再一次地向古老的信仰敞开心扉。

看到年代久远的古老的谬误被炸毁，想到那即将取代它的新的谬误，我一丁点儿都高兴不起来；我问自己：会不会新的比旧的更加的不适宜、更加的危

① 见《人生与文学随笔》，卷 1，第 iii 页。
② 见《葛塞尔》，第 17 页。
③ 见《葛塞尔》，第 129 页。
④ 见《米舒特》，第 44 页。
⑤ 见《人生与文学随笔》，卷 1，第 24 页。

险呢？出于周到的充分的考虑，旧的偏见比新的偏见危害要少些；由于旧的偏见由来已久，时光打磨掉了其粗糙的部分，使它们看起来几乎是无辜的了……只要人类趴在女人的胸脯上吮奶，人类就会永远被供奉在庙宇里，就被接纳到天赐的神秘之中。于是人类就会有梦想。只要梦是美好的即便是假的又何妨？人类难道不是注定要陷入永久的幻想之中？幻想难道不恰恰是生命的条件？①

社会主义者安纳托尔·法朗士

在这种温和的愤世主义与强烈的绝望背后，安纳托尔·法朗士不仅把自己一度钟爱的信仰连根拔起，还对于自己所热爱的国家公然进行破坏。没有比法国人更爱国的了，也许就文化而言也没有比法国更值得人去爱的了。试想：一个对自己国家和自己城市怀有满腔热爱的 27 岁青年，听说了色当的灾难、目睹了巴黎被围困、继而被占领，目睹了绝望的公社社员的暴力行为，紧接着又看到胜利的资产阶级大规模地无情地处死公社社员，听到、看到这一切之后又怎能不愤世；再试想：40 岁的成熟男人目睹法国政坛的堕落、法国政治的腐败、目睹没文化的财阀们掌握了政权、目睹宗教反动派悄悄地杀回来控制了军队和贵族，并威胁要通过他们进而控制整个国家，听到、看到这一切之后又怎能不绝望；在这样不愉快的日子里，乐观主义是多么的不合情理啊！那些倒霉的时日对法国来说是赎罪的日子、是清醒地削减权利与放下自尊的日子、是用黑布遮盖标志着昔日辉煌雕像的日子。这是个动荡不安与屈辱丢脸的时代，怎么能要求成型于这一时代的思想家去欢呼雀跃政治学和哲学的成就，那实在太过分了。

或许安纳托尔·法朗士阅读了太多的历史，所以他只能成为政治上的怀疑主义者。对于人们所希望的民主制，他也只能报之以微笑；人类和野兽的差距还太小，所

---

① 见《伊壁鸠鲁的花园》，第 73 页；单克斯，第 35 页。

以无法成为公平的社会里能够自治的自由民。瓜纳尔长老是不会在人权宣言上签字的，“因为那宣言对于人类和大猩猩的差别的界定过于清晰而且也不够公平”。安纳托尔温和地说：“无论谁插手管理人类的问题都要牢记一点：人类是猴子。”而且瓜纳尔长老还说道：

> 变革政府的形式是既轻佻又空洞的做法，人的智慧不应该被这样地运用…… 最惊人的变化也不过是更换个别人，而从群众中来的人彼此相差无几，坏也坏不过一般人，好也好不过一般人……我注意到改革之后换上的人和以前的一样——自私、贪婪、残忍、胆小、愚蠢、琐屑，只不过这些品质轮番表现罢了；出生的人数、婚姻的数量、被欺骗的丈夫的数量、上绞刑架的人们的数量永远都一样，这些数字足以说明我们社会有良好的秩序。[①]

安纳托尔认为一切进步都应是缓慢的有规律的：“将来不会有巨大的变革，以前也从未有过——我是指迅速的突然的变革。所有的经济转型都是通过循序渐进的运做而完成的，如同自然界的力量那样仁慈与和缓。”[②]每一种社会状态都依赖于它之前的那个社会的状态，这就保证了发展的渐进性质。安纳托尔把这种渐进性质比做地质学里赖尔提出的均变说——地球表面的变化不是突然的火山爆发引起的而是缓慢的这里侵蚀一点那里升高一点积累起来的。“人们会想，这种潜在的因果理论如果能够从物理层面转移到道德”和政治的“领域来最终会带来什么好处”。“保守主义的精神和革命的精神会在这里找到相互妥协的共同基础。”[③]这两者在安纳托尔本人的哲学中达成了妥协。安纳托尔的哲学既是非常激进的又是极其保守的，在提倡变革这一点上，他的激进不亚于任何人；而在谴责改革的匆忙和所采取的暴力手段上，他的保守立场也不亚于任何人。

然而安纳托尔早期的情绪却完全是保守主义的。“怀疑主义者永远不会革法律的命，因为他不相信能够造出更好的法律来。”[④]尼西亚斯说：“好与坏只是存在于我们的看法中。聪明的人只靠习俗和惯例指引他的行动。由于我和我这个时代的

---

① 见《热罗姆·瓜纳尔长老的见解》，第161、182页。

② 见《伊壁鸠鲁的花园》，第115页。

③ 见《伊壁鸠鲁的花园》，第54页。

④ 见《人生与文学随笔》，卷1，第vii页。

所有偏见都保持一致。因此人们把我当成诚实的人。"[①]安纳托尔·法朗士相信，在上述的那些时日，强者永远剥削弱者，弱者总是用天堂和乌托邦式的理想国慰藉自己。与此同时，他保护自己不受自身的道德情感和美学判断的影响，尽量只做一名生活的看客而不做争取自由、正义、真理这种毫无希望的事业的斗士。"我总是倾向于把生活当作风景来观赏；我天生是一个看风景的人。"[②]所以他像一个参观卢浮宫的旅游者在人类事件中穿行而过；他写小说不像是一个对其中的事端感兴趣的人，而是更像一个优哉游哉的旁观者，更像奥林匹亚山上的神仙从云端和山顶往下看，像一尊伊壁鸠鲁神。他已经达到了心境的平和——不乱方寸不受干扰。

可是在1895年发生了德雷弗斯案件。法国军队里的一名犹太军官被控，说他卖军事秘密给德国；于是该犹太军官被处罚，降了级，递解到法属圭亚那的魔鬼岛。有些既爱国又不仇恨其他族类的法国人调查了此案之后报告说根据他们的判断，定罪依据的文件是伪造的。勇敢的左拉不顾各种势力的反对，无论反对是来自无知无识的人还是来自有头有脸的人，在《我控诉》一文中鲜明地挑战伪造文件者。安纳托尔·法朗士以前曾经苛刻地评论过左拉的几种小说；比如他说过左拉如果从未出世要好多了之类的话。但是现在这件事左拉是对的；安纳托尔于是毫不犹豫地站到左拉一边尽管这样做会使得他的损失比任何一个法国作家都大。《我控诉》一文刊登后的那天上午，巴黎被"知识分子的抗议书"（1898）震撼了；巴黎人惊诧地发现带头的签名者，就是安纳托尔·法朗士。

是什么感动了他使他突然冲出了象牙塔来到战场上？毫无疑问，部分的原因是他认识当时那些重要的犹太作家和犹太族的名媛淑女，但是更主要的原因是他憎恶偏见与狭隘。他喜欢传说，但是止于传说。让教堂扬言去重树旧时的威望和专制统治好了，而这个看似漫不经心的观望者，虽然他持怀疑主义但是那却并不影响他参加战斗。他看到对德雷弗斯不公正的背后是教会对军队的控制，以及企图利用军队恢复古老教会统治的征兆。他身上沉睡的伏尔泰精神苏醒了，安纳托尔奋起应对挑战，于是迷信和反动势力又一次尝到了法兰西讽刺的蛰痛，又一次遭受到法兰西智慧的撕咬。安纳托尔·法朗士现在一本接一本地奋笔疾书，他的愤怒汇成了激流；从他的温和气质里突然迸发出激情，因而引发了一场无情的大辩论，他那流畅的笔

---

① 见《塔伊丝》，第40页。

② 见《友人之书》，第113页。

化做了宝剑。在一场接一场的演说里,他毫无畏惧地回击暴徒们的沙文主义;尽管人群在他的屋外嘲笑他谴责他,他却继续战斗,和其他人一起,直至德雷弗斯重新受审、无罪开释、恢复名誉,直至整个战斗大获全胜。烈火见真金,这一场考验使我们看清楚了他的为人:他的怀疑主义的背后是个有热情信念之人;他的游戏人生的背后是个勇士;他的享乐主义的背后是个好兄弟,是个有爱心的人。

《当代历史》一书记录了他在第三阶段的转变和发展:从一个冷漠的看客变成一名满怀激情的参与者。《路旁的榆树》(1897)、《柳条模型》(1898)、《红宝石戒指》(1899)以及《贝日莱先生在巴黎》(1901),这一系列的书名故意起的漫无目的,以便让作品中那些反德雷弗斯者流的阴谋构成一个暂时的脚手架,用来对付对立面的那一位教授及其爱犬的哲学。

贝日莱先生和他的狗——里盖是这一趟知识奥德塞之旅的主角。狗也许是两者之中更具启蒙意义的思想者,因为它看人间的事是不带有人类的偏见的。当贝日莱先生分析上帝和国家的时候,里盖就在那里静悄悄地解析贝日莱先生和人类。在"里盖的思想"章节里我们看到了狗的哲学:

> 人、动物和石头离我越近变得越大,当它们非常接近我的时候就变得巨大。我不是这样。我无论在哪里都是这么大……狗的气味是很香的气味……我讲话是有选择的。我主人嘴里发出的声音也有所谓意义。但是那些意义没有我的声音所表达得那么清晰。我的每一种声音都有特定的意义。但是从我主人的嘴里却吐出来很多胡说八道的言语。

这一段文字很富有想象力并绝妙地影射了人类的偏见。再看下面这一段,以充满同情的洞察力描写里盖在转移贝日莱先生行李至巴黎时所扮演的角色。

> 搬家的那些天,里盖忧郁地在惨遭破坏的房间漫步穿行……古怪的、衣裳褴褛的、气势汹汹的、恶语伤人的人类扰乱了他的宁静……只要他刚一坐上去,那椅子就被拿走,他那饱受迫害的身体下面的地毯被冷不丁地撤走,所以他在自己的家里都不知道该把头放在哪里。①

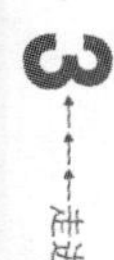

① 见《贝日莱先生在巴黎》,第12页。

除了里盖之外,贝日莱先生还有妻子,她不如里盖那么忠诚。弗雷·乔凡尼以前曾经说:“只有聪明的男人才被欺骗。”①贝日莱先生发现他的妻子坐在一个朋友的大腿上可是他却什么也没有说,他用史无前例的非人道的诡计令她陷入绝望,因为他打那之后就完全地忽视她的存在了。最终,她选择了离婚,尽管丢面子但是今后的生活会比较有趣,她不愿意再继续这种无法忍受的沉默;于是她的地位由学者的妹妹所取代,贞洁的心如止水的左伊。

在这4卷书里,贝日莱先生逐渐地,和创造了他的那位作者一样,从一个从容的保守派人士进化为一个觉醒了的造反者,即使不是肩上扛步枪也至少是手里握笔杆的,为正义事业而战的人。他仍然瞧不起民主制,而且憎恶革命,但是有些事情还是触动了他的感情。

> 只有疯狂的人和野心勃勃的人才干革命……说真的,我不认为国家的形式有多么重要。政府的变化不会改变个人的条件。我们既不靠宪法也不靠宪章,而是靠本能和道德……不,我不相信人性善。我所看到的是人类刚刚痛苦地缓慢地摆脱原始的野蛮,费了很大力气弄出来的司法公正还不够确定,兴起的慈善事业也不让人放心。要人类温和地相互善待还需要很长一段时间。要他们互不开战也还需要很长的一段时间,更不用说还要多久才能让人类把描绘战争的图画藏匿起来,因为这些画面见证了那些既不道德又不雅观的战争场面……但是我也相信人类在最不沮丧的时候是最不凶残的,而且从长远看,我相信工业进步会使人们的举止有所软化。……我预言人类灵魂的拯救会来自机器自身。……莱顿瓶释放的电火花,那精巧的小火星儿的神奇早在18世纪就令哲学家惊叹不已,机器会完成拯救人类的奇迹。……拥有统治权的是科学而不是人类;一件蠢事经过三千六百万张嘴的重复并不会因此而不再是蠢事。大多数人,一般说来,表现出非常优秀的奴性。在弱者中,软弱性和弱者的人数成正比。暴民永远是惰性的,只有在挨饿的时候他们才有一点精力。……那么我们怎样才能改变这个世界呢?靠语言的力量。……没有比语言更有力量的了。……语言是战无不胜的武器,没有这个武器,世界将属于武装起来的野兽。

① 见《人类悲剧》,第79页。

什么可以阻止野兽使用武器？只有思想可以，赤裸的、没有武器的思想。……只有思想才能统治世界。[①]

在巴黎，贝日莱先生结识了鲁巴赫，此人是社会主义者，也是个木匠，他是来给贝日莱先生修理书架并讲给他听巴黎的激进派的事情，巴黎拥有不下一千零一种激进派。鲁巴赫悲哀地说："这儿没有多少社会主义者，而仅有的几个意见还不统一。"[②]他感谢教授来为德雷弗斯辩护："您做的事情很不寻常；您伤害自己的阶级，不屈从于大盖帽和牧师（指军队和教会）。""我讨厌作假，我的孩子"，贝日莱先生说，"语文学家肯定是被允许那样做的啦"[③]？

鲁巴赫的出场标志着劳动者和知识分子在为德雷弗斯辩护这一问题上结成了"神圣同盟"，而且这也是安纳托尔从保守派转向社会主义者的标志。他一直以来都同情单纯的百姓；现在他发现虽然自己的头脑仍然是怀疑主义的可是他的感情是越来越向往老百姓那显然是乌托邦的理想了。他放弃了为艺术而艺术的概念，很高兴把自己的天才献给被压迫者。他加入了社会主义党，该政党在他死后成为了法国最强大的政党；他为大众演讲毫不惜时惜力也毫不自傲。他像英国的威廉·莫里斯一样，让人们领他到背街小巷的厅里为那些因劳作与失败而疲惫和失望的男男女女们演讲。也许文学历史上最美丽的莫过于这样的画面：伟大的艺术家，享有盛誉的学问人，来到老百姓面前的讲台上，和老百姓站在一起反抗强权势力。他遭遇了惯常的傲慢无理：政府派密探去他的集会地点，用"无政府主义万岁！"的口号败坏他的名声——然而即使这种口号也吓不倒这个藐视一切权势的人。保尔·葛塞尔这样描述这一时期的安纳托尔，此时老哲学家已经成为政治运动的积极参与者，"在群众集会上他会语塞。于是只好念稿。他拖着鼻腔念稿，这使得演讲显得庄严。遇到要临时发挥的地方他就结巴起来不知所措。他这种感情本身就是对听众的最好的赞美，而听众则因为吓到一位天才而自豪，于是拼命地给他鼓掌"[④]。

他并不十分确定社会主义者们所建议的是否正确，但是他由衷地赞成他们所谴责的那一切。比如他很久以来都谴责军事主义，他认为兵役制是当代最大的罪

① 见《路旁榆树》，第171页；《贝日莱先生在巴黎》第173、176、118、182页。
② 见《路旁榆树》，第64页。
③ 见《路旁榆树》，第64页。
④ 葛塞尔，第235页。

恶。他借舒莱特的嘴巴说：

> 兵役制是现代最丑陋的发明。……把杀戮变成每个人的义务是国王们与共和国们的耻辱，是一切罪恶之首。在我们称之为蛮荒的时代，城邦国家和王公们把防御任务交给雇佣军，而这些雇佣军打起仗来很谨慎所以他们令人起敬。一场大战斗也许只死五六个人。武士们去打仗至少不是被迫的，即使阵亡也是乐在其中，而且除了打仗他们也做不了其他什么。在圣路易的时代，做梦也不会有人想到把有学问有智慧的人送到前线去；也不会有人想到把田里的劳动者抓去强迫他上战场。而现在我们却告诉他应征入伍光荣而如果他不喜欢此种荣誉我们就枪毙他。他出于恐惧只好屈服，因为人类是家畜中最胆小最能顺应的。……需要说明的是我们的着装极大地影响我们的道德现状。……只消给小丑一顶熊皮帽就足以使他为国王的部队在战场上拼个头破血流。文明的民族像猎犬。一种变态的本能驱赶着他们既不是贪图利益又丝毫没有道理地去杀戮与破坏。……有着共同信仰的人不会有迫切的愿望去清除异己的，特别是假如他们和异己之间的差异微乎其微，这就是事情的真相。①

军事主义的背后就是帝国主义，就是想建立帝国的独裁专制，以控制土地和控制头脑单纯的百姓的生命，很不幸的是虽然这些老百姓拥有宝贵的自然资源却无法拥有陆军和海军为他们效劳。

> 弗雷·乔凡尼知道卖主是买主的敌人，而且贸易的艺术不亚于战争的艺术，甚至害处更大。……西印度群岛的发现、对非洲的探索以及太平洋上的航海事业为欧洲的贪婪提供了大片的领域。白种人的诸多王国为灭绝红种人、黄种人和黑种人而喋喋不休地争吵，在长达4个世纪的时间里毫无节制地抢掠世界四分之三的地盘。这就是所谓现代文明。

安纳托尔称呼现代文明为“白祸”②。

---

① 见《贝日莱先生在巴黎》，第81页；《鹅掌女王烤肉店》，第80页；《红宝石戒指》，第163页。

② 见《人类的悲剧》，第68页；《在白石上》，第152页。

20世纪的头几年里他的作品带有强烈的社会主义色彩。他这样描述一位省督，“此人对‘财产’有一种宗教式的恐惧，就像狗儿对月狂吠”。他悲愤地嘲笑如下的“法律”——“为着维护庄严的平等，特禁止富人和穷人桥下露宿、沿街乞讨、盗窃面包”。这期间，他写过许多精彩的篇幅较短的小说，《克兰比尔》是其中之一。这篇小说把心中的抗议演绎得像浮雕一般精彩。一位年老的小贩沿街叫卖，被宪兵命令不要停步，可是他没有立刻就推车走，于是被抓起来并被冤枉地指控对长官发出仇恨巴黎警察的战争挑衅——“该死的母牛”！在法庭上，军官撒谎的效果太好了以至克兰比尔自己都搞不清楚他是真的没说“该死的母牛！”吗？在监狱中服刑一年之后老头被放出来，身心俱损，也找不到工作；其他的小贩早就撬走了他的旧主顾。最后饥肠辘辘的他希望重回监狱，因为那里有他在外面得不到的狱食。于是他对着一位军官的脸，字正腔圆地喊出那一句肯定会带来一年徒刑的话：“该死的母牛！”可是这一位警察却只是不屑地耸了下肩膀，继续向前走去。

《在白石上》(1905)一书里，安纳托尔·法朗士向我们展示了他的乌托邦。一切生产资料里“不许有私有财产”。交配和婚配相当自由，所有孩子的抚养费用都由社会支付。整个欧洲大陆统一在一个社会主义政府之下；允许英国只是部分地接受统一政府的领导，但是英国也不可以一切都保持原封不动。“英国虽然也变成社会主义式的国家但是可以保留国王、爵位、甚至法官的假发。”① 当然我们还要继续进步：“我们之中，仍旧像以前一样，有贪婪的人、慷慨的人、勤劳的人、懒惰的人、富人、穷人、幸福的人、不幸的人、知足的人、不知足的人。然而所有的人都能活着，这已经了不起了。”②

从这一番供认看来，这个老怀疑主义者并没有完全地认同社会主义；安纳托尔·法朗士微笑着告诉我们即使是在乌托邦里也有不幸的人们。有人怀疑这不是他真正的伊甸园，在他的心底里他是个个人主义者；又或许，以他的温和的哲学来看他是个无政府主义者。他喜欢时常想起“那个制造笛子的人，威廉·莫里斯笔下的乌托邦的故事里的人物，一个心地单纯的工匠，在未来城里造出了最美丽的笛子，因为他把爱带进制作中”③。还是这心灵深处的个体主义使得他对哲学系统、科学

① 见《在白石上》，第213页。
② 见《在白石上》，第238页。
③ 见《小皮埃尔》，第61页。

教条极其反感，而宗教又使他怀疑天堂里的政府也是无处不在，也是至高无上的。

但是在给老百姓的演讲中他不会提出这些困难和差别，因为正如伏尔泰所说，你得先有个立场的表态。“然而当战斗的激情冷却，安纳托尔·法朗士很快就回归到他的不确定性和他钟爱的迟疑不决上来。他不具有政党领导人所必要的品质，如大胆果敢、有号召力。”[①] 他仍旧是《企鹅岛》（1908）里的那个学者，不问政治、不精明、不认同任何教条、用雪亮的眼睛审视朋友和敌人并且两者他都嘲笑。

《企鹅岛》是他最为命中要害和经久不衰的讽刺作品，虽然篇幅不大却象征了法国的历史。一位年老的传教士，迈尔神甫，遇到一些企鹅，他误以为是新人类；他向他们传播福音，被他们的聚精会神所感动所以就给他们施了洗礼。于是整个的天堂一片惊恐，因为此举有违天条，神法规定只能给人施洗，其他都不可以；于是展开了一场深入的神学讨论，最终的决定是既要挽救法律的条文又要保全迈尔神甫的颜面，所以要通过速成的有神力襄助的达尔文主义的技术把这些企鹅速变成人。经过了浓缩的进化过程，企鹅变成人了，于是迈尔神甫赶忙给新公民们穿上衣服，却引来灾难性的后果：所有的男性全都去追逐第一个穿上衣服的女士，完全不去理会那些保守的可尊敬的尚裸的女士们。对女人的占有导致对财产的占有；男人们以爱国主义的精神为抢夺伴侣和争夺土地展开了争斗、制订了法律、划定了边界以保护他们所占领的财产。圣迈尔为他执政后接踵而来的贪婪、嫉妒和战争惊呆了；一起修行的僧人让他相信企鹅们正在完成令人敬畏的大业——“它们在制订法律，在创建财产，在创立文明的根基”。从这里产生了工业化，并在美国实现了工业化的高峰。“楼越建越高，一千五百万人在巨大的城市里劳作。”一位饱学的企鹅来到了纽约。

他刚一登陆就有48层高的酒店机器人伺候他。随后他乘火车来到新亚特兰大的首都——巨都。火车上有餐车、游戏室、竞技场馆、电报室、商务室、金融室、新教教堂、一份大报的印刷所。……火车驶过大河的沿岸，穿过制造业遍布的城市，而且那里的烟囱冒着遮天蔽日的浓烟，乡镇在大白天都是黑暗的，到了晚上就是一片红色，白天一片嘈杂声，晚上还是嘈杂声一片。

博士想，“这里的人忙着从事工业和贸易所以没有空闲进行战争”。博士被带到议会大厅，他看到一群立法者坐在藤椅里把脚架在桌子上。总统起立，尽管无人专注地听他，还是喃喃地说着。……“打开蒙古市场之战现在以美国满意的方式结

① 见《米舒特》，第12页。

束了，我提议由经济小组来审核账目。……有反对的吗？……提议案通过……打开三西兰（Third Zealand，作者的假设——译者注）市场之战现在以美国满意的方式结束了……”奥布努比里教授问道：“我没听错吗？你们这个已经工业化了的民族仍然卷入这些战争！”翻译答曰：“当然了，有工业战争。……战争必然会增加我们的生产力。……在三西兰我们杀了三分之二的原住民以迫使剩下的人买我们的伞和手镯。”这时，一个坐在议会中央的肥佬走上讲台。他说：“我宣布对绿宝石共和国开战因为它傲慢无理地和我们的生猪行业在全宇宙的市场上竞争火腿和香肠的垄断权。”奥布努比里教授问：“那个立法者是谁？”翻译答曰：“生猪商人”。……奥布努比里教授问翻译：“什么？你们这样迅速而且满不在乎地就投票同意开战了？”“啊，不是很重要的战争，可能费用不会超过八百万美元。”“那么人呢？”“人的支出也在八百万美元以内了。”……于是奥布努比里教授低头沉思良久。“既然财富和文明容许把贫穷的诸多原因归结为战争和野蛮，既然人类的愚蠢和邪恶无法根治，只有一种办法可行。聪明的人收集足够的炸药把地球给炸了。当爆炸的碎片飞入空中穿透外层空间时，现在还不可预见的改善办法就会在宇宙中完成，那么大家的良心就都得到了满足。还有，这种普遍的良心其实是不存在的。”

《企鹅岛》的第六篇“皮霍特事件”所刻画的就是德雷弗斯案件，此处这位伟大的怀疑主义者安纳托尔甚至嘲笑了他自己。故事一路道来，于是讲到有组织的劳动以及一场伟大革命的来临。但是在最后一页，怀疑主义者安纳托尔打败了社会主义者安纳托尔，而且写到一个新的主子阶层以及另一种工业剥削制度的兴起。全书的结尾重复那几句用来描述早先的奴隶制的话，很是不吉利的话：“楼房越盖越高，一千五百万人在巨大无比的城市里劳作。”

真相是——安纳托尔·法朗士对革命持有怀疑。温和有如安纳托尔，仍然有两件事是他憎恶的：暴力和不宽容，这一对恶毒的孪生子。弗雷·乔凡尼因被控发表反对“兄弟秩序”的讲话而入狱，有一位无政府主义的狱友请他加入他的政党，对他说：“我的愿望是通过暴力摧毁法律以强迫公民从此生活在幸福的‘自由’之中。我还要告诉你，我把法官们和士兵们都杀了，我为了公众的利益犯下了许多罪行。”弗雷·乔凡尼满怀激情地作答：

> 我说天将降灾于暴力者！——因为暴力永远会招致暴力。像你一样行事的无论是谁都在给大地播种仇恨和暴怒的种子，而他的孩子们将会被路边的

> 石楠扎破脚,而且毒蛇会咬他们的脚后跟。我说天将降灾于你因为你让不公正的法官和野蛮的士兵流血,看呀,你自己也变得和士兵及法官一样了。和他们一样你让自己的双手沾染了去不掉的污渍。傻瓜才说:“轮到我们作恶了,这样我们的心里就舒服了。我们将不再公正,因为这才是公正的开始。……”假如你不服从你的主人,那么让你的不服从是出于对主人的爱护吧。不要把他们锁起来也别杀掉他们而是告诉他们:“我永远不会杀自己的兄弟,也不会把他们锁起来。”[①]

《诸神渴了》(1912)一书的主旨又是暴力和不宽容所导致的最终的破坏与徒劳。小说的场景是恐怖时日里的巴黎,主角是艾瓦里斯·加姆林,罗伯斯比尔革命党的人,杀了许多嫌疑者还像托尔克马达那样沾沾自喜。安纳托尔·法朗士看到的革命是鲜红的血,留在他记忆中最多的不是演讲,而是那个不断给我们添加句号与逗号的断头台。他认为,说到底,众神对人血的渴望就是暴民们的饥渴。安纳托尔,像所有的艺术家一样,不信任暴民。他这样评说乔治·布兰迪斯,“他没能讨好任何人,甚至老百姓他也没讨好。”

《天使的反叛》(1914)是针对一切革命的寓言。撒旦对上帝的反叛,是自由对秩序的反叛,是自然本性对制约的反叛,是个人对社会的反叛。撒旦赢了,还自封为上帝,传播旧的教条还保留了教宗并且让教宗做他的副统帅。“我授予你权和力,让你去决定有关教条事宜,规矩对圣礼圣事的使用,订立法规,提升道德的纯洁性。……你是万无一失的。一切不变,维持原状。”[②]这里有三小句是怀疑主义的精粹和原则:一切不变,即使革命胜利,即使撒旦取代了上帝。只有一处提到希望的事,是撒旦对被打败的追随者们讲话时说的。

> 朋友们,如果我们现在没有胜利,那是因为我们不配,也没有能力,取得胜利。我们来分析为什么失败。大自然原是不该被人类所制伏的,宇宙之宝剑是不该被掌握的,除非是被知识所掌握,而且应该是仅仅被知识所掌握。盲目的勇气(没有人的勇气能和你们的匹敌)不能使你们在天堂的法庭上取胜,取胜

① 见《人类悲剧》,第 xi 章。
② 见《天使的反叛》,第 345 页。

要靠学习和反思。在这些沉默的领域里——我们在此遭遇失败，让我们沉思吧，让我们找出事物背后所隐藏的因果，让我们观察自然的轨迹，让我们以无比的炽热和所向披靡的愿望追随自然，让我们进入她的无限的光辉之中，了解她的绵密的精细之处。…… 当她屈服于我们之时，我们便和众神平起平坐了。

艺术家安纳托尔·法朗士

安纳托尔·法朗士是一位哲学家。他思想里那份成熟的精致，他的极其广泛的兴趣与他的学问的辉煌，使他受到在求解难题中享受到思辨之乐趣的人们的钟爱。但是他不仅仅是一位哲学家，也不仅仅是位学人，也不仅仅是为人类自由而战的勇士，他还是一位艺术家。作为艺术家他才是同时代人里的佼佼者，而且会在未来的数百年里受到推崇，因为他开了风气之先。

安纳托尔·法朗士只是还不够完美。他对故事结构把握得不够好。虽然他那些篇幅较短的故事有着令人叹羡的技巧，可是那些长篇却缺乏统一性而且似乎是由松散的片段所组成。只有在《塔伊丝》里他才找到贯彻始终的同一兴趣、对称的结构以及情节发展的必然性，所以《塔伊丝》在形式上无可挑剔。此外他的素材缺乏原创性：他的故事的情节取材于各种作品，他是这方面的老手，甚至不亚于莎士比亚，而且也有同样的好借口——对于偷来的一切他都会乔装打扮一番。他认为一切的点子都像思维一样古老所以是属于大家的；人们的创作只体现在形式方面而不是在内容上。不过，《塔伊丝》有太多的地方令人想起福楼拜；《伊壁鸠鲁的花园》有一股芬芳的悲观主义的味道令我们想起勒南。最后一点，他的创作都是反思式的：他总是忘不了自己，所以无法用他的想象力树立起与他本人不十分相似的人物，而莎士比亚和巴尔扎克却都做到了这一点；无论给他作品中的人物安个什么名字——塞尔维安还是波纳尔、贝日莱还是瓜纳尔、万思还是德沙尔特里、图布莱还是布罗杜——全都无一例外地是安纳托尔，就像拜伦的主人公都是拜伦一样。

然而如果说他缺了点创新的想象力（而且他以令人羡慕的率直承认这一点①），那么他以罕见的再创作的想象力弥补了这一缺失。他好像被神秘的时光机器附体了似的，可以随心所欲地进入过去各个不同的历史时期，运用他的专业的耐心与细致的理解力把鲜活的生命注入古老的时代；透过他的艺术镜头，遥远的时代变得越来越近，最后竟然清晰可见。他看这些陌生的世纪比我们任何人看眼下的这个世纪还要清楚；他描述久远的过去是用了感同身受的穿透力，所以使得现实主义者笔下的真实都似乎模糊和不够真实了。他喜欢深入到已经死去的神学和古老的哲学中去，而且他所掌握的那些时代的隐秘的细枝末节恐怕没有同时代的人能够企及。他不仅能无情地揭示真实的历史观点，比如像《犹地亚的检察官》一书那样；同时他还能够感受到古老传说的美丽，而且透过他那最为纯真而透明的信仰来描写这种美丽以便让我们也得以欣赏。他可以把圣女贞德的故事从那神奇的内容里无情地剥离出来，以便让我们看到一个可爱单纯的小姑娘，让她的远见激励一个被打败的民族，使它重拾勇气去争取胜利。

他永不停歇地做着一件事：在他的每一本书的每一页上，倾注大量的爱和关怀于每一个句子。对于人类的爱和对于完美的散文的激情构成了他的宗教。他并不崇拜，不过或许他嫉妒，那些浪漫类型的天才，那些可以不费力气因而也缺乏思想的人，那些可以乘着歌声的翅膀而翱翔的人。他殚精竭虑以取得完美的形式，他相信艺术不朽的秘密存在于形式里。“形式是保存滋润后人思想的金瓶，但是思想的精粹是飞驰而过稍纵即逝的。……一切人的幸存只有依靠形式。……给一种新想法以新形式就是艺术，也是热泪唯一能创造的东西。”②

因此他的作品比同时期的其他法国作家更好；他的文体犹如宝贵的香精，以其醉人的魅力令其他的一切都索然无味。他的文体极其流畅，由柔情和失望构成，温柔得像露珠，清澈得像六月那晴朗的天空一样；他的文体是含蓄的，静静的软软的，带一种缱绻的撩人的美。例如：他讲到阅读古希腊的经典时的感觉，“他看到的人宛若天仙，象牙般的双臂垂在纯白的束腰外衣两侧；他听到的声音那样和谐而哀婉，比最甜美的音乐还要动听”③。他是音乐的知音，这对于文体似乎必不可少；他

① 见《企鹅岛》，第39页；《文学生活》，卷2，第39页。

② 引自米舒特，第227—229页。

③ 见《友人之书》，法文版，第170页。

用话语轻轻爱抚他的描述对象，而含蓄和轻柔的和谐仿佛由他那些短语自动地合成。

他的文体以其清晰简洁令人愉快。他说法国作家有三个伟大品质：第一是清晰，第二是清晰，第三还是清晰。[①]而安纳托尔·法朗士三样都具备。“有一种吸引人的办法，即使最谦卑的人也能做到，那就是自然。”[②]如果他愿意，他也可以很浪漫，比如把孩子的手指头比做“玫瑰色的星光”；但是他情愿绕开这种彩色的比喻。他警告说，“让我们警惕写得过分的好，那是最糟糕的写法”[③]。

然而他的简洁性是吸收了复杂性之后的简洁，正如他的清晰是从晦涩朦胧中细心地一刀一刀地雕刻出来的。在他的稚幼单纯的背后是他的最含蓄的反讽；他的轻描淡写的陈述是最最狡诈的强调。他评论勒南，“如果我们相信这位和蔼可亲的，这位引领我们灵魂的牧羊人，那么我们就不会错过老天爷的慈悲，我们大家就都会进天堂了——除非，事实上，天堂并不存在，而这是极有可能的事”[④]。作为对勒南的总结，这话再好不过了。安纳托尔·法朗士喜欢先搭建好一个段落，硬塞给我们，然后，像海涅一样，用这个段落的最后一句话把整个段落毁掉，就像婴儿用积木搭建成玩具宫殿只轻轻一捅就全盘毁掉那样，以帝王般的漫不经心把一切都毁掉。在精致的思想和透明的话语之间能够取得如此巧妙的平衡是法国文学历史上未曾有过的，因为哲学很少裹着如此完美的艺术外衣，所以人们往往忘记其实这是哲学。这种不易察觉的材质与形式的统一、智慧与美的结合构成了安纳托尔·法朗士的卓越成就。他的博大的灵魂足以让他了解善、美和真；而他的写作技巧足以使他把善、美与真诠释在自然和谐的统一体之内，并演绎到极致的辉煌。他是一位伟大的艺术家。

① 引自布兰第斯(Brandes)，第107页。
② 见《人生与文学随笔》，卷2，前言。
③ 引自米舒特，第232页。
④ 引自Brandes，第3页。

生命最后的华章

1914年世界大战到来的时候安纳托尔·法朗士已经70岁，可是他却主动要求做一名志愿者。这并非因为他对和平的热爱有所减少，而是由于他爱法兰西稍微多一点。他再也不能以他一贯的淡定从容面对现代世界最好的文明面临被毁掉的可能而无动于衷。1915年他对法国的士兵们说："你们所保卫的是先人留给我们的永垂不朽的祖业，是我们的道德观念、我们的风俗、我们的法律、我们的习惯、我们的信仰和我们的传统；你们保卫的是我们的雕塑家、建筑师、艺术家们的作品；是我们的音乐家们创作的歌曲；还有我们的母语，八百多年来我们的诗人、作家、历史学家、哲学家都用我们的母语进行创作。……你们所保卫的是法国的天才们，他们给世界带来光明，给法国带来自由。"[①] 安纳托尔所保卫的不是维维安尼和米勒兰和庞加莱之流的法国，他要保卫的是蒙田、伏尔泰、雨果和勒南的法国；他无法想象这些人会被遗忘，无法想象法兰西将永远不再出像他们一样的人。

安纳托尔·法朗士原本梦想有公正的和平和统一的欧洲，可是《凡尔赛和约》令他觉醒；看到酿造毒酒的人，在整个欧洲都由于饮了他的毒酒而癫狂之后，又恢复了原先的职位而且被赋予权力去策划另一次大屠杀，真让他几乎绝望了。安纳托尔·法朗士怀着喜悦与感恩的心情欢呼俄国革命；他想尽管俄国革命有暴力有错误可是它毕竟挑战了西欧，强迫西欧清洁自己并换上新面貌。安纳托尔·法朗士那些强大而有势力的朋友们听说他参加了共产党都惊诧和愤怒不已，不过他们的惊异程度还是比不上法朗士本人的错愕：当他看到国家领导人效法战败国的军事主义时法朗士极其地震惊。安纳托尔·法朗士以加入共产党的方式告诉这些人他的心和浴血奋战的下层人民连在一起，而不是那些冷静地计算死了多少人赢了多少黄金的伟大者们。1921年安纳托尔·法朗士接受了诺贝尔文学奖从瑞典回国时，他发现法兰西学院对于他的新的归属极为震惊，因而取消了为他举行招待会的计划，而他却舒心地微笑了，他把更率真自然的朋友们招呼来一起不受约束地大吃了一顿。安纳托尔·法朗士临死的那一年，法国自由派取得了胜利，这让他的希望之花重新绽

---

① 引自单克斯，第209页。

放,其实希望永远从他那年轻的心底里升起。

安纳托尔·法朗士位于塞德庄园5号的家是内阁成员——譬如卡约和班勒维,天才们和工人们的聚会之处。他的家是艺术和友谊的殿堂,在这里,大师和他的追随者们交谈,或是自己面对他的藏品——绘画、雕像、版画等独自沉思。“他满怀虔诚地拿起一个小爱神丘比特,把它捧到眼前,几乎触到嘴唇,轻轻地抚摩着。”[①]有个逃难的俄国女孩来寻求庇护,一打开他家的房门竟然被那“富有的”气派吓跑了,她不知道那不是财富而是美。后来那些受了惊吓的人们再来找他时就不再害怕了,有时候也许又太没有顾忌了。有一个年轻的客人说,“这里有一个分成两半的炸弹,分开搁置就什么危险也没有。如果把两部分拧在一起,这整座房子就被炸飞了”。安纳托尔温和地说,“请不要把它们拧在一起”。“记住我的话,我年轻的朋友,只要还有其他方式,我们就要尽量使用这些其他的方式。记住这一点:,即使由争取自由的人民为了正义而杀人,这种正义性也只能是不幸的代名词。用血来给饥渴的众神止渴总是不好的。”[②]

安纳托尔·法朗士1924年10月12日去世的时候整个法国由于他的名字的影响竟然神奇般地变得团结一致了。灵柩旁排起了长长的队伍,人们来向这位在自己那个时代维护了法国文学的崇高地位的人告别,从早到晚人流不断,总统和总理都加入其中。当他的灵车走在通往诺伊公墓的路上时,5英里长的街道被耐心等候的人们里三层外三层地围个水泄不通,成千上万的人已经等了好几个小时,就为了看一眼他的遗体从这里通过。自从维克多·雨果逝世以来,法兰西还没有如此的哀悼过自己的儿子。

安纳托尔·法朗士逝世前不久,美国的一家杂志做了一项调查,它给美国所有杰出的艺术家、作家、批评家们派发了一个名单,上面列着世界最伟大作家的名字,让他们按照自己的喜好排名次。调查问卷回收之后的计算结果如下:第一位是莎士比亚,第二位是歌德,第三位就是安纳托尔·法朗士。

① 葛塞尔,第22页。
② 葛塞尔,第229页。

第三章
约翰·考柏·波伊斯

波伊斯肖像

我发现了一位集智慧与美于一身而且还尚在人世的哲学家，我愿意与读者一起分享这位哲人的思想。我们的文章不能只限于为长期享有盛誉者歌功颂德，那是不对的；我们应该认识更多的朋友，那些上帝之城的背街小巷里还不为人们所熟知的某个柏拉图。

首先描绘一下我们许多人在公共平台上所见到的和听到的这位哲学家的模样：高高瘦瘦的身材、长相难看、棱角分明、站在讲台上活脱脱一个米开朗琪罗的雕塑品；他有着蛛形纲才有的细长腿、类人猿似的长胳膊、类似伪足的长长的手指头总是在乱动，“伪足”一词指只有骨头和裸露的神经却没有肉；他那巨大的身躯热切地向前探着，活像那威尔士天神在一刻不停地用闪电划破天空，倔强的下巴突显他的个性，天才般的大鼻子，诗人般的颤抖的嘴巴，灰白的卷发像他本人一样绝不容忍任何固定的形式，惊恐的眼睛好像能刺透一切，似乎被追逐却又在猎取，被所见所闻的活生生的一切抛来掷去地捉弄着，他的头脑被神秘所萦绕又被理解所惊骇——用谁的形容词来描绘他能比得上他自己的语言来得更生动？

还有他那演讲，是多么的了不起！哥特式的美的铺垫、敏锐的感知、透彻的思想，我们这代人里没有人能企及。初听上去，那演讲像一堆令人眼花缭乱的短语和警句，头脑迟钝的人简直就不知所云；接下去就像黄金织成的锦缎展现在眼前，美丽的文饰熠熠放光，那样地耀眼以至让人分辨不清那服饰背后的整个的思想内容；接下去是镜子里的复杂的影像，令人说不清道不明的；再接下去，像东方的马赛克拼图一片片地让人辨认出整幅图画，又像乐曲那越来越明朗清晰起来的调式，至此，演讲者的哲学思想才被我们理解，这种哲学思想，深邃如斯宾诺莎却又亲切如基督。

此人的名字是约翰·考柏·波伊斯。他的血管里流淌着考柏和多恩两位诗人还有一位恬淡寡欲的牧师的血液，牧师不可避免地把他的虔诚传给了他的不信神的儿子们。波伊斯是一位像诗人李白那样的被放逐的天使，可是他就生活在我们的时代、我们的国家，行走在我们的地球上，所以我们可以似乎是面对面地通过波伊斯而看到天才们的模样，可以得知雪莱不迷茫的时候是什么样，济慈不绝望的时候是什么样。虽然我们中间有些人与他相识多年，却很清楚地知道我们对他其实一无所知；他是一位敏感而孤独的人，可能被严酷的命运逼迫到城市里来过一种与世隔绝的生活，但是他对此守口如瓶；他是一个独特的人、无法接触的人、非常深刻的人，可能出于贵族式的高傲而不肯让别人了解或者不愿意轻易地被人解读。毕竟，一个到达过顶峰也探测过谷底的人如何能让他的同类明白这一切？人们和他的交谈充满障碍，因此只能与他擦肩而过，真可谓哲人侧畔千帆过却是茫茫黑夜中，连向他致敬都嫌距离太远遑论了解！

> 两种气质邂逅的初始时刻，大家都收起敏感的触角、卷起触须，退却、内敛像海葵一样。假如对方的本性与我们不同，那么我们就把自己变成形状不定的海蜇或水母之类的东西出示给这位陌生的进犯者；可是如果对方的思想和我们的接近或者拥有与我们相通的东西，那么，渐渐地我们那秘密的身体里的精神触角便又试探着伸出来，并扩展开来，在对方会意的阳光和海浪中熠熠放射出光彩。①

向我们展示这一位神秘人物的一个侧面的正是《索隆特狼》（*Wolf Solent*）一书。这是一本满怀激情娓娓道来的诗歌——散文与虚构——自传风格的著作。但是书中的肖像显得很模糊，因为那幅肖像被这书的复杂性所冲淡。又由于波伊斯喜欢英格兰那里的青翠和芬芳胜于他喜欢自己所以他把自己谦虚地放到书中的从属地位。《文化的意义》一书可能被一些匆匆的旅人误认为是一本不重要的书，其实这

① 见《文化的意义》，纽约，1929，第226页。

书里有作者自己的存在，可能因为他隐藏在文字的背后因而和我们有着距离，而正是这一层保护让他的心态开放而清澈，他向我们讲述我们一直想了解的事情：他对于世界和人、对于地球、对于爱情的感受；他给我们诠释一切事物中最含蓄也是最难用话语表达的东西：一位艺术家的哲学，而且他的诠释最为深刻也最接近生活原有的矛盾，因为生活原没有系统，也没有什么推论演绎，而且生活本身是超越思维的一切范畴的。总而言之，对于内在现实与外在现实的如此罕见而精妙的见解，您在其他人的当代著述中是既看不到也听不到的。

对于波伊斯的哲学我想只述不评，大量地引用原文会足以吊起读者的胃口去进一步品尝那原汁。我把那微醺的机会留给读者自己。那位漠然的作者已经为各位读者备好了佳酿，供因为对美的热爱和对真理的渴望而饱受折磨的诸位去品尝。我不打算坐下来对众神妄加评语。还是请大家自己亲口去尝一尝。

一位诗人的哲学

《文化的意义》一书的第一章“文化与哲学”就让我们认可了这一位哲学家。波伊斯论述世界的思想体系时说：“对于尚未有答案的这些难题的一切看法都通通是真的。他们代表了伟大的艺术家们的图画。”[①] 只有初学者才会在谈到斯宾诺莎、柏拉图、阿奎那、黑格尔的时候提出这种问题：“他对吗？”（因为没有谁能回答这个问题）；思想比较成熟的人会问，“你能向我揭示什么？——你能带我潜入多深、能把我举到多高？——就无言世界的本质而言你能从我身上调动出什么难以表达的情感”？长时间的细读斯宾诺莎的《道德论》（*Ethics*）就好像长久地盯看伦勃朗的自画像，或是拉斐尔画的教宗朱利欧二世或是委拉兹开斯所画的奥里伟拉斯山一样；只要不是有眼无珠，你一定会在这每一种作品里发现整个的世界。

哲学不可能给我们以真理，正巧相反，哲学把真理拿走，但是却教给我们一种

① 见《文化的意义》，第 21 页。

持久的大度和无尽的谦虚态度;部分很自然地就学会从整体的角度去思考自身。当我们对于自己的无知的认识程度已经达到苏格拉底的高度，我们便能够给每一种信仰以礼遇。

> 敏感的心智会从哲学那里推断出一种持久的心理状态，就是把极其敬畏和无限怀疑这两者结合起来;两者结合的结果使得我们发现,真正的文化的形成与人类远古的迷信有着密切的关系(比如说,万物有灵说)而不是与神气活现的、眼下的机械主义教条相关。…… 地球是这样地古老,存活了千秋万代的人类可以追溯到久远的时光深渊那里,因此人们有理由相信,迷信的每一种残存物上都保有一定程度的地球人的智慧。①

哲学能教给我们很多东西。哲学教给我们以知觉(也就是说,把各种事物放在一起进行思考),还教给我们要敏感地意识到自己的定位,即我们自己就是感情和力量的神秘中心;哲学还扩大我们的视野,敏锐我们的思考;哲学还教给我们一点儒学,使我们懂得管理世界首要的是先要管理好自身;哲学为我们提供“相对价值的知识”,而这是文化的秘密所在;哲学还提供我们内省的方法(索伦特狼的“神话”)使我们从同类中的傻瓜所做的傻事和残暴行为那里退步抽身。但是哲学教给我们的最后一课是：一切事物的不确定性，因而每一种真理最终都不过是一种偏好,每个人的哲学都只能是他自己的而不能是别人的,想将自己的哲学普及开来是徒劳的,是不自量力,“人只能考虑自己的路怎样走,而不是最高贵者的路或最聪明人的路如何行,一定要把握住属于自己的路”②。

> 一个人越有文化便越严格地坚守自己的品位——当然了，自然也会有许多具有讽刺意义的保留意见。教育方面的暴发户则不然,他们最显著的特征就是对自己的观点拼命地进行打磨与除刺儿，直至每个字眼都符合时下流行的说法为止……那些半吊子的人则允许个人的见解遭到干扰，甚至容许自己完全臣服于别人的观点，他们奴性十足地崇拜现代科学或者对传统宗教抱有因

① 见《文化的意义》,第18、245页。
② 见《文化的意义》,第19、82、246页。

> 循的尊敬。真正有文化的人会对科学和宗教两种教条的权威都持有一点保留。科学不是一切,宗教也不是一切!终极的权威应该是某种自由的、理想的人道主义,这种人道主义让科学与宗教都服务于人道的目的,但是又不被宗教与科学之中的任何一种所左右。一个受过教育的人可以口若悬河地大谈那最新的现成的哲学,让你以为那是他的哲学。可是一个有文化的人却往往发现很难向你解释他的哲学是什么;然而当他一旦能够说清楚的时候,你就会感觉到那是他多年来一直在生活中和心底里暗暗恪守的哲学信念。因为在一个有文化的人的生命中不存在知识方面的势利心态。他对于时髦的标准不感兴趣,也不在意按照时髦的标准他的态度是否算做“知识分子的”态度。当他的哲学在别人看来完全的不合时宜以至单纯幼稚到低能的程度时,他本人却因为自己有某种恶作剧的满足感而内疚。……人们往往感到如果一个人仅仅是受过教育的,那么他会把自己的哲学观点看做是他口袋里的硬币。它们和他的生命是分开的。可是对于有文化的人来说,他的观点和他的生命是统一体,两者之间是不存在缺口或裂纹的。他的哲学观点和他的生命都由那个有机的必然的命运之神所掌握。它们就是他的存在。①

由于波伊斯抱有这样一种哲学观点,他必然在宗教方面一切都不信但又敬畏一切。像安纳托尔·法朗士一样(虽然他对这种比较会很愤怒)他希望崇拜所有的庙宇、膜拜每一位神。他是多神论者又是万物有灵论者,所有的诗人哲学家都必定如此。“从每一株植物和每一块石头那里都散发出一种存在的信息,用上帝一般的威力和各种各样的形式干扰我们的感官,或强或弱、或大或小,带着他们各自的目的,行走于苍穹和大地之间。”②波伊斯是个佛教徒,因为他遵守一条足以概括他整个道德的戒律,即永不损害任何人、任何动物、任何植物;而且这条戒律对他而言不是空泛的,而是他不折不扣的生活实践,既不表白也不炫耀。像在佛陀那里一样,波伊斯也是把圣人和先哲统一在自己的身上;对任何人而言,这都是最高的赞誉了。

波伊斯也是一个基督徒,毫不羞愧地、不合时宜地崇拜基督。他像陀思妥耶夫斯基那样彻底地全盘接受“一切生灵的价值都是无法衡量的也都是平等的这一惊

---

① 见《文化的意义》,第9页。

② 见《文化的意义》,第180页。

人的教义”;他一再说“文化必须偷取一点那深不可测的谦卑精神。和这种谦卑精神一起的还有一个伟大的发现,即一切生灵皆平等,这是基督教送给人类的一份厚礼,用以培养人类思维”①。波伊斯知道,正如伏尔泰所暗示的,尽管船夫比总督优越,可是那点差别微不足道所以明智的人是不去理会的。

如果我们坚持要把他归类于某种信仰的话,他会以微妙的率真答曰,开化的人要存活就不得不靠一种既感激又蔑视的混合态度去对待造物主,或者说去对待“一堆漂浮的充气的不可见的存在物,天才和导师的精灵,或者不妨说,我们在其中移动并在其间通过的溪流、岩石、花草和树木”。

> 在万籁俱静中你专注地凝视这株无声地呼吸着的植物;随着你的凝视,那植物的印象逐渐地强化突出起来,这种生长过程中压倒一切的感觉是一种无声的期待。期待什么?啊!这谁也说不准!但是人们自己的心中,自己的心灵中有某种东西亲切地呼应着这一好奇的等待,这种屏住呼吸的等待。我们就这样伫立在那里,让我们的本体沉入生命最深刻的神秘之中,这时我们似乎在和永恒进行着无言的对话,我们一边指责一切的感知力都不知道我们的苦难,但是一边又感激它给予我们的一切感知的快乐。②

的确是啊,有多少次我们的感激之情由然而生,因为美、因为崇高、因为善良、因为没有料到命运会发慈悲而放过我们的疏忽,免除了我们的灭顶之灾;又有多少次感激的话语就在嘴边、就在我们的心里,当船只静静地行驶在风平浪静、月光照射下的波光粼粼的地中海,或是当我们从书房的窗户偷偷地看着孩子们在田野里快活地嬉笑玩耍,我们祈祷有个上帝能听见我们的感激的话语。然而,当无声的细菌让充满创造力的天才病倒,当重型卡车出事把我们的孩子轧死使我们在生命最充实的时候感到生活的空虚,当率直的人们在田野里嬉戏而一切看来都那么美好的时候,就在草叶上、落下的树枝上,展开着一场殊死的斗争,因为杀戮就是生命和历史的法则;当巨大的灾难不分贵贱地毁掉和掩埋政治家和白痴、罪犯和圣人,当傻瓜让恺撒受挫,当海洛伊丝为亚伯拉憔悴至死——那么某种盲目的悲愤便会令

① 见《文化的意义》,第102、252页。
② 见《文化的意义》,第179页。

我们哽咽,我们的喉咙会对这个为所欲为的非理性发出抗议,我们会把全部的诅咒送给天上的无动于衷的星星。假如我们不能把自然拟人化以便我们可以恨之爱之,我们又如何能公正地对待大自然?

因此,文学比哲学深刻,因为文学可以比哲学少一些连贯性;诗歌比散文深刻,因为诗歌赋予一切以生命（也许一切都本来就有生命）,所以诗歌可以对他们说话,也可以听他们说话,还可以把他们纳入人类的理解范围以内。艺术则是一切之中最为深刻的,因为“美”比“真”更加伟大,而且用绘画的笔触诠释意义要比任何的文字都来得深刻。不过假如我们说到绘画,还是让我们再听听波伊斯那美妙如音乐的话语吧:

> 如果说人体及其身上的穿戴,那作为礼仪的象征的穿戴,在(委拉斯盖兹)那神气活现的黑白之中得到了极致的发挥,那么这些有节制的一片片的玫瑰红的色彩,这些黝黑的背景,则像训练有素的奴隶任凭画家得心应手地泼洒,让画家勾勒出这些血肉之躯那致命的梦幻般的表情,人的灵魂在艾尔·葛列柯笔下同样达到了极致的演绎,他画出了圣徒们的灵魂,那些心醉神迷如梦如幻地出神的圣徒们的灵魂。多么热切而庄严地飞升啊!这些葛列柯画作中的圣徒们腾起、升空,在神秘的忘我中一直达到灵魂的最高境界!如同陀思妥耶夫斯基笔下的人物一样,艾尔·葛列柯笔下那些闪光的裂痕有着某种凶警的启示,裂痕就盘桓在门槛的上方,随时都会倾倒,而圣徒们似乎马上就要迈入那不可言说的那道门槛;可是大量的成堆的奇异气体、相互簇拥的混乱的冰山、致命的裂缝全都出现在那想象中的托莱多海岸的背景中,这些气体、冰山与裂缝一再地暗示这些大量的一团团的史前的气状物是诗人威廉·布莱克在伦敦郊区的田野里早就见到过的。宗教的疯狂犹如圣灵降临节上那分叉的火苗,正在从出神的圣徒们那颤抖的指尖蹿起来。从绝望的祈祷习惯中长出来的一双双手又长又瘦;但是那因上帝而陶醉的一张张脸的略图上却刻上了这样的标记:我们见到了永恒而我们却还没有毁灭。①

时下,还能有另外一个人,在大西洋的这一侧,甚至在火星的这一侧,写得如此

---

①见《文化的意义》,第68页。

美妙吗？

文化的内涵

可是文化到底是什么？文化是个自负的词语，所以我们得格外小心如何与它较量；缺乏文化教养的俗人会马上像围攻中的狼群一般将我们围住。文化是教育吗？问得好，特别是在这样一个国度里：到处散发着学院的腐臭之气，到处都是可以称作是赤贫的文化人。因为一个什么都知道的人可能仍然是头蠢驴；他可能熟知所有的艺术佳作却如同博物馆的服务员一样枯燥乏味；他可能读过一百万本书可是仍然是个沙文主义者。知识不过是文化的外壳而理解才是文化的灵魂。“一位终生向学之人也未必是个有文化的人…… 没有谁，无论多么有学问，堪称有文化之人，因为他的阅读和他的生活之间永远存在无法弥补的差距。”[①]假如一个人熟读托马斯·哈代与托马斯·曼，马塞尔·普鲁斯特与安纳托尔·法朗士的作品可是却大喊大叫、推推搡搡、吵架骂人、耽于美食、传播淫秽书籍，那么他就是一片沙漠，在他那滚滚的沙尘上，文学的种子找不到营养所以不能开花结果。

文化，这样说来，不是待在头脑里的东西而是活在生活里的；文化不是学问的积累而是经验与教育的运用，是交往与旅行，其目的是提升对生命的感悟力、深化生命的意义和减少生命中的摩擦；文化意味着把知识的积累变成理解力的提高，变成礼貌待人；文化是对一切的理解和宽恕；话说到这里好像文化会成为自诩的道德与礼仪的一丝不苟的卫道士了，然而恰恰是在此处，波伊斯向我们揭示了他的哲学那高尚之处：他勇敢地承认“文化并不是一切”[②]，“而且在某些情况之下你还要毫不犹豫地让文化见鬼去吧”[③]！——打个比方，有时一个人为了他所珍爱的、靠他供养的人们而不得不强忍厌恶在众人面前扮小丑。“善”大于文化，佛陀比苏格拉

① 见《文化的意义》，第 55、22 页。
② 见《文化的意义》，第 252 页。
③ 见《文化的意义》，第 96 页。

底深刻,老子比孔子渊博。但是如果我们正确地理解文化,那么文化是包括善的;“文化的唯一的一个大戒律就是,‘你们绝不可以残忍’”①。缺了“善”就谈不上真正地礼貌待人;真正地礼貌待人也是有前提的,即必须把理解和温文尔雅融入现实生活中,这样才能最终使这种品质成为文化的精华和文化的定义。“文化和自控力是同义的词语——美学品位和文学情趣的提升并不能减轻恣意发作的臭脾气所带来的巨大的负疚感。”②检验一个人有没有文化的真正的方式就是看他如何对待不如我们的人,即那些不幸的、遭受了为所欲为的灾难的折磨因而地位低于我们的人——“光秃秃的生活的角斗场上被打倒的角斗士”。

> 不需要什么伟大的文化也能使人们对富人、美人和名人彬彬有礼殷勤备至。真正成熟的文化表现在我们对无足轻重者、微不足道者、弱者、小气自私者、冥顽不化者的态度上…… 我们必须遵守的待人之道特别体现在我们必须要始终不变地礼貌对待所有的人,包括仆人、怪人、退休的人、神经质的人以及不成功的人。谁不以深深的敬畏之情毫无例外地对待每一位人,谁就不配算做是一个有文化的人。③

仅次于礼貌待人的,文化需要陶冶的这第二种品质便是“精心守护的独处”能力,独处是成长的第一要素和思维的最后的庇护所。“我们最幸福的时刻可能是我们相当孤独的时候,或者说是我们和非常亲密的同伴在一起的时候。表现出喜欢和一大群人生活在一起,或者是愿意和一大群人在一起做事似乎是人类文明相当早期的阶段的标志。”④热闹非凡的康尼岛是文明的低谷。对波伊斯来说,对亚里士多德来说也是这样,最大的幸福是安静地沉思。“每一种白日梦都产生于井旁、炉边、窗前那愉快的闲暇时光,此时的我们好像让思绪遨游在永恒和肃穆之中,这种沉思的时刻应该高居理想生活排行榜的首位。”⑤假如社会成员只是受过教育但却不一定有文化,那么这个社会处于最佳状态时也就是沉闷无聊,而最坏的时候恐怕就是

---

① 见《文化的意义》,第 253 页

② 见《文化的意义》,第 235 页。

③ 见《文化的意义》,第 247、237 页。

④ 见《文化的意义》,第 240 页。

⑤ 见《文化的意义》,第 271 页。

文明的倒退了;因为这样社会里的人没完没了地辩论。

> 两个人的谈话比三个人的谈话让人获益多，三个人的谈话比四个人的谈话让人获益多。真正谈话的破坏者之一就是辩论。辩论是一切消磨时光的办法中最为愚蠢的,也绝对是最老套的。在辩论中,人们讨论的目的变成了炫耀,让别人看起来像傻瓜,炫耀自己的与众不同、聪明和学识。……生活在现代社区里的人,没有谁不曾在无意中听到过气急败坏的激烈辩论。……一个人假如符合我试图给有文化者所下的定义,那他就应该从这种辩论里溜走,而不要参与其中。他一定会知道用心去体会的简单的生活方式使人获益良多,而且越是古老的方式可能益处越多。①

诚然,一个在人群中如此不开心的人会发现自己完全生不逢时,偏偏遇上了这么一个数目大、规模大、噪音大的时代。波伊斯不那么欣赏美国生活中“非洲大陆的文化影响不断增长”的事实,他以一种努力克制的态度谈到现代生活的种种不快,“支撑现代生活秩序的伟大河床所发生的渗漏、俚语的泛滥、心理学口号的流行、机械玩具、对马戏的迷恋、无神论与天主教之间激烈的更迭、野蛮的色情”②。他保护自己免受其害的方式很新颖。如果是被迫听卧铺车厢里的一群人说话,他就用手指头在口袋里去试图辨认古代硬币上面的人头像或者背诵给自己听诗人们的“罕见的章节”,他说之所以能“记住这些章节是由于喜爱和不断重复”。而如果有一群人朝着你围过来而且把你推来搡去的,最好的办法就是在心里不断默念“安宁降临众生”③!“文化具有一种力量能使我们在大多数人幸福的同时也能够让我们自己幸福,方式只有一种,完全不理会周围的环境。”如果有必要,甚至可以屈服于粗暴的态度和武力,但是不可丧失内在的独立自主;“这种谨慎而狡猾、疲惫而克制、谦卑而傲慢、庄重而讽刺的屈从,从远古的时候起就一直是有文化者对付没文化者的招数。”“在一个人们贪婪成性又虔诚信仰宗教的社区中,一个有文化的男人或女人应该是斯多葛派和享乐主义者;然而,如果是聪明人,他不会让别人知

① 见《文化的意义》,第224、246页。
② 见《文化的意义》,第75、32页
③ 见《文化的意义》,第55、254页。

道他是什么样的人。”①

而如果他既聪明又幸运，他便能避开人群和噪音，在众神之神的大自然身上找到文化所能提供的最为甜美和最为深刻的乐趣。波伊斯认为自然力量(Natura naturans)才是神圣之最（Holy of Holies），没有谁把大自然写得如此之好，没有人对大自然抱有如此深厚的感情，也没有人对大自然的理解如此的深刻；波伊斯认为大自然能检验一个人的秉性，大自然为人类提供最终的慰藉和快乐。文化为大自然和礼貌的举止之间架设了一道桥梁把两者联系起来。文化植根于自然中，从自然那里汲取养分，然后在礼貌那里开花并得到完善。喜欢大高楼和奇妙的机械物甚于喜欢岩石和树木，在波伊斯看来，是一个人不成熟的表现。甚至只是追求大自然的各种各样的“美”也还不够。“这种人只是喜欢夏天和节假日；十月的几场雨与十一月的暴风雨就会让他们逃之夭夭，退避到舒服的人行道去，并赶忙检查防火通道。”②真正热爱大自然的人懂得享受各种情绪中的大自然；无论大自然生气发怒、乌云密布或是愁雨绵绵，真爱自然的人都会从中体验到一种奇特的喜悦。最重要的是当他独自一人时，他会追求大自然并且在没有人的地方找到她，在没有第三者的声音可以打扰他们交流的僻静处。“让自己随意的唠叨去打扰别人欣赏大自然肯定是没有文化的表现。”③真正热爱大自然的人也不是那些吹嘘自己跑了多少里的人，也不是那些不去欣赏一路的风光、只为了到达终点而跑的“怪僻的运动员们”。热爱大自然的人明白，生活的乐趣不在终点而是在路上，享乐的真谛就是为了手段和方法而牺牲目的与结果。热爱大自然的人可以忘情于岔路或是根本没有路的隐秘处，去看、去嗅、去触摸，用悟性强化自己的感受，以便聆听大自然发出的每一个音节；不去想当然地臆测大自然而是在每个拂晓都重新体验她的深刻与庄严，无论你对这些景色是多么熟悉；把各种自然现象都看做是她的本体，把这些单纯的感觉、颜色、声音和形状都看做是现实的精华；要熟悉各种植物、花草、飞禽、昆虫、行星和岩石的名称；在你记忆的宝库里贮存起千万个山脉、峡谷、河流、树林的印象，直至广袤的田野与温和的动物的宁静占据你的心头令你体会到时空的无限，你甚至感觉到死亡也是有道理的，是可以忍受的，因为死亡也是一种自然的和必要的事物。

---

① 见《文化的意义》，第 252—256 页。

② 见《文化的意义》，第 152 页。

③ 见《文化的意义》，第 169 页。

让读者独自一人调动起他体内最深层的力量、站在无论什么树下、脚踩光秃秃的土地或是荒草,作为动物世界里独有的人类这种动物,以纯粹个人的感觉,体验在地球的表面穿越时空!…… 让他直面死亡的现实,与死亡首次面对面,将自己置于对人生大限的恐怖之中。让他在那一时刻练习发挥到极致的忘却术以便把生活中的一切恐惧,让他最担惊受怕的恐惧,都掷入大脑的垃圾堆里或者抛进大脑中的遗忘物堆积处。

然后,当太阳照耀到树干和他脚下的那一小片土地时,让他沉湎于太阳的温暖或者忘情于乌云和冷风,让阴冷的风裹住他,把他的避风处所变得孤独而凄凉。但只要他聚精会神地保持一种接受的心态,他就不仅能从散发温暖的阳光中而且也能从凄风苦雨里,都感受到幸福,正是因为他的烦恼被他的自在无为的态度所抹掉,所以他那深深的记忆之源泉就会被激活。于是被太阳与风、热与冷、大地与青草、空气与雨水所引发的各式各样的、久远的、模糊的情感,便在他的头脑里浮现出来。他会回忆起某些街道拐角处的街灯那别样的照射。他会回忆起某些桥梁,桥面被雨淋湿的石头或青苔会带有一种淡淡的忧愁,又或者"灵魂以外的思绪"会刺痛他的心。他会记起柏油路的气味儿以及这个或那个港口特有的海水的咸味,当时只是不经意地路过,现在回忆起来却原来正是他生活中的精华。他会记起有一次爬上远方的一个山坡,踏着一条被遗忘的路;依稀中那偏远地方的门楼上长满了灌木丛和高高的荨麻;山毛榉光秃秃的树干,上帝知道那树干立在哪一处的高地上,还有搁浅在静止的死水里的大船,缠在码头的木桩周围的绿色的海带,海面上或河面上那阳光或月光照耀的小路,还有墓地,墓地里那年代久远的荒冢仍然令人昏昏欲睡,似乎时光的流逝如同没有尽头的羊群在经过。于是他就能够讲述他记忆中的宝贵时光以及它们所承载的丰富的内容;那无以言传的生命之美会让他的存在沉浸在奇异的幸福中。①

讲完了。这样深刻的理解和这样美妙的文笔本身就说明了一切;再多说或少道都嫌愚蠢。个别之处我们可能会同他有小小的异议:文化不必非得属于隐士般的个人,文化不必排斥社交,文化可以在战友中分享,还可以有拉伯雷式的粗俗幽默,但

① 见《文化的意义》,第167页。

是这肯定会让英国人觉得难堪,即使是最彬彬有礼的英国人。也许我们再也遇不到这么一本书了,我们不必进行任何删减就可以把书里的内容照单全收使之成为我们信任的习惯、我们理想的举止。

多么美妙的文体啊!多么丰富的词汇!——波伊斯的选词透着一股尚未磨损的词语的新鲜味,往往令人耳目一新,读起来深沉悦耳;他那丰富的词语像东方的织锦,斑斓绚丽的彩色丝线紧紧密密地织入严格设计的图案;他那悦耳的词语有如舒曼的音乐般神秘、奇异、诡秘、含蓄、深不可测又带有神圣的疯狂。波伊斯的散文是自从桑塔耶纳著作问世以来美国最出色的散文;整页整页的美文值得我们熟记于心;他的散文既能让我们陶醉又能唤醒我们;他的散文充满想象和极好的罕见的话语,简直美得像诗歌一样。波伊斯写道:"旧时代诗歌占据的位置在我们这个时代似乎由想象力丰富的散文取代了。"[①] 就在这里,这位诗人对一切美的感悟、对生命意义的理解超过了我们这个时代、我们这块土地上的任何一个人;这位诗人面对的世界,由于众神的突然溃退以及上百万个机器的进犯,已变得史无前例的粗俗,而他,却毫无顾忌地坦诚自己的情感。

波伊斯告诉我们应该怎样去读一部伟大的著作,"要很缓慢地、仔细地、一页接一页地读,要把自己浸泡在书中的氛围,一直到这书成为我们内在自我的一个部分"[②]。波伊斯的书就是这样的一本。我忠实地遵循这种方式阅读了他的书,我的感激之情无法用语言来形容。

---

① 见《文化的意义》,第 39 页。

② 见《文化的意义》,第 212 页。

4 走进东方

第一章
巴勒斯坦

旅途中

哗哗……唰唰……舷窗外海风拥着海浪驶过；我们的铁犁劈开航道，激怒了大海；冬天的风裹挟着天地之间的一切悲鸣，呼啸着、怒吼着；暴怒的巨浪，头顶雪白的浪花，蜷伏在漆黑的海底，一下子蹿起来，像流动的大山，猛烈地撞击这犁海的妖魔，而我们的妖魔却耐心地忍受这连续的猛击、执著地一次次寻回自己的航道。航船一下子被抛起来又被掷下去、左右摇晃、扭摆转圈打着旋涡，像印度舞女做出的一个接一个的仰面旋转；船体的每颗螺栓、每根船骨都吱嘎作响似乎要开裂一般，那动静简直像千万个绞盘在开动、上百万个钟表在拧紧发条。每一位旅客按照体能所限顺应着航船的每一下的颠簸起伏、每一声海风的呻吟、每一阵海浪的欢笑；最终，这一阵整体的大痉挛由各个部分分别去重复了。

海洋有必要存在吗？这些伟大的发明家们和工程师们，由他们发明制造的冒着浓烟的机械主宰着我们的时代并且把这个时代命名为机械化的时代，这些蔑视文学和思辨并将其称之为虚荣和无用的东西的实用主义者们——他们能否发发慈悲解释一下为什么尝试了一万年之久，他们仍然造不出不颠簸的船？他们给了我们速度与豪华、动力与硕大的体积、灰尘与噪音，而且还让我们担惊受怕；然而，面对上千人那翻江倒海的胃，他们却无能为力，和哲学一样的无能。

就这样，经过了两个星期的上下颠簸与左右摇晃，我们登陆于亚洲的古老土地。我们来到了叙利亚的生机勃勃的港口贝鲁特；这里满是法国的船只，路边的小餐馆里都是法国军官。真是令人难以置信，这些干净整洁、短小精悍的法国人，我们肉眼所见的唯一的武器就是他们的小胡子，竟然长时期地统治着这些高大的阿拉伯人和可怕的土耳其人。因为，如你所知，叙利亚受法国“托管”；“托管”一词纯粹是克里蒙梭为了保全伍德罗·威尔逊的面子而造出来的，说得客气点，该词的意思是法国人有特权在叙利亚课税。有个又高又大的土耳其人，以40英里的时速，驱车饶过黎巴嫩山脉的一个个沙土地的急转弯，穿越了一座座山峰；他一点时间也不留给我们欣赏距离山顶只有一英里的山脚下的波澜不惊的绿色海面；他怀疑我们之中有人带点法国相貌，所以觉得我们应该不至于晕车吧。

我们路过黎巴嫩的犬河河口，读到历代征服者在石崖上的刻字，从拉美西斯二世和马可·奥勒骝直至艾伦比将军；过去三千年以来这些山口和这些人民就一直遭受侵害——今后几千年，可以想见，他们还要继续遭受侵害——帝国主义国家要从这里取道进入东方腹地。战略要塞的命运就是成为历史的豺狼的猎物。——不知不觉中我们已经来到巴尔贝克，我们屏住呼吸仰望着世界上最美丽的神殿石柱；很快地我们来到古色古香的大马士革，该城是那样古老以至计算它的城龄已经没有任何的意义，我们在这里看到了法国大炮怎样教训大马士革人，让他们懂得小国的权利是什么；我们继续奔驰在暴土扬烟的路上，穿越荒凉的土地，来到约旦，看到屈辱的约旦人从涓细的小溪里滴灌他们的庄稼，于是我们知道我们到达了叙利亚的尽头、进入了巴勒斯坦。

英国军官和蔼地盘问了我们而且没有让我们走什么过场手续就放我们前行。我们不时地在土路上看见犹太人，他们饱经农业劳作的风霜，脸上的皱纹清楚地印着烦恼和匮乏二字，当得知我们来自美国便亲热地和我们打招呼，也许他就来自美国，又或者美国是他向往的地方。黝黑的贝都因人骑着快马从我们身边飞驰而过，也有的骑着温顺的骆驼，或者脚踏一双烂鞋在那里步行；我们看着他们，他们狐疑地回看着我们，又继续前行。孤独的牧羊人，多少个世纪以来都是荒漠的不变的象征，背对着太阳在天际线留下了剪影；牧羊人低头望着他的羊群，在寂静中琢磨着，这些耐心的羊儿们如何寻觅那难以找到的饲料。因为这里干旱：小河都露出了河床底的卵石、干涸的大地上没有遮荫的树，满眼都是望不到头的一堆又一堆的光秃秃的岩石，也有单块的石头散见各处——它们似乎就是巴勒斯坦的最主要的自然产物，然而从前这里曾经是牛奶和蜂蜜的产地。天赐之福——也就是雨，不再光顾这块土地；没有了雨，太阳也不再创造万物而是改为宰杀生灵了。

我们走的就是一千年之前十字军远征的那条路；酷热的空气里辎重齐备、全副武装的十字军形象似乎依稀可辨。接着,远处出现了坐落在众山之上的耶路撒冷,可能就是十字军当年见到的样子:城垛、城墙、山顶上圣城教堂的尖顶和塔楼,无论是基督徒、阿拉伯人、犹太人对此都感到同样的亲切和珍贵。一种古老的情感在我们的内心升起:就在这里,在我们经过的地方,玛利亚和约瑟夫可能走过;或许就是这条路感受过基督本人的足迹。

我们穿过迦法城门来到希望之都,发现自己已经置身耶路撒冷的街道。可是这些算不上街道,只不过是10英尺宽的小巷,没有人行道,路面铺得坑坑洼洼的很难走,路面狭窄是为了既可以防人又可以防晒;路的两边都有无数的商贩蹲在他们的货摊中间,所谓店铺也不过像是墙上凿的洞而已;路的中间挤满了男女老少、骆驼、驴子、山羊、绵羊,还有正在交配的犬只;全世界也找不出这样的街道。无轨电车这里都没有听说过,只有少量的汽车;能走汽车的道路没有几条,而且我们那种俗世的亵渎神灵的速度与周围的一切是那么的不协调。

耶路撒冷的街道

这里的人真是五花八门!有身着马海毛毛衣头戴遮阳帽的一位游客,他的行头包括旅游指南、笔记本、照相机、电影机、胶卷、胶片等;有一位女士勇敢地坐在墙上正在给热闹的市场画素描;有一位英国士兵,不情愿的犹太复国运动的支持者,不张扬但很愉快地履行着他的例行公事;有一位希腊神甫蓄着树一般的浓密胡须,他的帽子很像本科生毕业典礼时戴的学士帽;有一位面色苍白的年轻传教士,正在劝人皈依基督,他对犹太人的平均收费是两万五千美元一位;有一位阿拉伯人,虽然低着头却神情骄傲,忽而温和忽而激烈,黑眼睛黑胡须,对他的孩子很慈爱,但是他仇恨犹太人;有一位谦卑的妇女,背着很多食物,身着黑袍,黑袍在东方象征妇女的顺从;有一位穆斯林女士,身着丝质长袍,戴帽子,刚刚允许除掉面纱,而另外一位贫穷的黑皮肤的穆斯林妇女则头上顶着蔬菜食品,骄傲而挺拔;有一位老人坐在门口肮脏的台阶上,全神贯注于擦着他的脚尖而过的车来人往;有些年轻的打工一族的犹太人,衣着和头发的式样与在美国的犹太人一样;有些犹太学生留着传统式样的垂在面颊两侧的卷发,并且不剃须;有些犹太长者,身披丝绒斗篷头戴毛皮镶边的帽子;戴缠头巾的、戴土耳其帽的、戴头盔的、戴草帽的、戴毡帽的、戴鸭舌帽的、还有不戴帽的,脚上穿鞋的、穿趿拉板儿的、穿凉鞋的、打赤脚的；真是五花八门的人啊！如此的多样性令我们西方社会的同一性显得盲从而枯燥。

在一片嘈杂声中不时地传来三种声音。伊斯兰教的叫拜者爬上奥马清真寺的光塔告诉阿拉伯人到了祈祷的时辰了，那叫拜的音调好像是来自另外的世界。犹太人见面时互道“色兰”的声音，意思是“主的安宁与你同在”，回答的意思是“也与你同在”。还有从远处传来的基督教教堂的钟声。

基督教徒

耶路撒冷圣墓

我们几乎忘记：这座阿拉伯人和犹太人的城市也是基督教的发祥地。得胜的穆罕默德教派和复活的犹太教派必然要掩盖这一点，他们要让自己的宗教凌驾基督教之上；只有街上那些神情庄重的希腊神甫令人记起这座圣城那迷宫一样的大街小巷也有基督教的遗迹，因为这里曾经是基督信仰的圣地。

穿过黑暗的小巷，绕过路边商贩们的脚，我们来到圣墓，而且（据他们说）十字军和穆斯林为争夺此地而杀了一百万人。经过一道巨大的砖石结构的门，我们来到神圣的步行区；服务人员递给我们蜡烛，我们把蜡烛点燃，一阵阵的风把蜡烛吹灭，于是我们静静地重新把蜡烛点燃；一位年轻的讲话带伦敦土话腔的英国向导领我们进入墓室，指给我们看（他保证说是真的）封了基督墓穴门的那块石头。墓室四壁皆为圣坛和神龛，潮湿的岩石顶部挂满了名贵金属制成的圣堂用灯。在一个安静的角落一位老年的神甫在诵弥撒；石头地面上有六个乞丐逼着我们讨要直到我们给钱；在一处暗淡的灯旁站着一位身着黑袍的年长的教友，她撩开了面纱，用枯瘦的手调整着眼镜，正在阅读一本被时光蛀蚀的希腊文的祈祷书。早年间这里一小时就会有上千的朝圣者经过；如今没了朝圣者，只有旅游者；甚至在这些远道而来的旅游者当中,也只有少数的人,来此探询耶稣赴难路上这第一条街道的每一站。古老的虔诚信仰消失了,只剩下了好奇。那些肥胖的访客抱怨楼梯太陡、石阶太滑,一位披着斗篷,体重足有两百磅的女士,绝对是她家里那个殿堂的顶梁柱,再三地提醒向导:“你保证会给我们留出购物的时间吗?”

向导郑重地指着玛利亚山的岩石,就是虔诚的亚伯拉罕差点在上面杀了他儿子的那块石头,以权威的口吻说:“这块石头绝对可信,就是以撒准备在上面牺牲的那一块。因为石头是搬不走的。”几位妇女先表示出疲惫不堪的敬意,几位神情肃穆的商人怀抱坦诚的信念听着;年轻人对这一逻辑报以微笑,其中一个好看的小姑娘怀疑地扑哧一笑。

接着,现代的代步工具飞快地把我们带走,越过古老的山峦,穿过长长的山景,来到小镇伯利恒,只用了半小时就从基督的埋葬地来到了他的出生地。三个教派——希腊、罗马天主、亚美尼亚——守护着圣诞之家,而且三大敌对教派各自保留着自己的教堂,一位俗世的士兵把守圣地并维持着三派之间并非情愿的和平。按照电灯的指引我们深入到地下,头顶的石头滴着水,我们来到东方三智者发现圣婴的地方;那些小画像与可爱的偶像都强化着你的想象,当听说纯洁的圣母就在这些石头上坐下来给婴儿喂奶,即使身为怀疑者的你,也感到一种强烈的震撼。从希腊教堂传出了带喉音的深沉的圣诗的低声吟唱;焚燃的香使空气变得神圣;每一种感官都在重新唤起我们年轻时的信仰。可是刚才那个好看的年轻姑娘却俯下身悄声说:“我一句也不信。你呢?”她的蜡烛熄灭了,可是她也没心思把它重新点燃;她和它,姑娘和熄灭的蜡烛,就是新一代的象征,不仅失去了信仰而且根本没有感觉到这种缺失。

我们之中有些人三年前曾来过这里,那时没有任何人讲怀疑的话。欧洲与美国的思想正在多么迅速地变化着啊!如今这些圣地不仅肮脏且缺乏修缮;慈善家给科学的资助多于给虔诚信仰的善款。现在我们已经富裕到不需要宗教了;只有穷人才信教,因为对他们而言,希望和生活是一回事。那些讲述古老信仰的故事在我们这个时代都只是用来做文学创作的素材,都只剩下了象征意义,就像在过去的一千年里诗人使用希腊罗马神话那样。圣母玛丽亚竟然和富饶与婚姻之女神德米特尔和阿斯塔特混在了一起,耶和华也竟然与宙斯坐到了一处,酒神狄俄尼索斯与美少年阿多尼斯竟然欢迎起基督来。而此时此刻面对神圣的圣诞象征物,人们的灵魂所体验的已经不再是永恒,而是转瞬即逝,而是腐烂;这里不再是耶稣的诞生之地,这里已经成为埋葬基督教的地方，我们只能满怀虔诚、默默地高擎希望的神龛，然而那神龛里供奉的却是已经逝去的希望。

阿拉伯人

这里的基督教的确在走下坡路。（根据最新的统计数字）1922 年耶路撒冷的人口为 62578 人，其中 33971 人是犹太人，其余的几乎都是阿拉伯人。1922 年巴勒斯坦人口为 757182 人，其中 73024 是基督教徒，83000 是犹太人，590890 是阿拉伯人。[①] 基督教的发祥地现在已经成为第二大的穆罕默德教的城市，仅次于麦加这个伊斯兰教最伟大最神圣的城市；奥马清真寺的建筑在耶路撒冷居于首位，无可与之比肩者；巴勒斯坦这个名称原本是阿拉伯词语中的一个单词（Falastin），意思是“腓力斯人之地”，以讹传讹变成了现在的巴勒斯坦。

这里到处是阿拉伯人，他们极其顺从而且以贫穷为骄傲。每人的衣服不过是一袍一褂，还有头上的礼拜帽而已；即便如此，阿拉伯人的傲慢也是欧洲的政治家和美国的百万富翁都无法与之相比的。沐浴之后的阿拉伯人还是个蛮漂亮的种族，他们的相貌介于西班牙人和犹太人之间；他们既有百分之百西班牙人的热情又有犹太人都自叹弗如的喋喋不休；他们可以争吵一个小时，可是令人失望的是，他们并不会动手；与苏伊士河以北的任何民族相比，他们在一天之内，话说得更多而事情做得更少。

自从哈里发奥玛在公元 637 年征服巴勒斯坦之后，这里的居民就以阿拉伯人为主了。后来土耳其人的确在 1520 年征服了穆斯林但是土耳其人搞了一个谢罪仪式，即，接受被征服者的信仰，接受他们的先知和他们的上帝。世界大战来临时，一位英国将军提出将会给近东的阿拉伯人以政治自由，回报条件是阿拉伯人赶走土

① 见《巴勒斯坦联合调查委员会报告》，伦敦，1928 年，第 33 页和第 36 页；伊丽莎白·迈卡勒姆，《巴勒斯坦冲突》，外交政策协会信息服务，1929 年 10 月 16 日，第 279 页。

耳其人。麦加的行政长官以人民的名义接受了这一条件，于是阿拉伯人为艾伦比将军扫清了障碍。1918年11月7日这一天大不列颠王国和法国发表联合声明承诺，如果国际联盟战胜德国和奥地利，他们就让叙利亚和美索不达米亚人民独立。这一声明在近东到处张贴。当联盟军队获胜、土耳其也被驱逐了的时候，阿拉伯人要求他们兑现这一承诺。但是，与此同时，英国还做出与此冲突的另一项承诺，同样非常重要的承诺，是对另一个民族的。因此，巴勒斯坦的事就悬在了那里。

犹太人

50名犹太人在哭墙脚下，对着圣石捶击双手和头部，根据犹太人的传统说法，这圣石来自所罗门神殿。哭墙是阿拉伯人的财产，他们不肯卖；犹太人只要求被允许在哭墙那里安全地进行祷告，向耶和华恳求解除魔鬼加给他们的束缚让他们获得自由。他们一直都在这里祈祷，这些男人和女人，

耶路撒冷哭墙

还有他们的先人，已经有两千年了——自从尼布甲尼撒毁灭了他们的神殿就一直在此祷告。在巴比伦征服者的统治下，在波斯征服者，在马其顿人，罗马人，十字军以及土耳其人的统治下，他们都在此哀悼；在阿拉伯人的仇恨中，在我们旅游者不礼貌的凝视中，他们依然在此哀悼，祈祷恢复他们古老的国度。有哀诗为证：

由于神殿被遗弃，我们孤独地坐在这里哭泣。
由于庙宇被毁，
由于墙被推倒，
由于宝贵的圣殿的石头被轧成粉末，

由于我们的神甫犯下了错误并误入歧途。
由于我们的国王让上帝陷入灾难——

我们孤独地坐在这里哭泣。
我们恳求您，可怜犹太人吧！
把耶路撒冷的子民们召唤到一起……
请赐予锡安山庄严与美丽……
让耶路撒冷长出新枝、吐出花蕾。

有哪一种祈祷重复了这么多遍，被这样顽强地送到那没有回应的苍穹？希望重新被世界上敌视自己的种族接纳，希望再一次拥有自己的国家和家园一直是两千年以来遭受压迫四处流浪的犹太人的文学的灵魂，也是犹太人的信仰的灵魂。无论在世界的哪个角落，每日三次，犹太人都会面朝耶路撒冷的方向无奈地祈祷被驱散四方的命运的结束，祈祷恢复自己古老的城堡。每个星期他们的神甫都向他们宣读耶和华对他们的承诺："我要把你们从异教徒的国度里领出来，把你们聚在一起，让你们回到你们自己的土地上…… 你们将居住在我给你们祖先的土地上；你们将成为我的子民，我是你们的主。"

突然间，在 1917 年 11 月 2 日，英国政府通过外相巴尔福向世界宣布英国建议恢复犹太人在巴勒斯坦的国家。"国王陛下的政府赞成在巴勒斯坦建立犹太人的国家，并且会致力于赞助这一目标的实现，以下这一点必须清楚地理解，即，不可以有任何歧视巴勒斯坦境内现存的非犹太人社区的公民权利和宗教权利的事情。"这一漂亮的姿态是出于经济和军事双重的考量，对于世界子民来说这是自然不过的事，首先此举旨在打开犹太金融家的钱口袋，要从英国、美国、德国和巴勒斯坦境内的友好的犹太人那里得到援助，让他们为国际联盟取得胜利以及英国在近东的控制权的延续做贡献，还不止如此，此举还希望通过巴勒斯坦的犹太人做出承诺说他们需要成为英国的被保护国，这样巴勒斯坦就成为通向摩苏尔油井的陆上通道，而且还可以从北边南下，抵达印度。犹太人认为此举是天上掉馅饼，是对他们千年祈祷的神奇回应，于是犹太人不仅热烈响应还慷慨解囊，大方的程度是十字军远征以来所未见。美国的犹太人捐出两千五百万美元在巴勒斯坦建立希伯来居民点；欧洲的犹太人捐九百万；爱德蒙·罗斯柴尔德伯爵一人就捐了五千万。波兰、俄国、美

国都分别有一批理想主义的年轻人涌向巴勒斯坦；到1922年已经有11%的巴勒斯坦的人口是犹太人，到1928年达到19%。移民在贫困与希望中劳作，梦想着他们的人口将超过阿拉伯人的那一天，而且不只有犹太人的家园，还要建立犹太人的国家。

你愿意亲眼看看移民创业给整个的巴勒斯坦带来的改变吗？你可以从繁忙的海法起程，乘坐从港口到首都的现代火车。看看这些城市，本杰米纳、里康、库带拉、派塔提夸，原来的不毛之地现在都生长着茂盛的作物；看看迦法腹地的大片的橙树林；看看只用了十年就从沙漠中崛起的新兴的犹太人城市特拉维夫。犹太人的集体农场和沿途的阿拉伯个体农户所使用的骆驼与犁的原始耕作方式形成了鲜明的对照，犹太人靠合作融资购买新设备，用新方法搞农业实验站和开办农业学校。这里的气候近似美国的加州：夏季炎热、冬季温暖如春以及雨量不足；大概得有类似威尼斯的充足运河来灌溉这一片土地才能使这里变成我们加州的帝王谷，才能重新满足250万人口的生存条件，这是历史学家推算的古代的巴勒斯坦的人口。这里的土地只有十分之一是可耕地，只有50%可以做牧场。大部分是凹凸不平的山地，耐心的农民如果要开梯田则必须用大量的石头加固那层层的梯田，还要依靠那薄薄的土层给他的葡萄园提供养分。（有一份1928年联合调查报告说，“巴勒斯坦的葡萄种植取决于不断变化的世界的葡萄酒市场”——美国对于酒的限量的影响也是世界性的。）而且可耕地的93%掌握在阿拉伯人手里，他们不卖给犹太人，即使卖也要以卖给“好穆斯林”两三倍的价钱[①]。阿拉伯人怎么会喜欢犹太人呢？尽管这些犹太农民是在城市里长大的，还识文断字的，而且完全不适合农村的生活，可是他们每英亩的产量比用心讨好土地的阿拉伯人的产量高出四至五倍！看着迦法的橘林简直就是上帝的杰作，阿拉伯人怎能甘心？

不仅如此，还有医院、药房、学校和大学，这些都是移民自发创建的，这简直不可饶恕。犹太人太聪明了，不可能只满足于务农；他们活跃的大脑想要经商、办实业，而且他们会兴办城市所必须的各种行业；现在他们已经在古老的家园恢复了农业，他们就要建立工厂、市场、银行以及城市和乡镇。1923年，巴勒斯坦的农场有23000名犹太人，但是城市里有85000名犹太人。1922年迦法市的47709人口中有20152名犹太人；到1930年，由于1921年反犹太人暴乱带来的后果，犹太人从港

①《麦卡勒姆报告》，第289页。

口撤出，到附近的犹太人自己的城市特拉维夫去发展，该城1909年还是一片荒芜，可是到1918年已经有10000人口，到1930年，已经是拥有45000人口的城市。犹太人引进了先进的纺织业和制造业，他们把劳工组织起来，为无论是犹太人还是阿拉伯人的劳工争取到了工时的缩短和薪酬的增加；他们进行了宝贵的共产主义方式的探索实验，而当此举失败后他们又建立了农民、建筑工人、商人和消费者的合作社。在坚固的独裁统治之下他们竟然建立了一个劳工党还为特拉维夫市贡献了一位德才兼备的市长，以至参观者巴不得让他当纽约市长去。他们发现这里缺乏能源就用境外犹太人的捐款建设了一座巨大的水力发电站。他们发现如果一个国家没有可靠的饮用水源那么伤寒、痢疾、疟疾和眼睛疾患就会猖獗；于是他们抽干了沼泽，清洁并延长了供水系统，控制了疟疾和沙眼，建立了对所有的人开放的公共卫生站。他们建立和管理自己的学校，与此同时他们还要交纳沉重的赋税给公立学校，在公立学校里由英国人教育阿拉伯人[①]。他们放弃了流浪期间发展起来的一种混杂语，恢复了美丽的希伯来语，把希伯来语作为巴勒斯坦境内的犹太人的生活用语。他们从全世界融资在耶路撒冷建立了一所犹太人的大学，大学的图书馆有一部分是学生亲手参建的，里面有20万册藏书是为了保存和延续他们民族的文化传统而购置的。世界上很少有一个民族在这么短的时间里做了这么多的事。至于经济方面，有一位朝圣者1927年来到这里的时候曾经发现他认为是无法克服的困难，当他1930年再次来到这里时发现问题已经在逐步得到解决。犹太人聚居区的梦想就要实现了。

暴　乱

然而正是因为这些成就，种族问题——假如我们可以较为宽泛地使用种族这

① H. 科恩：《东方国家主义的历史》，纽约，1929，第302f页；巴勒斯坦联合调查委员会报告，第96页；H. N. 贝雷斯福德：《当前历史》，1929年1月，第755页。

个词语来表示根源上和血统上同属于闪族人种的犹太人和阿拉伯人——比以前变得更加危险。犹太人的发展和成功激起了阿拉伯人的嫉妒之火；这块土地过去一千年来都是阿拉伯人的，现在却遭到两千年以前从这块土地上分裂出去的人的入侵，阿拉伯人觉得在这个大讲民族自决的世界上，这是极大的不公正。阿拉伯人看到自己的国家被用来搞他完全不理解、与他的利益格格不入的实验，而且是在一个答应给他自由的强大帝国的刺刀之下进行。阿拉伯人记起麦克马洪将军和麦迦行政长官之间的协议。阿拉伯人愤怒地援引1918年的法英声明中有关承诺，声明中承诺给受保护的阿拉伯人在对外关系和军事关系方面的自由。阿拉伯人抱怨的是对全世界宣扬民主、平等和兄弟情谊的犹太人却在这里粗暴地违反民主；犹太人阻止巴勒斯坦议会的建立，因为他们清楚那将意味着阿拉伯人在议会中占大多数；可是犹太人的锡安山组织却和在巴勒斯坦的英国特派专使委员会的独裁统治分享特权；这两个外国政府，英国的和犹太人的，正在对外国移民打开一个阿拉伯国家的国门，而且移民速度大大超过本国的吸纳程度，还使用阿拉伯的税收让一个阿拉伯国家被犹太人国家所取代①。阿拉伯人派出了代表，接受了许多让步；阿拉伯人要求成立议会却被极其礼貌地拒绝了。于是他们决定流血奋战。

1929年8月14日，一万名犹太人来到耶路撒冷准备次日在哭墙聚集一起哀悼神殿的毁灭。阿拉伯领袖们在整个巴勒斯坦境内传言犹太人在耶路撒冷杀死了阿拉伯人，首都的街道布满穆斯林的血，深及膝盖。在16日晚穆罕默德诞辰除夕，阿拉伯人如潮水般涌入城中，而大意的英国人，就这一次，猝不及防，无法设置障碍以阻止人流的会合。这是阿拉伯人绝好的报复机会，只要阴沟里有几加仑的犹太人的淤血，整个犹太人的世界就会得到警告：把他们的移民和他们的首都撤离巴勒斯坦。还有，已死的犹太人是无法要回欠债的。

于是阿拉伯人冲向聚在哭墙的犹太人，杀了几十名祈祷的妇女和男人。8月23日犹太人为亡人举行了葬礼，送葬的队伍奏着哀乐，经过了耶路撒冷的穆斯林住宅区。接下来的几天，暴乱又卷土重来，暴怒的阿拉伯人在希伯来神学院杀死了手无寸铁的学生，而且整个巴勒斯坦境内，武装的阿拉伯人袭击没有武装的犹太人，共打死打伤数百名犹太人。恐怖时期持续了一连四周；终于，没有了章法的英国人，自己组成了卫队，维持这块有许多宗教信仰的土地上的秩序，并从远处调来兵

---

①《麦卡勒姆报告》，第283、288页。

力，于是这里又恢复了和平。

解决办法

这究竟是谁的错？他们都有错，阿拉伯人和英国人和犹太人都一样；如果他们能一起来承担罪责，一起面对巴勒斯坦的问题就好了。但是以现在的状况他们怎能找到解决的办法？犹太人只要有英国的武力支持就能实现建国的希望而完全不必去强迫阿拉伯人，然而这种臣服英国的做法却招致每一个美国人和每一个美国的犹太人的反感。

有些人主张极为激烈的解决办法，并为此而不惜对圣典断章取义。这一派人认为不能在巴勒斯坦实行民主制，理由是民主会赋予阿拉伯人以权力去设置上百种针对犹太人的政治和经济方面的限制。因此，假如犹太人想在圣地立足就必须以无情的权力征服它，像约书亚那样。不一定采用野蛮的军事手段，只要掌握金融业和工业的领导权，少数人就能控制大多数人。假以时日犹太人凭借他们的头脑一定会在巴勒斯坦建立起金融、商业、制造业的系统，这将使他们掌握国家的经济生活，继而必然掌握国家的政治生活。既然民主制在世界范围内已经成为闹剧一样的东西，大可不必为近东的一个小国不适合民主制而一撒同情之泪。

有些阿拉伯领导人私下也认同这种对于民主政府的蔑视。那些统治埃及农民和判处他们罚金的大人先生阁下们从宗教角度也不愿意给农民以选举权，不想让他们接受教育，更不想让他们有民主的要求。甚至耶路撒冷的穆斯林最高委员会的大法典诠释官也对成立议会的呼吁侧目，而且谣传他对于种族冲突并非那么不高兴，因为这场冲突使他那日渐衰落的权威以及他那受到挑战的权力得到了加强。

然而较年轻的阿拉伯领导人，假如我们从他们的很有煽动力的期刊《腓力斯人之地》（*Falastin*）来判断，还是要民主的，甚至不惜用血来获得。他们毫不含糊地宣布如果巴勒斯坦的犹太人坚持反对议会制，他们将掀起一次次的暴乱直到圣地之内的最后一个犹太人也死掉。暴力引发暴力，行霸道者必然死于刀剑。

还是一位美国犹太人提出了解决圣战的办法，此人长期旅居巴勒斯坦，担任耶路撒冷希伯来大学校长一职。全世界恐怕都已经知道这个人了，朱达·L.马格内斯，他离开了纽约自己那富裕的家庭，放弃了在美国犹太法学界的高位，来到斯克普斯山过学者的简朴生活，全力以赴地兴建一所大学，让它成为这个散居于世界各地面临各种危险的犹太民族的文化宝库和文化中心。1929 年 11 月 18 日，在大学的秋季开学典礼的讲话中，马格内斯博士说，以他之见，他本人不再致力于在巴勒斯坦建立犹太人的国家了，只想建立犹太人的家园，巴勒斯坦应该被看做是“一个国际的圣地”，对于三种宗教都具有神圣的意义；而且“要想把它建设成犹太人的、穆斯林的和基督徒的家园，犹太人掌握政治的一切想法都“必须放弃”①。

这一主张，曾经遭到许多狂热的犹太主义者的谴责，而且在讲话的现场就遭到年轻学生听众的嘘声和不满，其实马格内斯博士只是勇敢地接受了长期以来的事实，是 1922 年 6 月 3 日英国政府白皮书里就已经明确讲到的事实。白皮书说：

> 已经有未经授权的声明，大意是说已经策划旨在建立全面犹太化的巴勒斯坦。……国王陛下政府认为此种期待不切实际，国王陛下政府也没有策划此种目标。也从未在任何时候考虑过……巴勒斯坦境内的阿拉伯人、阿拉伯语言、阿拉伯文化的消失和屈从。政府要求注意下列事实，(巴尔福)宣言提到的话语并没有打算把巴勒斯坦作为一个整体而变成犹太人的民族国家的家园，而是指犹太人应该在巴勒斯坦找到自己的家园。②

有些人希望巴勒斯坦可以给犹太人一个国家，这个国家的语言、风俗、法律都是犹太人的，可以作为体现全世界犹太人的力量和骄傲的灯塔，对于这些人来说，这种不建立犹太人的国家只建立犹太人的家园的“说法太难接受了”。然而需要是不顾感情的：在一个阿拉伯人占人口的 70%而且他们仇视犹太人的地方建立犹太人的国家是不可能的；犹太人在这里的生活也得不到保证，因为这里的阿拉伯人虽然强悍有力却被剥夺了选举权，可是周边国家叙利亚、伊拉克、泛约旦和埃及的阿拉伯人几乎完全享有自由。这种建国的实验与现代犹太人的理想完全背道而驰，请

---

① 参见他的小册子《像所有的民族一样？》，耶路撒冷，1929。

② 科恩，第 299 页。

问世界舆论还能支持它多久?请问犹太人的慷慨还能支持它多久?假如犹太人长期以来争取自由的斗争竟然以使用武力制服与自己有亲缘关系的种族而结束，那么从迈蒙尼德到爱因斯坦,上千位犹太领袖的工作将变为一个苦涩的大笑话。

看看面临的这些困难吧。犹太人在所有的城市里都是少数，只有两个城市例外;在许多大城镇里他们的人口都不超过1%,比如在加沙、纳布卢斯、拿撒勒、提比利亚。移民会改变这种比例吗?但是犹太人前往巴勒斯坦的移民现在就已经达到经济的饱和点了。1927年这一年的出境人数(5073)几乎是入境人数(2788)的两倍。犹太人已经克服了早年的沮丧和消沉,那时,憔悴的年轻移民曾恳求美国游客把他们偷运回美国。然而所有的经济学家都知道这块土地几乎不能再吸纳更多的犹太人了,除非阿拉伯人口减少。可是阿拉伯人比犹太人繁殖得快,而且更愿意打仗;未来肯定会有阿拉伯人口成百万的增长,也会有更多的暴乱。1929年的暴乱之后,美国的犹太人在一个月内筹集善款150万美元给巴勒斯坦救灾;但是此种慷慨解囊能有几次,或者说他们有多大能力重复此种善举? 1928年巴勒斯坦的进口额达到33500000美元而出口额仅仅是9000000美元;贫瘠的土壤阻碍着经济独立和自力更生,可是外部的援助还能持续多久?巴勒斯坦之难题的解决方案不能建立在这样的预设上面,即犹太人口可在本世纪达到这一地区总人口的多数。

只短期访问过巴勒斯坦两次的一个局外人要提出什么解决方案就太滑稽了,因为这问题太棘手,就连犹太人的睿智和英国人的诡诈都处理不好,何况局外人。好在现在已经提出了一个明智的办法:大英帝国,与国际联盟合作,已经决定指派(毫无疑问现在肯定已经派好了)一个由三名非英籍人士组成的国际委员会来确定巴勒斯坦的犹太人和阿拉伯人的权利。这个国际委员会能够找到解决办法吗?马格内斯博士提出了世界上最好的方式:公正。还是让他自己说吧:

> 如果我可以在这方面插嘴说说自己的愚见,那么我建议议会可以有两院:下院和上院。下院由全体人民选举,这会使阿拉伯人有大多数席位,上院按照三个民族,犹太人、阿拉伯人和英国人,平等的原则或指派或选举产生。这种做法和美国相似,美国上院由每个州出两名参议员组成,无论州的面积大小,无论州的人口多少,这样就可以代表组成合众国每个州的平等权利。①

①见《像所有的民族一样?》,第20页。

了解一下美国参议院的情形还是有益处的。如果参议院的席位按照行业和专业来确定,所代表的不是地域而是职业,那么参议员就会有更好的资质处理他们面临的经济问题,会更加现实地应对现代世界的格局以及现代世界的需求。由于民主制有多数压迫少数的危险,而美国参议院在一定程度上可以补偿这一点,可是与此同时美国还有(或者说过去曾经有过)宪法的严格规定以限制议会的立法范围和权限——比方说,限制议会通过任何干涉宗教信仰和宗教集会的法律。全世界都承认由于犹太人和巴勒斯坦有着古老的渊源,而且尽管分散在世界各地他们对于信仰的忠诚却始终不渝,所以他们对圣地是有权利的,这种权利就像是美国的宗教权利一样神圣。在某种意义上,在考虑巴勒斯坦境内的犹太人的人口时,应该考虑到境外的数百万犹太人所做的贡献,这种贡献的重要性不亚于当地的犹太居民的贡献。因此在批准巴勒斯坦成立议会的同时,可以公正地出台一部宪法草案,该草案承认巴勒斯坦受英国保护,并确立,犹太人、阿拉伯人和基督徒的移民权,而移民权取决于他们在这块土地上的自给能力,而且移民权不受仇视性立法的影响,而且移民有权不受阻碍地保留各自的语言、文化和宗教礼仪。民主制,其伤人的利爪这样被削掉之后,就可以使人身得到保障,并鼓励巴勒斯坦各族人民的发展成长。

这种解决办法对于犹太人是既不确定又不安全,可能包含令人心碎的牺牲。但是犹太人自从被逐出的那一刻就一直表现出罗马人一样的自我克制和强大的力量;他们有足够的坚强再做一次“伟大的放弃声明”——甚至去忍受一个世纪之久的绝望也在所不惜,就像当初反基督的预言家扎巴台·泽威(Zabbatai Zevi)那样。也许随着时间的推移,不可预见的因素会改变目前的困难处境让巴勒斯坦不仅成为犹太人的家园而且成为犹太人的国家;如此优秀的男男女女在十年间改造了巴勒斯坦,谁说得准在一百年之后他们能成就什么伟业。十年的时光他们就征服了这块土地上的死神,谁敢说再过一个世纪他们就不会征服那命运对他们的愚蠢的捉弄?

又及:以上成文于 1930 年 1 月,那些文字足以证明一切所谓当代著作的时限是多么的短暂。聪明的读者已经获悉,英国政府于 1930 年 10 月 20 日发表“帕斯菲尔德白皮书”,白皮书严苛地限制犹太人移民巴勒斯坦,并解释说阿拉伯人的民主权利是建立犹太人“民族家园”的首要条件。由于三大宗教的珍爱之地在耶路撒冷,所以圣城将通过由国际联盟托管的方式由国际控制,这才是可取的做法。不难想见，巴勒斯坦其他相关部门将出台相应的规定，让阿拉伯尽情地进行民主幻想的各种实验。然而考虑到国际上的犹太人对巴勒斯坦经济恢复所做出的贡献，还有对于全世界的犹太人来说至关重要的一点：有一处自己的文明和一个自己的国家作为庇护所并在其中存放所找到的兄弟情谊，划出一大块巴勒斯坦的土地给犹太人控制是合乎情理的，作为补偿，要给该地区的阿拉伯人以宪法的保障并且给予他们移民去阿拉伯领土的经济补偿。毫无疑问，时间和流血牺牲将会是比较直接的解决办法。

第二章
印度见闻

诱 惑

明天我就看到印度了。我独自坐在甲板的散步区，看着在星空下向前移动的桅杆顶，我问自己为什么要到如此遥远的异国他乡来。不是因为它的国土和我们的不相上下——幅员辽阔和发展速度是两码事；也不是因为它几乎有三倍于我们的人口，上帝知道有大量需要喂饱的肚子不是什么成就而是一道难题。我想看印度，完全是因为它对于我是如此的陌生；因为它的文明、文学、哲学、宗教、举止、道德、艺术和我所熟悉的一切是如此的不同。我肯定会在一定程度上像土地那样被深翻，我植根其中的文化土壤会被新面孔、新方式和陌生的视角所重新犁过。如果我学会理解和我们自己的文化有天壤之别的异域文化的哪怕很少的一部分，也许，我就会变得比之前思想更开阔一点、深刻一点、少一点狭隘和偏见。

那个几乎是一块完整大陆的土地见识过多少个世纪的风风雨雨啊！早在埃及建造金字塔之前，它就有了文明和城市、工业和贸易、家园和雕像、浴室和珠宝。三千年之后它的财富让亚历山大的将军们震惊；圣诞之前五百年，它就已经有了乔达摩（释迦牟尼）佛，并从他那里学会了“山上宝训”所包括的一切宗教课业。它的圣人比耶路撒冷南部的犹地亚还要多，它的哲学家的数量超过古希腊；从阿育王一直到阿克巴王都是它贡献给人类文明的开明帝王，它拥有过庞大的军队也掀起过毁灭性的战争。后来它学会了和平之术，于是它喜欢沉思胜于喜欢征服，热爱圣洁胜于热爱财富。它不时地被来自北方的强悍民族所侵略和征服；但是经过各种外在的形式变迁和兴衰沉浮，它依然保留了它自己的生活与思想，它的阴郁的沉静与沉思冥想。而今天，经过了长度不亚于中国的历史的磨难，它正在经历年轻的阵痛和新生，孕育着甘地这样的领袖和泰戈尔这样伟大的诗人，正在遵循基督教导的原则，掀起一场反抗最强大的帝国的革命。我如何能原谅自己以前对印度竟然不了解？

次晨4点，哗啦哗啦锚链的响声宣告我们已经到达孟买港。该城的一座座山峰在天际的晨曦中呈现朦胧的暗灰色，远处的船坞一片死静。接着，太阳在小山顶后面露出头来，偷听着黑夜的窃窃私语，抚摩着我们因寒冷而打颤的身体，给整个的景象披上了霞光。在灰霾中一群高大的建筑物的轮廓显露出来——是富丽堂皇的泰姬陵酒店，不过该酒店却不懂得模仿泰姬陵的建筑风格；印度半岛大铁路终点站庄严地矗立在那里，我们将通过那阴暗的拱形大门进入印度。火车从我们身边启动，呜呜地鸣叫、撒着煤烟粉尘、摇晃着震荡着，大量的旅客从轮船升降梯拥下来，在阶梯上磕磕绊绊地上上下下，不一会儿，我们就在清晨的寂静中从水上来到了我的梦中之地。

1930年的孟买

孟买是个住着印度人的英国城市。这里没有印度风格的建筑；所有的建筑风格都是从伦敦进口的。英国雕塑在街道上随处可见，高级种姓的男人穿英国裤子，活像给分叉的小红萝卜增加了一份尊严；只有低等种姓的人才把方便和俭省结合在一起，即身上只披一块麻布片遮住下体的一小部分。紫铜色的脊背在阳光中闪亮，哪里也找不到一个肥胖的人；华氏96度的深冬时节会消耗掉所有多余的肉，何况这里的人几乎总是吃不饱。大部分人光头，有些人戴土耳其圆形小帽，少数人戴礼帽。印度人的头发又黑又直，涂了油以便保存头发里的水分不被阳光蒸发掉，所以看起来像擦过的皮鞋一样光亮。深肤色的五官很端正，除了个别奇丑无比的之外，就人类王国而言，印度人比纽约人长得漂亮。孩子们脏兮兮的但是模样很好看；衣着破烂，或者只围一条带子，甚至一丝不挂；圆头、棕色的脸、高挺的有形的鼻子、胆怯的忽闪的大眼睛。说到眼睛，惨状立刻出现；有些孩子眼睛里流着脓；这里的个人卫生和环境卫生都很原始落后；水非常地昂贵，清洁卫生是属于富人的奢侈。

只有最底层和最新潮的妇女才在街上抛头露面；新潮女士身着五颜六色、体面而飘逸的长袍，而底层妇女身披的破布片则只能有时遮住乳房。至于我们在书里读到的羞涩的丰满撩人的公主们，她们都藏在闺房中，我们是看不见的；偶尔才有受过教育的妇女打破陈规在光天化日下露面。我看十年之后会有几百万妇女步她们的后尘。

我们的汽车按照西方速度在悠闲的人群中穿行，每进一步都要按一按沙哑的圆喇叭以便驱散人群，街上行人的面孔、交通、住宅、带骑楼的店铺让我们目不暇接。狭窄的街道中央也和马路边上一样地挤满了行人。牛大摇大摆地在人群中行走，不受阻拦，充分享受着城市的自由；我们断定牛是这里主宰的物种，不过若论傲慢无理和沉默寡言，还是比英国人稍嫌逊色；然而向导告诉我们说对于非穆斯林教派的印度人来说，牛是神牛，是上帝的高尚的化身。他们喝牛的奶、把牛的排泄物晒干做燃料但是绝对不吃牛肉，他们宁可挨饿也不会宰牛。

牛就是古老的印度；有轨电车则是新印度，它们在孟买街道上和牛争夺行路权，车里挤满了印度人，而且乘车人的脸上这么快就已经满是西方人的那一幅急迫模样了。这滑稽的小电车扰乱了古老神圣的种姓制度，破坏了三千年之久的靠遗传继承的五个等级——婆罗门、刹帝利、吠舍、首陀罗以及贱民（或称之为被社会遗弃者或不可接触者）——换言之，祭司，武士及贵族，平民及商人，工人，还有奴隶。在电车里，像在学校、剧院、火车里一样，婆罗门和贱民并肩而坐，平民触碰到不可接触者。这些非人为的力量无意中破坏了古老的印度社会的结构；于是西方就这样逐渐地改变了东方。从现在算起，再过半个世纪，印度这种顽固的排他的种姓制度就会松动，变为可以流动的等级制度，而纽约的豪华的派克大街和贫穷的赫斯特大街倒是可能凝固为代代相传的新的种姓等级；阶梯会把印度社会的各个阶层连接在一起，会挫败一成不变的社会地位的结构，取而代之的是鼓励个人向上爬，像圣维德的舞蹈里表现的。工业会发展、财富会增加、圣人会消失、制造商和贸易商会取代婆罗门，印度会摆脱英国的统治但不是靠祈祷而是靠金子。

“我们去哪里？”我问向导。

“去帕西人墓地。”

“帕西人是谁？”

“帕西人是几百年前从波斯来到印度的那些人的后裔。孟买的商界精英大多是帕西人。他们是非常成功的人士。”

看来商人已经登上舞台受人关注了。我们驱车驶过了这些人的豪宅，来到山顶，这里是他们埋葬亡人之地。顶峰上有一座圆形的封闭建筑物，被称之为“无声塔”；塔里面的墙上凿有洞，洞内放置帕西人的尸体。尸体刚一接近封闭塔——有时甚至还有好几方的距离——老鹰就从附近的栖息处俯冲下来，只消五分钟就把尸体叼得干干净净，只剩一堆骨头。这些鹰看上去很可怕，它们是印度境内仅有的肥胖土著，时刻在树上、房顶上等着下一顿美餐。这就是人类的主要归宿。

我们在下山的路上停下来参加了一场帕西人的婚礼，这有点颠倒了自然界的秩序。我们插入宾客中间，他们很自由地与我们交谈；我们很惊诧于他们的一丝不苟的清洁、优雅的举止、良好的教育和他们的理解力。整个孟买令我们惊叹：出乎意料的整洁、众多的柏油路、繁荣的景象、豪华的住宅和宽敞的车站。英国人在这里干得不错。

我忘了说说工厂，是工厂使得孟买如此的现代，同时工厂也给孟买带来了贫民窟。这里有个纺织厂，地处城市的后院，丑陋、肮脏、粉尘飞扬；巨大的纺织机不停地产生着噪音和飞絮；难耐的高温榨干着人的体力，简直就像是在人间的地狱里；男人、妇女和儿童就在这个大锅里一直工作到垮下来死去，所挣的钱仅能活命。夜晚，奴隶爬回家里，一家人和牲畜同住一个房间。东方就是这样在西化。

路途中

晚上我们坐上开往印度中心也是印度之灵魂的贝拿勒斯的火车，旅途需要36小时。头等车厢的宽敞令我震惊：长十英尺、宽相当于车厢的宽度，有两张卧铺的车厢装饰的像豪华间一样；卧铺上面还有两个折叠铺、两个贴墙凳、两把藤椅、两台电扇、数支电灯、两扇门、四个窗，窗上有纱窗和窗帘，还有一面让日光变得柔和的镜子；一端有厕所和供应热水的淋浴。我这才明白为什么印度国铁年年亏损，要国库的财政补贴。假如铁路赚钱就不会国有啦。

次日上午我们才发现自己有多么受宠。我们的头等软卧车厢是挂在普通列车上的，但是只有白人可以乘坐头等软卧。前面的是一节或两节二等车厢，只有简单的装潢，供高级种姓的印度人使用。更往前面一些是几节三等车厢，车内只有几条木制板凳，挤满了各个种姓的印度人。我在纽约之外还从未见过这样对待人的，像赶牲口似的。在这些车厢里的印度人几乎裸体，他们的胸脯上滴着汗珠，他们的脸上满是烦恼，但是看上去很温和，折射出那种崩溃的意志力。我这是第一次真正看到印度社会当前的种姓制度：英国的政府文官取代了婆罗门祭司，英国的军人取代了刹帝利武士及贵族，英国的商人取代了吠舍商人，而所有的印度人则统统是贱民。我开始感受到弥漫在整个印度社会的绝望的氛围，整个民族笼罩在痛苦忧郁的精神之中，而这个民族曾经像古罗马一样繁荣、有过古希腊一样灿烂的文化。

在印度铁路上度过的这一天早早地就开始了。清晨6点，你的仆人敲门、送橙子、小甜饼和茶；即使你头一天晚上告诉他说你第二天早上不喝5点钟的早茶，他还是照送不误；你这样破坏先例太让他吃惊了，所以他不能相信你的话。要不然就是，尽管他是低等种姓的印度人、身穿卡其制服、头上裹着满是灰尘的缠头，他的理解力并不差，并且认为你和他一样的体面。我们船上的讲师（真是一位了不起的学者，也是一位好绅士）警告我们要严厉地对待这些仆人而且不到终点之前什么也不要给他们。我们违背了这些忠告却大获成功。毫无疑问那些照办的人又会有完全相反的结论吧。世界是一面镜子。

无论在路途中还是停靠的站点我们都可以看到印度的农民。这里的贫穷程度超过了中国。印度的卑微的佃农顶着炎炎烈日腰间围块破布在稻田的泥里蹚来蹚去地劳作一天才挣到一毛二分钱。晚上他回到自己那泥坯棚、坐的是泥凳、睡的是泥炕。他的泥棚连同他所有的家具还有他自己的以及他的一大群孩子的衣服，满打满算不超过十美元。他穷得喝不起酒、抽不起烟草、没有钱娱乐、没有钱读书、没有钱与他邻居的老婆偷情。（耳朵里灌满了有关印度人不道德的诟病而实际情况会令人失望，因为我们发现如果与更加进步和文明的国家比较，印度极少有不道德的性行为。）农民几乎要将收入的一半要交给他的外国主人，外国主子们惨无人道地向他课以重税，如果缴晚了或是没有使用现金缴纳，那么农民的土地就要被政府没收。假如他不喜欢这样，他可以去城里的工厂，加入被称之为"流氓无产者"的行列，去当计时计件工，让劳作和贫穷把自己变得麻木不仁乃至呆傻。火车上有个英国人，错把我们当成了有尊严的自从1776年以来就厌恶一切革命的美国人，他告诉我们说，这些农民有一亿人每天靠两分钱活命。只要看看他们的细腿我们就会相信这英国佬说的是真的。这些农民没有一个体重达标的;有一半的人明显的营养不良;你可以一把攥住他的小腿从脚踝一直撸到膝盖都不必松拳啊。

所有的人都剥削农民,甚至他们自己的国人。英国人课税的上限取决于英国人的胆量,有多大胆就敢征多高的税,他们给军队和政府巨额拨款(政府和军队里的肥差都只由英国人担任),并且把大部分薪酬拿到英国去消费。印度的放贷人对农民是敲骨吸髓,因为农民纳税必须交现金而放贷人的款都是高利息高风险的。旅游者(包括笔者在内)通过砍价剥削农民,他们把农民仔细地做了好几个月才完成的手工艺制品讨价还价到几枚硬币就成交,还得意洋洋地说这玩意的价值其实是四到五倍的成交价。最终农民还要剥削自身:他不懂节育,想多生儿子帮他干活和为他祈祷以及传承他的姓氏;以他现有的卫生条件和他的平和心态所赚的一点辛苦钱都填了一家人的嘴,那些张开的嘴有如上涨的洪水一样恐怖。马尔萨斯说得好:“增加的商品都被增加的人口吃了,还有什么用?”

圣 城

贫穷导致无知,无知又导致人类迄今所创造出来的最迷信最悲观的宗教。不能把这种因果关系倒过来说,那是英国人以及英国观点的美国人巴望我们相信的。

印度恒河

贝拿勒斯可怕之极。这是一座死人之城,因为虔诚的印度人到这里来死。尘土飞扬的街道上都是年老的男男女女,他们把多年积攒的那点钱作为到这里来的盘缠,为的是能够在死前沐浴到恒河之水。我们的汽车寸步难行,因为街上除了这些人还有静卧的牛,最终我们只得下车步行。突然一个赤身裸体的男人出现在我们面前,他的头发上、脸上、身上沾满一层细细的灰尘;他目不斜视地盯看着自己面前的路,大步地向前跨着;我们被告之,原来这是一位圣人。再往前行便是一条窄路,我们不得不贴着墙走才能让身旁的牲口通过,前面就到了满眼都是生殖崇拜意象的尼泊尔神庙。又穿过几条小巷我们就来到了恒河,最受人类崇敬的河流。

恒河很宽,湍急的河水承载着烂布、木头、泥土、排泄物与儿童的死尸。我们从岸边宽阔的石头台阶走下去,登上一条“观光船”,船上有一小块甲板和 20 条板凳。我们顺流而下,放眼望去河面一片开阔,没有人妨碍我们甚至根本没有人注意我们,作为地球上来去匆匆的过客,我们眼前这一幕幕的场景太震撼、太独特了。比如,放在一堆木头上的这个死人,苫布只遮盖住他部分的尸体,木头点燃了,他的尸体烧到只剩下骨头。可是一双脚却没有烧到,因为他是穷人,买不起足够的木柴;火焰懒懒地闪烁着,最终也没有烧到脚就熄灭了。殡仪工人,由于天天和死亡打交道早已变得漠然麻木,把灰烬、尸骨和脚都推入恒河里,河水一下子就把这一切都卷入了我们船尾的波浪底下。我们的船侧漂着一个孩子的尸体,孩子的屁股随着波浪时隐时现地在水面翻滚;木头太贵了,不能用来烧儿童的尸体。

我们驶过了不下一百座神庙,有些庙宇已经有一半沉陷入河水,时光悄悄地卷走了庙宇的地基。高岸上矗立着多层建筑,是婆罗门的师徒以及圣人的住所。从这些房子到河水之间的沿岸都是石头铺成的台阶,这些是恒河的沐浴之处,称为“迦特河坛”;这些石阶上有成千上万的印度人,他们来此洗刷罪过。有些人裹着袍下河,另一些人则脱掉袍下河。有一位身材姣好的印度姑娘,只有我们这些俗眼才能看见, 不仅沐浴了全身还清洗了乳房。每一时刻都有人扑通一声潜入凉凉的河水里,我们看着,注视着他双手合十、嘴里念着祈祷词、抬起眼睛望着太阳。毕竟,这是个不坏的宗教,这个晨浴的习惯也很好,只是恒河如果不仅神圣而且清洁就好了。没有任何一个虔诚信徒理会我们,这个种族习惯于接受支配,所以必然会驯顺地容忍我们的愚蠢的凝视,尽管我们的凝视侵犯了他们的祈祷和沐浴,因为他们认为我们是野蛮人所以压根就没有期待我们有什么得体的举止。他们知道大部分旅游者都把体面的举止留在家里以便腾出空间来安放他们的偏见。

我们在这些祈祷声中下了船,上了台阶。黑压压的人群里不时地有些赤身裸体的圣徒出现,他们浑身涂着白灰,安静地一动不动地盘腿坐在枯瘦如柴的臀部上。其中一位老人已经这样坐了数年,靠他的追随者带给他的坚果和树叶存活;他的头发由于沾满灰尘和泥土而打结但是他毫不在乎；这些细琐之事都是浮在表面的幻觉；只有大我——那称作“梵天”的宇宙之灵魂才值得重视；人的心中必须分分秒秒、时时刻刻、年复一年地永远有那一个“梵天”，直到尘世的一切都被忘却，于是，即使在动乱和人群中，你也会和上帝融合在一起。

另外一位圣徒是个金发碧眼的漂亮男孩，一定是一度统治印度的阿育王族的后代子孙。他身上戴着一串佛珠，安静地谦虚地坐在那里。我试图吸引他的注意可是他的眼睛紧紧盯着大河彼岸，一心想看到上帝。我真想坐到他身旁去，和他进行灵魂的交谈，体验一小会儿他的生活方式！他在想什么？——也许他蔑视思考这一类表面的东西，因为思考怎么能够与直接从内在去感受现实的流逝相比？书里说这些圣人斋戒并祈祷早日涅槃——从各种感觉、从各种欲望以及从那脱离宇宙大我的虚妄自我当中解脱出来；和梵天，即宇宙最高的神在一起；通过苦行去清洗罪恶以便获得那最高的奖赏——永不再生。因为再生是印度教里相当于地狱的概念；梦想达到永无知觉的境界就是他们所希望的天堂。难道这就是我看到的那个年轻圣人的感受？可是他还这样年轻啊。渴望永久的死亡，还有比这更加悲苦的生命惩罚吗？我们西方如此的珍惜自我以至我们不甘心向死亡妥协；而东方却有这么一些人蔑视他们那暂时的、受苦受难的自我，恳求虚无。这个曾经高贵的种族，创造了我们的语言和我们的众神的种族，到底是谁毁了他们，英国人、穆斯林、蒙古人，抑或只是那把人烤干的太阳，还是那压抑不住的快速大量繁殖人口的生殖器官？

我不可以凭借贝拿勒斯判断印度；贝拿勒斯相当于印度的卢尔德，何况，拥挤在这个次大陆上的三亿两千万人口中，只有极少的一部分人，才是像那些来到迦特河坛的半疯狂的虔诚信徒那样。我知道泰戈尔正在加尔各答写诗歌，那些诗歌堪与泰姬陵的门屏媲美；一位印度的物理学家获得了诺贝尔奖；格底斯·钱卓拉·博斯爵士正在他的实验室里研究他的植物和金属，他的研究成果使他跻身我们时代最伟大的科学家行列。我知道在艾合迈达巴德，甘地正在耐心地为下一代培训教育人才；萨罗吉娜·奈都正在引导印度妇女摆脱面纱和迷信，我还知道年轻的尼赫鲁正在把他那激励人心的钢铁一般的革命信仰灌输到这个势微力衰的种族的血液中去。我还知道这里不仅有傻瓜还有哲学家，知道在印度的城市里隐居着思想深刻而态度谦和的学者。

然而，我也看到在我周围，在贝拿勒斯和德里、在马德拉斯和马都拉，到处都有无知与迷信的标志，其程度之深甚至超过了我们西方人。一些人的脸上涂着他们心仪的神的红色印记;寺庙里画的那些祭祀兽与充满邪恶情欲的神看上去很恐怖;每一条街道上都有舞蛇者和托钵僧;妇女被关在家中,或者为那一天一毛钱的报酬去挖沟或搬重物,或者作为寺庙妓女去服侍贪色的神职人员;年仅八岁的女孩就在鼻子上穿个孔戴上鼻饰物以表示她已经结婚;有上百万这种女孩将终身守寡或孤身,而她们也许从未和丈夫生活在一起或者从未见过丈夫的面。我巴不得有个马尔萨斯来教导这些可怜的人们,让他们知道没有节制地生育会使教育遭受挫败;我更巴不得有个伏尔泰来大声地嘲笑这种让人伤心欲绝的神学和这些荒唐透顶的诸神。“咆哮的笑狮们快来吧!”

泰姬陵

贝拿勒斯和德里之间,贝拿勒斯和阿格拉之间有着怎样的天壤之别啊!圣城象征印度目前的衰弱和腐败;德里和阿格拉象征异国的已逝的荣耀。因为穆斯林和蒙古人在那里统治了一千年之久,他们所建造的完美的宫殿至今还矗立在印度的灰尘和废墟中,像划破黑暗天空的闪电一样耀眼。德里的礼拜五主嘛日清真寺,正门前面有一片开阔的广场,叫拜人从庄严雄伟的塔寺召唤穆斯林祈祷时,成千上万的印度穆斯林拥到大殿或站在清真寺的广场做礼拜。这些穆斯林代表着印度七千万穆斯林兄弟,他们祖祖辈辈都是过去一百年甚至一千年就生活在印度的,可是他们却没有融入被自己所征服的这个民族,今天人们仍然一眼就能把他们和土生土长的印度本地人区分开来。他们的个头更高、体魄更壮因为他们的食物更有营养、生活也更活跃,他们的五官和体态更有伟岸的男子气概,从他们自豪的眼神里我们仍可看到当年他们主宰印度时的辉煌,他们那城堡的“设计理念体现了大力神泰坦的力量,他们的施工精细有如珠宝商”。

让我们看看这通向德里城堡的拉合尔大门吧,多么有气魄的设计理念,多么优美而对称的结构,多么精细完美的施工啊!让我们好好地进去研究一下这座建筑群吧!——这里有私人用的寝宫、公众用的大殿、王的宝座室、王的沐浴室、水榭以及尚存的其他十座宫殿。当初沙杰汗一共建了27座宫殿，看过之后你一定会说，这些莫卧儿人建筑师太伟大了，他们的建筑堪与伯里克利和雅典人的杰作媲美。这些伟大的建筑杰作不仅具有阿克巴国王的气魄与特色，同时也体现了王后奴杰汗的优雅与精致，于是人们称这些建筑为“世界之光”。关于这座建筑还流传着这样一个故事，据说有一位穆斯林诗人这样描写这些美轮美奂的建筑：“如果有天堂，它就在这里，就在这里，就在这里。”国王一高兴便赏赐给他一千银币。可见在这样的太平盛世里诗人也跟着兴旺发达啊！

在阿格拉我们去了泰姬陵两次，一次在日光下、另一次在月光下，伟大的泰姬陵被建筑师们誉为世界上最完美最漂亮的建筑。泰姬陵全部用大理石建成而且两侧的宫殿都是对称的；永不腐朽的石头里面又镶嵌了更为宝贵的石头；花朵用红玛瑙石、花蕾用缟玛瑙石、纹饰用宝石和黄金镶嵌，花边和晶格图案均采用大理石雕刻；陵寝内部更加的精美绝伦，这些雕刻像屏风一样围住沙杰汗和他多产的皇后的墓室。

下午我们在泰姬陵前面长满花儿和长春藤的草坪坐了好几个小时，草坪中间有一座水池，水面倒映着泰姬陵的倩影，我们就让这位异国情调的美女和我们尽情嬉戏，她有一半风格是法国和意大利的，另一半则是中古西班牙摩尔人的，后者的豪华犹如阿尔罕布拉宫，整个的建筑没有一点印度味。我们给孩子们讲达达尼昂时代的沙杰汗，那个“世界之王”的故事（实际是印度之王）；还讲述沙杰汗最宠爱的妻子，被称为“皇宫的宝石”，泰姬玛哈尔的故事。沙杰汗原来是个无情的暴君，篡夺了父亲的王位，登基之后又杀了所有的男性亲属以灭口，不许人议论有关他的皇位继承权一事。后来他因为深爱自己贞洁的皇后而变得善良起来，念起了和平经，他修建的美丽建筑物的数量之多超过任何一任统治者，他喜欢阿格拉城堡的珍珠清真寺、茉莉花塔楼、莫卧儿孔雀宝座。他的皇后泰姬玛哈尔在1613年和1631年之间给他生了14个孩子，结果泰姬玛哈尔在39岁时死于难产。国王不去反省自己让妻子多产方面的不妥之处，而是修建了美如诗的大理石陵寝以纪念他的皇后，然而这首大理石筑成的诗实在是对她名字的玷污。该工程历时22年、耗工两万人，印度和穆斯林的能工巧匠被迫将这些巨大的大理石块和珠宝一一就位，边干活边诅咒这位多产的皇后；仅工人们的伙食这一项就花去一亿五千万美元，然而除了管饭之外他们什么报酬也拿不到；工程竣工时，国王的儿子奥朗则布造了反，把国王抓起来关进阿格拉的茉莉花塔楼；沙杰汗在那里又苟延残喘了八年之久，临终前，他盯着主嘛清真寺后面的泰姬陵，倒在对他忠心耿耿的女儿贾罕娜拉的臂弯里，咽了气。

夜晚我们坐在水池旁边的大理石凳上，一边注视着月亮慢慢地爬上泰姬陵一边讨论着民主和艺术。我们谈到国内那些一两年就竣工的，不断创新高的，一栋又一栋的办公大楼，再看看眼前的小小的泰姬陵，不过两层的高度，却花费天才的能工巧匠和奴隶们22年之久。1803年英国人包围了阿格拉城并且纵火烧城堡；当炮弹落在红堡寝宫附近时，印度人投降了，他们认为不能为夺取战争的胜利而毁掉这座建筑；那么我们不禁要问：究竟谁是文明人？民主有可能产生出伟大的艺术吗？——换言之，是否顶尖级的建筑的创造与旷世佳作的流传一定要依靠中央集权的意志、残忍的决心以及驱使不情愿的人们去贡献财力和人工？一个民主议会怎么可能投票赞成拨款去建造什么吴哥寺、毗湿好神庙与泰姬陵？或许艺术不必依靠奴隶制、不必依赖主人的鞭挞吧。恐怕只有那些哥特式的大教堂可以和德里以及阿格拉的殿堂相媲美，那些教堂的确是出自自由工匠之手，而且工匠们为自己的竞争力而自豪。然而随着民主制的问世，艺术便走向了衰败。

在返回的路上我们为这个民族的成就而称赞了（穆斯林）向导并问他，穆斯林的同胞们是否由于过去的成就而信心倍增，是否愿意把他们的勇气和印度人的众多人口结合起来实现印度的解放？他悲哀地回答说："不。"我们追问为什么。他说："我们穆斯林没救了，这里没救了。"他指着自己的前额说道。"那么印度人呢？""也没救了。"

也许向导的话是真的。也许炎热的太阳和贫瘠的土壤，不分什么征服者什么被征服者，都一律将他们榨干：早在公元前一千年，当地土著就和他们的征服者，即后来的印度人一起被耗尽了精力，之后印度的穆斯林就像被他们所征服的印度人那样也被烈日和焦土所榨干。只有英国人依旧强壮，因为他们定期回家接受北方雨、雪的滋润。你只消看一眼在印度的英国人，再看一眼印度人，你会马上明白前者必然要当主子后者必定当奴才，你会认为这是多么自然的事。我抗议这种残忍的现实，但是我明白这一现实就摆在眼前。

英国与印度

马德拉斯与贝拿勒斯大不一样；相比之下，这里清洁、繁荣、令人愉快；街道是柏油路，交通秩序井然；公园的维护和管理也很好，有将近一千身穿白色衣服的印度青年在市体育场运动和游戏。

“这座城市给英国人增光了。”我对印度导游说。

他苦笑了。

“所有的旅游者都这么说。旅游者们逗留的时间太短，所以来不及了解，其实这个城市管理得这么好完全是印度人的功劳。市府的成员几乎全是印度人。市长是一位低等种姓的印度人，是民选的，选举者也是低等种姓的人而且包括妇女在内，大家都有选举权。”导游告诉我们说。

这真是新闻。种姓制度的崩溃比我预料的快多了。有一千年历史的社会机制，如印度的种姓制度与欧洲、美国的婚姻家庭制度，只需要一代人的时间就会改变得与过去决然不同。我坐在马德拉斯图书馆的台阶上和几个当地人聊了起来，这座漂亮的图书馆是由一位依然在世的印度人设计的。

“你们当中谁是婆罗门种姓的，谁不是？”我一脸无辜地问他们。

依旧是温和的笑脸。

“我们不再理会这些，我们都是印度人。”其中一人说。

我和他深谈起来，发现他不仅懂得印度玄学与诗歌还懂得欧洲哲学与自然科学。和这位受过教育的印度人的一席话让我的心里热乎乎的，同时为旅游者们仅凭街上的穷苦人来褒贬印度而感到羞愧；那些旅游者没有看到印度有成千的大学毕业生，没有看到印度的思想家和政治家，没有看到印度的艺术家和科学家，也没有看到印度优秀的妇女和年轻姑娘们。我邀请我的这位新朋友和我们一起进餐，并且小心翼翼地建议他可以带上女士——那个正在崛起的性别中的成员。

六点钟他到了，同来的还有他的优雅的母亲、市府的一位成员、还有他的太太，他太太非常腼腆以至我们花了好一阵才得知原来她毕业于一所美国学校。我们这一行人里面那些聪明而和蔼亲切的女士们还是第一次和受过教育的印度人以及印度妇女聊天。我们问了他们足有上百个问题。我们对于马德拉斯、马杜拉、坦焦尔、特里奇的巨大的神庙群有些不理解,因为它们与泰姬陵相比是那么灰暗,就好像米兰大教堂相对于西斯庭大教堂那样。

"三四百年以前印度人哪里来的钱修建这些庙宇?"我问道。

"我们那时并不是像现在这样穷啊。"印度人回答说。"我们的工匠曾经是世界上最好的,我们的城镇有各种发达的手工业。欧洲的旅行者描述说维查耶纳迦尔是他们所见过的最富裕的城市。但是今天我们的税比从前沉重多了,从我们身上征收的税有一半是拿到外国去的。按照英国经济学家的计算,印度财富一年向英国流失的金额达到四千万美元。那是 1906 年的计算。现在恐怕是那时的两倍。想想看假如加拿大、南非、澳大利亚的财富持续一个世纪这样流失,后果会怎样。爱德蒙·柏克预言这种流失会毁了印度。这种情况已经发生了。"

我们这一行人当中有一位体格健硕举止粗率的英国人,站起来六英尺高,体重足有三百磅,脸红红的,看起来很快活;上帝把他造的就像一头"约翰牛",而且他简直就是专门为我们的谈话而存在的。他像一座山似的挪到穆罕默德跟前,把椅子移近了这位印度人。

"喂,我说年轻人",他像一台蒸汽压路机似的粗声大气地开口了。"我们并非白拿你们的钱啊,是拿东西换的,难道不是吗?当时你们潦倒之极濒临灭亡,你们整个的民族那样虚弱,连一个能战斗的人也找不出,一听到枪响你们就吓得全跑掉了。我们来了,给你们带来法律和秩序,给你们训练出优良的陆军保卫边境、优良的海军保卫海疆;我们给你们世界上最好的政府,还给你们引进民主制;我们给你们大学、教给你们科学;我们培训你们学会自治和勤奋。从你们这一点外流的钱中,你们究竟还想要什么?我看你们得到的已经很不少了。"

对于这一阵疾风暴雨,印度人表现得非常冷静,不过在克制的表象之下,那敏感的神经完完全全感受到这番话语的蛰痛。

印度人充满感情但语调平静地开口了。"不错,你们是给了我们不少东西,可是你们要了我们的命。我们混战的时候,你们帮了忙,可却是通过东印度公司来掠夺我们,那以前没有任何一个国家遭受过这样的掠夺。18 世纪你们从我们这里掠夺的财富,用从我们这里偷去的黄金,支持了你们的工业革命,令你们强大到可以打败拿破仑,这是布鲁克斯·亚当斯和你们自己人麦考利勋爵所深信不疑的。你们所谓'最好的总督们'自然包括克莱夫在内吧,此人从我们手里抢走了孟加拉因为他有大炮,他还拿了一百万美元的贿赂。他的继任者们偷走的钱太多啦,以至东印度公司的董事们都抗议了。东印度公司督办沃伦·哈斯汀斯每年拿走三百万美元。这就是你所说的你们给予我们的帮助、法律与秩序。”

英国人没有丝毫的羞愧,他以前听惯了这些指责,印度人骂他们这个野心勃勃的种族是肆无忌惮的海盗之流,而他听着似乎很受用、很生动呢。他反驳说:“不过那是东印度公司而不是英国。1858 年你们成为帝国的子民时,你们得到了人类所能享有的最好的政府。我们废除了寡妇殉夫自焚的制度、废除了奴隶制以及谋财害命的行为,我们修铁路、建学校、给你们医生、医药和公共卫生。你们不可以忘恩负义。”

印度人说:“我们当然不会忘记啦,这些改革是我们自己的人民开创的,可是为此我们却要赔上我们的独立;一个省接着一个省地被拿走,如今我们还剩三亿两千万印度人,我们有甘地、泰戈尔这样的男子汉也有萨罗吉妮·奈杜和我母亲一样的妇女,可是我们全体人民都要臣服于外国的法律、外国的法官、外国的税收和外国对我们的思想与新闻出版的审查制度。我们不会忘记你们在过去一百年来强迫我们去替你们打的 111 次战争,你们强迫印度人在缅甸、中国、俾路之、阿富汗、巴勒斯坦和法国流血牺牲为你们大英帝国扩大自己的势力。我们不会忘记最近一次战争中有 85 万印度人去送死但却不是为自己祖国的事业,也不是为我们国库中流失的几十亿美元。”

英国人说:“我们不仅对你们的牺牲表示了感谢,而且还在 1919 年慷慨地给了你们充分的地方自治。”

“你们给的是弄虚作假的门面装饰。你们给了立法机构但是这个机构的每个提案都可以被你们的总督一票否决;你们给的是一个对税收、关税、预算和政策没有真正权力的立法机构。你们对我们课以如此的重税因此你们自己的自由派人士都称你们为强盗;你们把我们的国债从 1792 年的 3500 万美元提高到今天的 34 亿。你们高筑关税壁垒,为了不让我们的产品进入英国你们定的进口税是 75%,却强迫我们接受你们的纺织品还不许我们实行地方保护;你们毁掉我们的国内工业把我们驱逐回土地里刨食,可是我们无法靠土地养活自己了。你们的沉重税收让我们的饥馑自从你们来之后变得越来越严重。结果是我们现在一贫如洗,这种贫穷在任何其他国家都会绝对导致全民揭竿而起去推翻政府的统治。”

“可是假如靠你们自己,你们会更糟糕的。你们的人民是那么迷信,都是文盲,那么无知,给这样的人民以完全的民主真是滑天下之大稽。先把你们自己教育好,再来谈什么自由。”

“全民普及教育的提案不断地由印度人在立法机构提出，可是都被政府否决了，借口是财政支持不了这项开支。你们在印度的政府只拿出税收的6%用于教育开支；军队却用去64%以维持我们的奴隶地位。我们中的文盲比例比你们来的时候上升了。你们并不鼓励教育，你们鼓励酗酒吸毒；政府来自发放酒业经营许可的财政收入是政府给教育投入的三倍之多；财政总收入的九分之一来自政府的鸦片种植与销售。”

“我认为你是非常的忘恩负义”，英国人说。“你知道如果我们让你们自己掌握财政会发生什么吗？你们的亲王们将会掀起争夺领土的战争，你们的婆罗门将会奴役你们的贱民，你们的穆斯林会屠杀成千上万的印度人。阿富汗部落会控制你们北方的山口，俄罗斯或日本会从陆路或海上向你们进攻。你们将无力自卫。你们会变成第二个中国，像他们那样一片混战，并扰乱世界的贸易与繁荣。”

“但是我们将获得自由。我们甘愿冒任何的风险而不愿意继续被奴役。我们的体魄和精神一年比一年差；长此以往我们将一年比一年更不适应自由。我们将为此而努力直到最后一刻。”

祝　愿

几天之后我们乘轮船从印度去锡兰。我独自缩在一个角落里因为一出港口我就晕船。印度学者的身影在我的脑海里与四肢嶙峋面貌奇特的玛哈特玛·甘地混在了一起，同时还有拉姆齐·麦唐纳的一头漂亮的白发。我爱自由，但是今天的世界太复杂了，与以往那单纯又相互隔绝的时代不同了，如今的世界已经容不下个体或民族像以往那样自由生存了。这是个充满强盗的世界，柔弱的民族在这个世界再也找不到安全，所以必须处在较大的安全防御的统一体之内。今后若干年，印度仍需要英国的帮助以抵御外敌、防止宗教分裂、防止当地的亲王们抢占土地；今后许多年，印度还不适合民主制，就像全世界也仍然不适合民主制一样。英国之于印度是必不可少的。

而印度对于英国也是必不可少的。毫无疑问,突然之间允许印度完全的自治会毁掉巨额的英国投资,会损害英国的贸易,会令一百万英国人失业,会毁了整个帝国的后脊梁;然而无论大英帝国在印度遭遇怎样的失败,它在锡兰、缅甸、槟榔屿、马六甲和新加坡都做得不错,而且给我们这个地球的大片地区带来秩序、安全与和平。上帝知道我们这个世界已经有够多的动乱了;整个亚洲再要乱起来,欧洲的每一个工人都要成为赤贫了。印度需要的不是绝对的自由而是地方自治,是和英联邦其他国家一样平等的兄弟情谊,和加拿大、澳大利亚、南非和新西兰一样,自治不应是口头的承诺而是一纸确定的协议,协议上要明确规定走向自治的具体步骤和尽早实现完全的自治的日期。

后来我的脑海中又出现了拉姆齐·麦唐纳,他正在绞尽脑汁地寻找包括这些难题在内的千万个难题的解决办法;我想到他的承诺和他的工党的承诺:一旦当选就给印度以自由;我仿佛预见到他的政府的失败以及他的政党的失败,假如他试图实现他的诺言;我能想象他在权宜之计和理想之间的两难处境和被四面夹击的情形。那么他会很快倒台;他还下得了台阶吗,他还有脸去面对印度吗?查拉图斯特拉说得好:“讲真话,再把真话撕成碎片!”

还有甘地,他会在监狱里飞快地转动纺车,因为他没有意识到印度需要英国所以就不能说他是圣人。双方都有愿意听信理性的人,这是多么幸运的事情啊!这真是史无前例的革命,因为它蔑视武器和暴力,他用和平进行斗争!两千年来我们西方人传播基督教,却从来不敢认真实践,不敢在大范围内冒险实践;现在出了一个异教国家,人口占世界的五分之一,从我们这里拿去这种精神,在最大范围内去实践它并且让历史去检验它。如甘地所说:“如果印度的这场运动在非暴力的基础上成功了,它将重新定义爱国主义,甚至重新定义生命本身。”

一位负责照顾我们在南印度的旅游事宜,效率又高人又和蔼的英国青年,进来看到我在沉思就送了一杯茶。他很有礼貌地举杯祝福美国。我也全心全意地回敬了他的祝福。

“祝愿大英帝国:愿它尽快成为自由国家的联邦。”

他是愿意的。无论英国人还是美国人,怎么会有人不希望看到印度自由呢?

第三章
中国——垂死还是重生?

城市与人

在香港的海湾里有上千只舢板荡来荡去——这些舢板宽而短、平底、尾部有长桨、中间有拱形的篷、里面住着迅速繁衍的一户户的水上人家。选择水居是因为买一条舢板比租一间房子还便宜,而且养孩子比雇奴隶干活划算。水面上既没有地主也没有学校。我们乘坐的弗兰克尼雅号小心翼翼地在这些舢板中间穿行着驶向九龙港码头。小舢板在大船的周围颠簸摇晃。香港的上百万种货物在这一片水域让我们略见一斑。

橙子和睡衣、藤椅和刺绣、箱包和唐装、糖果和丝绸、手杖和景泰蓝、瓷器和象牙、神香和玉器、炮仗和佛像等等似乎从舢板越过警戒线直接向我们抛过来。由于卖东西的人吸引了我们的全部注意力以至我们几乎没有注意他们在卖什么东西。舢板上的人太多啦:每一条船上都挤满了男人、妇女和儿童,个别船上还不止一家人。比如这一条船是一位妇女在摇着重重的橹,后背上背着最小的孩子,船帆下还有一个孩子在大喊大叫,胳膊肘处还有一个,那妇女一边摇橹一边不时给这孩子一巴掌叫他别闹。散在船板各处的那些孩子显然也都是她那生育能力的明证,她们的繁衍能力有如朝圣者般坚忍不拔。她的家人,由于背上的物品太沉重而弓着身子,向我们推销着他们的货物。每个人都是一身蓝色:上身是蓝色、带扣襻、前开襟的秃领衫;下身穿的是蓝裤子:男人扎腿、女人散腿;最外面则罩着蓝围裙:男人的长些而女人的短些;脚上一律是布鞋,柔软而舒适,即使潮湿和雨天也穿布鞋。这一切构成了单调而阴郁的中国蓝调交响曲。

水上游民叽里呱啦地大声操着他们的母语，使得其余的嘈杂声相形见绌。他们知道即使他们讲英语我们反正也听不懂，就像我们听不懂伦敦土语那样，所以他们宁可讲那音调起伏如歌的广东话，以期靠句子的调式和用语的流畅扫除我们的理解障碍。他们肯定觉得我们很奇怪：缺乏乐感的平淡而陌生的语调，复杂而讨厌的服饰是那样地夸张与滑稽，从左至右的书写习惯，而且使用没有图画联想的字母，更可恶的是对于立法和神学的偏爱（有一句中国成语意思是“立法太多导致国家的灭亡”），还有我们推销圣经和枪炮的热忱，以及我们野蛮地巧取豪夺又挥霍无度，不仅如此我们还无尽无休地买古董，古董已经成为当代东方艺术的主打产品。在甲板上我们从当地人的眼神里感觉到，他们也把我们当成观光对象；他们表现出圣贤穆罕默德一般的古老睿智：容许四海蛮夷来我天朝。他们就像精良的陆战队那样，自己不花一分钱却能饱览全世界。

香港这个战略港口拥有上千个码头，小小的舢板和巨大的远洋轮就守在外面，诸多的半岛把诡秘的大海挡住，背后的一座座小山又阻隔了 4 万万大陆中国人。多么得天独厚的地理位置！这个多山的岛屿令勤劳的东方人都觉得过于险峻陡峭而无法耕作，然而就在这里，英国人却于 1842 年开始建造他们的船坞和碉堡；现在通过这扇门英国人可以进入中国的每一座城市并且用英国货滋润这些地方。英国本土及其殖民地在这块土地上投资了 7.5 亿美元；他们从收益中拿出数百万加固香港的防御并美化这座城市。每年有价值 1 亿美元的美国产品进入上海、香港两地及其他太平洋港口；日本的不断扩大的制造业工厂也在这里找到最好的客户；俄国在这里看到无穷无尽的经济和政治发展机会；东起高丽西到西藏北起堪察加南到新加坡，这一片黄种人的海域成了全球的宝贵市场，而这个市场也将引发许多保护各式各样的民族尊严的战争。因为此地已经成为世界的商业枢纽。

登上码头后我们可以乘汽车或坐人力车，我们选择了人力车以体会当地的风土人情。自从小的时候骑单车上学以来，我们还是头一回乘坐人力驱动的车辆。让这些穷困的苦力，赤脚在柏油路或石头路上，拉着我们跑很是屈辱；在这种屈辱中，人类的一切尊严都缺失了。车夫本人显然不觉得屈辱；他们激烈地争着抢着每一个主顾，只要有人雇车他们就无比幸福。私下里他们认为自己比不识中国话的鬼佬还优越，他们以这种优越感慰藉自己。造物用自尊自贵抚平每一颗心；没有哪一个工人是低贱的，没有哪一位情郎是貌丑的，总会有某种自我中心主义的自豪感慰藉他、支撑他。自我中心是吹动我们船帆的风，没了这风，任何事业都将停滞。假如我们从永恒的角度来看待自身,我们会寻找最近的一棵树去上吊。幸福感的秘诀就是短视。

多么生动活泼的街道啊！一些街上有欧洲风格的大宾馆和大百货店，欧洲价位,不,其实是美国价位;另一些街道的拐角处则有窄小拥挤的中国店铺,店主既是买卖人又是哲学家,他们精明而淡定,贪婪而不失理性,既有为人处世的明智又能不时地聆听天体之乐。这里没有你买不到的东西,当然“炒杂碎”除外。数英里的街道上店铺林立,招牌的颜色告诉你店铺经营的商品种类,无数的、数不胜数的中国人在这些店铺里唧唧喳喳地聊个不停,平和地大声喧哗着。店铺的楼上就是他们那脆弱的住宅,时有无精打采的胖女人或表情木然的儿童探出窗外,孩子们的眼睛圆圆的,好像鞋子上的扣眼。在那静谧的山坡上的每一条街道的上方都有英国宅邸,房顶结结实实并有白色围墙环绕,这里如同世界各地一样,有头戴钢盔手执叉戟的不列塔妮——英国物业标志。

香港至广州的快车是专门为我们这些被宠坏了的挥金如土的西方人修建的。这趟列车具有一切的美国特快列车的便捷设施,只不过没有棒球赛事的广播,也没有速度滞后的速记员罢了。我们没法想象中国人一旦不信神而信蒸汽机之后将如何出行。中国几乎没有什么铁路。仅有的几条也是欧洲人建造的,而且遭到中国人的反抗，因为中国人惊恐地发现埋葬着祖先尸骨因而变得神圣的土地竟然被架上了铁轨。第一条铁路被当地人毁掉,火车头被推进沟里。即使到了今天,中国人对火车也仍旧不习惯，甚至没有印度人那种哪怕是小心翼翼地对新鲜事物的跃跃欲试的态度。偶尔我们的火车会从谦卑的“当地列车”的身边飞快地驶过,在某些车站还会在当地列车身旁停一刹那,就像王子和乞丐尴尬相遇一样,此时我们才发现原来他们的所谓车厢只是简陋的车厢里面有木制板凳和地板而已。他们默默地乘坐于内,因为,贫穷对于从来不知富贵为何物的人们来说,并非意味着痛苦。我们在途中的一个车站看到一个衣裳褴褛又肮脏的人，身上的衣服烂成了条，脚上裹着破布,冻得缩着手,用笑声和叽里咕噜的话语和我们打招呼。他有什么可担心的?他在这个世界上一文不名!

广州相当于中国的曼哈顿。每一条路都拥挤不堪,恰似中午的百老汇,或是夜晚的纽约东部的贫民区。广州遍地都是人,到处都是人力车,放眼望去就像一片蓝色上衣的海洋,满眼都是五颜六色的中国店铺的招牌,它们使得十几万种货品显得那样抢眼,把我们那些巨大的霓虹电子招牌都比下去了!广州的生命力和灵活性不让纽约，但是却没有纽约的喧闹和速度。广州的噪音和快速主要来自外国人的汽车,因为它们拼命地按喇叭。即使这样也驶不了多远,因为没有几条路宽敞到足以令对开的汽车通过。这个活跃而富有的城市是人力车的天堂,车夫在卵石路或土路上欢快地一路小跑,有时一天的回报竟能达到一个美金。虽然偶尔有挤满中国人的公交车驶过石子路,可是人力车绝对主宰着大街小巷。不过仍然有些迷宫样的小巷窄到无法让任何有轮子的车通过。遇到这种情形我们就坐在由三个人晃晃悠悠地扛在肩膀上的轿子里前行,感觉就像是风箱一般呼哧呼哧的。

我们永远忘不了最后走过的那一条街巷。因为路太狭窄我们被迫从豪华轿子里下来步行。小巷两侧是排屎尿的阴沟?厕所于广州人而言是属于奢侈品的,因为在街边就可以解决问题,何况大地巴不得获得氮气!紧挨着我们,距离近的躲都躲不开,有几个苦力用竹扁担挑着粪桶走过。假如维克多·雨果得知这一古老而光荣的积肥传统竟然在清朝垮台和哈佛毕业生接任之后幸存下来,他该多么高兴啊!因为他曾经渴望把这一传统介绍到欧洲来。这一队挑粪担的人平静温和地前行,粪桶颤悠悠地与伸延到路面的摊床擦边而过,摊床上摆放着出售的肉、鱼、蔬菜。没有人介意,没有人理会,只有我们这些外籍的、少见多怪的人士才会注意到这一点;其他的人都有说、有笑、有唱,似乎中国是世界上最幸福的国度。这样的民族怎么能被征服呢?因为他们对于如此简陋的生活都这样知足,他们对于战争中的成者或败者都一律地蔑视。

就我们的环球之旅所见,中国人是最坚强最健康的人类。在广州是如此,在上海更是这样，甚至在饥馑横行的北京也不例外。中国人无论吃什么都能够强身壮体,让自己习惯承受严冬酷暑,对致命疾病有免疫力,得了其他的病也能很快康复,他们只能饿死不会病死。他们的竹扁担挑起难以想象的重担,他们用肩膀拉着千斤的重载走在崎岖的道路上。他们的腰身支撑着众多的人口以至在中国这里人力比机器力还便宜；这里的机器制造业不发达所以香港的大轮船在码头上使用苦力给轮船输送燃煤。妇女不必再缠足,而且和男人一样负重;九龙已经允许妇女到大街上做清洁工人了。

这里的妇女也好,男人也罢,天晓得,都不好看。不过也许老天认为这种看法有失偏颇:“美”自有当地的标准,正如“善”和“真”一样。有些人的模样只是在西方人眼里难看或木然而已,如同西方人眼中的荷兰人。可是谁知道在这些漠然的表象之下隐藏着怎样冷静的智慧，在那不动声色的五官和半睁半闭的眼睛背后蕴藏着怎样的东方包法利夫人的梦想和欲望。桑塔耶那，曾经嫌波士顿人洗得太勤，照他看来，这些中国人应该没有什么不妥。他们习惯于泥土有如他们习惯于贫穷。对他们而言，尘土是自然的，贫穷则意味着简朴。贫穷要有富裕的比对才显得可怜。由于他们一贫如洗所以他们才是世界上最为安贫乐贱的种族。这个民族没有钱却很幸福、没有爱却很满足、没有好食品却很强壮、没有肥皂却很健康，这个世界的未来非该民族莫属。

不仅如此，中国人虽然没有知识却很聪明。他们满足于对中国以外的世界一无所知。中国有两个名称（但是他们并不知道"支那"这个名字），意思分别是"天下万物"和"四海之内"。中国人燃放鞭炮驱逐妖魔鬼怪，还建造迂回曲折的大门以防魔鬼进入，因为据说魔鬼不会拐弯。中国人建造庙宇以便"敬天、敬地、敬阎王"，还有一座专门供奉神圣的蛇的庙宇，这些蛇可以随便爬到圣像和神龛上。中国妇女到有五百罗汉的庙宇去祈求生儿子，男人则在死后烧大把的纸钱以求不被赶出广州的"千鬼屋"，好让他们的鬼魂接近尘世的中心，不要被迫往返于墓地和闹市之间。然而另一方面，他们又和虔诚的美国佬一样能干，可能在对人性的理解方面更胜一筹。中国人迷信但是并不依靠牧师。中国人对寺庙的主持和僧人不甚在意，而且极其世俗和注重现世，所以传教士们称中国人为不信神的人，尽管中国有上千尊神。中国人每战必败，每谈必和。中国人允许自己被征服，因为像哲学家一样，他们不大区分剥削他们的人是外国人还是本国人。总的说来，反正无论本地的还是外国的政府都会从他们身上拿走他们的一切所有。如果压迫太重，他们就把政府推翻，像 1911 年对清朝政府那样。他们是一切民族中最为保守的，可他们却完成了最完全的革命。

广州有一个庄严的纪念堂是为那场革命的英雄——孙中山建立的。我们在纪念碑前静默时模糊地意识到我们是在中国处于伟大转变的时刻来到这里的；曾经高尚而辉煌但是现在已经老迈和腐朽的文明刚刚结束，一个新的时期已经在混乱中孕育成熟就要临盆出世。我们正在目睹这个绚丽的王国最糟糕的时刻。公平起见我们应该从历史的角度审视它，了解它的古代、它的文化以及它的革命。

古老中国之一斑

中国称得上是世界版图上的庞然大物,中国是巨大的亚细亚的宽厚的脊背,比整个欧洲的面积还要大,人口的密集度也不亚于欧洲。这里的文明似乎起源于这一块土地的中部,即靠近现在是土库曼斯坦苏维埃加盟共和国的地方。这里的文化遗迹把我们带到公元前四千年,有些人说九千年前的时期。当强降雨一停止,这一地域上的人类就像火山爆发一样喷射并散落到各地,人类像永不断流的火山的岩浆四处流淌,西至苏美尔和埃及、南至印度和锡兰、东至中国和日本。在这个"中央的王国"的大河沿岸,人们发现了肥沃的土壤,于是在长江和黄河两岸,人们建立了村庄,人口成倍地繁衍,这里的经济基础孕育了众多的诗人、哲学家、艺术家和帝王将相。

据中国人讲,最早的两位帝王各统治了一万八千年,他们经过数万年的教化才慢慢地将恰当的举止和道德观念灌输给百姓。我们听说起初,"人有如野兽一般,披兽皮、吃生肉、只知其母不知其父",这种说法是不可知论的一种形式,如果按照斯特林堡(Strindberg)的分析,这种现象既不属于上古时期所特有,也不只是出现在中国。据说后来一位帝王使婚姻出现,另外一位则发明了犁杖,还有第三位发明了车轮和车,而第四位发明了廉洁的政府可惜没有流传下去,第五位把惩戒中国儿童的戒尺长度变短了,而第六位则开始实行各种禁忌。在禹的时代,公元前2200年,根据无可辩驳的传说版本,人们发现了酒并把这东西进贡给帝王,而这位帝王把酒撒在地上说,"终有一天这东西会毁掉一个国家",或是葬送一场选举。他下令把发明酿酒方法的人流放,并禁止这一新技术的流传。于是中国人从那之后就一直爱喝酒了。

又过了一千年,商纣王发明了筷子,于是开始了中国文明。中国文明,说来奇怪,最早的成就是哲学。公元前6世纪是个伟人辈出的时代,印度的佛祖释迦、波斯的拜火教创始人琐罗亚斯德、以色列的以撒亚、古希腊的泰勒斯;与此同时,中国给世界贡献了两位最伟大的思想家:老子和孔子,他们是中国的卢梭和伏尔泰,古代东方的基督和苏格拉底。老子崇尚自然、蔑视文明(那么早!),崇尚自由蔑视法律,崇尚简朴怀疑教育。老子认为教育越发展,刁民越出现;老子认为由哲学家掌权的

老子

政府一定是最坏的。“绝圣弃智，民利百倍；绝仁弃义，民复孝慈；绝巧弃利，盗贼无有。”（抛弃聪明智巧，人民可以得到百倍的好处；抛弃仁义，人民可以恢复孝慈的天性；抛弃巧诈和货利，盗贼也就没有了。圣智、仁义、巧利这三者全是巧饰，作为治理社会病态的法则是不够的，所以要使人们的思想认识有所归属，保持纯洁朴实的本性，减少私欲杂念，抛弃圣智礼法的浮文，才能免于忧患。）因此，老子认为，明智的人应该远离城市，像梭罗一样回归森林、效法自然、遵守自然法则、在自然中平静下来。老子写下了下面这样闪光的段落：

致虚极，守静笃；万物并作，吾以观复。
夫物芸芸，各复归其根。
归根曰静，静曰复命。
复命曰常，知常曰明。

[译文]

尽力使心灵的虚寂达到极点，使生活清静坚守不变。
万物都一齐蓬勃生长，我从而考察其往复的道理。
那万物纷纷芸芸，各自返回它的本根。
返回到它的本根就叫做清静，清静就叫做复归于生命。
复归于生命就叫做自然，认识了自然规律就叫做聪明。

这种遁世的哲学对于孔子（公元前551—公元前479年）来说该是多么地令人气恼！孔子希望融入社会的激流，参政治国，亲身体验和面对各种责任。在哲学与婚姻的关系方面，尼采认为两者之间存在一定的不兼容性，然而孔子——这一位对世界历史进程最具影响的思想家，起初竟然不这么看。孔子尝试着既研究哲学同时又经营自己的婚姻，结果很惨；他的婚姻只延续了四年他就离了婚，于是成为哲学鳏夫。孔子的模样肯定相当怪异，无论是在家中执教时还是诲人不倦于旅途上，要知道孔子的弟子们对导师总是趋之若鹜，时刻想要得到他的教诲。留传于世上的，中国画家笔下的孔子头发稀疏而且都好像打满了智慧的结节，清教徒一般严肃的脸庞肯定把美女和幸福拒之门外。孔子写道，“与女子同行”，孔夫子此处可是冒犯了天下的妇女们，“你必须用一只手驾车，把另外一只手背在身后”。城里的孩子们对他并不奉若神明，他们质疑他的博学，因为他们问他早晨的太阳最大，中午的太阳最热，这是否说明此时的太阳离地球最近，而他却回答不出。然而孔子在他的书房中却找到最大的慰藉和乐趣。他把自己描写为“钻研学问而废寝忘食、忘记忧愁，甚至不知老之将至”。

孔夫子，这一位先师，是延续了两千年的中国传统的开创者；克己复礼与忠孝的传统铸造了中国人的国民性。孔子之后的八十代中国青年都熟记孔子的每一条教导；孔子的平静的哲学终于深入到每一个中国人的灵魂，使得中国人所具有的沉稳和深度是忙乱的西方人所无法比拟的。孔子于公元前 479 年辞世，一想到他的主张没有得到实现，他就伤心欲绝，然而他不知道自己的思想其实已经深深地镌刻在他的人民的性格之中，永远都不会磨灭。

孔子

孔子的时代是中国对于人类文明做出了持久贡献的时代之一。孔子之前中国就出现了伟大的政治家和思想家，孔子之后，在汉代，出现了伟大的艺术家，孔子逝世之后一千年，唐代（公元 618—905 年）达到了东方文化历史上的顶峰，唐代相当于东方的文艺复兴时期。一位中国的评论家说：“在这个时代，每个人都是诗人。”那以后又过了一千年，一位清朝的皇帝命人把唐诗整理出版，所以才有了三十卷本的诗歌的巨著问世，其中收录了 2300 位诗人的 48900 首诗歌。尽管有许多诗都年久失传了可是仍然有这么多流传下来。7 世纪的中国国家图书馆的藏书就有 54000 卷本。亚瑟·韦利说：“7 世纪的中国文化的精致优雅当属世界文化之最。”

大约在公元 650 年前后，中国经过了 50 年相对的和平与稳定，开始把多余的大米、玉米和香料出口，将所得的利润用于豪华享受。当时中国的湖泊里行驶着雕梁画栋的游船，中国的城市一扫旧时的贫穷，修建了园林宫殿，中国的河流和运河上商旅不断，从中国的港口出航的船只停靠世界近千个港口，最远到达波斯湾。当时的中国把丝绸卖给野蛮的中世纪的欧洲而换回那里的沉甸甸的黄金。中国的大城市里半数的人都身着绸缎，而首都的裘皮也非常普遍，就像现在美国的速记员身上的皮草一样。隋炀帝用20万劳役修宫殿,冬天还用绢花装点他园林里的树木,建立了学堂和图书馆,提倡文学,并沉溺于声色犬马。诗人李白惊叹:“金樽美酒斗十千,玉盘珍馐直万钱。”这一伟大的民族突然间醉心于美,而且给予美的创造者以无上的荣誉。

唐明皇在这场文艺复兴中独占鳌头。这个人性格复杂、充满矛盾:他既打仗又写诗;他从遥远的国度榨取贡品又慷慨地赏赐艺术家、学者、诗人和哲学家;他横征暴敛赋税又取消了死刑还建立了一所音乐学院;起初他清心寡欲、谴责奢侈与享乐,后来却成为享乐主义者并且霸占了他的第18个儿子的妃子。(我们大部分人都是始于享乐主义而终于斯多葛主义。)杨贵妃身体肥胖而且还戴假发,可是皇上就是喜欢她,因为她拥有一切令男人着迷的品质:美貌、傲慢、任性、无知以及反复无常。皇上称杨贵妃“纯洁无瑕”,却从她那里学会了放荡。皇上整日蜷伏在杨贵妃那有如鲁本斯油画中人的魅力之中,疏于朝政,被叛乱者赶下台,亲眼目睹心爱的女人被杀,社稷毁于战乱,后来又恢复王位,但最终还是伤心至死。这故事每一位中国诗人都耳熟能详。

时值盛唐,唐明皇有一天接待高丽的使臣,而使臣带来的书信中所使用的语言却难住了朝廷大臣。皇上惊呼:“怎么满朝的臣工、满朝的文武竟然找不出一个人能够解决这一难题?三天之内如果仍然无人能看懂此信,我让你们都罢官。”大臣们商量了一整天仍无良策,又怕丢官又怕杀头。大臣贺知章向圣上进言:“微臣斗胆禀告陛下,有个姓李的诗人,知识广博,可宣他来认读此信,此人无所不能。”

皇上命令李即刻进宫,可是李拒绝进宫,他说自己恐怕难担此重任,因为此前他的文章都没有被主考大人看好所以他才落第。皇上于是安慰他,赐给他“太学士”的称号和袍子。李进得宫中看到大臣中有阅过他的试卷的主考们,于是他让这些人为他脱靴子,然后他才翻译高丽使臣带来的文件,原来高丽国想通过战争换回他们的自由。阅罢来函,李口述了复信,口气强硬,但是透着学问,皇上恩准并签了字,几乎完全相信了贺知章的话,认为李是从天而降的天使。高丽人又纳贡又道歉的,皇上转手就把部分贡品赏赐给了李。李如数给了酒店主人,因为李非常的贪杯。

李白

李太白，中国的济慈，于公元701年就认识了这个世界。有“二十个春季”李白生活在“云中，热爱空闲，得意于山峦”。李白体魄健壮有力量，而且谙熟情爱之道。有诗为证：

蒲萄酒，金叵罗；吴姬十五细马驮。
青黛画眉红锦靴，道字不正娇唱歌。
玳瑁筵中怀里醉，芙蓉帐底奈君何？

请看之后的诗句：

美人在时花满堂，美人去后余空床。
床中绣被卷不寝，至今三载闻余香。
香亦竟不灭，人亦竟不来。
相思黄叶尽，白露湿青苔。

李白结婚后，妻子因为嫌他赚钱太少所以带着孩子离他而去。于是李白到处流浪，借酒浇愁，靠写诗卖文赚几个小钱。听人说辽城出好酒，他便即刻艰难跋涉三百里赶去那里。大家都喜欢李白，因为他对天子和乞丐说话都是一个模样：既不失尊严又不失友善。在国都长安，皇上待他如同朋友，而他也从来不听命于皇上。杜甫这样说李白：

李白斗酒诗百篇，
长安市上酒家眠。
天子呼来不上船，
自称臣是酒中仙。

李白接受刘伶的哲学，希望身后总有两个侍童跟着，一个手里永远有取之不尽的酒，另一个手里拿着铁锹，一旦他倒下可以将他就地埋葬。刘伶说“醉眼迷蒙间，世事如浮萍”。这话很快得到验证。唐明皇为爱情而丢了王位的时候也就是李白失去了这位赞助人的时候，所以他从长安流落到乡村。

问余何意栖碧山，
笑而不答心自问。
桃花流水窅然去，
别有天地非人间。

李白的晚景凄惨因为他从来不谋生财之道。在叛乱和战乱期间没有皇上的接济，他只能挨饿，而诗人挨饿不是最自然的事吗？李白下过监狱、被判过死刑、又获赦免，什么苦难都体验之后他回到了孩提时代的家乡，三年之后辞世。人们不愿意看到这样了不起的一位诗人就这么波澜不惊地死去，于是有传说讲李白是想拥抱月亮在水中的倒影而溺水去世的。

我们再来读一首李白的诗吧：

木兰之枻沙棠舟，
玉箫金管坐两头，
美酒樽中置千斛，
载妓随波任去留，
仙人有待乘黄鹤，
海客无心随白鸥，
屈平词赋悬日月，
楚王台榭空山丘，
兴酣落笔摇五岳，
诗成笑傲凌沧州，
功名富贵若长在，
汉水亦应西北流。

30年代的中国

结束了旧中国的人是孙中山（号逸仙）。孙中山年轻时，是个一文不名的医生，怀揣共和的理想，秘密地从一个港口到另一个港口，依靠上万个遍布世界各地的华人洗衣店的捐献为革命筹集资金。清朝政府官员的腐败和青年学生的激进思想为孙中山的革命扫清了道路。旧的科举制度已经腐败到了官员们竞相贪赃枉法的程度，中国人民对于这一民主选拔贤德的青年才俊接受贵族训练培养他们做官的基本社会机制已经彻底唾弃。从欧美留学归来的中国青年不再迷信众神或崇拜祖先，他们转而钟爱投票选举、喜欢党团会议、党内提名初选之类，总之，他们要民主。商人也赞成这种思想，可能因为民主政体能够促进工业的发展，而且有了民主制商人便可以像在西方城市里那样控制一切。于是商人也偷偷地塞现金给孙中山，而对于皇帝逊位之后的种种变化没有丝毫的悲伤：皇帝的废除、袁世凯的当选大总统、对于圣贤的殿堂的亵渎以及年轻军人上台当政并在顷刻之间打倒一切旧思想和陈规陋习。

上述种种都是早在1911年的事了。人们原本可能以为，革命的混乱，到了我们目前这个时代，早就该结束了，会被秩序所取代。可是事实上，混乱却比以往任何时候都更加剧了。因为中国贫穷，所以没有财力去建立军队以统一国家；中国被分成18个省份，每个省都只顾谋自己的利益而置国家的共同利益于不顾。缺乏全局思想，也没有对于国家的忠诚，四亿中国人像一盘散沙。各省的督军们横征暴敛，各自招兵买马，贩卖鸦片，并心怀鬼胎。现在就像数百年前明朝灭亡时一样，没有什么中国了，只有军阀。

甚至南京政府也不过是由一位将军在掌政。蒋介石，那位有魅力的年轻的卫理公教会的教徒，还没有想好是做乔治·华盛顿还是做成吉思汗。蒋介石现在皈依了基督，因为上海的银行家都是基督教徒而他们拥有蒋所需要的金钱，而且银行家们也像他一样仇恨共产党。蒋介石对俄国也不感恩，尽管俄国人在1926年组建了他的军队而且教会了他如何软硬兼施地拿下了一个又一个省份。没有比亏欠别人更令人不快的了，没有人会毫无敌意地怀念别人对自己的恩惠，那是只有圣人才能做到的事。

过去四百年北京都是中国的快乐的国都。这里有粉红的牌楼和宫殿，这里还残留着后宫佳丽们刺鼻的香味，这里还弥漫着某种庄重的气氛，足以衬托出官员们的精明以及他们从哲学到情爱都能拿捏得体的本领。要想看这些宫殿就快来，因为那些华而不实的掐金镶银的装饰以及朽木外层那些俗艳的油漆已经在剥落了；这里最耐久的材质是实木，最恢弘的建筑物是天坛，这里的建筑物若论庄严雄伟比不上埃及，完美性不及古希腊，力度比不上古罗马，想象力的丰富也不及哥特式的建筑，典雅性比不上莫卧儿人；这里有的只不过是肺结核患者那美丽的外表，而那躯体已经腐朽了。站在“北京饭店”前，你会想起外交官们曾经在这里会面、协商、做出历史决策，而今却住着像我们这样的来去匆匆的小人物。饭店门外则有上百辆单薄的人力车候在那里预备拦截外国人，如果洋鬼子敢不雇车肯定会遭诅咒。通向饭店周遭的广场原本是草坪覆盖绿荫蔽日的，现如今已经是一片荒芜，泥泞不堪。甚至重要的街道都没有铺路面而是坑坑洼洼的原始状态。上万的人力车夫和上百万双脚使得这个城市爆土攘烟。心灵手巧的中国人，各个精通忍受苦难之道，无论步行还是乘车他们都用黑布蒙住口鼻。

店铺里看不到由于人口过剩与内战所造成的贫困，因为光顾店铺的旅游者的财富掩盖了这里的贫穷。店主和蔼、亲切又精明，他们的诚信取决于我们砍价的执著程度。街上的人显然都在忍饥挨饿，然而尽管他们处于水深火热之中，却仍旧保持着古老的礼貌，不对他们认为是腰缠万贯的陌生人动武。有一个卖地毯的店铺，柜台上的交易额往往是数千美元，而店铺却敞着门，好奇的人群聚在门口看这些有钱的洋鬼子；人们叽里咕噜地说个不停，但是却并无恶意；中国知道怎样安详平和地死去。可是在一片荒芜的供奉着旧中国之魂的孔庙，一窝蜂的绝望乞丐，身上散发着疾病和死亡的恶臭，围着我们转，就差把手伸进我们的口袋里了。在一个小街的饭馆门口，由于我们之中有人欠考虑地给了零钱，于是乞丐们发现我们对他们的苦难并非无动于衷，结果我们的中国朋友不得已只好大声地喝斥才把他们吓退。只有在印度才能看到如此悲惨的景象。在我写下这些文字到该书问世这一期间，又将有五百万中国人被活活饿死。

然而在上海，一切都是那么地年轻并充满复苏的活力。我们在哥伦比亚大学的老战友，年轻的改革者和哲学家胡适，身穿散发爱国热情的长袍，到码头来迎接我们。他那快活而英俊的面庞、两道浓眉、一双温和的眼睛、儒雅的气质和宽容的话语，一时间驱走了北京留给我们的悲惨与颓废。也许一个新的中国正在僵死的旧中国之中成长起来。胡适带我们去一个著名的餐馆，那里的侍者，个个举止高雅，看上去和孔子一样深刻，他们给我们上了12道菜的全鸭宴。同时，前腰挂着热水袋的歌女们以可怕的音乐招待我们。胡适向我们解释说侍者以及大多数中国人脸上的表情只是表面的，并不代表思想的深刻，因为眼睫毛下垂所以他们给人以沉思的错觉。胡适说在这表面的沉静之下，他们的内心蕴涵着丰富的激情。

随着胡适的介绍，一个新的中国形象在我们的脑海里逐渐成形。我们以更多的同情心理解了中国青年，理解了他们的反孔、理解了他们对守旧而夸张的忠孝行为的反叛、理解了他们对死记硬背孔子学说的私塾传统的反叛、理解了他们对腐败的科举制度的反叛、也理解了他们对清朝长期实行的顽固与愚昧的政策的反抗，因为这些政策导致了中国不能用西方的科学和工业武装自己。胡适了解工业革命带给欧美的难题，但是他也知道中国必须得走这一步，中国必须从工厂和贫民窟中间开辟出一条通向富裕和强大的道路，这是保护中国人免遭白人祸患的唯一道路，而白人无时无刻不在觊觎中国的市场。胡适并不感情用事地维护因传承年代久远而变得弥足珍贵的传统，也不留恋大家庭的解体，也不可惜用“西方的机械化”取代“东方的智慧”。胡适说，“当人类不愿为改善自然环境而奋斗，只是一味地从精神生活里寻找慰藉，那么人类文明就会陷入中世纪的黑暗之中”。要发生的必须发生；东方一定要西化，一定要向西方学习他们的技巧和武器，然后才能自卫，才能有自由可言。

胡适领我们看了上海周边的工厂，并且坦诚，中国人被日本人、英国人、美国人和自己的国人无情地剥削。他承认苦力们辛苦一天，连中午饭都不休息，边干活边吃饭，才仅仅拿到15美分或20美分。他非常清楚革命的混乱导致百姓民不聊生，人们甚至因愤怒与绝望铤而走险当土匪去，并且效仿最有效的美国方式——从商人那里榨取贡金否则就抢你的店铺或要你的命，这样做只能进一步加剧混乱。他知道，一个中国的六口之家，年收入达到100美元或有五分之一英亩的耕地，就算是富裕之家了。对胡适来说，这些事实很严酷但这又是中国无法逃避的阶段。很快地，这些强壮的劳动者就会把古老的行会变成现代的工会，把公平与体面融入这个19世纪早期的粗糙的资本主义模式。上海和香港的工会已经很强大，已经通过了一些工厂法，虽然罢工经常失败但是在抵制某些货品方面还是经常成功的。只要有耐心，不愁中国没有未来，这块土地比世界各地的矿藏都更丰富，这里的人民是世界民族之林里最为强壮、勤劳、清贫、节俭的。

在欧洲人居住的上海街道上，一切都很繁荣：洋鬼子用赚来的钱美化大街，诱人的店铺橱窗和豪华旅馆鳞次栉比。在这一块“国际租界”区里也住着中国商人，他们为逃避匪徒而来到这里。在法租界就有许多南京政府的官员，他们认为，比起国民政府所在地南京来，这里更为安全，他们的头颅更有保障，尽管他们理应把南京好好地管辖。然而这些官员们又毫无畏惧地扬言要结束外国居民在中国的治外法权，结束他们不受中国法律约束的豁免权。不仅如此，他们还解除了外国对于中国关税的控制，还把华南地区的 11 万 8 千名外国人之中的大部分置于中国司法系统里的西方式的新法院管辖之下。他们毫不留情地宣布要驱逐某些传教士出境，因为他们认为这些传教士是欧洲贸易和军火的开路先锋。他们还把大部分教会学校纳入中国人的掌控之中，而且禁止在这些学校里强行推行宗教教育。基督的故事，不包括基督教教义和奇迹部分，本来可以像 1900 年之前的佛祖的故事一样完全地打动中国人的心，可是由于基督的故事令他们联想到银行家和战舰，所以基督一直遭到歪曲诽谤。1927 年 3 月 24 日，英、美战舰炮轰南京之后，一半的传教士离职归国。慢慢地，这里也会和世界其他地区一样，基督教也将由残忍的资本主义所毁灭。

上海最令人惊奇之处是它的文化和道德方面的变革，相比之下，政治变革倒显得是司空见惯的老生常谈了。这位谦虚而安静的胡适，于 1917 年震惊了全中国，因为他提出废除复杂的文言文的主张；有 5000 个汉字的文言文和用于口头的白话文之间差别很大，文言文只有文人才懂；在这方面，胡适很像意大利的但丁，但丁坚持用老百姓熟悉的语言写作甚至包括哲学的写作。看起来胡适获得了胜利，现在中国所有的期刊与教科书都采用只有 1000 来个汉字的白话文，即普通人的口头语言。与此相呼应的思想革命也爆发了：孔子的盛名一落千丈，宋朝的异端邪说大行其道并风靡全国，欧洲哲学家被认真研读，中国的年轻人满怀热情地聆听罗素的怀疑社会主义和杜威的开明的工具主义。中国认为杜威是康德以来西方最伟大的思想家；在杜威的思想体系中，一切的生活方式都是实验性的，评判一切管理方式和生产方式都要看物质和精神两方面的效果，而不是看年代的久远和神圣的程度。这种评判标准正好是这个重生的民族所需要的。

统治了中国思想 2400 年之后，孔子死了。因为孔子的哲学，像中国的文明一样，是以家庭为基础的，而现在家庭解体了。工业化使得年轻人从全能的父亲的权威之下解放出来，儿媳妇也摆脱了凶狠的婆母的控制。城市以各种魅力召唤着所有的人:人员可以自由迁徙,更加灵活的道德与风俗,给人以自由的个体就业等等;家庭和宗族的权利一去不复返。

中国的道德观变化之迅速居世界之首,就是俄国和美国也赶不上。古老的宗教——佛、道、儒——已经从城里被赶到乡下去苟延残喘。只有老妇和贫僧才光顾城里的庙堂。天塌了,地陷了,现在的神仙只有两位:"科学"与"技术"。宗教被民族主义取而代之;人权不可侵犯、国家主权不可侵犯,这种热忱似曾相识——宗教改革时期的欧洲曾经以同样的信念摧毁了日渐势微的教会权威。野蛮的军事主义取代了古老的和平方式;军人,一度是中国舞台上的笑料,现在一步登天了,有名有财还有权;蒋介石把军事训练定为学校的必修课;中国决定必须向西方学习战争术而不是基督教义。从天子脚下到穷乡僻壤像溪流下山一样滋润全体百姓的传统礼仪现在已经让位于只有在苏维埃才能见到的那种冷酷粗鲁的直截了当。革命毁掉了一切,并以为它还能重建这一切。

看看上海街上的这些中国姑娘。如果是20年前,女孩是要被藏在家里的,服从古老的家族奴隶制度;如今她们都身穿欧洲式样的衣裙,而她们的男人也都喜欢穿西装上衣和西裤;男男女女一起踩着中西结合的怪异的爵士乐起舞,踏着西方夜总会里昨日流行的舞步。北京的"丽德"(Leader)歌舞厅,供疲惫的凡夫俗子们消遣的隐蔽处所,提供的节目如下——

蓝色的天空
北京唯一的头等舞厅
最新纽约爵士乐表演

尼采曾经认为在对待妇女的态度上,亚洲是对的而欧洲是错的;可是今天亚洲却让步了,欧洲方式胜利了。中国姑娘反抗由父母包办婚姻的思想;她们坚持有激情的结合,要求西方浪漫爱情中的所有的诗情画意。她们早已拒绝缠足,而且做得更进一步,剪短发,施脂粉以掩盖素面。有时,年轻人甚至前卫到不履行任何法律程序就尝试着住在一起;他们认为给朋友们送卡片宣布他们的"罗素式的婚姻"就足够了。尽管中国的新女性反对中国男人长期以来一直享有的纳妾特权,可是如果妻子不生儿子的话,法律还是允许保留纳妾制度的。

在以往的学生运动中,中国姑娘曾经与她们的情人并肩而战,把中国从日本和欧洲的统治下解放了出来；现在中国姑娘得以和男孩一道在学校学习，因为中国有上百所大学从美国引进了男女合校制。南京的国民政府虽然现在对于选举权仍有所限制，但是政府许诺在金色的未来时日里，男女都会有选举权，妇女还可以成为“督军”，即省的最高行政长官，还可以成为大总统。甚至现在国民政府的最高委员会里就有女性成员，更为重要的是，控制政府的国民党中央执行委员会里也有女性委员。如果街谈巷议也作数的话，我们不妨说宋氏家族的女士们的确是才华横溢，宋家的二女儿三女儿分别嫁给了孙中山和蒋介石，因此可以和她们那担任财政部长的聪明的哥哥比肩，于是她们就可以和上海与香港两地的银行家和巨贾们一道分享南京王位的权利。宋氏王朝就此拉开了帷幕。

那么，中国是垂死还是重生？中国很像是国徽更改之前的那条可怕的巨龙，一端已经是垂垂老矣，而另一端却充满年轻的活力。然而这个国家到处是战乱，人们环顾四周不禁想起孔子的话：“谁以为旧堤坝无用所以就把它毁掉，谁将来肯定会尝到洪水泛滥的苦头。”革命要偿还破旧立新的惨重代价；很长一段时期，生活将不如以前那样美好，生活的根须不再那样牢固。人们的传统和习俗很像个体的记忆和习惯，如果突然间遭到中断或改变，那么这个人可能会神经错乱，会变疯癫。如果我们能够说服激进派，改革要逐步进行才能持久，同时说服保守派，改革是势在必行，那该多么好啊！

深爱哲学的人往往会过于偏爱秩序与统一，可是我看中国当前的骚乱似乎尚未完结。革命对农业国家的破坏比不上对工业国的破坏大。无论城头变换什么大王旗，无论新人如何淘汰旧人，都不会伤到土地，简朴的农民仍旧四肢强壮、腰身挺拔，他们照旧翻地、播种、收获，对于变革不甚了了。所以今天的中国，尽管大脑乱了套、中枢神经已经遭到破坏，可是这个庞然大物的脊柱反射能力仍然可以坚持下去。摇篮里仍然睡着孩子，稻田里仍旧有水浇灌，茶叶仍旧在采摘，桑蚕仍在吐丝抽茧。最终总会有专制者出来拨乱反正的，旧的障碍会被清除，新的事物会自由自在地发展。革命，犹如死亡与时尚，就是把垃圾除掉，就是把多余物通过手术拿掉。

中国以往已经死过多次。今次她还会重生。

5 走进争议

第一章

行为主义与哲学[①]

约翰·B. 华生博士在近期的一篇期刊论文中不经意地提到（涉及的题目本身没什么要紧）说哲学正在消亡，而且不出50年就将销声匿迹。我是搞哲学的，对于搞哲学的来说，生命与哲学有着极其重要的关系，本发言人想提出不同于华生博士的判断，并建议实施某种手术以便哲学获得新生。

华生教授为什么认为哲学注定要灭亡呢？因为哲学不科学，哲学提出的假设无法得到证实，还由于哲学的方法论超出了外部观察、物理实验和数学测量的范围。华生博士发现他对于动物行为的研究用不上内省的方法，所以他便认为在人类行为研究上用内省的方法是毫无价值的，是不准确的，也是不道德的。按照一切生命都是机械的这一假设，我们便无法解释意识的问题，所以华生博士否认意识的存在，并且眼睛都不眨一下就提出说，思维只不过是喉咙里的空气震动过程。华生博士通过喉咙震动示意说我们的世界完全是物质的，每个部分的运作都是机械运动决定的，因此他断言，对于一切事物的研究都要通过机械的方法，都有待仪器的测量，舍此无法获得有用的信息，因而哲学应该赶紧去吃临终圣餐，然后就去见阎王。哲学已经存在了三千年还多一点（这还没有把阿尔塔米拉的亚里士多德和克罗马农的克罗奇斯包括在内）；可是既然心理学把人类行为当作它的研究对象，哲学不得不死了。对于教授们来说这个前景该多么暗淡啊。

---

① 本文此前于1926年在哈佛大学举行的第六届国际哲学大会上宣读。

由于最近才对华生博士的某些善意的言辞有所耳闻，笔者对于他的哲学憎恶症颇感棘手，因为很难在这个形而上学的谋杀者和哲学的掘墓人的心脏地带找到我的花剑的刺入点，何况我的花剑是没有制动装置的。我想以最为礼貌的方式来迎接他的攻击，那就是张开双臂，把他作为没有知觉的哲学家死死地围在里面以示欢迎。

哲学家就是用一套理论来解释自然界和世界的运作方式的人。哲学家总是用无法证实的假设去填补宇宙知识中无法用科学的实证的方法获得的那部分。哲学家冒险地用想象和假设填补他用五官和五脏六腑感受不到的部分，以期获得完整的知识。哲学家并不情愿这样做，所以他会辩解，像实证主义者孔德那样，说自己也是实证主义者，也巴不得一切都只是凭借精确的事实；或者，像斯宾塞那样，宣称自己是不可知论者，所以不知道事物的终极性质是什么；然而此种辩解的言辞自身又构成了无法实证的假设，所以此时的他已经成为哲学家了，尽管他自己并不情愿，一个自己不情愿的哲学家。如果不可知论者能够以中立的态度活着，能够做到藏起自己的秘不示人的信仰与不信仰，他就可以获得哲学上的暂缓状态，即反哲学的昏迷状态，也即对宇宙的无意识状态。然而即使是最伟大的怀疑主义者也做不到这一点，在生活的游戏或者说生活的赌博中，怀疑主义者也要有立场：他可以大谈不可知论或实证主义，可以大谈超验主义的无所不在，大谈现实的某些“相”是不可知的，可是归根结底他得在构成哲学的非此即彼的两种学说中选择其一。我们这个世界是智能精心设计的结果，也是分子运动的产物，以及低能者奋起抗争以图逃过难以避免的毁灭结局的产物，对此他必须明确自己的立场。他到底是某一机械物正与另一机械物同居以便制造出一代又一代的机械物，还是充满活力的，具有一定的自发创造力的生机勃勃的载体，能传承圣火、接受考验的匆匆过客，对此他必须明确自己的立场。以什么作为他的现实生活的指导原则和真理取舍的标准，对此他必须明确自己的立场。是小心翼翼的推理过程还是斩钉截铁的即时的直觉，对此他必须明确自己的立场。是要对自己的妻子忠诚还是要分散他的宝贵精力，对此他必须明确自己的立场。是平庸一生还是活得高尚一些，对此他必须明确自己的立场。是认为人只有发声器官还是认为人也兼有精神，对此他必须明确自己的立场。

这些都是非常重要的问题，哲学不妨定义为关乎生死存亡的大问题。约翰·布罗达斯·华生博士已经在所有这些问题上给自己定了调。他认为现实中的一切形式都可以用物理的方法测量，无论是棍棒或石头还是善心与祈祷。这种假设很伟大，可是由于颇有点超越了实证范围，所以他就也算得上是位哲学家了。他还认为唯物主义是正确的，并且以令人赞美的简洁宣扬他的哲学。他认为世界就是一台机械装置，他认为自己就是一架机器并且自己这架机器是以机械的、无意识的方式在进行着沉思，沉思着从这架机器里面怎么样进化出了多余的意识。换言之，他的世界宏论有待证实，所以应该称之为哲学，就像我们在德谟克利特、卢克莱修、霍布斯、拉美特利的著作中看到的那些理论有待证实一样。他假设，当然是没有科学依据的假设了，不存在什么自发的生命，每一种存在的每一种行为，包括合唱交响曲的每一个音符都是史前的星云所决定、所撰写的，而这些星云取代了人类神话里的伊甸园的位置。他认为“精神”是“物质”的，所以生命是死的。

以上这些都属于可能的、连贯的假设。每一位哲学家——但不是科学家——都有权做出这些假设或是做出与此相反的假设。我们不得不这样做；只有这样做了，我们才能超越当前的实证范围，无论这种实证是证明我们正确还是证明我们谬误。生命要求我们对事物的本质和人类的命运做出假设。“我不做假说”（原文为拉丁文“Non fingo hypotheses”——译者注）这句话只适用于尸体，牛顿的这句话说过了头，不够谦虚，他的假说等于一下子从他的果园飞跃到了月球。我们总是不断地做假说，因为超越一切定义与超越一切界限的诱惑总是吸引着我们。哲学比科学有趣的原因（之一）就在于此；哲学是对未知的探索，是对无限的探险；与这一激动人心的探索之旅并驾齐驱的则是科学，科学同样诱人和令人兴趣倍增，所以哲学和科学的关系有如复式簿记。

那么，如此看来我们都是形而上学论者，我们勇敢地冲破那不知所措的物理学给我们设定的界限；那么，坦诚的形而上学论者和伪称的实证主义者之间的唯一区别在于：前者（在这一方面）是个诚实之人。既然我们称华生博士为哲学家那么华生博士就得听我仔细道来。他那关于宇宙的美妙假说令他的喉咙哽咽，他是个自我压抑的形而上学论者，我们救治他的最好方式就是割掉他的未知恐惧症，把他的“下意识”揭示给他看，通过精神分析让他恢复成一个健康无畏的哲学家。

经过这一番人身攻击（可以对每一位实证主义者照此办理），让我们真诚地面对眼前的难题：现实主义的思想是如何偏离哲学的。如果不去仔细地审视人类的思辨历史，那些懒于动脑筋的人很容易得出仓促的结论：所有的哲学家都相互矛盾，所以最后的结果归零。请看这一首诗：

我个人年轻时热切地寻找
博学者和圣贤，聆听
伟大的辩论；但是离去时
经过的，还是我进去时那同一个门。

这首著名的四行体诗，像大多数美丽的东西一样，是谬误的；我们进去和出来不会是同一个门，除非我们把头脑中的思想扔在门外。一个人，师从伟大的哲学家，即使是半心半意地学习，也不可能令自己的思想保持不变，相反，在上百个重要问题上，他的想法都会有所改变。甚至他对哲学家们之间的矛盾都会改变看法。他会发现几乎所有的哲学家在几乎所有的基本问题上都有共识。区别只是各个时代所用的术语不同，区别并不在于思想的敌对。如果这个人还研究科学史，他一定会发现，在科学领域而不是在哲学领域里，理论其实像万花筒似的不断变化，包括看似恒定的教条。宇宙史的创立开始于50年前拉普拉斯的星云假说。现在又流行钱伯仑的星子论了（或者这一学说也不时兴了？）。50年前《物种起源》曾经被奉为生物学的圣经，现在却遭白眼。关于进化过程的理论也在不断改变着。最初的理论是说人类的进化过程是一个不断变异的过程，取而代之的理论则认为人类进化过程中的突变是一个不断改善和不断加速的过程；后来的理论又提出突变是非正常的杂交的结果；如今凯默若先生正在带领我们探索拉马克模式，寻找长颈鹿的长脖子的由来。我们再来看物理学，牛顿确立了动力法则可是如今爱因斯坦却已经把它们推翻。迈尔与焦耳，朗福德与戴伟以及上百个科学家证明了物质不灭和能量守恒，然而卢瑟福、索迪与庞加莱几位先生却对于现代科学的这些终极教条颇有微词。另外一位庞加莱先生用法文，皮尔森先生用英文，赫尔·马赫先生用德文，告诉我们说，所谓“准确的”科学知识其实就是一种表述方式，这种表述接近于概率，既简短又隐晦，而所谓永恒不变的自然法则只不过是对于被观察的事物的习惯所统计出的平均值。科学已经和哲学一样地不确定，自然的法则也已经和统计数字一样的不可信，那么我们应该如何对待科学与自然呢？数学曾经一度是既精确又正确的严谨系统，可是突然间数学的维度开始增加，无穷数开始相互包含，部分可以和整体一样大，爱因斯坦还论证了直线是两点之间的最长距离。弗朗西斯·高尔顿与卡尔·皮尔森抱怨说我们“花大把的钱在环境的改造上而其实遗传工程可以轻而易举地令我们达到目的”；魏格先生已经向全世界宣布了这一点；而现在约翰·本·华生博士

却又在我们已经孵化了两百代幼儿之后，告诉我们说胚胎和幼儿的环境是决定性格和历史的主要因素，而遗传是次要因素，所以遗传的影响可以忽略。任何一位好的历史学家都能证明历史所“充满的谬误不亚于密西西比河的泥沙”；任何一位埃及古物学者都有着一套自己的王朝断代与年代确定的方法，与其他埃及古物学家的差别也不过是几千年而已；任何一位好的人类学家都会嘲笑泰勒、斯宾塞和魏茨。冯特、屈尔佩、艾宾浩斯、卡特尔和斯坦利·霍尔诸位先生的科学的实验心理学不过把已死的一贯正确的东西拿来炒作而已；而我们则须得把这些玩意用什么“条件反射”和“声带”这些新术语再重新熟悉一遍。华生博士对待这些太古时期的陈腐的东西极其客气；至于最新的科学的心理学他却一页也写不出来，而只会把前人的东西翻肠掏肚地揉进黄道十二宫了事。对于哲学家来说这是再轻松不过了。

挑完敌人眼里的这根大刺，我们现在不妨也拨出自己眼睛里的沙子。哲学的确是模糊不清的，不过雪莱也是模糊的，自然科学也是模糊的，女人也是模糊的，一切有趣的东西都是模糊的。更糟糕的是哲学有时候还不诚实；我们乔装打扮自己所深爱的内心深处的偏见，还给自己姑妈与姨妈们的宗教信仰披上理性的外衣，说它们是极其客观的。布拉德利说，“形而上学就是一种说辞，是我们给来源于直觉的信仰所找到的蹩脚的理由，而寻找这些蹩脚的理由所凭借的仍旧是本能。”有时其实我们就是想让邻居接受我们那些蹩脚的理由。很难分辨有些哲学家到底是善于辞令的外交家还是头脑简单的傻瓜。机械论者的举止很少令人觉得他会把自己也当成一架机器，如柏格森所说，机械论者一旦发现自己也像一架机器时他会嘲笑自己的，只有在自我欺骗的时候他才会抓紧机械论不放手。而唯心论者的举止也很少令人觉得他会以为自己一旦离开房间那房间就不存在了，或者他一躺下入睡他本人就不存在了，就没有任何人感知到他了。毫无疑问，哲学的模糊性来自哲学的谎言。真理比虚构更清晰。

对于哲学的指控有一半是针对哲学目前对于知识问题的关注。为了反驳唯物论，这些哲学家们，不过是半世俗化了的一群神学论者，太过急迫地把物质归咎于精神；他们从“只有当我们理解事物的时候我们才感知事物”这个简单命题出发，暗地里得出结论：只有被感知的事物才是存在的事物。无论你攻击日耳曼童话一般的哲学，还是企图从认知的泥潭和山洞里将他挽救，你都肯定会得到“珍惜欢乐”者的祝福和响应。正如惠特曼对特劳贝尔所说：“你打了地主而我没说‘阿门’，因为我没看见。”假如哪位聪明的外科医生能够从哲学身上摘除这个生了病的认知赘物，并把它归还给行为主义者，因为它恰好属于心理学，那么各方面的情况都将得到改善。

然而哲学究竟是什么？哲学不妨被定义为对于生命进行整合的系统知识；与具体事物脱节的纯学术的知识就不能称为哲学。哲学家是按照自己的伟大理想重塑自身的人；哲学家要能够自律，否则哲学家就必然会成为他人的奴隶。我们所有的人都有懒惰的时候以及自相矛盾的思维，都会缺乏一点连贯性与一致性，所以让我们振作起来，努力去接近那全方位的视角，即哲学，然后借助思想的统一我们会取得理想的统一，通过理想的统一我们会取得人格的统一，通过人格的统一我们会进一步获得生命的统一，生命的统一性就是人类保有适度幸福的奥秘。

但是说到底，哲学并不仅仅是对于系统的研究，哲学能通过与伟人的亲密接触而把人类提升到高尚的境界。哲学是引导人到达伊甸园的崎岖的山路。伊甸园里的天才永不消失，那里的智慧与美会合成“最完美的音乐”。在那思想之国，苏格拉底、柏拉图和伊壁鸠鲁，拉斐尔、达·芬奇和米开朗琪罗，巴赫、贝多芬和瓦格纳，歌德、雪莱和济慈，将满怀感激地欢迎我们，只要我们愿意听他们就会高兴地讲，而且只会挑拣他们最好的思想与我们分享。在这个上帝之城里有着永不枯竭的财富但是我们须有一双识别珍宝的慧眼。有这些人相伴，我们不用多久就会情不自禁地变得高雅一点。也许在达到那净空之后我们自己也能在某一天炼出一副火眼金睛因而发现新的真理，用我们练就的精湛的语言把真理揭示给世人。让我们攀上高峰。也许我们会在哲学家的队伍里发现华生博士也说不定啊。

第二章
12个世界重要日

《论坛》约稿,要我就历史上 12 个重要日期撰文给它的研讨会用。接到约稿函时我在马尼拉,正准备启程经太平洋返回美国。此函来得正是时候,因为我正在为人类文明史第一卷应该包括哪些日期而绞尽脑汁。

我知道文本中的日期虽然能使得叙事准确但却显得沉闷，令人觉得好像是在读一本好的百科全书。要想把死的资料变为有血有肉的叙事就得把日期的问题处理好,不能连篇累牍地写某年某月发生了某事。我左试右试之后终于决定把所有的日期都放在稿纸两边的空白处和文本的注释里。这种做法会些许地减轻阅读历史教科书的烦恼。

一年前我有机会审查我那个社区的一些中学课本。地理原本应该是最引人入胜的学科可是地理教科书却充斥着一堆死信息,读起来让人倒胃口。其中有些涉及战争的信息不是谬误就是毫无价值可言，而涉及民族生活的又流于肤浅，更有甚者,有些信息由于对东方抱有狭隘偏见而显得荒唐。然而历史教科书却写得明白易懂,读来令人饶有兴味,比如比尔德(Beard)和巴格莱(Bagley)所著的《美国人民史》。这书不仅记录了文明的进步还以清晰的逻辑展示了政治更迭的内容。这本书学术上过硬而且文笔优美,堪称上乘之作。

许多中学把布莱斯泰特(Breasted)的《古代》作为标准的教科书,我也认为这书是美国最好的历史教材；还有几种也不错，比如讲现代欧洲历史的，是罗宾森(Robinson)和比尔德(Beard)所著,虽然比这个稍嫌逊色。这些书里都没有多而无当的日期。如果我们都认为以往教材里确实过分地强调了日期的重要,那么我认为这种现象在某些教科书里已经得到了纠正,比起我们小时候可强多了。

我并不满足于只是让学生们记住12个日期,12个只是最低限度的要求而不是最佳选择,就是烤面包的伙计也应该知道这12个日期。至于一个人到底应该记住多少日期,那要取决于他的用途和目的。农民的任务是种好田、教育好子女,所以不必记很多日期,只须知道他那个州的下一次圩日是哪一天。然而,如果某人命定要遭受做学问之苦,而事必躬亲又绝无可能,那么他就只好退而求其次地了解人类进程的编年史以弥补个人经验的不足,所以知识分子必须有历史的视角否则根本无法踏上哲学和认知之旅。

这种人得知道改造了世界进程的发明发现,比如火药、印刷术、蒸汽机、电力、美洲大陆的发现,都发生在哪个世纪(当然不一定精确到哪一天);还得知道世界最伟大的政治家都是哪个世纪的人——比方说,汉谟拉比、摩西、大流士一世、梭仑、培里克利斯、亚历山大、恺撒、查尔斯五世、路易十四、彼得大帝、腓德烈大帝、亨利八世、伊丽莎白一世、迪斯雷利、格拉德斯通、俾斯麦、加富尔、华盛顿、汉密尔顿、杰弗逊和林肯;还要知道世界最伟大的科学家和哲人所在的世纪——比方说,孔子、苏格拉底、柏拉图、亚里士多德、哥白尼、弗朗西斯·培根、艾萨克·牛顿、斯宾诺莎、伏尔泰、康德、舒本华和达尔文;还得知道世界最伟大的圣人所在的世纪——比方说,埃赫那吞、老子、以撒亚、佛祖、基督、马克斯·奥勒瑠、奥古斯丁、圣方济、罗耀拉、路德和甘地。

这个人还应该知道世界最伟大诗人所生活的世纪——比方说,荷马、赞美诗作者、欧里庇得斯、维吉尔、贺拉斯、李白、但丁、莎士比亚、弥尔顿、歌德、普希金、济慈、拜伦、雪莱、雨果、爱伦·坡、惠特曼和泰戈尔;最伟大的音乐家生活的世纪——比方说,帕莱斯特里纳、巴赫、亨德尔、莫扎特、贝多芬、萧邦、李斯特、帕格尼尼、勃拉姆斯、柴可夫斯基、威尔第、瓦格纳、帕德瑞夫斯基和斯特拉文斯基;还有世界最伟大的艺术家和艺术品所在的世纪——比方说,卡尔纳克神庙、卢克索和那些金字塔,菲迪亚斯、普拉克西特列斯,吴道子、苏轼、安藤广重,沙特尔大教堂和泰姬陵,乔托和丢勒,达芬奇、拉菲尔和米开朗基罗,提香、柯勒乔、埃尔·葛雷柯和委拉斯盖兹,鲁本斯、伦勃朗和范迪克,雷诺兹和庚斯博罗、特纳和惠斯勖、米勒和塞尚。

我还没有提到最伟大的散文作家呢,如果面面俱到的话这篇文章就成了电话簿、出口名录大全或是难以辨认的外国人名登记簿。读者不妨助我一臂之力,把自己心仪的众神的名字列出来，然后和朋友们一道检验比对（或者名单里应该有伟大的女性，从哈特谢普苏特女王到居里夫人），甚至可以搞出一个新的“比—西二氏儿童智力测验”表来重新测一下智力。

假如你命定要生活在思想的荒岛上，而只能随身带上 12 个日期，那么这 12 个日期必须是人类历史上最重要的，而且你不能仅仅知道赤裸的日期还应该知道伴随这些日期的含义；你还要了解每一种日期的来龙去脉，要有伴随这个时期的人类思想的伟大成就的摘要，要可以举一反三和温故知新。既然历史是多样的，既然人类活动的各个方面无论在哪一个时期都和前后左右的事件有关联，我们不妨把围绕关键事件的链条全部串在一起。因此下列日期不是人类历史的全部日期，而只是其中的 12 个环节而已。

1. 公元前 4241 年——埃及历法问世。极端正统的人士普遍采信大主教乌塞尔（Bishop James Ussher）推算出来的宇宙创生于公元前 4004 年的看法而埃及人竟然在宇宙创生之前 237 年，即公元前 4241 年，就在尼罗河下游开始使用“旧年历”亦称“尼罗年历”的历法，简直匪夷所思。所以人类历史上最早的这个确切日期本身就足以激怒这些处女般纯洁的头脑，令他们经历一次受精的休克。

埃及历法的含义极其深远。这一历法成形之前，天文学和数学肯定已经有了相当的成就。而在那之前的文明肯定已经有了长足的发展否则人们怎能从经济生活中匀出空闲来绘制行星图和找到太阳运行的轨迹。和我们自己的历法相比，埃及历法十分合理。埃及历法把一年分为 12 个月，每个月 30 天，旧年和新年交接时另外拿出 5 天让大家喧嚣作乐。在有记载的人类文明这三千多年里，全埃及都铭记这一历法。在此期间，统治者治理有序、人民的生命财产有保证、人体舒适、感官得到愉悦、思想有所遵循。这一历法让人想起齐阿普斯（Cheops）所建造的埃及最大的金字塔，想起图特摩斯三世(Thutmose III)所建造的卡尔纳克神庙（Karnak），想起埃赫那吞法老为了一首歌曲而卖掉整个的王国（由于歌颂唯一的神而引发了革命），以及克利奥帕特拉女王如何牵着安东尼的鼻子（恕我在此处用换喻法的修辞手段）引领他步入毁灭。

2. 公元前 543 年——佛祖逝世。我相信佛祖对世界的影响之大无人可比。我这样说不是因为现在世界上有亿万善男信女笃信佛教。其实，佛教并不遵循佛祖的教导，佛教是由众多的传说和迷信构成的，人们只是盗用佛祖的名字而已，就像严酷的加尔文教派、残暴的托尔克马达(Torquemada)和田纳西教派盗用基督的名字一样。不过佛确实意味着印度,因为印度的精神体现在宗教里而不体现在科学上,体现在沉思中而不是行动上,体现在对于博爱与友善的提倡而不是把数学知识用来造大炮或是把化学知识用来造炸弹。

佛说,生活充满苦难,忍受的方法就是不伤害任何的生物,而且不说任何男人或任何妇女的坏话。让我们寄希望于这个简单的宗教吧,希望这个宗教是当今印度无数的迷信想法背后的支撑。印度的文明经历了各种变迁兴衰、各种不公正、各种奴役,但是与此同时也孕育了从佛祖和阿育王到甘地和泰戈尔这样伟大的天才和圣人。让我们把佛祖辞世的日期作为这一伟大文明的起点。

3. 公元前478年——孔子逝世。中国的幅员这样辽阔以至它认为普天之下莫非中国;中国的历史这样悠久以至它上溯四千年的帝王的所为都有文字记载;可是我们仍然需要足以代表中国的某种象征。

我很羡慕那些熟记《论语》的中国学童们。我发现"子曰"的每一句话都深刻而实用;那些随处可见的教养良好的中国人拥有内在的淡定、天然的尊严、沉静的理解力、深刻的性格和周到的礼貌;有时我想假如孔子的箴言能够沉淀在我的记忆中达20年之久,那么我也会有几分像他们了吧。孔子的名字仿佛写在每一位中国人的脸上,深入到每一位中国人的心中,世界上没有第二个人对自己的人民有过如此的影响。就让我们把孔子作为中国文化的象征和代表吧:孔子之后中国有唐朝诗人的精美抒情诗、梦幻般朦胧的中国山水画、中国工匠绘制的完美的瓷瓶、入世与出世的中国哲人的睿智;孔子的名字汇集了一切的人类文明之最。

4. 公元前399年——苏格拉底逝世。当苏格拉底饮下由毒芹提取的毒药而死去,古希腊伯里克里斯时代令人震惊的文治武功也随之消亡。然而此时此刻我并没有想到哲学。我在苏格拉底身后看到的是亚西比德,这一位苏格拉底的朋友和恋人,以及那毁灭性的悲剧——伯罗奔尼撒战争。我还看到阿斯帕西娅,这一位有学问的名妓,和坐在她脚边的两个人,一位是自称"雅典的牛虻"的老苏格拉底,另一位是伯里克里斯。我看到伯里克里斯把富人召集到自己身边说服他们给雅典的戏剧捐献。我还看到欧里庇得斯和索福克勒斯争夺狄俄尼索斯戏剧奖。我看到伊克蒂诺边想边雕刻帕特农神庙的支柱,以及菲迪亚斯把众神和英雄们凿刻在柱子的顶部的过梁与挑檐之间的雕刻带上。我还看到年轻的柏拉图在泛雅典运动会获奖。我希望历史凝聚在那一时刻,让那大无畏的千姿百态的时代所呈现的无数精彩的侧面一一重现我的脑海，让我重温首次摆脱了迷信束缚的人类文明的灿烂与辉煌，重温科学、戏剧、民主、自由的伟大成果，重温这些由罗马和欧洲传承下来的知识与道德的伟大遗产。

5. 公元前 44 年——恺撒逝世。让我从乔治·勃兰兑斯说起吧，这是一位丹麦的批评家，法国批评家泰纳就是在勃兰兑斯的帮助之下，才让英国人了解了英国文学。就是这一位勃兰兑斯临死前几年，有一位美国学生去拜访他，发现他很阴郁，便问他为什么，他回答说，“难道你不知道今天是历史上最大的错事——行刺恺撒的纪念日吗？”

年事已高的批评家本该发现发生在家门口附近的错事，比如拿破仑兵败滑铁卢；也许老人有点夸大了布鲁图的愚蠢行为，因为从某种意义上讲，我们倒并非要纪念恺撒，我们更感兴趣的是在恺撒去世之后发生的事情：罗马的法律与秩序，那是在恺撒先行确立的基础和路线上，由奥古斯都之类的政治家所重建的；文学艺术的繁荣，那是在罗马帝国统治之下的和平时期发展起来的；这些包括维吉尔和贺拉斯的诗歌、普林尼和塔西陀的散文、埃皮克提图和奥勒留的哲学，哈德良和安东尼纳斯的慈善的执政，用来美化罗马这座都城和它的广场的那些建筑和雕塑，那时所修筑的道路以及那些法典的编纂和修改，那可是罗马留给现代世界的主要贡献。正如苏格拉底之死可以代表雅典人的伯里克里斯时代的结束一样，恺撒之死开启了罗马的黄金时代的大门。

6. 公元前？年——基督诞生。读者可以随便说基督诞生在哪一年，因为没有人知道。对我们来说这是最最重要的日期，因为它是西方历史的分水岭，我们从此有了最伟大的英雄和楷模；基督诞生为我们提供了大部分的神话与传说，这些神话与传说正在从神学走上文学的舞台，而自那时开启的基督时代目前看来正在走向结束。至于我们死后的诸多忧烦，我们也只能听任了；天知道 20 世纪会有多少种神秘的、超自然的信仰取代这些温柔而残忍的既给基督增光添彩又往基督脸上抹黑的宗教信仰啊！

7. 公元 632 年——穆罕默德逝世。纪元 623 年这个日期只是针对不信伊斯兰教的人来说的，而对于穆斯林来说，这个日期应该是伊斯兰教历法的第 10 年（即穆罕默德创建伊斯兰教并离开自己的土地之后的第十年）。这一宗教信仰在此后数个世纪里，统治了从开罗到摩洛哥的整个北部非洲，南欧洲的土耳其和西班牙，以及从耶路撒冷和巴格达到德黑兰和德里的半个亚洲。以伊斯兰教名义发动的圣战之频繁和被杀的异教徒人数之众多，是基督教也比不上的。

如果不去计较这一点微不足道的例外情形，伊斯兰教仍然可以说是一个很高尚的宗教，这个宗教严格地只承认一个神，禁止偶像崇拜、禁止崇拜神职人员、禁止崇拜多神教的圣人；这个宗教用宿命论的信条和战争的纪律云打造教民的坚强品格；这个宗教在哥多华、格林纳达、开罗、巴格达和德里都建立了优秀的大学和文化；这个宗教为世界贡献了最伟大的统治者之一，莫卧尔王朝的阿克巴；这个宗教以阿尔罕布拉宫和泰姬陵的优美恢弘的建筑风格提升了西班牙、埃及、君士坦丁堡、巴勒斯坦和印度的建筑艺术品位。如今这些地方尽管在政治上各自为政可是仍然保持人口的增长和国力的提升；在印度和中国每日每时都有人皈依伊斯兰教。很难说未来会不属于他们。

8. 公元1294年——罗杰·培根逝世。我们不妨拿这个日期标志火药的首次使用，理由是在这一年由于造反而丧命的英国僧人对于火药的发明难咎其责。罗杰·培根是第一位对这种爆炸物进行明确描述的人。火药的发明引起了世界翻天覆地的变化。我们知道政治家们都希望老百姓节育而火药的发明为一切无法实现其理想的政治家提供了替代的办法。罗杰·培根写道："引爆装在青铜炮管里的火药所产生的威力比大自然的雷霆还要厉害。很少的备料就能够产生光焰四射的可怕的爆炸。如果加大用量则可以毁灭整个的军队或一座城市。"

这是很有可能的。中世纪晚期处于上升阶段的欧洲资产阶级就是由于有了火药才能够推翻封建贵族，因为有了火药便可以从远处炮击那一度曾经是坚不可摧的贵族城堡。火药使得步兵的重要性提升到骑兵的地位，使得战争中的平民获得了荣誉，也使得他们在革命中增添了力量。火药的发明使得战争的性质和规模发生了变化，战争原来不过是绅士们的游戏，偶尔也会致命，现在却成为上规模的大毁灭，只消几分钟的炮轰就能够让十万名艺术家用三百年时间双手创作的辉煌顷刻间从地球上消失。火药发明日可能是人类堕落史上最为重要的日期。有些犬儒主义者可能会争辩说比火药的发明更令人悲哀的是思维的发明，是让智能脱离本能，由此引发的性和生育的分离，以及把种族的繁衍大任交给世界各地被选中的暴民去完成。

9. 公元1454年——莱茵河畔美因茨小镇的约翰尼斯·古腾堡出版社的印有日期的首期印刷文献问世。此前14年其实德国人就已经使用活字印刷了；而中国人更是早在公元1041年就有了活字印刷；而且1900年中国还发现了一本出版于公元868年的用活版印制的书。在中国什么都不新鲜，尤其是民主制。中国人发明了火药，只不过他们把那玩意用来制造烟花爆竹罢了。中国人还发明了印刷术，可是却不懂用它来办小报、出版推理俱乐部的小说或是推出弗罗伊德传记什么的。

在西方文明中，印刷术帮助了有钱有枪的中产阶级从爵士们和神甫们的统治之下解放出来。印刷术使得老百姓读到了圣经，从而引发了宗教改革运动。印刷术大大地拓展了作家的读者群。印制书籍不再是僧人的特权，取而代之的是印刷机了，购书者不再是贵族和教会而是平民和世俗之人，因此民主自由的思想得以传播和发展。

拿破仑曾经说波旁王室本来可以保住自身的，本来是可以阻止法国大革命的，只需要把印刻的权利垄断在政府手里就行了。我们的大权在握的中产阶级吸取了前车之鉴，把识字看做获得真理的障碍。今天看来到底印刷术是否是弊大于利，知识和学问的增长是否在开发了人类大脑的同时削弱了人类品格的塑造，谁也说不准。不妨再继续这样走下去吧。

10. 公元1492年——哥伦布发现美洲。哥伦布发现我们的那一时刻就标志着意大利的文艺复兴的结束。因为美洲的发现改变了国际贸易的路线，原来走地中海现在渡大西洋了。因而，财富和权利率先光顾西班牙，所以委拉斯盖兹和塞万提斯、牟利罗和卡尔德荣才有可能应运而生；继而垂青英国，所以才有了莎士比亚、弥尔顿、培根、霍布斯；然后又来到荷兰以至荷兰才有了伦勃朗和斯宾诺莎、鲁宾斯和范迪克、霍贝玛和维米尔；于是法国才有了拉伯雷和蒙田、普桑和克劳德·洛兰。1564年米开朗琪罗去世、莎士比亚诞生则标志着文艺复兴在意大利的消亡和在英国的重生。美洲的发现，宗教改革以及每户每年呈给罗马教皇的一便士献金的缩减，一起结束了意大利的历史作用。

再后来，新世界的发展为欧洲的商品打开了一个巨大的市场，也为欧洲的过剩的人口提供了辽阔的地域。欧洲财富和权利的迅速增长以及欧洲对非洲、亚洲和澳洲的征服，其秘密就在于此。如果没有在1492年的宏伟冒险中所埋下的潜能，美国的整个历史，以及美国后来实行的主权在民和普及教育（顺序调过来——先普及教育后主权在民该多么好），则都是子虚乌有。

11. 公元1769年——瓦特把蒸汽机用于生产实际。这一事件开启了工业革命。亚历山大港的希罗(Hero of Alexandria)于纪元前130年制造了第一架蒸汽机；德拉·波尔塔、萨弗里、纽科门分别于1601年、1698年、1705年造出了更好的蒸汽机；然而还是瓦特的蒸汽压路机技压群芳改变了世界。

从根本上讲,人类历史上有两大最关键最基本的事件:农业革命和工业革命。农业革命使人类从狩猎进入农耕社会,从而定居并且建立了家庭和学校也建立了人类的文明;工业革命让千百万人脱离了家园和农场进入城市和工厂,这种转变首先发生在英国,然后是美国和德国,再往后是意大利和法国,然后是更为遥远的日本,现在已经发生在中国、俄国和印度了。工业革命改变了社会也改变了政府,因为工业革命使得机器的所有者和贸易的控制者拥有了权利,而之前的情形是只有那些有头衔的人与有地契的人才拥有权利。工业革命也改造了宗教,因为科学的发展创造了令人心悦诚服的奇迹,所以很多人开始从因果的角度和机械论的角度来思考问题。工业革命还改造了人的思想,它以新奇性和多样性去刺激人类的思维,而此前人类依靠本能就足以应付久远的祖先们遭遇的各种困境以及家庭内部的麻烦。工业革命也改造了妇女,他夺走了妇女的家务劳作把她们驱赶到工厂去做工。工业革命改造了人类的伦理道德,让经济生活变得复杂了,让婚龄推迟了,并且扩大了人们的接触交往,还解放了妇女,减少了孩子的数量,而且削弱了宗教和家长的权威以及他们的控制权。工业革命还改造了艺术,使得美必须服从于实用性,而且不再由有天赋的一小撮人按照传统标准和训练有素的品位来评判艺术家的优劣,而是把艺术家置于大众的裁决之下,而大众的裁决标准是仅凭权力的强弱、费用的多少以及规模的大小。

所有这一切,似乎令人难以置信,却是潜伏在瓦特的那个发明之中的。还远不止这些呢——资本主义、社会主义、帝国主义都会随着工业化的国家的出现而一并产生,因为这些国家需要国外的市场、国外的食品、还有为争夺市场而引发的战争,以及由这些战争引发的革命。甚至第一次世界大战和俄国的实验也都是工业革命的必然结果。1769年代表了整个的现代时期的开端。

12. 公元1789年——法国大革命。法国革命绝不能看成是自成一体的一个孤立事件,法国革命应该被看做是积蓄了数个世纪之久的经济和心理方面的实际情况体现在政治上的一个标记。它的开始也许应该追溯到1543年哥白尼发表《天体运行论》那一年,因为众神的末日和人类的解放从那一时刻开始。在这个不再是万物之中心的小小的地球上,人类被迫认识到:地球不过是一个偶发的事件,而人类自身也只是生物学上的一个小插曲,而生物学不过是地质学中的一个小插曲(任何地震都会让我们记起这一点),地质学不过是天文学中的一个小插曲,而人类只是被遗落在这里排泄和思考而已。人类的思想张开了自由的翅膀翱翔,挣脱了迷信和教会的束缚，向着伏尔泰开启的一个时代振翅飞去，而伏尔泰也许会说：“我没有权杖，但是我有一支笔。”

我从未停止过对法国启蒙运动的崇拜，总的说来，我认为那是人类历史的辉煌之巅，就是伯里克利时代的古希腊、奥古斯丁时期的罗马、中世纪的意大利也甘拜下风。启蒙时期的人类思想的大无畏、言论的精彩深刻以及高尚的礼仪与文化都超过了以往的任何时期。路易十六站在囚禁他的庙堂里，面对伏尔泰和卢梭的著作惊叹：“啊！这两位是毁掉法兰西的人啊。”的确，他们毁灭了一个法兰西但是他们解放了另外一个法兰西，不仅如此，他们还通过他们的追随者——华盛顿、富兰克林和杰弗逊——解放了美国。

我已经尽力而为了，在遥远的太平洋彼岸，在两个半球之间，在两个时代之间，我只能做到这样了。回顾东方我突发奇想：假如是一位儒学大师或是一位印度婆罗门学者大约会笑对我的12个世界性标志日吧。一位定会礼貌地发难：唐朝哪儿去了，唐朝之于中国的重要性不亚于启蒙之于法国。另外一位一定会问起阿克巴王和阿育王，而我只能说阿育王属于佛而阿克巴王属于穆罕默德。

我深知任何这一类的列表都难免狭隘和局限。我们都生长在一定的时间空间范围之内，无论如何奋争，我们也逃不出自己的匣子。对我们而言，文明意味着欧美；而视我们为野蛮之人的东方，对于我们来讲，却才是野蛮的。

还是让读者自己列一个清单吧，假如我这里有你喜欢的，尽可以拿去。你可以有自己的视角和自己的系统去格物人类文明的来龙去脉。但是你要记住拿破仑在圣赫勒拿岛给他的儿子雷希施塔特公爵的遗言：“愿我的儿子学习历史，因为历史是唯一的真正的心理学，也是唯一真正的哲学。”

第三章
给市长的公开信
——应邀就民主制的失败之处与他辩论

我亲爱的市长先生：

让我们不要辩论而是一起来探讨这个问题吧。一个从未面对过执政困难的人要和一位政府官员讨论民主制的各种难题让人不由得有几分心虚；因为处理这些日常难题都是官员首当其冲，而且，混乱与犯罪，这些无时无刻不在困扰法制社会的难题，不是只靠纯理论的方式所能解决的。不过，兴许以你丰富的从政经验所得出的结论会折服我这个虽然公正但却不切实际的观察者，谁说的哪？我们不妨从一开始就达成一个共识，即先认清事物的现状然后再图改善。我们不妨到现实主义者那里去了解到最坏的现状，再从理想主义者那里找到我们的目标，即，了解最坏的真相但寄希望于最好的可能；从事实的迷宫和各种可能性中找出一条通向较为完美状态的途径，正如亚里士多德所说，一切不完美之中都蕴藏着通向完美之途的种子。

一切的统治形式都试过了，一切的统治形式都失败了，原因在于人类就是不喜欢被统治。正如吉朋和勒南所相信的，安东尼·比约和马可·奥勒骝的政府有可能“是人类历史上仅有的把人民的幸福当作自己唯一宗旨的政府”。而且他们两位还认为，“如果要某人指出历史上人民最为幸福，经济最为繁荣的一个时期，此人应该毫不犹豫地说这个时期开始于多米田之死，终止于康茂德继任之前”。然而君主国只有在君主本人既是天才又是君子的情况下才是好的。从历史上看，君主大抵是白痴；罗马的三个好君主分别是图拉真、哈德良和安敦，四个坏的分别是卡利古拉、克劳地亚斯、尼禄和康茂德。贵族制也是这样，只有当人民的头脑淳朴，只懂服从，因而可以被统治并且可以通过令他们恐惧和让他们模仿而使他们得到教化，只有在这种情况之下，贵族制才是好的；然而贵族制不仅无法长时期地避开阶级立法的陷阱，而且会顽固地抗拒经济和社会的变革。那么我们的共识在于：无论民主制有多少弊端和错误，民主制的优越之处大大超过那些古老的暴政形式。我们大可不必为实行民主制而后悔，也不必为民主制孕育了革命的骚动而遗憾。现在的问题不是要放弃民主制而是要给它治病使它延续下去。那么当务之急是确诊，坦诚地对待病情，不讳疾忌医，甚至不怕大剂量下药以达到救治的目的。

显而易见，民主制在美国越来越多的州政府和市政府都病得不轻。印第安那州的州长被“提升”到亚特兰大市去了①。伊利诺伊州的州长被不断投诉；俄克拉何马州的州长被指控“道德卑劣”，似乎这在政客中很罕见似的；宾夕法尼亚州前州长被免职是因为此人不仅能力很强，而且连刑警都指控他“出了名的不耍花招”（讽刺的反语，意指“很会耍花招”——编者注）。有谣言说费城被一架腐败的政治机器所控制就连其他地方的政客都无法忍受那腐败的臭气；还谣传波士顿不再由博士们所统治；堪萨斯市和圣路易斯都操纵在“某组织”的手里；印第安纳波利斯的市长正在迈步向监狱走去；匹兹堡相当于美国的财政部；哈得孙河以西最受欢迎的市长还没有记住革命战争的结束日期。

人们并无恶意地重复着这些很失礼的谣言；在这些事情上，每一个城市都有权做出自己的选择，都有一致的鉴别力；毫无疑问统治这些市政的绅士们都是德才兼备甚至可以连任。但是整个国家却给人这样的一种印象，即，美国的城市，除了少数例外，都被无能鼠辈，有时甚至是半文盲的人所统治，这些人的闪光的优点既不是知识也不是高尚的品德或政治才能，他们只知道忠诚和感恩：忠诚于当前的指令，感激未来的选举中对他的提名。

假如一种机制偏离或违背了当初的目标，又没有补救的手段，去应对偶发事件或者事先没有料到的结果，我们就可以称这种机制为失败的机制。民主制原本的目的是还政治主权于人民，让人民既有权又有力量选择或罢免他们的统治者，让他们自己决定哪些是他们生活中的重要事物。美国人民可以选择（换言之，提名）他们的统治者，并且有权决定诸如关税壁垒、农业补偿救济、战争与和平、尼加拉瓜选举

① 写于1927年。

等事项;我们相信美国人民应该享有这些权利,坚信这一点就等于确立了我们思想的贞操,这种贞操甚至连疑心重重的恺撒也不会质疑的。

然而,假如民主制没有给人民以自主权,而是把自主权给了能力、知识以及荣誉;假如民主制偏离了初始的目标而去追求更为伟大的目标,那么民主制的一切的罪行都会被欣然赦免!但是,任何的编年史上,任何的政治理论史上,都从未有过任何的政体形式,像民主制这样仇恨天才。世界上最显而易见的丑闻就是民主制不认可能力;美国从政的首要原则就是,庸才是通往公职的"芝麻开门"暗语,而当选人士身上杰出的教育和能力却是不受欢迎的。

民主制原本是要给人民以自主权的,而结果却是政客们才有自主权,这一切是如何发生的呢?说来话长而且这不是一个有趣的话题,人们早就用尖刻的语言重复了多次;所以没有必要重提此话,何况民主制的腐败会摧残我们所珍视的希望;如果我们在此摘要重述,那也是出于私底下的爱慕之心,就好像被情妇欺骗的人在责骂那情妇一样,因爱而责。

民主制缘起于平等——垮台的贵族和新兴的中产阶级之间的平等;一旦掌了权的中产阶级和所谓"人民"之间的平等消失,民主也就开始灭亡。土地在美国有一度是自由的,谁占有就是谁的;此后的情形就是人民脚底下踩的是自己的土地,人民在自己的土地上讨生活,所以人民经济上有自主权,因为他们吃的穿的都是自己生产的,而且,市长先生:他们还打造出了您那一度伟大的政党,那堪称名副其实的政党;而且还选举了集学者、艺术家和绅士于一身的名叫托马斯·杰弗逊的人为美国总统,此人的"正统性"不让汤姆·潘恩,"保守"到相信每一代人都要闹上一两次革命才过瘾。您亲自判断一下,这么个人在我们这个开明的、被人操控的时代里,成为总统的可能性有多大。

自由的土地没了,自由也随之没了。人们发现他们的土地被抵押了,他们的道路归市场所有了,他们的供给被操控以至土地的所有权变成了令人心酸的陷阱。于是他们涌向城市,然而那里的生产工具太贵所以他们只能为别人打工,而且他们自己原先从事的那个行业的独立性以及他们本人的性格特征都随之消失,而恰恰是这种不服管教的性格特征一度打造了放荡不羁的美国佬形象。另一些人来自没有民主传统的国度,他们被圈进工厂和贫民窟却还以为自己正在步入天堂,而且(除了非常聪明的少数人)他们的文化程度只够他们可以准确无误地听命于他们的操控者,任人摆布。随着日益复杂的工业生活所导致的物质方面的不平等迅速蔓延和繁殖,经济方面的平等消失了,政治方面的平等也就成了虚伪的东西。投票站变成了屠宰场,无组织的大多数在这里被分类和被屠宰以打造出一个美国的“神圣假日”。

民主制来到美国有赖于英国传统(并非源于法国的理论),产生的背景是盎格鲁—撒克逊人的好斗性和独立性;民主制的根源要追溯到五百年前的英国历史那里。不过我们后来的这些移民大多来自那些已经习惯于君主制或封建制的地区;我们太穷了,所以提不出飞扬跋扈的要求,而且由于人数众多所以无法了解自己的思想或者根本就没有自己的思想;我们的异质性造成了我们可怜无助的状态。我们像牲口一样被赶进“机器”中去;我们仅有的伟大的优越性在于我们的人口众多,所以把我们变成极其大的大多数是出奇的容易,无论什么人为着什么目的,都能轻而易举地拨动我们这些美国游戏中的棋子,那些远离我们的腼腆的掌握经济命脉的上帝们只要高兴就可以随便摆弄我们。毁掉民主制的不是别人而是“群众”。

由于这些数量丰富、可塑性很强的原材料源源不绝,所以这架“机器”颇受鼓舞,于是发展到目前的规模,成为我们的国家生活中地位显赫、作用卓著的机器。于是一个特殊品种的人必须应运而生,这种人必须有本事足以保持政府受到民众欢迎的假象,另一方面又要执行少数统治者的要求;于是出现了一批满足这一需求的律师;于是美国政客就这样诞生了。政客的技艺再简单不过;他的任务不过是把一群选民组织进一个俱乐部或是什么神秘组织(“兄弟会”);给他们提供集会场所、会议室、组织他们郊游、给他们徽章以及选举口号;平时让他们高高兴兴的别去作奸犯科;然后在党内选举和正式选举时把必须当选的候选者名字交给他们。

“兄弟会”的成员们发现这最后一项需要服从的事情很是划算,因为这件事可以为他们换来他们所需要的便利并满足他们的期待;的确,大部分的组织工作可以留给年轻的律师去做而且是免费的,律师们所图的是日后有清闲而且报酬优厚的肥缺给他们。无论在任何城市,只要有选民的百分之五就可以决定选举结果或初选的结果;人们大体上会让主要的候选人平分秋色,所以他们等于取消了自己的投票权;而那些被组织起来的少数人会把选票投给同一个人,因而很容易决定谁胜出,好像压根没动地方就办成了事。

鉴于此,选举其实是多余的,而之所以举行主要是为了给社会控制增添些润滑剂,在人民的头脑中树立起“法律是他们自己制订的”这个概念;正是在这种心理润滑剂之中,民主政体才显得比其他政府形式优越。孟德斯鸠说,民主政体中的税收虽然可能高于其他国家但却不会引起抵触,因为每一位公民都认为纳税是给自己纳的。他就是国家而总统就是他的仆人。瞄准一个人的自尊心，把它捋顺了，你便可以对此人为所欲为。很可能现在这个游戏玩过火了，选民中看穿闹剧的人数所占的比例已经达到危险程度：尽管造出了壮观的助选组织去教导、哄骗、强迫人民投票，却仍然有超过半数的合格选民不去投票。每四年一次的大选马戏面临垮台。

由于在这样的前提之下这架机器是万能的，所以它选择候选人时，只看他们的资历是否适合为这架机器服务，是否能为这架机器背后的秘密主人们服务；因为“老板”后面还有“老板”，无穷无尽。政党组织、机器组织是很昂贵的；总得有人付钱，但付钱的不是人民；付钱的人当然要捞一笔合法的回馈收益。有时候获得的收益就是某一条法律的制订，有时候收益就是某一条法律的取消，而收益经常体现为让万无一失，绝对保险的候选人获得提名；无论谁胜出，失利的永远是大多数人。一切的政治都是有组织的少数派之间的对立较量；而大多数人太缺乏组织，而且没有闲暇，太分散，又相互矛盾，而且记忆力又差，所以不能成事；谁能记住纽约市卫生局丑闻被掩盖起来的事？选民们不过是看台上的“运动员”而已，总是为胜利者喝彩、朝失败者扔瓶子，然而决定胜负却没有他们的份儿。

如有哪一位诚实之人怀疑此种心平气和的善意分析的公正性，请他去华盛顿，坐在议会的旁听席听听去；那里他会看到这个国家的精英济济一堂，足够他仔细地研究和观察。精英们侃侃而谈，崇高而雄辩，而且每个演讲都很长；除了其他的议员每个人都在倾听；因为议员们都是此种行当的老手了，他们深知这些演讲都是不作数的，真正需要的不是雄辩的口才而是知识；不是政治知识而是经济知识，是对这个国家有组织的少数派所面临的各种难题的了解，对农业、矿业、交通运输、工业、劳动力、商业、金融业等方面的问题的了解。这些人被遴选出来并非由于他们懂得这些问题，也不是因为他们有任何的能力，他们被选中是因为他们的政治能力，按照美国意义来理解，所谓政治能力指有本事拿到任命并保住任命一直到死。由于他们面临的是现代政府的真正的难题，所以他们毫无办法；他们用雄辩的口才掩盖自己的无能，或者埋头于最新的报纸，而由议会外面的势力决定他们如何对议案投票。那里是美国的中心，长眼睛的人将来或许能在那里看到民主政体的垮台，并为这一伟大的实验的失败而悲哀①。

① 我想对这一段落表现的自我膨胀做些修改，就是近年来参议员的聪明才智有无可辩驳的提升。以盛气凌人的态度对待有博拉、诺里斯和莫罗这样的德才兼备的参议员在内的一群人未免荒唐。

市长先生，我知道您要对我说的是什么：这些民主制的弊端是由于我们人民所接受的教育还不完善，所以我们要耐心地等待并努力促成他们心智的成熟。可是我已经等了相当长的时间，而且教育了尽可能多的人，就在您所在的古老的市政厅所在的社区之内。然而我发现人们出生、成长和死亡的速度超过我教育他们的速度，是出生率挫败了我这个教育者，因为那些来找他的人以为智慧意味着不孕不育；而那些没有文化的人不停地证明着造孩子是没完没了的事。每一个年轻的自由派都在谨慎保守地繁衍，而每一个穷苦的保守派都在自由放任地繁衍；自由派之所以受到周期性的挫折，其秘密就在于此。

也许总有那么一天，教育会提升百姓的心智到这样的高度以至他们不再容忍三流的政府；难道要等到那一时刻？

我不知道拿什么挽救民主制，也许除了对候选人的年龄和居住年限设限之外，还要对他们从事的专业学位有所要求。为你诊病的那些人不是要一辈子不断提高医术，精益求精吗？甚至我们不是还通过法律明文禁止那些不具有医学学位的人给人开处方吗？好，那么同样的道理：一亿人，或者就说有一万人吧，他们和我们每个作为个体的人是同样重要的；那么就让我们去要求我们的管理者，那些统治我们的城市、我们的州，乃至我们的国家的那些人，一生都要全心全意地努力学习管理的科学和艺术（这是不同于政治的），就像从事医学和法律的人不断认真提高自己的专业水平一样。然后，让每个人都做好这种资质方面的准备以便具备参选资格，所以就不必提名候选人了；因为就是在提名候选人的当口发生腐败的问题，也是在这个当口政客们滋生出来。让我们的选民不要只是在甲和乙之间选一个，其实甲乙同属于某个丙；不妨有 100 个候选人供大家自由选举，这 100 个人都要符合学历教育等硬件方面的条件，那样一来，哪怕是我们的宠物去投票，也不会选出不称职的人来。上帝明鉴，以我们目前的出生率我们实在需要一种防止傻瓜钻入政权的民主制。

您说这样会使得理论素质取代实践经验；您听我说：可以出台一个规定，如果没有在低一级的职位做过两个任期的人就不可以在高一级的职位上任职。您可能说我们用人既要专业文凭又要优秀品格；对此我的回答是，不择手段的奸诈之人和江湖骗子都不会那样努力地去攻读学位，即使读也会半途而废。您说这样的计划不民主，因为对职位设立了限制；的确是设了限，可这是为了把贵族制的政府与民主制的选举结合起来。不要假装我们目前这种两害取其轻的做法就是民主的。让热爱民主制的人先实现教育机会的均等吧；不要让民主只是意味着大家都有被选资格，要让民主意味着大家有均等的机会把自己变为合格的候选人。让每座城市都设立市政奖学金供穷人的聪明孩子读大学；让每条通向学历的大道都畅通无阻，让通向官职的路都堵死，而只给准备好学历的人开门。我们容忍的时间够长了。

我亲爱的市长先生，我知道您的难处和您的局限。但是您不愿意把我们的城市变得更伟大更美丽吗？（看过别人的城市归来我更加喜欢自己的城市了。）您不想让我们的城市名垂青史，与洛伦佐的佛罗伦萨、恺撒的罗马、伯里克利的雅典比肩齐名吗？号召你的城市里杰出的男男女女来献计献策吧，这个城市不乏未被派上用场的天才，优秀的管理人才、科学家、经济学家、工程师、建筑师、教师与慈善家；他们愿意为你花上一些时间而不取任何的报酬，因为他们把为他们的人民服务当作荣誉。把他们聚拢到一个大的顾问委员会里；让他们去思考解决贫穷、丑陋、无知的办法，提出传播健康、清洁、知识和审美的计划；在这个史无前例的伟大的慷慨时代，兴许他们会帮助规划并融资以实现我们重建城市的伟业？我们如此的富裕，怎能容许贫穷永远伴随着我们；我们如此的有知识，怎能永远容忍无知常伴左右；我们是这样的骄傲，所以一定会建成世界上最美丽的城市。我们能推倒贫民窟、美化街道、完善现有的并建立更多的学校；我们要利用现有的知识与天才把老百姓的公民意识提升到古代的意大利和古希腊的水平。把我们闲置的聪明才智都动员和组织起来吧；批给我们一个宽敞的会议大厅，鼓励我们开发潜能吧。那么政党之间的隔阂障碍将得到化解，七百万人都会支持你，只要这座岛上的灯塔无畏地屹立在海上，你的政绩就将载入你的国家的光荣的史册。

第四章
现代教育是否失败

再次听到罗素先生的消息并且与诸位一起欣赏他的含蓄和善意的幽默是愉快的事。由杜威教授主持我们的讨论令我们大家都感到十分荣幸。如果说现代教育不很失败,那他比我们这一代人当中的任何一位都更加的功不可没。

有人认为我称此次会议为“讨论会”是用词不当,说用“辩论”一词更加明智,我对此感到遗憾。遗憾的原因是,论战的双方各自拥有一半的真理,而对于思想成熟的人来说,这肯定有点荒唐;真理,和孩童一样,是处于对立面的交战双方所共同产下的后代,而受过教育的人们不可能在任何他们熟知的问题上有尖锐对立的看法。因此我毫不犹豫地承认——正如我过去一贯坚持的——现代教育是有缺点的;而且我毫不怀疑,罗素先生在明天的早餐桌上吃他的排骨和麦片粥的时候,他便会承认我们的中学、小学和大学的形势并没有他现在所暗示的那样令人绝望。

然而我很高兴罗素先生对我们的文明进行了全面的攻击,这使得我有机会说出我早就想说的一些话,我们对于其他的时代和其他的地方的一贯吹捧已经达到了无以复加的程度,我们对于自身以及我们的作品所做的胆怯的诋毁也已经达到了无以复加的程度,简直可笑。欧洲,有点嫉妒美国的经济领先的地位,自我安慰地认为美国是一个野蛮人的国度;而我们自己的一些最优秀的作家,把自我优越感和鄙视同胞感两种情结混合起来,竟然也随声附和欧洲来的造访者,对世界说什么美国人无论在生活中还是在思想上都是机器人和白痴;说我们灵魂深处的装饰和我们的家具一样的刻板老套;说我们都是原教旨主义者和多伴侣主义者,还说波士顿警察是美国文化最好的样板。

我们遭到如此严酷的批评是好事,这会激起我们的羞耻心、令我们仔细审视自己,并且,我希望,已经使得我们去掉了些许的傻气。目前这种贬低自己的国人而向欧洲卑躬屈膝的做法已经泛滥成灾；连大学二年级的学生都相信除他本人之外的美国人都是傻瓜,而且他出国旅行时必须谄媚地向房东表示他对自己国家的蔑视。大西洋上航行的客轮的头等舱里挤满了那些退了休的市侩们，这些人在那里谴责美国的庸俗的市侩作风。

我有点厌烦了这一切,我要向这种夸张挑战。不错,我们是有些州的立法排斥达尔文主义;可是你认为法国、意大利、德国、俄罗斯的农民会比我们阿肯色州和田纳西州的农民更开化吗?的确,我们差点驱逐了恩斯特·托勒,然而英国可是确确实实地驱逐了列昂·托洛茨基。不错,波士顿确实查禁了一些书籍和戏剧,但是英国也同样,只是不久前才开禁,此前那位希克斯,那位大名鼎鼎的手握萧伯纳以及所有其他的戏剧家作品的生杀大权的威廉·约翰逊·希克斯伯爵，不是也查禁了诸多的戏剧不许它们在英伦三岛上演吗。在涉及自由与公平的问题上,英国,这个最先进的国家,曾经禁止霭理士的《性心理研究》和雷德克利芙·霍尔的《孤独之井》两种书的出版与发行——而此两种书在美国的出版发行畅通无阻。

我在欧洲的几次短期逗留不能保证我对欧洲文明和教育的发言有任何的权威性；但是在我的几次访问中我都没有发现他们有类似美国人一半的思维活力与热忱、对知识的渴望、对开放式讨论的热衷,而这些在美国的城市中是普遍存在的。韦尔斯著《世界史纲》的英国出版商告诉我这本书在大不列颠和爱尔兰只卖了三万册;听说在美国该书的销售量是那里的十倍,而美国的人口还不到那里的三倍,这位出版商非常之惊诧。他说:“可是你们的作家却说你们是一个白痴的国家。把这些白痴受众都给我吧。”

英国作家们的作品在哪里的销量最大呢?是美国。萧伯纳的剧在哪里上演的周期最长？是美国。英国的演讲者在哪里拥有最多的听众？是美国。就我所知,欧洲没有哪一个城市在思维的活跃、对新概念的敏感、思想的自由方面可以和纽约这座城市相比。我们的批评家完全有自由痛快淋漓地咒骂我们就是美国心智成长的明证。

我才不相信我们是机器人或白痴;太多的证据说明我们不是。如果说我们之中有些人一时相信了这个说法，那纯粹是因为我们故意在辽阔的美国舞台上找些最差劲的糊涂虫,月月年年地听他们胡言乱语,以满足自虐的快感。每个国家都可能干过同样的事情:法国对伏尔泰和德莱弗斯的迫害足以令法国羞愧得去上吊;英国也该反省自己对济慈、雪莱、拜伦、托马斯·哈代、伯特兰·罗素的处理方法;希腊则应该身上披麻脸上抹灰地去悔罪,因为希腊放逐了安纳萨哥拉斯,起诉了阿斯帕西娅,驱逐了亚里士多德并且毒死了苏格拉底。任何愚昧的乐天派,以同样的方式去筛选资料则又会列出一张与此相反的让人叹羡的名单,在美国这个名单就包括从总统赫伯特·胡佛到演员查里·卓别林,从发明家爱迪生到物理学家迈克逊,从诗人惠特曼到作家德莱塞,从飞行员林德伯格到棒球明星贝布·鲁思。当政的英国和美国政府在组织世界和平方面所取得的成绩以及两国人民对政府的热烈支持都表明现代教育并没有失败,表明这一代人在德行和智慧这两方面并不低劣。现在是我们抬头挺胸面对欧洲的时候了。欧洲有着老年人的一切美德与恶习;而我们有着年轻人的一切恶习与美德。

不过,美国的确有机器人白痴,正如英国、法国和世界各地也都有机器人和白痴是一样的。问题在于他们是怎样制造出来的?是学校制造的吗?凡是长了眼睛的都能看到,失败的只是工厂和公共职能部门而不是学校。是标准化的批量生产制造了大批的标准化的群众;还有那令人变得愚钝的小商贸惯例令成年人失去了个性的棱角,所以今秋才有大量的市府的腐败出现。可是我们学校里的孩子们却似乎比以往更加的独立和任性,大学里的期刊以及兄弟会、姐妹会的创新和反叛的味道越发的浓烈。

从我们教育机构毕业的男孩女孩,聪明才智是足够的,而且对于人类和世界的本质所掌握的资讯比我们在他们这个年龄时所懂得的要多很多。的确,知识的快速发展和快速传播引起了过渡时期的道德混乱和品性的失衡,因而使得我们对于学校的功能产生疑问。我们时代的难题是我们的儿女懂得的太多,他们的智育的开发超过了他们的德育的培养,所以他们一度显得有些混乱。他们发现了传统神话的令人难过的谎言,他们目睹了政客们的贪污受贿,他们阅读了玛格丽特·桑格有关节育的著述,他们也了解了性爱的生理学原理,所以我们不仅能看到,而且也能听到,孩子们已经在开始思考了。

本能具有社会性,智能却是很个性化的;正如大自然全然不考虑个体那样,智能也不顾及人类的整体。所以如今婚姻与道德在衰亡,而在道德观、文学作品、科学、哲学和艺术领域中个性的张扬和思想的自由正在大行其道。从本能和习惯,进化到智能和思维的进程，这个农业社会到工业社会的转换标志，虽然提升了人类的智能却也毁坏了人类的品性。我们之中不再有斯多葛主义者也不再有圣人；我们能当伊壁鸠鲁，然而由于我们懂得的太多了所以当不了圣人。

假如我们认为目前这种暂时的品行失衡的情况应该由学校负责，那么只有在这种的情况下，我们才可以说学校教育是失败的。然而甚至这一简短的分析也标明，我们的学校并没有垮掉；正相反，我们的教育正在努力从瓦解的家庭和衰弱的教会那里把陶冶性格的功能接过来，占领这一块阵地以挽救危机。性教育曾经是家庭和社会的事，现在正在由学校来进行。刚开始时有些踌躇不前，因为对于这个问题进行深入思考的人还拿不准什么是这一领域最适合的办法. 但是他们知道大方向可能是对的，性教育应该通过生理学这门课来进行。家庭的解体和教会的垮台随处可见，这给我们的教育系统增加了新的负担。其实学校的教育并没有失败，只是随着古老的社会秩序支柱的垮塌和传统品行的失衡，学校现在把这个重任也主动担在了肩上。教育不仅没有失败，而且还是我们文明最为强大的基础，是我们未来最为坚强的希望。

要想对这个问题做出最为理性的判断，就应该考虑当前困扰教育的那些史无前例的困难。教育委员会里充斥着政客，他们本身就只有一点点教育或是一点有没有；腐败的市政府操纵着委员会的运作，每走一步都遇到阻碍。教科书很糟糕，班级太大，教师的薪酬低得离谱等等导致教学标准低下，这些问题的原因都不在学校本身，学校本身一直在那里勇敢坚持克服阻碍，问题在于学校是受那些无能的官员们所管辖的，而这些官员都是靠在投票站查点人数甚至贿赂选民才当选的。

更糟糕的是，学校的工作正处于美国社会从一个全盘商业化的社会里脱胎出来的阶段，所以才会在各方面受阻。我说“正在脱胎出来”，因为我看到了大笔的慷慨拨款给了教育与科研、优秀的交响乐队、博物馆、图书馆，看到这些钱用于扩大书籍和优秀期刊的流通，看到用于改善出版业的资金投入，所以纽约现在才拥有世界最好的报纸——看到这一切我有理由相信我们不再把金钱当作唯一的神来崇拜了，我们已经意识到还有其他的神和其他的商品要拜。可是，在本世纪的前四分之一的时间里，金钱曾经是我们唯一的上帝啊，金钱的两旁是没有别的神龛的；金钱曾打造了我们的品格，金钱曾选择了我们的总统，而且金钱曾统治着我们的学校。

那么，是学校教给我们崇拜黄金的吗？绝对不是。是生活和勤奋本身教会我们的——我们每天都感受到只有物质上的成功才能得到同胞的认可。学校绝无参与这种堕落。正相反,尽管商业和政治给学生以各种坏影响,学校却一直都在倡导理想,正是由于这些理想与商业主义相违背,所以年轻人有一半的反叛都是源于他们对商业主义标准的愤慨,源于他们对成人生活的不满,因为这种生活违背了他们在家庭和学校所学到的一切教导。学校需要的是赏罚分明的鼓励而不是不分青红皂白的一股脑的责备。把学校看成教唆恶行的场所是太不讲道理了,后果是灾难性的,因为学校事实上是对抗罪恶的最为强大的武器,是我们最后的法宝。

18年前,我曾经以费雷尔现代学校的校长、教师和高年级学生的名义写过一个小册子谴责我们的教育制度——谴责它的严厉的纪律,可恶的教科书,教师的低薪酬和超负荷工作量,违背自然地限制迁徙、个性和自由。我无意收回这些批评;当时的状况就是那样,有些问题现在也仍然存在。可是,在过去的18年里学校有了多么长足的进步啊!我不知道有什么机构从公开批评和私人实验中获得的教益能够与我们的学院和中学相比。美国的自由派不仅在道德观和文学方面而且在教育上也赢得了伟大的胜利。可是由于罕见的谦虚使得美国人没有认识到这一点。诚然,我们的教育机构尚不完美,就像我们送去那里上学的孩子并不完美一样,也像我们本身并不完美一样;可是如果称我们的教育是失败的,那即使不是刻薄和误解也起码是太过夸张了。

上个月,为了独立地考察一些事情,也想看看实际情况,我去了一所中学,匿名地坐在教室后面听一位老师给七年级的学生讲历史课。我看到的一幕让我惊诧,首先,女教师打扮得很好看——这和以前的情形恰好相反——这种改革让人赏心悦目,应该把这归入现代教育的光明面,正好用来平衡罗素先生所说的现代教育的黑暗面。其次,我发现女教师绘制的人类历史的时间跨度表令人震撼,在这个长度为三英尺的时间轴上,按照圣诞计算的这些世纪只占一英寸的长度,最早的起点为纪元前十万年,时间轴这一大段的下方标注“未知”的字样。这体现了看问题的视角,而视角是智慧的灵魂;这一堂课没有讲什么世界是纪元前4004年创造的,没有讲蛇,也没有讲夏娃;更震撼的是诚实地写上“未知”这两个字——这能刺激学生去思考。可是最最震撼的是她的教学方法,那完全是苏格拉底式的:教员提问一个又一个学生,并且让学生点评前面一个人的答案,留下诸多的疑点供后来学习和研究,整个课堂她都让全班学生积极思考。有个11岁的男孩在回答现存的最古老的文明在哪里这个问题时说“中国”;继而又补充说,“中国人曾经是世界上最文明的人民,不过对他们的现状我没有什么赞语可说”。

这种鼓励学生去思考的教学法是孤立的个案吗？我怀疑可能是，于是我走访了另一所学校。在那里我发现一周里有某几个下午，在两点到三点这个时段，所有的班级都学习一门新课程——“学习方法”。这令人吃惊也给人鼓舞；这门课程一般是大学三、四年级才开设的，而学完了也就没机会用了。

我一共走访了4间学校，校址相互离很远；在每一所学校我都看到了进步。当然，硬件设施都给我留下了深刻印象：教室明亮、整洁而有序，优美的体育馆和礼堂，宽敞的操场和田径场地，供家政学和手工劳作课程用的实验室和操作台宽敞而方便，总之，所有的设施都有助于学生的健康成长。我羡慕赶上了好机会的这一代人。

然而我知道这些都是外在的；我走进去观察了老师和学生。我发现这里有真正的民主，那是和我们在投票站看到的假民主不一样的；这里的孩子们社会阶层不同、国籍不同、宗教信仰不同、甚至肤色也不同；比如有一个班级里有个中国小女孩，她那琥珀色的脸上长着一对鞋带孔形状的圆眼睛，还有一个快活的胖胖的黑人小男孩儿，后来才知道他原来是班级里头脑最聪明的孩子之一。在某些情况下，学校要处理的问题属于人类物质层面的颇为原始的问题——穿着不整齐、不洗澡、不梳头；这些属于家庭的失职给学校造成的障碍。但是这些是个别情况；孩子们大抵属于优秀的群体，有明确的目标，我想他们造出的文明会大大地优越于我们小时候所熟知的文明，只不过我们把自己的童年浪漫化了。

曾经有一个时期我们的中学用不人道的严酷纪律约束儿童，而鞭挞是必不可少的训练科目；英国伊登公学的老师仍然用此种方法来保佑他们的国王。可是我发现在今天的学校里，秩序的维持靠的是有趣的学习而不是靠强行的限制。每个班级都有自己选举产生的，在小型的民主制基础上组成的“公务员们”。罗素先生会惊奇地发现我们对于自由的共同向往已经在多大程度上在这些学校里得到了实现。让罗素先生好好地回忆一下《尼古拉斯·尼克贝》那个时代的鞭挞和劳作吧，那样他就会对我们所取得的进步心存感激。从前孩子们憎恶学校，可如今，假如我的眼睛没有欺骗我，他们去上学是因为打心眼儿里愿意去。

最令人欣慰的是这些孩子们看上去思想很自由。我发现没有强迫学生们接受神学系统的情形，在一整天的学习中，神学的内容压根没怎么涉及。想一想我们年轻的时候吧，早、午、晚都被神学课压得透不过气来；我们的成长和幸福都被恐惧所窒息，恐惧遭受神的报应，恐惧永恒的地狱，恐惧那永不熄灭的地狱之火以及那里的永不死灭的蛆虫。我们这一代人花了多少年的奋斗，遭遇了多么大的阻力与侮辱，经历了多少与家人的决裂以及与自己思想的决裂才摆脱了恐惧、蒙昧和偏见啊！不错,有些州仍然由迷信主导和听任迷信的泛滥。但原因何在？就因为这些州的学校数量最少,教师的薪酬最低;位于田纳西州中心的范德堡大学,面对原教旨主义的逆流,毅然坚守着对于科学的那分忠诚,这又是学校替我们冲锋陷阵的一个案例。

罗素先生抱怨说我们的学校没有废除恐惧。我的结论正相反,我们的学生比我们在他们这个年龄的时候自由多了;今天的教育正在逐步摆脱神学的掌握,这在基督教的历史上是空前的;我们的学生比他们的父母更勇敢更无畏,他们正在像尼采所希望的那样毫不羞愧地面对一切的人类禁令。现在的年轻人不知何为恐惧,这很好。我们原有的道德律在解体,其部分的原因是由于它建立在恐惧的基础上——现世怕挨打来世怕下地狱。有了知识便能够克服恐惧,而在当今社会,知识又在壮大成长。当前的道德失衡向我们提出了挑战,我们重新建立的道德观必须要比自由主义的教育存世时间更久远,要能够配得上我们这个有十万所中学的国家。我们在中学学会阅读，到大学学会选择阅读的内容，毕业后如果我们身体力行所学到的才智,我们就能够使自己成为有教养的人,到那时就只有合乎理性的,自然的道德律来约束我们了。

我对于拉丁文和希腊文的取消也十分感激，大学生不用花大把的时间去学这些已经死亡的语言也能毕业了。诸位还记得恺撒、西塞罗、荷马和德谟斯提尼以及那上千个变格和动词变谓如何让我们受罪吧？我们的奋斗为我们的孩子们赢得了自由;我们失去的时间得到了补偿,因为他们不用再学死语言而只要学希腊人的仍旧有生命力的文学、哲学和艺术就可以了。诸位听说威斯康星大学的米克尔约翰教授的实验计划了吗?他打算收 100 名本科生,拿出他们两年课程的几乎全部时间专门攻读希腊文明的各个方面的宝贵财富。米克尔约翰教授是对的:如果一个人熟知希腊历史和希腊文明,那么他就完成了非常高深的教育。这个实验将揭示现代教育的重要性而且也将体现现代教育勇于尝试的愿望、学习的愿望以及成长的愿望,这种实验不胜枚举,这只是其中之一。有一千所私立中学将用新的教学方法给这些富裕家庭的孩子们上课,课程设置里将包括趣味课程;孩子们对智慧的追求将逐步取代对时髦的追赶,而我们的学校将坐享这改革的成果。对富人的精神层面进行活体解剖实验,些许地平衡了医院对穷人的生理进行活体解剖实验的嗜好。即使罗素先生的学校也会参与实验；我们会关注他的学生们在数年之内的进步，之后，假如接受实验的孩子们没有被摧毁，我们会把罗素先生的办法应用于两千万美国中学生，我们舍不得让我们的学生们一下子成为各种新思想的牺牲品。

所以，我们在推广之前先搞些实验，比如说，许多学校单独设立了后进学生班、尖子学生班、还为聪明学生跳级提供各种便利。学校听取了赫伯特·斯宾塞的意见，因而理科，这个50年前几乎无人知晓的学科，现在得到的重视已经超过了理科自身的价值；理科是罗素先生恳求学校开设的，而一旦学好“数理化”，我们的那些对于文学艺术毫无兴趣的学生就可以成为数学家和工程师了，就成为不知贝多芬、卢克莱修、伏尔泰和法朗士为何许人也的人了，因而也就关闭了可能给他们带来乐趣的这些领域的大门。现在每一所学校都有图书馆，通过这些图书馆世界经典名著每天都能走进上千户人家；全美国无数的学校里都能收听到从空中传来沃尔特·达姆罗施的声音，他把交响乐团精心演奏的佳作作为样板，示范给人们如何欣赏音乐。这些十岁、十一岁的孩子们把他们知道的都告诉我了：巴赫、贝多芬和勃拉姆斯，拉斐尔和达芬奇、伦勃朗和鲁宾斯还有范迪克！我十岁的时候对这些名字还一无所知呢；今天，人类在科学、文学和艺术方面的遗产无偿地传给了我们的子孙，传播的内容之丰富、范围之广泛是空前的，看到这些，我心存感激。

的确，我们的学校尚不完善。我们本身有的这些缺点学校也都有——急躁、贪婪、畏惧变革以及在各种改革的过渡期间思想的混乱与品格的失衡。学校也存在着无限的改革的空间。高年级的确需要更多的男老师，尽管我们的女老师并没有让我们的男学生们变得阴柔。还是让罗素先生到操场去看看吧，他准能发现我们的男生和从前一样有男子气概，不过我们的女生——倒是比从前多了点阳刚之气。

的确我们需要更好的老师。我们老师们的水准与他们的薪酬是匹配的；第一次世界大战之后我们给他们涨了工资，他们的水平也随之提高；假如给他们的工资翻番，他们的水平也会翻番。我们花在校舍和设备上的钱太多，而花在教职员工身上的钱太少；今后一段时间内我们的口号应该是“校舍差点工资高点”。我们的教科书太糟糕了，许多教科书枯燥无味甚至把哲学都变成没意思的学科了。我们要请优秀的出版公司把詹姆士·哈威·罗宾森那样的人找来，由他选拔一个专家团队，把人性化的知识写入教科书，把干巴巴的死资料变成有血有肉的又有用的活知识。要在市一级和州一级都设立奖学金使得聪明的穷孩子可以受高等教育；通过考试把不合格的富家子弟淘汰，以免他们挡住合格的穷孩子的升学之路。最主要的是教育目标需要改进：我们必须保证诗人和艺术家的地位，让他们和科学家以及企业家平起平坐，其实每个人心里都蕴涵着诗歌艺术的潜力。教育的目的不在于培养出合格的商业、工业、金融业的专家；教育的意义在于我们让自己在德、智、审美方面吸收我们这个民族的宝贵遗产以便我们了解与把握自身并且了解与把握外部的世界；教育的意义在于我们通过和大师们，无论是依然在世的，还是已经辞世的，亲切沟通使得自己的精神得到提升，使得我们在"思想之国"交到好朋友；教育的意义在于使我们懂得了不仅要有文化还要有教养，不仅要有知识还要有智慧，不仅要能理解还要学会宽恕。我相信通过我们大学的教育与文学的陶冶，我们一定能不断地造就出一批又一批这样的男男女女。

罗素先生的讲话仿佛令我又听到了"乌托邦主义者卢梭"的声音，卢梭谴责他那个时代的文明时说当时的教育是失败的，他梦想回到过去的所谓黄金时代；而就在他身旁我听到老伏尔泰的耳语："悠着点，我的朋友，不要只批评而不感激；你不仅要了解最坏的情况，你也要鼓励最好的可能。"

罗素先生的悲观主义属于战后神经官能症的一部分；我们的希望曾经一度破灭，愤世与绝望的情绪一度流行。然而，以前世界上也发生过战争，战后的萎靡情绪比我们这一次更为严重；1819年叔本华曾经给衰败的欧洲唱过挽歌，就像凶事预言家斯宾格勒今天的作为一样；1821年歌德曾经感谢上帝，庆幸在世界末日显然就要降临的时候他自己已经垂垂老矣。人类血统中有某种韧性，这种韧性使人类在生死往复的循环当中永葆青春；所以我们的孩子们不会理解我们那犬儒主义的愤世情绪，他们也不满意我们那逆来顺受的态度；他们满怀喜悦地在各种各样的大学里就读；他们创造伟大的诗歌与戏剧、小说与音乐、建筑与雕塑以及科学与哲学，就好像从来没有过什么世界末日大决战似的；尽管那些怀旧的意志消沉者认为我们的教育机构是失败的，可是我们的教育机构必将把孩子们哺育成伟大的人，学校是他们成材的发源地，是他们生命的灵感。十万所学校撒下的种子已经破土而出；整个国家已经成为渴望学习的千百万人的大课堂；夜半醒来你都会听到美国思想的进步与成长。甚至就在今天，我们的建筑、我们的文学、我们的批评也已经有了自己的声音，创造着自己的语言，锻造着自己的形式。尽管目前我们尚未看到任何东西，但是用不多久，美国的青少年时期就会结束；用不多久，我们就将结束商品主义的时代，而步入百花盛开，辉煌灿烂的文艺鼎盛时期。